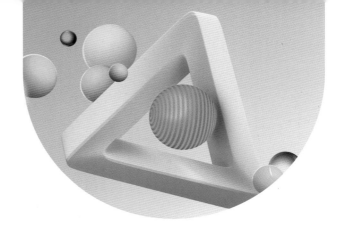

3ds Max
무작정 따라하기

이문영 지음

2022
최신 버전으로 배우는
모델링부터
렌더링, 애니메이션

길벗

2022 최신 버전으로 배우는

3ds Max 무작정 따라하기

The Cakewalk Series - 3ds Max

초판 발행 · 2022년 5월 27일

지은이 · 이문영
발행인 · 이종원
발행처 · (주)도서출판 길벗
출판사 등록일 · 1990년 12월 24일
주소 · 서울시 마포구 월드컵로 10길 56(서교동)
대표 전화 · 02)332-0931 | **팩스** · 02)322-0586
홈페이지 · www.gilbut.co.kr | **이메일** · gilbut@gilbut.co.kr

기획 · 안윤주(anyj@gilbut.co.kr) | **표지 및 본문 디자인** · 신세진 | **제작** · 이준호, 손일순, 이진혁
영업마케팅 · 전선하, 차명환, 박민영 | **영업관리** · 김명자 | **독자지원** · 윤정아, 최희창

전산편집 · 김정미 | **CTP 출력 및 인쇄** · 교보피앤비 | **제본** · 경문제책

ISBN 979-11-6521-975-8 03000
(길벗 도서번호 007127)

가격 38,000원

독자의 1초를 아껴주는 정성 길벗출판사

길벗 IT단행본, IT교육서, 교양&실용서, 경제경영서
길벗스쿨 어린이학습, 어린이어학

페이스북 ▶ www.facebook.com/gilbutzigy
네이버 포스트 ▶ post.naver.com/gilbutzigy

표현의 한계를 넘어서고자 하는
많은 그래픽 디자이너에게 도움되기를

처음 3D 소프트웨어를 배울 때 소프트웨어에서 제공하는 매뉴얼 북을 보며 어렵게 공부했던 기억이 있습니다. 지금 10년이 넘는 시간 동안 학생들에게 3ds Max를 가르치면서 학생들이 따라하기 어려워하는 부분들을 어떻게 하면 쉽게 가르쳐 줄 수 있을까? 어떤 실습 예제를 활용하면 좋을까? 등을 고민하게 되었습니다. 또한 기존의 여러 교재 중 강의에 활용할 초보자가 보기 쉬운 책을 찾기가 쉽지 않았습니다. 책에서 주어진 예제를 보고 따라 하기 힘든 부분이 많아 혼자서 학습하기에는 어려워하는 모습을 보고 어떻게 하면 3D 그래픽의 기본기를 독학으로도 쉽게 따라 할 수 있게 할까를 고민하며 집필하였습니다.

저자는 그동안 컴퓨터그래픽을 활용하여 많은 작품을 만들어 왔습니다. 현재 다양한 그래픽 소프트웨어가 존재합니다. 화려한 효과와 새로운 기능들이 매년 업그레이드되고 있습니다. 사실 그래픽 디자이너들에게 그래픽 소프트웨어는 도구에 지나지 않지만 창의적인 아이디어를 구현하고자 할 때 얼마나 도구를 잘 활용하는지에 따라 표현할 수 있는 영역의 한계가 무한대로 펼쳐질 수 있습니다. 때문에 자유자재로 도구를 다룰 수 있는 디자이너가 되기 위해서 끊임없이 도구에 대한 공부도 해야 합니다.

3ds Max는 애니메이션, 게임, 건축, 제품디자인까지 다양한 분야에서 활용되고 있습니다. 하지만 그 어떤 소프트웨어보다도 3ds Max는 능숙해지기까지 적지 않은 시간이 필요합니다. 많은 학생들이 배우길 희망하지만 중도에 포기하는 경우도 많이 보았습니다. 표현의 한계를 넘어서고자 하는 많은 그래픽 디자이너에게 도움을 줄 수 있는 책이 되길 바랍니다.

이 책은 3ds Max를 활용하여 만들 수 있는 전 과정을 담았습니다. 크게 메뉴 설명, 모델링, 매핑, 애니메이션, 렌더링 5부분으로 구분할 수 있습니다. 앞부분의 설치방법과 레이아웃 주 메뉴에 대한 부분은 필요할 때마다 다시 찾아보길 바랍니다. 그 외 부분은 실습 예제를 처음에는 주어진 수치 그대로 적용하여 연습한 다음 조금씩 변형하여 각 메뉴와 속성값 변화에 따른 결과를 비교하며 연습하면 됩니다.

3ds Max를 공부하는 초보자가 이 책을 활용하여 쉽게 따라하고 어느 순간 다음 단계로 넘어갈 수 있는 디딤돌이 될 수 있기를 희망합니다.

감사합니다.

저자 이문영 드림

3ds Max 2022 무작정 따라하기
이렇게 학습하세요!

3ds Max 기본 익히기

 SECTION 04 뷰포트 탐색 콘트롤

뷰포트 탐색 콘트롤은 뷰포트를 제어하는 아이콘이 모여 있습니다. 화면 오른쪽 아래에 있으며 화면을 확대하거나 선택한 오브젝트를 확대해서 보이게 하는 등 뷰포트를 제어하는 모든 기능을 담당하고 있습니다.

● 예제 파일 : PART02_Teapot_V02.max

뷰포트 탐색 콘트롤의 각 아이콘 오른쪽 아래 세모표시 가 있으면 하위 메뉴가 더 있습니다. 선택한 아이콘을 해제하고자 하면 마우스 오른쪽 버튼을 클릭하거나 키보드 Esc 를 입력하면 됩니다.

1  [Zoom] 선택한 뷰포트를 확대 · 축소할 수 있습니다. 마우스 스크롤 휠을 사용하는 것과 같은 결과입니다. 줌 아이콘을 선택한 후 뷰포트에 마우스를 올려주면 돋보기 형태로 커서 변합니다. 마우스를 누른 채 위로 이동하면 확대되고 아래로 이동하면 축소됩니다. 선택한 뷰포트 상에서만 적용됩니다. 마우스 커서를 올려둔 위치를 중심으로 확대 축소됩니다.

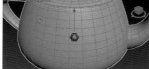

섹션 제목

알아야 할 기능이나 메뉴를 알려줍니다.

예제 파일

따라하기에 필요한 예제 파일의 정보입니다.

기능과 메뉴 설명

3ds Max의 기본 메뉴를 찾기 쉽게 알려줍니다.

3ds Max 기능 활용하기

2 뷰큐브의 각 면에 'Left', 'Right' ,'Top', 'Bottom', 'Front', 'Back'을 선택하거나 화살표를 클릭하여 뷰를
확인할 수 있습니다.

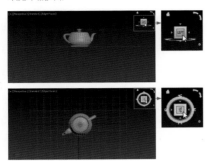

뷰큐브는 화면을 좌우로 돌려보고 원하는 방향으로 변환하기 때문에 3D 뷰포트인 Perspective 뷰포트에서 사용하길 권장합니다.

3 뷰큐브의 [ ] 홈 아이콘을 선택하면 선택(

확대 보기

예제를 따라하기 위한 설정을 자세히
볼 수 있도록 확대하여 보여줍니다.

Tip

알아두면 좋을 팁이나 단어를 설명
합니다.

과제 완료하기

과제 4	인테리어와 캐릭터 매핑 완성하기

과제목표	매핑은 완성된 3D 오브젝트 표면에 이미지를 입히는 과정입니다. 2D 이미지 매핑 소스를 그래픽 툴을 활용하여 완성하는 과제를 하기 위해 다양한 재질과 질감을 연구하고 실사에 가까운 이미지를 만들 것인지 손으로 그린 이미지를 입힐지는 컨셉과 장르에 따라 결정합니다. 가장 중요한 것은 2D 이미지를 3D 오브젝트에 어떤 방식으로 입힐 것인지 결정하고 맵핑 좌표를 정리하는 본인만의 가장 최적의 방식을 찾습니다.
과제순서	텍스쳐 스타일 정하기 → 모델링 파일 불러오기 → [Unwrap] 적용하기 → UVW 정리하기 → 포토샵에서 매핑 소스 만들기
참고사이트	https://pixabay.com/ 다양한 이미지들을 제공하는 사이트입니다. 인테리어 맵핑에 필요한 텍스쳐 이미지들을 검색을 통해 찾을 수 있는 유용한 사이트입니다. 무료로 제한 없이 사용할 수 있는 이미지들을 다운로드할 수 있습니다. 
Tip	– 실사 이미지가 필요한 인테리어 모델링은 사진 소스를 활용합니다. – 알파 맵을 활용할 경우 가장자리의 검은 선이 나타나는 경우 적용 후 영역을 작게 수정합니다. – 조명 설정 후 매핑 소스를 수정해야 하기 때문에 원본 PSD 파일을 보관합니다. – 조명으로 모든 음영을 표현하려 하지 않고 매핑에 음영의 디테일한 부분을 그려주어 완성도를 높입니다. – 범프 매핑(Bump Mapping)이란 렌더링 후 픽셀마다 표면 높낮이가 달리 보이게 하는 컴퓨터 그래픽 기술로 표면의 거칠기 같은 작은 재질을 표현하기 위한 좋은 방법입니다.

과제

따라하기 예제를 보며 익힌 기능을
스스로 과제를 실행해봅니다.

과제 Tip

과제를 수행하기 위한 팁을 설명합
니다.

PART 04

Editable Poly로 다양한 소품 만들기

PART 08
조명 및 렌더링

: 예제 및 완성 파일 사용하기 :

이 책에 사용된 예제 파일과 완성 파일은 길벗출판사 홈페이지(www.gilbut.co.kr)에서 다운로드할 수 있습니다.
따라하기 예제에 필요한 예제 파일과 완성 파일을 파트별로 담았습니다.

❶ 검색창에 도서 이름을 입력합니다.
❷ 검색한 도서로 이동한 다음 [자료실] 탭으로 이동합니다.
❸ 예제 및 완성 파일을 다운로드해 학습합니다.

Part 01

3ds Max 2022 설치 및 인터페이스

3ds Max 2022 버전 설치하고 기본 사항 알아보기

Chapter

01

3ds Max 2022 설치

컴퓨터 그래픽을 배울 때 고민되는 부분 중 하나는 아마도 고가의 소프트웨어를 구입해야 하느냐 일 것입니다. 다행히도 오토데스크에서는 학생용 3ds Max 무료 체험판을 제공합니다. 회원 가입 후 인증과정을 거치면 개인 컴퓨터에 다운로드하여 설치할 수 있습니다.

설치를 위한 준비 및 시스템 요구사항

3ds Max 2022버전을 설치하기 위해서는 다음과 같은 컴퓨터 시스템 사양이 필요합니다. 버전에 따른 필요조건은 오토데스크 홈페이지에서 확인할 수 있습니다. 3ds Max는 윈도우 운영체제 전용 프로그램입니다.

시스템 요구사항

사이트의 상위 메뉴 중 [지원]→ [시스템 요구사항] 을 클릭하고 확인합니다. 사용하고자 하는 버전을 확인합니다.

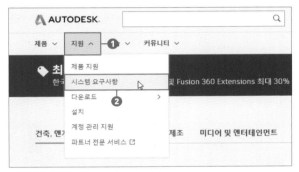

▲ 오토데스크홈페이지(www.autodesk.co.kr)

하드웨어	
CPU	64비트 Intel® 또는 AMD® 다중 코어 프로세서 (SSE4.2 명령 세트 지원)
그래픽 하드웨어	Quadro, FirePro, Pro GeForce GTX등의 전문가용 상위 버전 권장운영체제에 따른 드라이버 및 버전 권장사항을 오토데스크 홈페이지에서 확인
RAM	최소 4GB의 RAM(8GB 이상 권장)
디스크 공간	설치를 위한 9GB 여유 디스크 공간
입력장치	3버튼 마우스

소프트웨어	
운영 체제	64비트 Microsoft® Windows® 10
브라우저	온라인 보충 내용에 액세스하려면 다음 웹 브라우저의 최신 버전을 사용하는 것이 좋습니다. • Microsoft® Edge • Google Chrome™ • Microsoft® Internet Explorer® • Mozilla® Firefox®

오토데스크에서는 학생용 무료 체험판을 제공합니다. 최신 버전뿐만 아니라 구 버전도 다운로드할 수 있으며 1년 동안 자유롭게 사용할 수 있습니다. 하나의 계정으로 다른 컴퓨터에도 설치가 가능합니다.

오토데스크 홈페이지 ·

1 먼저 오토데스크 홈페이지(https://www.autodesk.co.kr/)에 접속한 다음 학생용 무료 소프트웨어 다운로드 메뉴를 찾습니다. [지원] → [다운로드] → [학생 및 교사]를 클릭합니다.

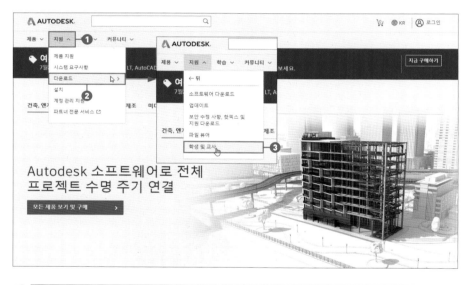

 홈페이지의 이미지와 화면 구성은 접속 시기에 따라 달라질 수 있습니다.

2 학생 및 교사를 클릭하면 오토데스크 제품의 교육용 액세스 권한을 받을 수 있는 페이지로 이동합니다. 학생 및 교사에게 오토데스크 제품 사용을 1년 동안 무료로 제공합니다. 무료 소프트웨어를 사용하기 위해서는 회원가입을 통한 계정을 생성하고 로그인 과정을 거쳐야 합니다. [시작하기]를 클릭합니다.

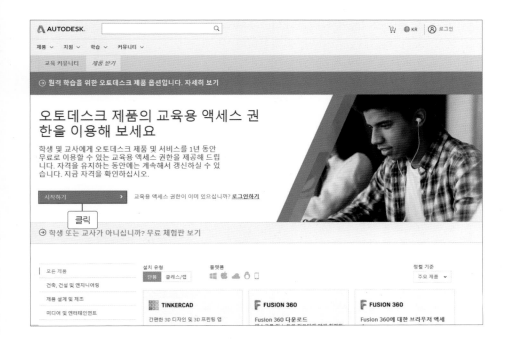

교육용 액세스 가져오기

3 계정 생성 페이지가 나타나면 필요 항목을 차례대로 선택하고 입력합니다. 이메일을 통한 계정확인 과정이 있기 때문에 본인의 사용 중인 정확한 이메일 주소를 입력합니다.

4 등록한 이메일로 온 확인 메일을 열어서 인증합니다. [VERIFY EMAIL]버튼을 클릭합니다. 계정이 확인되어 'Account Verified' 페이지가 나타납니다, [Done]버튼을 클릭합니다.

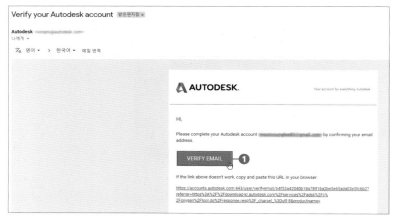

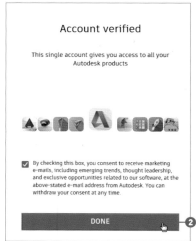

학생 및 교사 권한 얻기

5 사이트에 다시 로그인 후 학생과 교사를 인증할 문서를 업로드 합니다. 교육 기관에서 발행한 문서 사본 (예: 수업료 영수증이나 학생증, 경력증명서), 교육 기관에 소속된 학생, 교사 또는 직원임을 증명하는 자료를 업로드 합니다. 이때 계정 생성 때 사용한 이름과 동일한지 확인합니다. 문서를 업로드 후 [제출]을 클릭합니다.

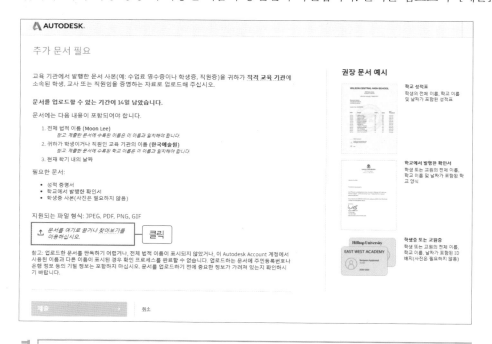

업로드 파일 형식은 PDF나 jpg등 이미지 파일로 업로드 가능합니다.

6 문서를 제출한 후 등록한 이메일로 교육용 권한에 대한 확인 메일이 옵니다. [GET PRODUCTS]를 클릭합니다. 유용한 서류를 제출하였지만 권한을 얻지 못했다는 메일이 온다면 제출한 문서의 본인 이름과 계정 생성에 쓰여졌던 이름이 동일한지 확인합니다.

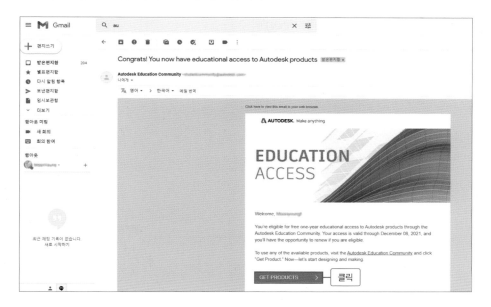

7 오토데스크 홈페이지로 이동합니다. 제품 리스트 중 3ds Max 메뉴에서 [제품 받기]를 클릭합니다.

8 [제품받기]를 클릭하고 버전과 언어를 선택합니다. 2022버전과 English를 선택하고 [설치버튼]을 선택합니다. 설치버튼의 하위 메뉴 중 [설치]와 [다운로드]의 차이는 설치프로그램을 내 컴퓨터에 다운로드만 하는지 바로 설치하느냐 하는 차이입니다.

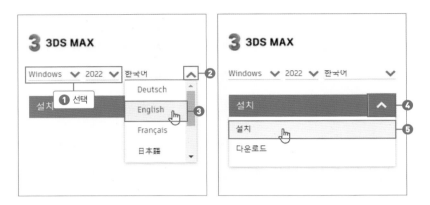

권한 없이 무료 체험판 설치하기

9 학생이나 교사가 아닌 경우 30일 무료 체험판을 사용할 수 있습니다. 검색화면 상단 검색창에서 '3ds Max'를 입력하여 검색합니다. 입력 후 하위 메뉴 중 [무료 체험판]을 선택합니다. 30일 동안 사용가능한 무료 체험판을 다운로드 할 수 있습니다.

SECTION 03 학생용 무료 체험버전 설치하기

계정을 생성한 후 프로그램을 내 컴퓨터에 설치합니다. 하나의 계정으로 최대 2대의 컴퓨터에 설치할 수 있습니다. 설치 완료까지의 시간은 인터넷 속도와 컴퓨터 사양에 따라 차이가 있을 수 있습니다.

컴퓨터에 실행파일 설치하기

1 오토데스크 홈페이지에서 [설치]를 선택한 후 컴퓨터에 '설치 준비 중'이라는 메뉴가 뜹니다. 설치할 위치 선택 화면으로 넘어가면 [다음]을 선택합니다. 윈도우 64비트 운영체제가 아니면 설치되지 않습니다. 추가 구성요소 선택화면에서 [설치]를 선택하고 100%가 될 때까지 기다립니다.

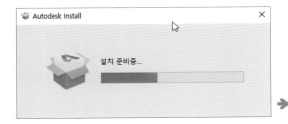

TIP 이 책은 영문 버전을 기준으로 설명합니다. 한글 버전을 사용해도 기능 부분에서는 차이가 없습니다. 하지만 메뉴나 명령어 등의 원래 의미를 제대로 파악하기 위해 영문 버전으로 학습하기를 추천합니다.

2 설치가 완료되면 컴퓨터를 [다시 시작] 버튼을 클릭 합니다. 재부팅 후 바탕화면에 바로가기 아이콘이 생성됩니다. [Autodesk 데스크탑 앱] 바로가기도 함께 설치됩니다. 프로그램의 업데이트 여부 등을 확인할 때 사용하는 것입니다.

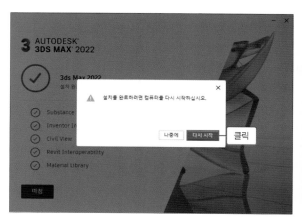 

교육용 액세스 권한 실행

3 바탕화면의 3ds Max 바로가기를 더블 클릭하여 실행합니다. 설치 후 처음 실행하면 로그인 과정을 거쳐 교육용 액세스 권한을 활성화 합니다. [Sign in with your Autodesk ID] 버튼을 클릭하고 로그인합니다. 가입 했던 전자 메일과 비밀번호를 입력한 후 핸드폰으로 숫자코드를 받아 입력합니다. 이과정은 설치 후 처음 실행할 때 한번만 하며 1년 동안 유효합니다.

4 로그인 과정이 끝나면 소개 페이지가 뜹니다. [Continue]와 [OK] 버튼을 클릭하면 3ds Max 인터페이스
가 나타납니다. 소개 페이지의 이미지는 버전이나 실행 시기에 따라 달라질 수 있습니다.

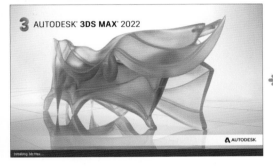 

오토데스크 데스크탑 앱

설치가 완료되면 바탕화면에 오토데스크 데스크탑 앱 바로가기가 설치됩니다. 계정 관리 및 업데이트를 한번에 확인하고 실행할 수 있습니다.

1 바탕화면의 바로가기에서 [Autodesk 데스크탑 앱]을 실행합니다. 왼쪽 메뉴 중 내 업데이트 메뉴를 클릭하고 현재 설치되어 있는 프로그램의 업데이트 내용을확인할 수 있습니다. 각 기능별로 내용을 확인한 후 필요한 부분만 업데이트를 실행합니다.

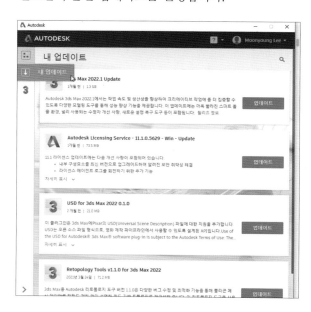

오토데스크의 제품별 지원 및 학습

오토데스크 홈페이지에서 3ds Max에 관련된 도움 내용을 제공합니다. 숨겨진 기능 및 메뉴까지 혼자서 공부하는 사용자에게 도움이 될 다양한 정보를 제공합니다.

오토데스크 홈페이지의 교육 지원

1 오토데스크 홈페이지(https://www.autodesk.co.kr/)에서 상위 메뉴 [지원] → [제품 지원]을 선택합니다. 제품 지원 페이지에서 [제품별 찾아보기]에서 '3ds Max'를 클릭합니다.

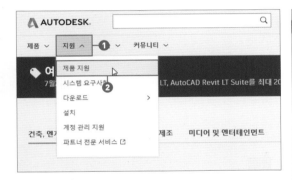 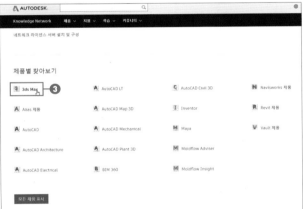

2 왼쪽 하위 메뉴에서 필요한 정보를 얻거나 키워드에 찾고자 하는 내용을 입력합니다. 예로 '키프레임'을 검색 해 보겠습니다. 검색 결과 오른쪽에 키프레임에 관련된 내용이 검색되어 보여집니다.

F1 으로 도움말 열기

3 3ds Max를 실행하고 키보드의 F1 을 입력하면 도움말 사이트로 연결됩니다. 혼자서 공부하는 경우 메뉴부터 숨겨진 기능까지 많은 부분 도움을 받을 수 있습니다. 영문으로 보여진다면 오른쪽 상단에서 언어를 변경할 수 있습니다.

4 왼쪽 메뉴 중 [3ds Max 자습서] 메뉴에서 도움이 될 튜토리얼 동영상을 제공합니다. [+서면 자습서] → [3ds Max 학습 채널 자습서] 메뉴를 클릭하면 ▶ YouTube 튜토리얼 채널로 연결됩니다.

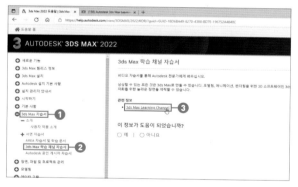

튜토리얼 채널

5 기본적인 것부터 모델링, 애니메이션, 렌더링까지 다양한 학습 동영상을 볼 수 있습니다.

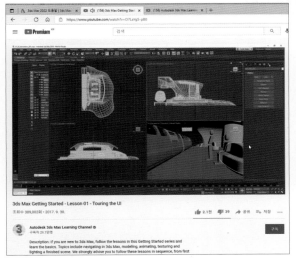 

Chapter
02

3ds Max 2022
인터페이스

설치가 완료되었다면 3ds Max의 기본 인터페이스 명칭과 위치에 대해 살펴봅니다. 처음부터 모든 패널과 메뉴의 명칭과 기능을 외우려 하지 않습니다. 자주 사용되는 부분 위주로 살펴본 후 용도에 따라 필요한 부분을 다시 찾아보는 방법으로 학습합니다.

웰컴 팝업 창과 기본 인터페이스

3ds Max를 설치하였다면 기본 인터페이스를 살펴봅니다. 처음 보여지는 웰컴 팝업 창과 기본 인터페이스의 명칭과 역할을 살펴봅니다.

웰컴 팝업 창

3ds Max를 실행하면 화면 가운데에 웹컴 팝업 창이 나타납니다. 새로운 사용자가 시작하는데 도움이 되는 기본 정보 슬라이드가 차례로 표시됩니다. 총 5개의 창이 차례로 있으며 아래의 둥근 버튼을 누르면 다른 페이지로 이동할 수 있습니다. 인터페이스 안내, 뷰포트 조작법, 튜토리얼 및 샘플 파일 다운로드 목록 등을 제공합니다.

❶ 3ds Max

❷ Welcome to 3ds Max

❸ Navigating in the Viewport

❹ Scene Sofety Improvements

❺ Next Steps

1 **3DS Max**: 3ds Max 소개 메시지를 보여줍니다. 오른쪽 상단의 'Language' 드롭 다운 메뉴를 이용하면 사용 언어를 선택할 수 있습니다.

2 **Welcome to 3ds Max**: 3ds Max 인터페이스의 구성 및 패널 이름을 알려줍니다.

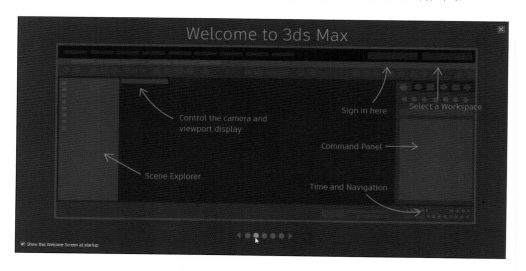

3 **Navigating in the Viewport**: 뷰포트를 제어하기 위한 마우스 조작법을 알려줍니다.

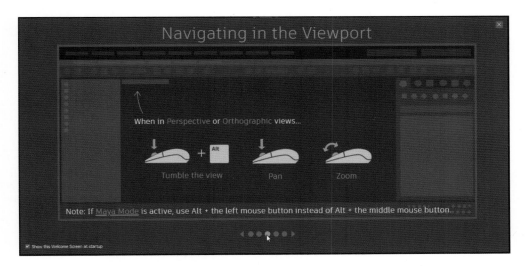

4 **Scene Safety Improvements**: 악성 스크립트를 탐지하고 차단하여 실행되지 않도록 하여 데이터 손실을 막는 기능에 대한 소개입니다.

5 **Next Steps**: 새로운 기능, 튜토리얼, 샘플 파일 등을 소개합니다. 3ds Max를 처음 사용한다면 [Tutorials and Learning Articles]를 클릭해 무료 튜토리얼을 참고하길 권합니다.

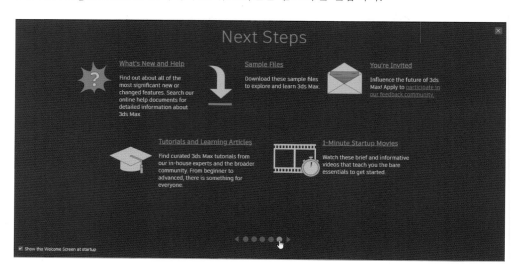

기본 인터페이스

웰컴 팝업 창을 닫으면 다음과 같은 화면이 나타납니다. 각 부분의 병칭과 용도를 살펴보겠습니다.

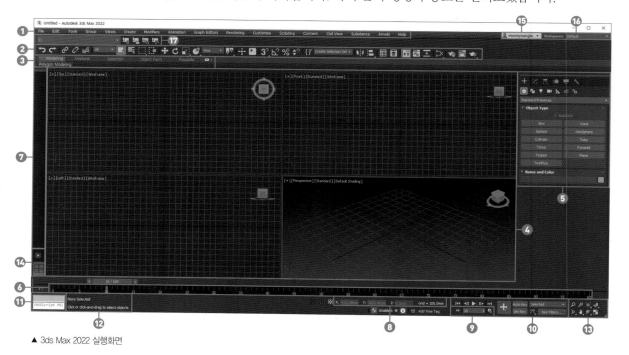

▲ 3ds Max 2022 실행화면

❶ **Menu bar**: 3ds Max 작업에 필요한 기능이 모여 있는 메뉴 바입니다.

❷ **Main Toolbar**: 오브젝트의 위치 변경 및 크기 조절과 렌더링 관련 아이콘 모음입니다.

❸ **Ribbon**: 오브젝트 모델링을 편집, 선택, 수정하기 위한 편집 메뉴와 아이콘 모음입니다.

❹ **Viewports**: 3D 오브젝트 작업을 위한 공간으로 정면, 측면, 3차원 공간 뷰포트로 이루어집니다.

❺ **Command Panel**: 모델링 및 애니메이션에 필요한 요소를 만들고 수정하는 주요 도구 모음입니다.

❻ **Time Slider**: 애니메이션 타임라인으로 키프레임 정보를 보고 추가 및 삭제할 수 있습니다.

❼ **Scene Explorer**: 오브젝트를 숨기거나 오브젝트의 이름을 수정하거나 삭제 할 수 있습니다.

❽ **Coordinate display**: 선택된 오브젝트의 X, Y, Z 정보를 보여 줍니다.

❾ **Time Controls**: 프레임 조절을 위한 Time Configuration 아이콘 모음입니다.

❿ **Animation controls**: 애니메이션 Set Key, Auto Key 등의 키 조절 아이콘 모음입니다.

⑪ **MAXScript Mini Listener**: 맥스 스크립트 입력 창

⑫ **Status line and Prompt line**: 상태표시줄

⑬ **Viewport Navigation controls**: 뷰포트의 줌인, 줌아웃, 이동 등 내비게이션 아이콘 모음입니다.

⑭ **Viewport Layouts**: 뷰포트 레이아웃을 변경할 수 있습니다.

⑮ **User Account menu**: 사용자 계정 메뉴

⑯ **Workspace selector**: 인터페이스 레이아웃 사전설정을 저장하거나 복원 할 수 있습니다.

⑰ **Projects toolbar**: 프로젝트 폴더를 선택하거나 만들 수 있습니다.

상단 메뉴

실행화면에서 상단에는 주로 사용되는 메인 메뉴들과 저장 경로 등을 설정할 수 있습니다. 상단 메뉴의 위치와 각 메뉴별 기능 및 특징에 대해 학습합니다.

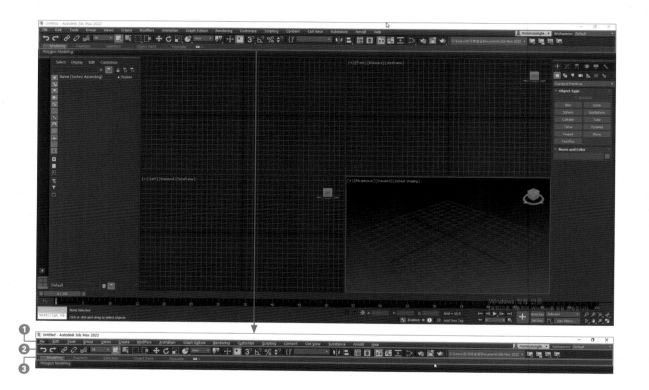

1. Menu bar

총 17개의 메뉴가 모여 있는 메뉴 바로 각 메뉴를 클릭하면 드롭 다운 메뉴가 나타납니다. 하위 메뉴의 오른쪽에 각 메뉴의 단축키를 확인할 수 있습니다. 단축키는 마우스로 메뉴를 직접 선택할 필요 없이 키보드에서 바로 입력하여 사용할 수 있기 때문에 작업 속도를 높여줍니다. 자주 사용하는 메뉴의 단축키는 외워둡니다.

+ [File]메뉴: 저장과 파일 불러오기, 외부 파일로 내보내기 기능이 모여 있습니다.

+ [Edit] 메뉴: 작업 중 되돌리기 기능, 오브젝트의 이동 크기조절 등의 기능이 모여 있습니다.

+ [Tools] 메뉴: 뷰포트 상의 오브젝트를 숨기거나 정렬하는 Explorer와 오브젝트를 정렬하고 반전 복사 하는 메뉴가 모여 있습니다.

+ [Group] 메뉴: 여러 오브젝트를 하나로 묶거나 다시 푸는 기능과 다른 개체들의 오브젝트를 하나로 붙이거나 분리하는 기능이 모여 있습니다.

+ [Views] 메뉴: 뷰포트를 설정하는 메뉴, 뷰포트 레이아웃을 변경하거나 뷰포트의 방향을 변경하는 기능이 모여 있습니다.

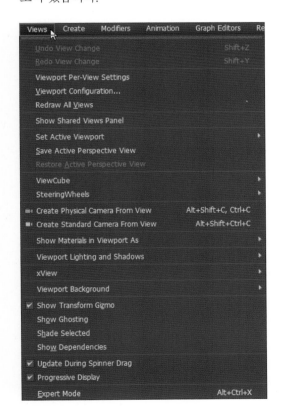

+ [Create] 메뉴: 다양한 형태의 오브젝트, 파티클, 조명, 카메라 등을 만들 수 있습니다.

+ [Modifiers] 메뉴: 오브젝트를 변형하거나 시뮬레이션 하는 기능이 모여 있습니다.

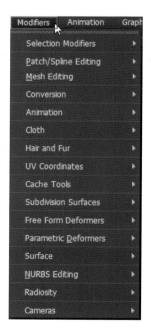

+ [Animation] 메뉴: 애니메이션에 필요한 콘트롤러 메뉴와 캐릭터 셋업에 필요한 Bone을 설정하고 Skin을 조절하는 메뉴가 모여 있습니다.

+ [Graph Editors] 메뉴: 키 프레임 애니메이션의 타이밍 조절과 그래프를 조절하는 메뉴가 모여 있습니다.

+ [Rendering] 메뉴: 렌더링 옵션 설정과 오브젝트의 매핑을 위한 재질 설정 메뉴가 모여 있습니다.

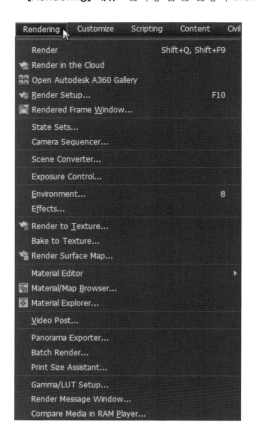

+ [Customize] 메뉴: 인터페이스를 변경하거나 처음 상태로 되돌립니다. Unit을 설정하는 메뉴 등이 모여 있습니다. 건축이나 다른 환경에서 작업한 오브젝트들을 불러 올 때 작업환경의 단위를 설정할 수 있습니다.

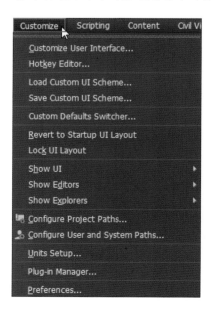

+ [Scripting] 메뉴: 맥스 스크립트 언어를 사용하거나 불러오는 메뉴들이 모여 있습니다.

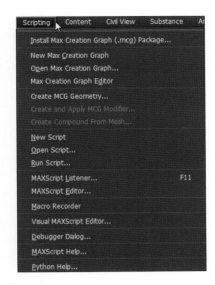

+ [Content] 메뉴: 공개 모델링 파일등을 다운 받을 수 있습니다.

+ [Civil View] 메뉴: 처음 Initialize Civil View를 활성한 후 시작할 수 있습니다. 측량 좌표 값을 가져오거나 설정하는 메뉴가 모여 있습니다.

+ [Substance] 메뉴: 외부 앱인 서브스탠스를 맥스에 적용하고 렌더러에 보내는 메뉴가 모여 있습니다.

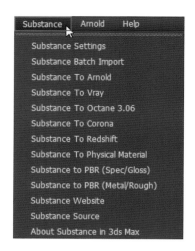

+ [Arnold] 메뉴: 맥스 2018 버전 이상부터 기본 렌더러에 포함된 Arnold 렌더러를 셋팅할 수 있는 메뉴가 모여 있습니다.

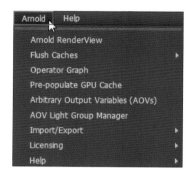

+ [Help] 메뉴: 도움말 메뉴, 웰컴 스크린이나 튜토리얼 등을 찾아 볼 수 있는 메뉴 모음입니다.

2. Main Toolbar

메뉴 바 아래 메인 도구 모음입니다. 오브젝트를 제어할 때 사용하는 주 아이콘과 렌더링 아이콘들이 모여 있습니다.

❶

ⓐ **Undo**: 뒤로가기   ⓑ **Redo**: 되돌리기

❷

ⓐ **Select and Link**: 선택한 오브젝트를 다른 오브젝트에 연결
ⓑ **Unlink Selection**: 연결되어 있는 링크 끊기
ⓒ **Bind to Space Warp**: 파티클이나 중력 같은 Space Warp 연결

❸

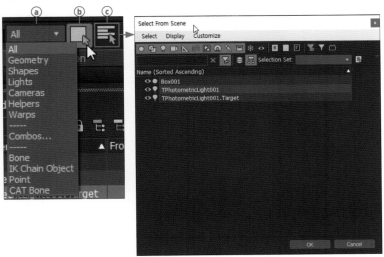

ⓐ **Selection Filter**: 드롭 다운 메뉴로 기본은 [All]로 설정이 되어 있다. 하위 메뉴의 선택한 개체만 선택
ⓑ **Select Object**: 클릭해서 오브젝트 선택
ⓒ **Select by Name**: 이름을 검색하거나 Select From Scene창에서 선택

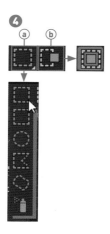

ⓐ **Selection Region**: 선택 영역 형태를 선택

ⓑ **Selection Toggle**: 선택 방식 토글 키, 오브젝트의 일부분만 선택해도 선택하거나 전체를 선택해야지 선택되는 방식 두 가지 중 하나를 고를 수 있다.

ⓐ **Move**: 이동

ⓑ **Rotate**: 회전

ⓒ **Scale**: 총 3가지의 크기조절 아이콘을 선택

ⓓ **Select and Place, Select and Rotate**: 선택한 오브젝트를 다른 오브젝트 표면에 붙여서 이동하거나 회전하는 두 가지 방식을 선택

❻ 오브젝트 중심축 설정 아이콘

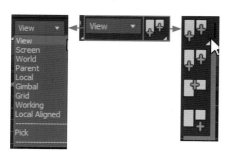

❼ 오브젝트 변형에 있어 제약조건을 활성화 하는 스냅 아이콘

ⓐ **3D 스냅, 2D 스냅, 2.5D 스냅**: 오브젝트 이동 스냅
ⓑ **각도 스냅**: 회전 스냅(기본값 5도씩)
ⓒ **백분율 스냅**: 크기 스냅(기본값 10%)
ⓓ **스피너 스냅**: 스피너(수치조절 하는 흰색 화살표) 스냅(기본값 1)

❽ 오브젝트 분류를 위한 설정 아이콘

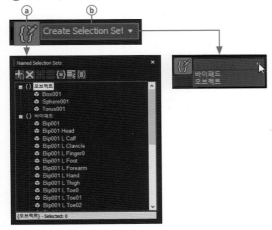

ⓐ **Manage Selection Set**: 아이콘을 클릭하면 Named Selection Set 창에서 오브젝트를 분류 및 이름을 지정
ⓑ **Create Selection Set**: 분류한 Set 이름이 하위 메뉴로 선택

❾ 미러 복사 및 정렬 아이콘

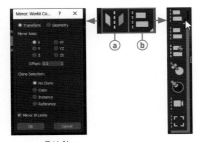

▲ Mirror 옵션 창

ⓐ **Mirror**: 오브젝트를 정해진 축을 중심으로 반전 복사 또는 이동
ⓑ **Align**: 선택한 오브젝트로 빠르게 이동

❿ 숨겨진 창 활성화 아이콘

ⓐ Scene Explorer

ⓑ Layer Explorer

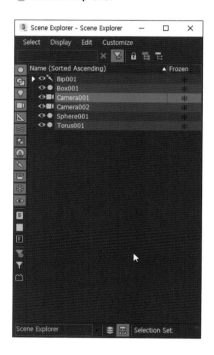

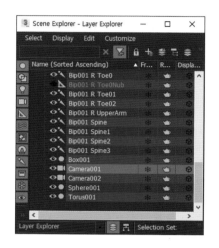

ⓒ Show Ribbon

ⓓ Curve Editor

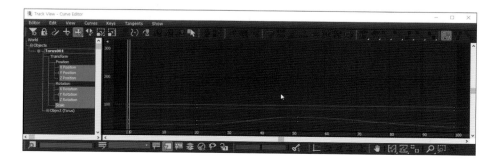

ⓔ **Schematic View**

ⓕ **Material Editor**: Slate Material과 Compact Material 두 가지 버전으로 선택 가능

ⓖ **Slate Material**

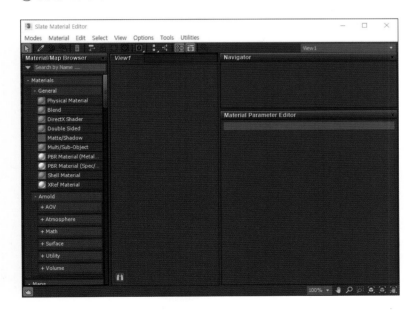

ⓛ Compact Material

⓫ 렌더링 설정 및 실행 아이콘 모음

ⓐ Render Setup

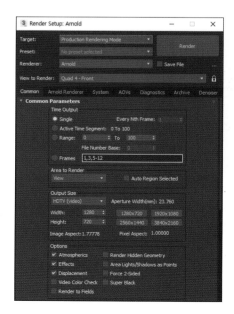

ⓑ **Render Frame Window**

ⓒ **Render** : 렌더링 실행 아이콘 모음

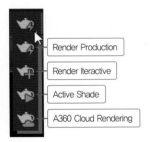

Render Production
Render Iteractive
Active Shade
A360 Cloud Rendering

⓬ **프로젝트 경로 설정** : 전체 프로젝트 폴더를 만든 후 모델링, 텍스쳐 파일, 음원 등 분류된 하위 폴더를 생성하여 사용하길 권장합니다.

ⓐ 현재 프로젝트 폴더 경로 표시
ⓑ Set Active Project
ⓒ Create Empty
ⓓ Create Default
ⓔ Create from Current

3. 리본도구

상단 메뉴 중 리본도구를 살펴보겠습니다. 오브젝트 조작 및 변형에 필요한 도구가 포함된 탭들로 이루어져 있습니다. 용도별로 선택하여 사용하면 됩니다.

뷰포트 상에 오브젝트가 없다면 [Populate]탭 외에는 리본도구에서 활성화되는 메뉴가 거의 없습니다. 오브젝트 생성하여 폴리곤으로 변환시킨 후에 다음의 메뉴들이 활성화됩니다.

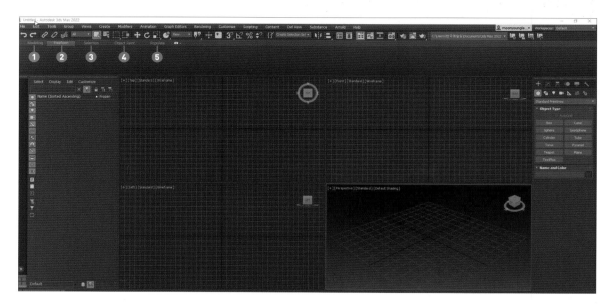

❶ **Modeling**: 폴리곤으로 변환하거나 엣지나 버텍스를 선택, 모델링 형태 수정에 필요한 주요 메뉴들이 모여 있다.

❷ **Freeform**: 오브젝트 표면을 브러쉬 형태로 변형할 수 있는 메뉴들이 모여 있다.

❸ **Selection**: 오브젝트를 정확한 수치에 의해 선택할 수 있는 메뉴들이 모여 있다. 버텍스나 엣지가 선택되어 있어야 활성화된다.

❹ **Object Paint**: 선택한 오브젝트를 그려서 이어진 새로운 형태로 만드는 옵션들이 모여 있다.

❺ **Populate**: 군중 시뮬레이션에 패널로 군중의 행동유형, 이동 경로 속도 등을 제어할 수 있는 메뉴들이 모여 있다.

Command 패널

오른쪽에 있는 커맨드(Command) 패널에 대해 살펴보겠습니다. 총 6개의 패널로 구성되어 있고 오브젝트를 생성하고 조명이나 카메라 등 제작에 필요한 모든 요소들을 가져 올 수 있고 옵션 값들을 수정할 수 있습니다. 많이 활용되는 패널 중 하나입니다.

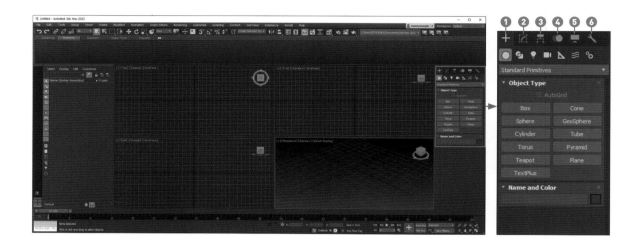

❶ [Create] 패널: 총 7개로 분류 되어 있습니다. 기본 도형 및 조명 카메라 등을 생성할 수 있습니다.

❷ [Modify] 패널: 선택한 오브젝트의 수치 값 또는 여러 명령어를 적용하고 수정할 수 있습니다.

▲ Box가 선택된 상태

❸ [Hierachy] 패널: 오브젝트의 중심축을 수정하거나 계층을 설정하거나 수정할 수 있습니다.

❹ [Motion] 패널: 애니메이션 설정 및 수정할 수 있습니다.

❺ [Display] 패널: 뷰포트상에 오브젝트를 숨기거나 보여 지게 하는 옵션이 모여 있습니다.

❻ [Utilities] 패널: 유틸리티가 모여 있습니다.

레이아웃의 가장 아래에 위치한 하단메뉴는 주로 애니메이션에 관련된 메뉴입니다. 키 프레임 애니메이션을 위한 타임 슬라이더와 키 프레임을 설정하거나 수정 할 수 있는 메뉴들이 모여 있습니다.

시간 콘트롤

좌표 표시

애니메이션 및 키 콘트롤

뷰포트 제어 아이콘

시간 콘트롤

❶ 타임슬라이더: 드래그하여 움직이면서 프레임을 이동할 수 있습니다.

❷ 타임라인: 프레임 숫자가 표시됩니다. 애니메이션 키를 설정하면 프레임 숫자위에 네모가 나타납니다. 키 프레임 정보를 추가 및 삭제 수정할 수 있습니다.

▲ 애니메이션 키가 적용되었을 때

좌표 표시

❶ Isolate Selection: 선택한 오브젝트만 뷰포트 상에 보이게 합니다.

❷ Selection Lock toggle: 뷰포트 상 선택한 오브젝트만 활성화 되고 다른 오브젝트는 선택할 수 없습니다.

❸ Offset Mode Type Transform Type-In: X,Y,Z 좌표 값이 현재 값이 0으로 재설정됩니다.

❹ Coordinate display: 좌표표시

애니메이션 및 키 콘트롤

컴퓨터그래픽에서 애니메이션을 설정하는 것을 '키값을 준다'라고 합니다. 아이콘 역시 열쇠 모양으로 되어 있습니다. 애니메이션 플레이(재생)버튼이 모여 있고 오른쪽은 프레임 위에 애니메이션을 설정하는 키 값을 주고 오브젝트 변화로 인한 자동으로 키생성 하는 버튼 등이 모여 있습니다.

애니메이션 확인버튼

1 시작으로 이동
2 이전 키프레임
3 재생/중지
4 다음 키프레임
5 끝으로 이동
6 키모드
7 프레임 수 입력
8 Time Configuration: 초당 프레임 수 와 전체 프레임 수 등을 설정합니다.

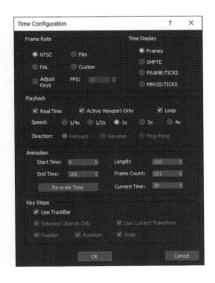

키 생성 콘트롤

① 키 생성
② 자동 키 애니메이션 모드
③ 직접 입력 애니메이션 모드
④ 선택 리스트
⑤ 키 값의 그래프 기울기 값 설정
⑥ 키필터 창

뷰포트 제어 아이콘

뷰포트에서 줌인 줌아웃 또는 선택한 오브젝트를 중앙에 배치하는 등의 뷰포트를 제어하는 아이콘이 모여 있습니다.

① **뷰포트 줌인 줌아웃**: [Zoom], [Zoom All],[Zoom Extents Selected],[Zoom Extents All Selected]
② **뷰포트 회전 및 이동**: [Field of View],[Pan View],[Orbit Subject],[Maximize Viewport]

뷰포트

레이아웃 가운데에 위치하고 있는 뷰포트는 3D 오브젝트 작업을 위한 공간으로 정면, 측면, 3차원 공간으로 이루어집니다. 가장 많이 활용되는 작업 공간으로 3D는 한 면만 보는 것이 아닌 모든 뷰를 다 확인하면서 제작해야 합니다.

기본 뷰포트

기본 뷰포트는 4개의 뷰로 구성되어 있습니다. 제작자가 편한 방식으로 뷰포트 구성을 변경할 수 있고 각각의 뷰를 선택하고 선택한 뷰를 최대화시키거나 되돌릴 수 있습니다.

TIP
뷰포트 제어에 관한 내용은 PART 02의 뷰포트에서 자세한 기능 및 예제로 다시 살펴보겠습니다.

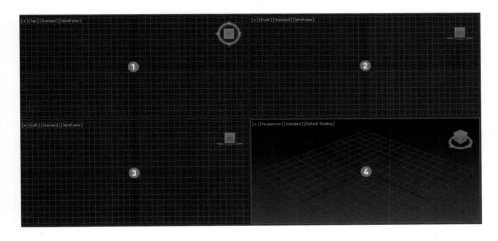

❶ Top: 오브젝트를 직각으로 위에서 보는 뷰

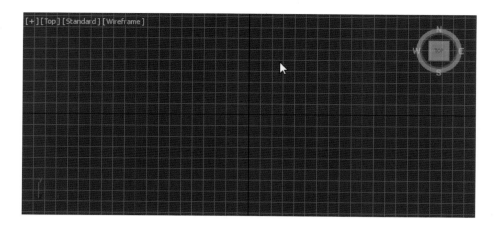

❷ Front: 오브젝트를 직각으로 정면에서 보는 뷰

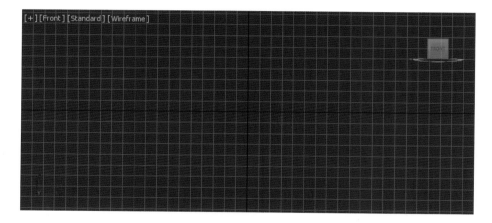

❸ Left: 오브젝트를 직각으로 왼쪽에서 보는 뷰

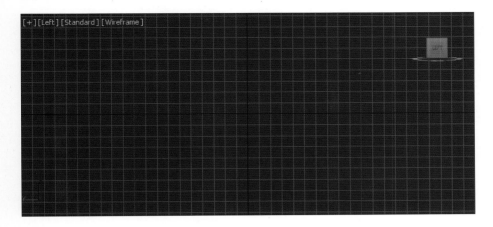

❹ Perspective: 오브젝트를 3D상에서 보는 뷰, 뷰포트를 회전하면서 모든 면을 확인합니다.

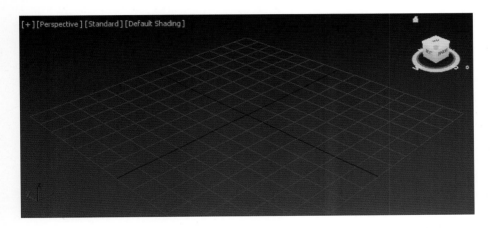

Chapter

03

3ds Max 2022
사용자 인터페이스

3ds Max 인터페이스의 레이아웃을 변경하여 자신만의 작업 환경을 설정할 수 있습니다. 또한 작업속도를 높여줄 수 있는 단축키 역시 변경할 수 있습니다. 각각의 메뉴나 패널 등을 이동시키거나 숨겨진 툴바 등을 조절하여 인터페이스를 최적화하는 방법을 살펴보겠습니다.

원하는 위치로 변경하기

인터페이스 레이아웃을 수정하는 가장 기본적인 방법인 드래그 앤 드롭으로 툴바나 탭을 드래그로 끌어서 원하는 위치로 이동합니다. 마우스를 사용하여 이동하여 원하는 위치로 다시 붙이는 걸 도킹한다고 합니다. 3ds Max가 처음인 학습자라면 방법만 학습한 후 익숙해지기 전까지는 기본 환경에서 하길 권장합니다.

1 Main Toolbar를 이동해 보겠습니다. 화면 왼쪽 가장자리에 마우스 커서를 가져다 두면 모양이 ✛ 변합니다. 이때 원하는 위치로 클릭 앤 드래그를 하면 이동할 수 있습니다. 붙일 수 있는 공간으로 끌어다 놓으면 아래 그림처럼 색이 변하면서 활성화됩니다.

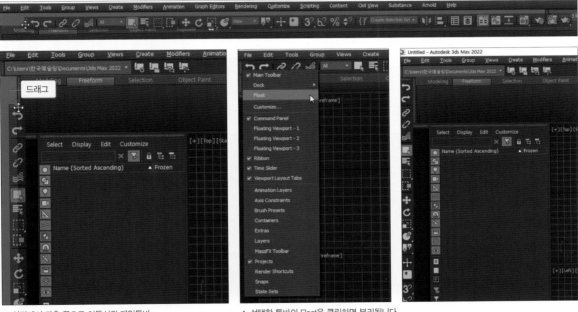

▲ 상단에서 좌측 끝으로 이동시킨 메인툴바   ▲ 선택한 툴바의 Float을 클릭하면 분리됩니다.

> **Tip**
> ▬▬▬▬▬▬ 메뉴바의 좌측이나 상단에 있는 두줄선 모양을 선택하면 분리하여 이동할 수 있습니다. 마우스 오른쪽 버튼을 클릭하면 나타나는 메뉴에서 [Float]을 클릭한 후 드래그를 하여 이동할 수도 있습니다.

2 마우스 오른쪽 버튼을 클릭하고 [Dock] → [Top/ Bottom/Left/Right]을 선택하여 선택한 패널이나 툴바의 위치를 변경할 수 있습니다.

3 Command Panel의 크기를 조절해 보겠습니다. 패널의 경계 부분에 마우스 커서를 두고 좌우 화살표 모양(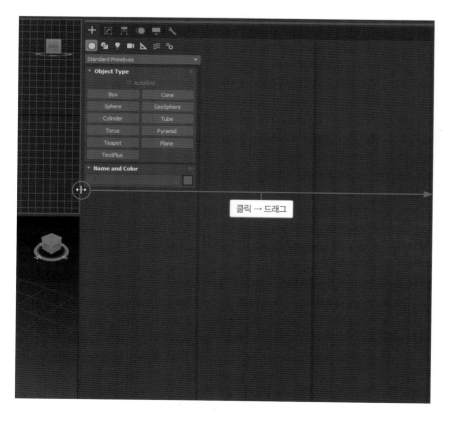)으로 바뀌면 클릭 앤 드래그로 크기를 조절할 수 있습니다.

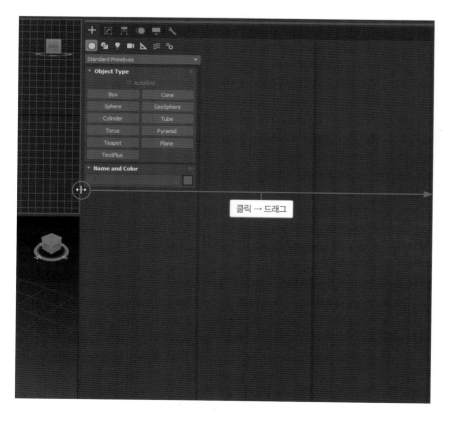

4 자신만의 인터페이스 레이아웃을 설정했다면 저장하거나 다시 불러올 수 있습니다. [Customize] → [Save Custom UI Scheme]를 선택하여 저장하고 저장한 인터페이스는 [Customize] → [Load Custom UI Scheme]로 불러올 수 있습니다.

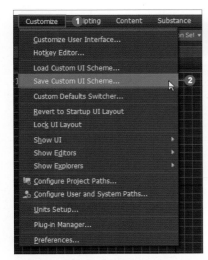

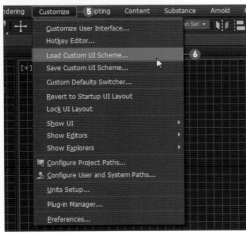

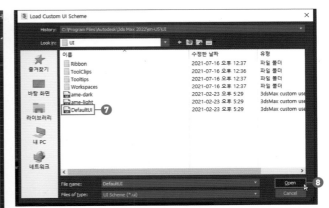

5 [Customize] → [Custom Defaults Switcher]를 선택하면 3ds Max에서 기본으로 제공하는 인터페이스 레이아웃을 사용할 수 있습니다.

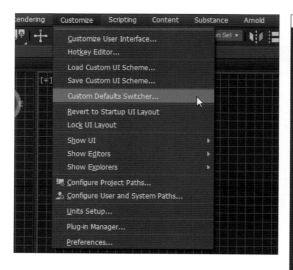 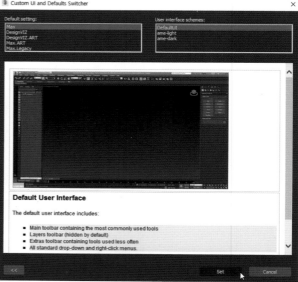

 마지막으로 지정된 레이아웃이 저장되어 다시 시작할 때 변경된 상태로 시작합니다.

단축키 설정 및 변경하기

컴퓨터그래픽은 마우스를 활용하여 메뉴를 선택하거나 아이콘을 클릭하여 제작하는 방식 외에 키보드 단축키를 설정할 수 있습니다. 적절한 단축키를 활용한다면 작업 속도를 높일 수 있고 자신만의 단축키를 설정할 수 있습니다. 다른 3D 소프트웨어 사용자가 같은 단축키를 사용하고자 할 때 유용합니다.

1 메인 메뉴바에서 [Customize] → [Hotkey Editor]를 선택합니다. [Hotkey Editor]창이 열립니다.

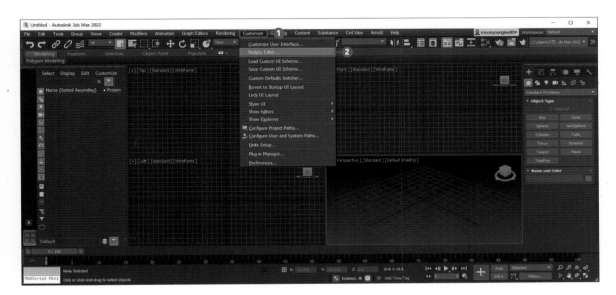

2 [Hotkey Editor]창을 열면 명령어 리스트와 그에 따른 단축키(Hotkey)를 확인할 수 있습니다. 뷰포트의 선택한 뷰를 전체 화면으로 변경하는 [Maximize Viewport Toggle]의 단축키를 변경해보겠습니다. 스크롤로 원하는 명령어를 찾거나 [Type to search by Actions]에서 검색어를 입력하여 찾습니다.

3 [Maximize Viewport Toggle]을 선택합니다. 현재 Alt + W 로 지정된 것을 볼 수 있습니다.

4 오른쪽 Hotkeys 아래 빈칸에 새로 설정할 명령어를 입력합니다. 임의로 Ⓑ를 입력하겠습니다. 입력 후 활성화된 버튼 [Assign]을 클릭합니다. 원래 지정되어 있던 단축키를 지우고 싶으면 [Remove] 버튼을 클릭합니다.

5 명령어가 입력된 걸 확인한 후 [Done]을 클릭하면 [Unsaved Changes]창이 뜹니다. [Save]를 클릭하면 최종 저장됩니다.

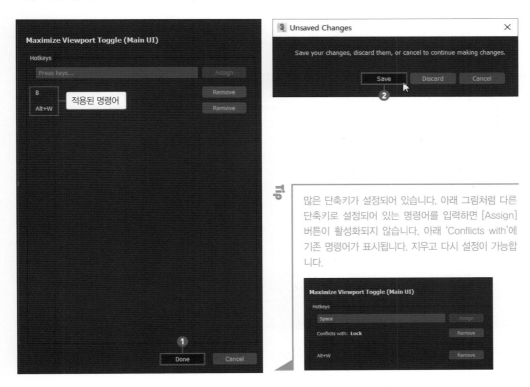

Tip 많은 단축키가 설정되어 있습니다. 아래 그림처럼 다른 단축키로 설정되어 있는 명령어를 입력하면 [Assign] 버튼이 활성화되지 않습니다. 아래 'Conflicts with'에 기존 명령어가 표시됩니다. 지우고 다시 설정이 가능합니다.

선택한 메뉴 삭제 및 숨겨진 툴바 꺼내기

패널이나 메뉴를 분리하거나 삭제할 수 있습니다. 마우스를 조작하여 수정하는 방법 또는 [Customize User Interface] 메뉴에서 설정하는 방법이 있습니다.

메뉴 분리 및 되돌리기

1 선택한 메뉴의 하위 메뉴 상단의 두줄을 선택하면 메뉴가 분리됩니다. 원하는 위치로 이동 및 [X]를 클릭하여 창을 닫을 수 있습니다.

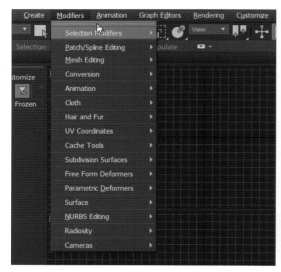

메뉴 삭제 및 되돌리기

2 메인 메뉴 바에서 [Customize] → [Customize User Interface]를 선택합니다. [Customize User Interface] 창이 뜹니다. [Menus]탭을 선택합니다. 오른쪽 [Main Menu Bar]에서 원하는 메뉴를 선택하고 [Delete]로 삭제하거나 [Reset]으로 되돌릴 수 있습니다.

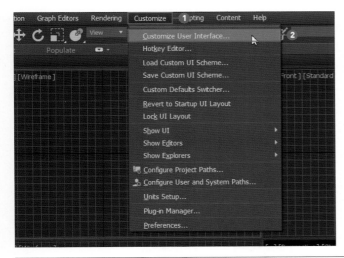

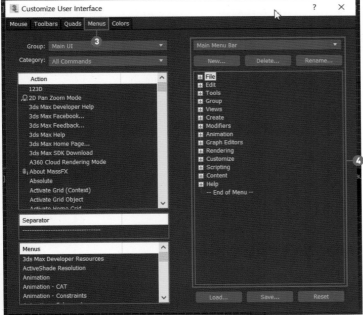

숨겨진 툴바 꺼내기

3 [Customize User Interface]창에서 [Toolbars]탭을 선택하고 오른쪽 ▼하위 숨겨진 툴을 선택하고 [Hide] 체크 박스를 해제하면 숨겨진 툴바를 활성화할 수 있습니다.

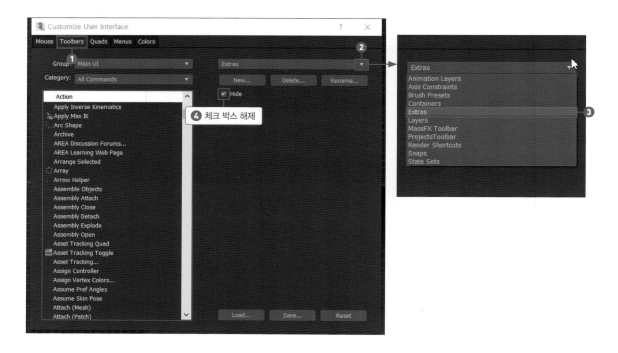

SECTION 04

그리드 및 유닛 설정하기

제작 환경의 단위를 설정할 수 있습니다. 건축이나 인테리어 모델링처럼 정확한 도면을 기준으로 모델링할 때 미리 지정해두고 작업을 시작합니다. 특히 예제 파일을 열거나 다른 환경에서 작업한 파일을 불러올 때를 대비하여 주요 메뉴와 단위 설정하는 법을 학습합니다.

유닛 단위 설정하기

1 단위를 밀리미터로 설정해보겠습니다. 메인 메뉴바에서 [Customize] → [Unit Setup]을 선택합니다. [Units Setup]창에서 [System Unit Setup]버튼을 클릭합니다.

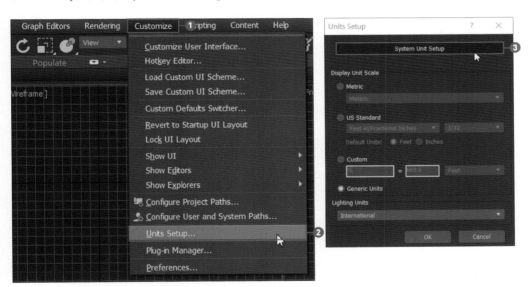

2 [System Unit Setup]창에서 System Unit Scale 항목에서 '1 Unit= 1.0 Millimeters'로 설정합니다. 설정 후 [OK] 버튼을 클릭하고 저장합니다. [Unit Setup] 창에서 Display Unit Scale 항목에서 'Metric'을 활성화하고 'Millimeters'로 설정하고 [OK] 버튼을 클릭합니다.

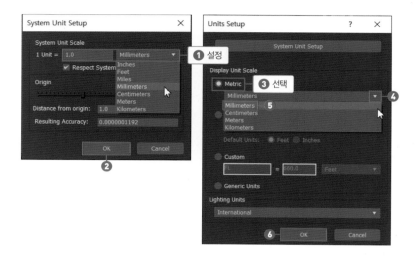

그리드 설정하기

3 메인 메뉴바에서 [Tools] → [Grid and Snaps] → [Grid and Snap Settings]을 선택합니다. [Grid and Snap Settings]창이 뜹니다. [Home Grid]탭을 선택합니다.

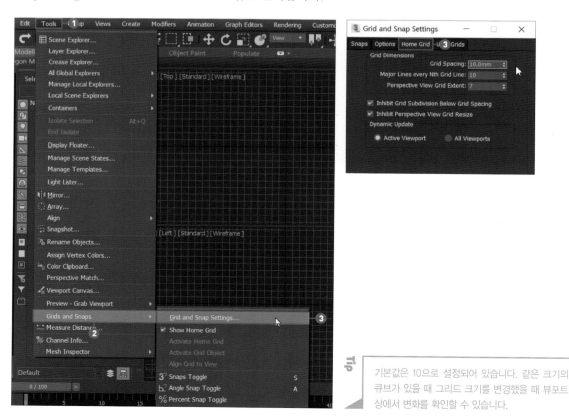

TIP
기본값은 10으로 설정되어 있습니다. 같은 크기의 큐브가 있을 때 그리드 크기를 변경했을 때 뷰포트 상에서 변화를 확인할 수 있습니다.

4 'Grid Spacing' 수치 값을 수정하면 됩니다.

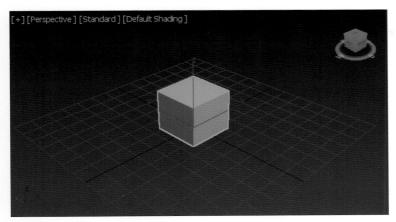

▲ Grid Spacing = 10

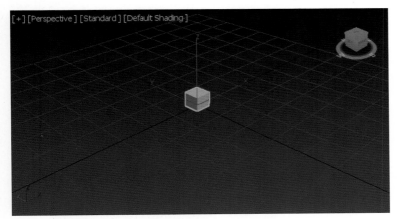

▲ Grid Spacing = 20

05

인터페이스 색상 변경 및 처음으로 되돌리기

뷰포트 배경 화면색이나 인터페이스 세부 항목의 색상을 변경하거나 되돌릴 수 있습니다. 변경한 인터페이스는 마지막 저장한 파일 기준으로 적용됩니다. 필요에 따라 사용하고 작업과정에서 필수과정은 아닙니다.

레이아웃 색상 변경

1 메인 메뉴 바에서 [Customize] → [Customize User Interface]를 선택합니다. [Customize User Interface] 창에서 [Colors]탭을 선택하고 아래 원하는 항목을 선택합니다.

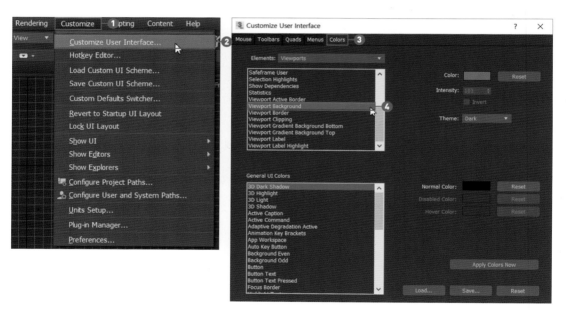

2 뷰포트 배경 색을 변경해보겠습니다. 'Viewport Background'를 선택하고 오른쪽 'Color'의 네모 색상을 선택합니다. [Color Selector]창에서 원하는 색을 지정하고 [OK] 버튼을 클릭합니다. 다시 [Customize User Interface]창으로 돌아와서 아래 [Apply Colors Now]버튼을 클릭합니다.

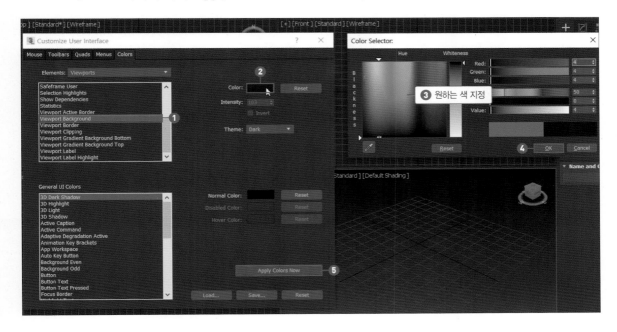

처음 상태로 되돌리기

3 [Customize User Interface]창에서 [Reset]버튼을 클릭합니다. [Revert Color File]에서 [Yes]버튼을 클릭합니다. 변경했던 인터페이스를 처음 상태의 인터페이스 상태로 변경됩니다.

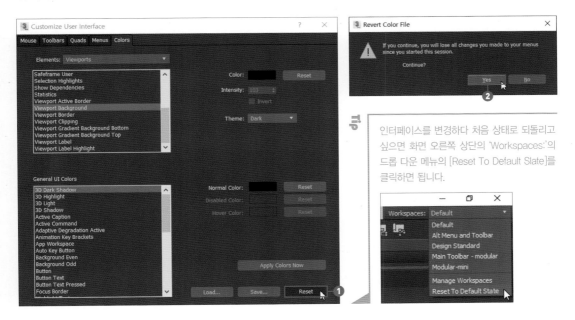

인터페이스를 변경하다 처음 상태로 되돌리고 싶으면 화면 오른쪽 상단의 'Workspaces:'의 드롭 다운 메뉴의 [Reset To Default Slate]를 클릭하면 됩니다.

Part
02

3ds Max 2022 뷰포트 및 기본 메뉴

뷰포트에 대해서 자세히 알아보고 오브젝트를 뷰포트에서 제어하는 방법을 살펴봅니다.

Chapter

01

뷰포트 변경/ 확대/
축소/ 이동하기

뷰포트는 오브젝트를 보는 카메라로 생각하면 됩니다. [Front],
[Left], [Top], [Perspective]가 기본 뷰포트입니다. 카메라를 어느
방향으로 위치하는지에 따라 하나의 오브젝트가 다르게 보입니
다. 3D 그래픽을 제작하려면 모든 방향의 뷰포트를 확인해야 합
니다. 현재 뷰포트에서 다른 뷰포트로 변경하는 방법을 비롯하여
뷰포트를 확대, 축소, 회전, 이동하는 등 뷰포트 레이아웃을 변경
하는 방법을 살펴봅니다.

뷰포트 명칭 및 메뉴

3ds Max의 기본 뷰포트는 총 4개의 뷰포트로 나뉘어져 있습니다. 크게 2D와 3D 뷰포트로 구분할 수 있습니다. 뷰포트의 각
명칭과 메뉴에 대해 자세히 학습합니다.

2D와 3D 뷰포트

1 처음 뷰포트(Viewport)는 4분할로 [Top], [Front], [Left], [Perspective]로 구성되어 있습니다. 각 뷰포트의
이름은 각 뷰포트 왼쪽 상단에 표시되어 있습니다. Top 뷰포트는 위에서 바라보는 뷰, Front 뷰포트는 정면
에서 바라보는 뷰, Left 뷰포트는 왼쪽에서 바라보는 뷰입니다. 모두 90도 직각으로 바라보는 뷰이며 2D 뷰포
트라고 볼 수 있습니다. Perspective 뷰포트는 3D 뷰포트로 좌우로 돌려가며 확인할 수 있습니다.

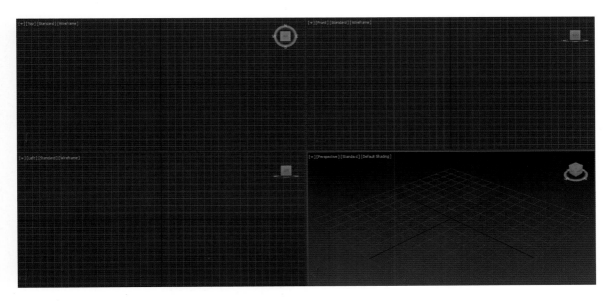

 선택한 뷰포트는 가장자리가 노란색으로 표시됩니다.

2 각 뷰포트 명칭을 클릭하여 다른 뷰포트로 변경할 수 있습니다. Left 뷰포트 이름을 클릭하면 하위 메뉴가 뜹니다. 그중 Right 뷰포트를 선택하면 변경됩니다.

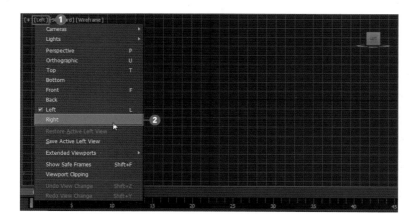

뷰포트 메뉴

3 뷰포트 상단의 메뉴를 살펴보겠습니다. 기본으로 총 4개의 메뉴가 활성화되어 있습니다. 첫 번째 [+]기본 메뉴를 클릭하면 하위 메뉴가 나타납니다.

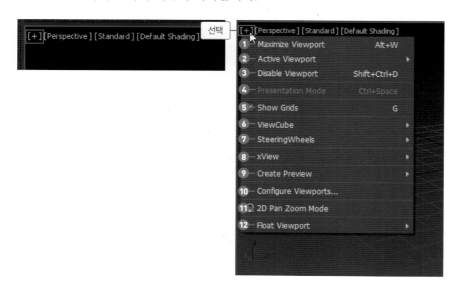

❶ [Maximize Viewport]: 뷰포트를 최대화하거나 최소화합니다.

❷ [Active Viewport]: 하위 메뉴에서 현재 활성화된 뷰포트를 확인할 수 있고 다른 뷰포트로 선택하고 변경할 수 있습니다.

❸ [Disable Viewport]: 현재 뷰포트를 비활성화하여 다른 뷰포트에서 변경된 내용이 반영되지 않습니다. 상단 메뉴 마지막에 《Disable》가 나타납니다. 하지만 다시 뷰포트를 클릭하거나 체크를 해제하면 변경된 내용이 적용됩니다.

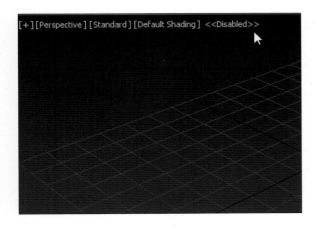

❹ [Show Grid]: 기본으로 뷰포트에는 그리드가 표시됩니다. 뷰포트에 보이지 않게 하거나 다시 보이게 할 수 있습니다.

❺ [View Cube]: 뷰포트 오른쪽 상단에 있는 [ⓘ] 뷰큐브에 대한 제어 메뉴를 설정할 수 있습니다.

❻ [StrengthWheela]: 네비게이션 메뉴를 스트렝스 휠 아이콘으로 뷰포트에 나타나게 합니다. 크기와 종류를 선택할 수 있습니다.

❼ [xView]: xView 모드를 활성화합니다. xView에서는 메시 모델을 분석하고 잠재적 문제 및 오류 결과를 그래픽이나 텍스트로 뷰포트에 표시합니다.

Show Statistics를 선택할 때 나타나는 수치값

Open Edges를 선택 시 그림처럼 녹색선으로 표시된다.

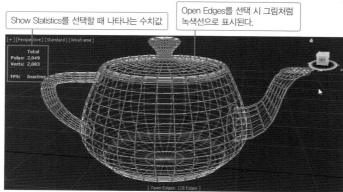
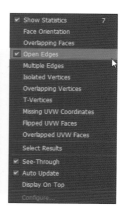

❽ **[Create Preview]**: 키프레임 애니메이션을 선택한 뷰포트에서 선택한 뷰포트에서 보여지는 모습 그대로 프리뷰 애니메이션을 만들거나 재생하거나 저장할 수 있습니다.

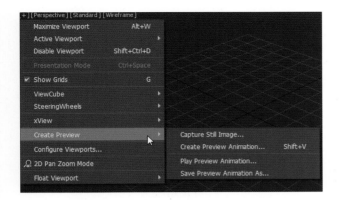

❾ **[Configure Viewports]**: 뷰포트 레이아웃이나 여러 설정을 조정할 수 있는 뷰포트 구성 창을 열 수 있습니다.

⓾ **[2D Pan Zoom Mode]**: 2D 초점이동 확대/축소가 켜집니다. 활성화되면 뷰포트 제어 아이콘에서 [] 아이콘이 활성화됩니다. 뷰포트 메뉴에도 [2D Pan Zoom ***%] 가 표시됩니다.

▲ 뷰포트 메뉴 우측 상단에 표기

⓫ **[Float Viewport]**: 뷰포트를 새로운 창으로 열 수 있습니다. 여러 모니터를 사용하는 경우 다른 모니터에 이동하여 사용하면 편리합니다. 동시에 최대 3개의 뷰포트를 설정할 수 있습니다.

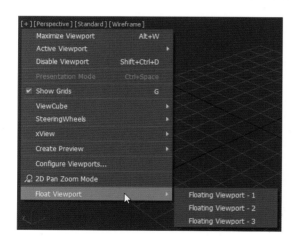

뷰포트 레이아웃 변경

기본 뷰포트는 4분할로 되어 있습니다. 제작물의 특징이나 사용자 편의에 따라 레이아웃을 변경할 수 있습니다. 뷰포트 경계면을 이동하거나 뷰포트 레이아웃을 변경하는 법을 학습합니다.

뷰포트 레이아웃 탭

1 사용자가 원하는 뷰포트 레이아웃으로 변경할 수 있습니다. 왼쪽 하단에 작은 삼각형 모양 [Create a New Viewport Layout tab]을 클릭합니다. [Standard Viewport Layouts]창이 나타납니다.

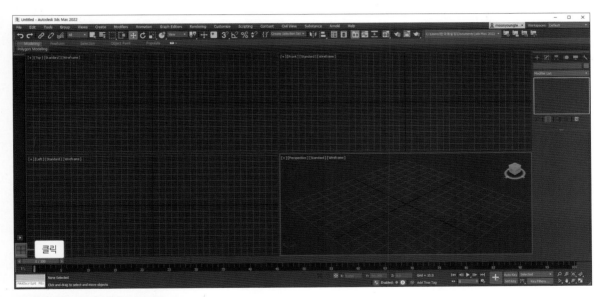

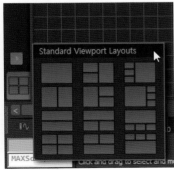

2 예제 파일을 열고 원하는 뷰포트 레이아웃을 선택합니다. 3분할로 나뉘는 레이아웃을 각각 선택해 보았습니다. 적용한 뷰포트는 화면 왼쪽 아래에 레이아웃 탭에 등록됩니다.

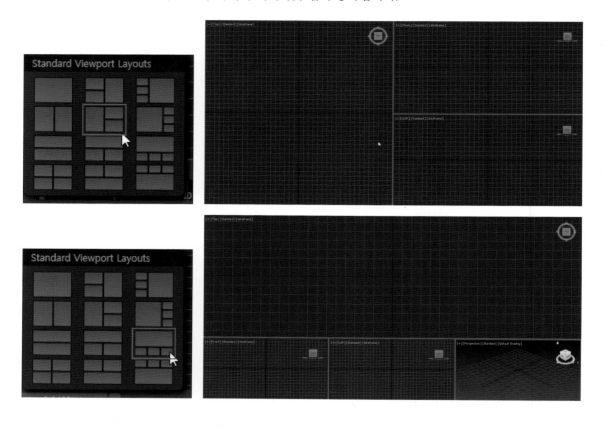

3 화면 왼쪽 아래에 선택했던 레이아웃들이 차례로 저장된 것을 확인합니다. 하나를 선택하고 마우스 오른쪽 버튼을 클릭하면 이름을 변경하거나 [Delete Tab]을 클릭하여 삭제할 수 있습니다.

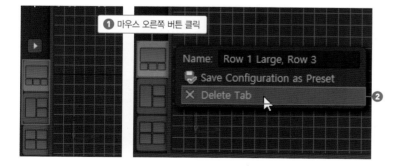

뷰포트 '보더' 변경

4 뷰포트의 경계를 나누고 있는 프레임인 '보더'를 직접 조정하면서 선택한 뷰포트의 크기를 키우거나 줄일 수 있습니다. 뷰포트의 가운데 '보더'에 마우스를 올려두면 [✛] 마우스 커서가 화살표 방향으로 변합니다. 대각선으로 클릭 앤 드래그로 화면의 크기를 조절합니다.

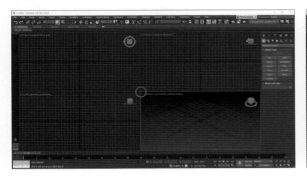 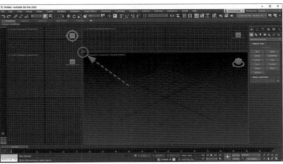

5 상하 방향으로 크기를 변형할 수 있습니다. 마우스 커서를 '보더'의 가로선에 가져다 두면 [↕] 상하 화살표로 변경됩니다. 클릭 앤 드래그로 위아래 이동하면서 뷰포트 크기를 조절할 수 있습니다.

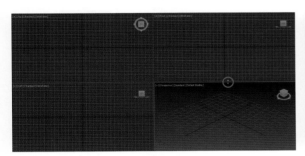 

6 좌우 방향으로 크기를 변형할 수 있습니다. 마우스 커서를 '보더'의 세로선에 가져다 두면 [↔] 좌우 화살표로 변경됩니다. 클릭 앤 드래그로 좌우로 이동하면서 뷰포트 크기를 조절할 수 있습니다.

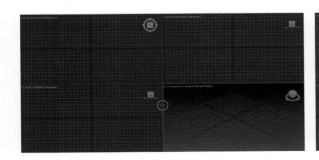 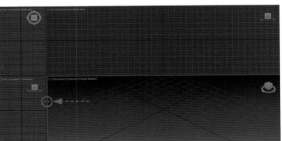

7 변경된 뷰포트를 되돌리고 싶으면 '보더'에 마우스를 가져다 두고 화살표 방향으로 변했을 때 마우스 오른쪽 버튼을 클릭하여 [Reset Layout]버튼을 클릭합니다. 뷰포트가 처음 상태로 돌아갑니다.

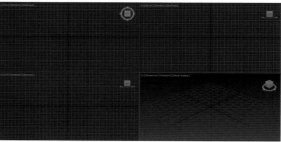

뷰포트 뷰큐브

모든 뷰포트의 오른쪽 상단에 정육면체 큐브 형태의 뷰큐브가 있습니다. 단축키나 뷰포트 탐색 콘트롤을 사용하지 않고 뷰포트를 회전하거나 다른 뷰포트로 전환하는 등의 기능을 가지고 있습니다.

● 예제 파일 : PART02_Teapot.max

1 예제 파일을 엽니다. Perspective 뷰포트의 오른쪽 상단의 뷰큐브로 마우스 커서를 이동합니다. 아래 원형 모양의 동서남북 축을 클릭 앤 드래그로 화면을 회전할 수 있습니다. 왼쪽으로 이동했을 때와 오른쪽으로 이동했을 때 뷰포트상에서 티팟의 변화된 뷰를 확인할 수 있습니다.

▲ Perspective 뷰포트

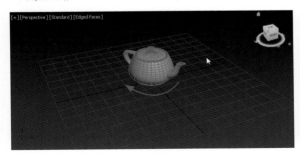
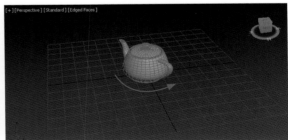

2 뷰큐브의 각 면에 'Left', 'Right', 'Top', 'Bottom', 'Front', 'Back'을 선택하거나 화살표를 클릭하여 뷰를 확인할 수 있습니다.

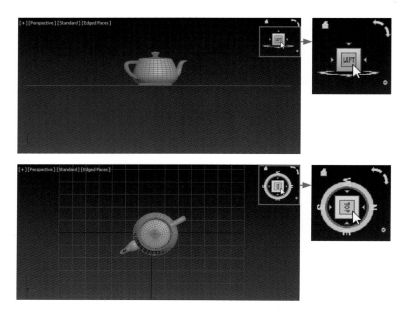

 뷰큐브는 화면을 좌우로 돌려보고 원하는 방향으로 변환하기 때문에 3D 뷰포트인 Perspective 뷰포트에서 사용하길 권장합니다.

3 뷰큐브의 [■] 홈 아이콘을 선택하면 선택한 뷰포트를 처음 상태로 되돌릴 수 있습니다.

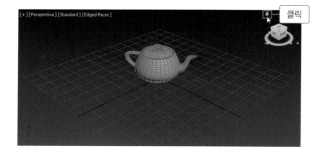

SECTION 04

뷰포트 탐색 콘트롤

뷰포트 탐색 콘트롤은 뷰포트를 제어하는 아이콘이 모여 있습니다. 화면 오른쪽 아래에 있으며 화면을 확대하거나 선택한 오브젝트를 확대해서 보이게 하는 등 뷰포트를 제어하는 모든 기능을 담당하고 있습니다.

● 예제 파일 : PART02_Teapot._V02.max

뷰포트 탐색 콘트롤의 각 아이콘 오른쪽 아래 세모표시 ◢가 있으면 하위 메뉴가 더 있습니다. 선택한 아이콘을 해제하고자 하면 마우스 오른쪽 버튼을 클릭하거나 Esc를 누르면 됩니다.

1 [Zoom] 선택한 뷰포트를 확대·축소할 수 있습니다. 마우스 스크롤 휠을 사용하는 것과 같은 결과입니다. 줌 아이콘을 선택한 후 뷰포트에 마우스를 올려주면 돋보기 형태로 커서 변합니다. 마우스를 누른 채 위로 이동하면 확대되고 아래로 이동하면 축소됩니다. 선택한 뷰포트 상에서만 적용됩니다. 마우스 커서를 올려둔 위치를 중심으로 확대 축소됩니다.

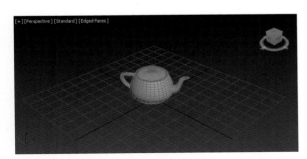

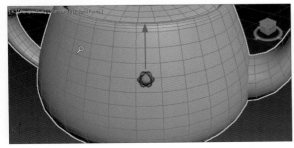

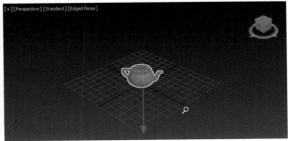

2 [Zoom All] 줌 아이콘과 달리 모든 뷰포트가 확대 축소가 적용됩니다. 줌 올 아이콘을 선택한 후 뷰 포트에 마우스를 올려주면 커서가 아이콘 형태로 변합니다. 마우스를 누른 채 위로 이동하면 확대되고 아래로 이동하면 축소됩니다. 모든 뷰포트에서 확대 축소가 적용됩니다.

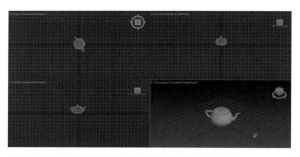

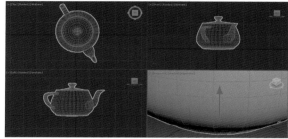
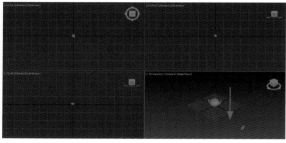

Tip [Shift]를 누른 상태로 적용하면 선택한 뷰포트가 어디이든 상관없이 Perspective 뷰포트를 제외한 나머지 뷰포트에서만 적용됩니다.

3 [Zoom Extents Selected]는 아이콘을 선택하면 선택한 오브젝트를 기준으로 뷰포트 중앙으로 보여 줍니다. 선택한 뷰포트만 적용됩니다. 여러 오브젝트가 있는 예제 파일을 불러옵니다. 중앙에 있는 티팟이 아 닌 양 옆에 있는 오브젝트를 각각 선택하고 아이콘을 클릭해 보겠습니다.

● 예제 파일 : PART02_Teapot._V02.max

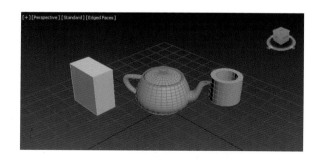

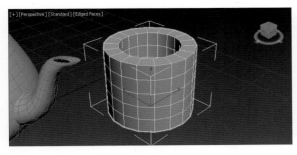 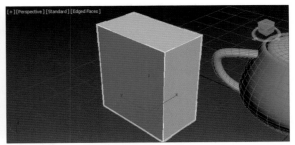

4 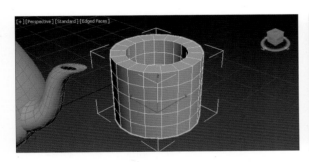 [Zoom Extents]는 하위 메뉴로 선택할 수 있습니다. 아이콘을 선택하면 선택한 오브젝트 기준이 아닌 모든 오브젝트를 기준으로 뷰포트 중앙에 보여줍니다.

 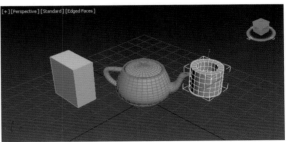

5 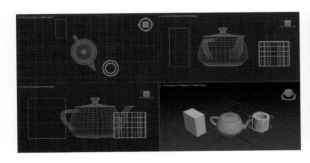 [Zoom Extents All Selected]는 아이콘을 선택하면 모든 뷰포트에서 선택한 오브젝트가 중앙으로 보여집니다.

 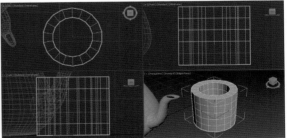

6 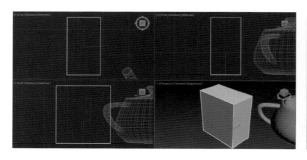 [Zoom Extents All]는 하위 메뉴로 선택할 수 있습니다. 아이콘을 선택하면 선택한 오브젝트 기준이 아닌 모든 오브젝트를 모든 뷰포트에서 중앙으로 보여집니다.

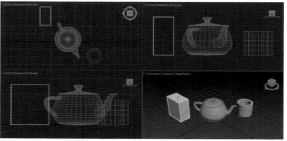

7 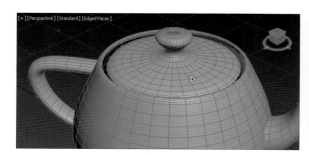 [Field of View] 카메라의 화각을 변경합니다. 때문에 Zoom 메뉴와 달리 Perspective 뷰포트에서만 적용됩니다. 아이콘을 선택하고 마우스를 뷰포트위에 올려두면 마우스 커서가 아이콘 모양으로 변합니다. 마우스를 누른 채 위아래로 이동하면서 화각을 변경합니다.

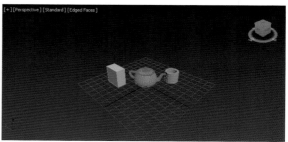

> **Tip** 뷰포트의 그리드와 오브젝트를 보면 화각의 변화로 왜곡된 뷰포트를 확인할 수 있습니다. 카메라 애니메이션에 필요한 화각 변경은 카메라 옵션에서 정확한 수치로 변경하기를 권장합니다.

8 [Zoom Region]는 하위 메뉴로 선택할 수 있습니다. 아이콘을 선택하고 뷰포트로 마우스를 이동하면 마우스 커서가 [ ]로 변합니다. 이때 클릭 앤 드래그로 선택 영역을 지정합니다. 지정한 영역이 뷰포트에 확대됩니다.

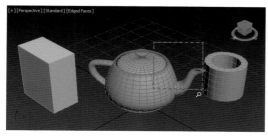

9 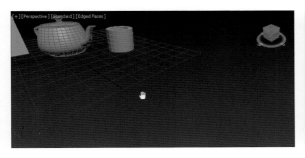 [Pan of View]는 뷰포트를 마우스 이동 방향으로 이동하는 아이콘입니다. 아이콘을 선택하고 뷰포트로 마우스 커서를 가져다두면 손바닥 모양으로 변합니다. 마우스 가운데 버튼을 누르고 이동하는 것과 같습니다. 좌우 대각선 어느 방향으로도 이동 가능합니다.

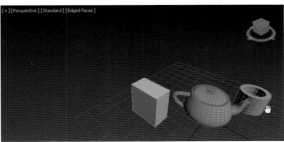

10  [Walk Through]는 하위 메뉴로 선택할 수 있습니다. 게임에서 일인칭 시점의 이동경로로 탐색할 수 있습니다. 아이콘을 선택하고 뷰포트로 마우스 커서를 가져다 두면 [⊙] 모양이 변합니다. 키보드 방향 키 ←, →, ↓, ↑를 입력하며 이동합니다.

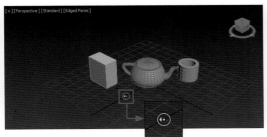
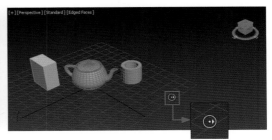

11  [2D Pan Zoom Mode]는 하위 메뉴로 선택할 수 있습니다. 이 메뉴는 2D 초점이동 확대/축소 모드가 활성화되었음을 표시하고 기본값은 100%을 표시합니다. 2D 뷰포트에서는 활성화되지 않습니다. 뷰포트에서 [2D Pan Zoom Mode]를 클릭하면 [Exit 2D Pan Zoom Mode]의 체크박스로 해제할 수 있습니다.

12 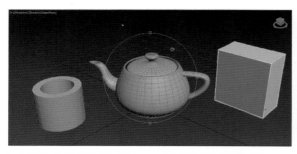 [Orbit Subobject] 오브젝트를 돌려 보기 위해 화면을 회전합니다. 아이콘을 선택하고 마우스를 뷰포트에 올려두면 커서가 노란 궤도 안에서는 [ ]모양으로 밖에서는 [ ]모양으로 변합니다. Alt +마우스 가운데 버튼을 사용할 수도 있습니다.

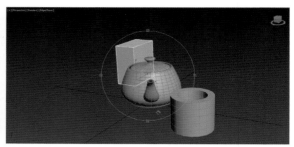

13 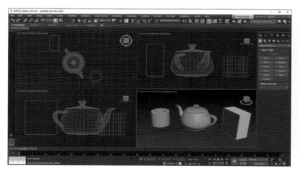 [Maximize Viewport Toggle] 선택한 뷰포트를 하나의 전체 화면으로 확대하거나 축소하여 되돌릴 수 있습니다. 단축키는 Alt + W 를 입력합니다.

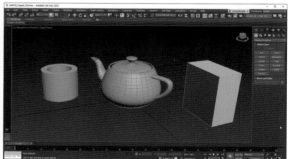

SECTION 05 뷰포트 디스플레이 모드와 스타일

각 뷰포트마다 디스플레이 모드를 달리 설정할 수 있습니다. 뷰포트에서 오브젝트의 면이 채워져 있는 상태인 'Shade' 또는 와이어프레임만 보여 지는 'Wireframe' 모드처럼 면을 어떤 방식으로 보여줄지 변경할 수 있습니다. 주로 단축키를 많이 쓰며 필요에 따라 빠르게 변경하면서 오브젝트를 탐색합니다.

Default Shading & Wireframe

1 선택한 뷰포트에서 현재 모드 상태에 따라 뷰포트 메뉴의 [Default Shading] or [Wireframe]을 선택하고 하위 메뉴에서 [Default Shading] → [Wireframe Override]를 클릭하고 변경합니다. 단축키는 F3을 입력하여 셰이드 모드와 와이어프레임 모드로 전환합니다.

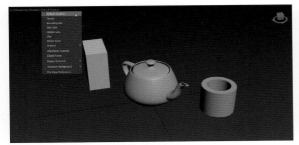 

2 셰이드 모드에서 와이어 프레임도 같이 보고 싶으면 뷰포트 메뉴에서 [Default Shading] → [Edged Faces]를 클릭합니다. 단축키는 F4를 입력합니다.

뷰포트 디스플레이 스타일

3 뷰포트 메뉴 중 [Styized] 메뉴에서 다양한 스타일의 디스플레이 모드를 선택할 수 있습니다. 여기서는 [Graphite]를 선택합니다. 실제 렌더링 결과와는 상관없이 뷰포트에서만 적용되는 스타일입니다. 총 7개의 스타일을 선택할 수 있습니다.

Tip

실제 렌더링 결과와는 다르지만 뷰포트에 실시간으로 시뮬레이션되어 보여지기 때문에 애니메이션이나 오브젝트 정보에 따라 성능에 차이가 있을 수 있습니다. 이는 그래픽 카드의 성능에 따라 달라지기 때문에 앞서 설명한 3ds Max 2022의 권장 그래픽 카드 사양을 확인하길 권장합니다.

뷰포트 메뉴의 7가지 디스플레이 모드가 있습니다.

▲ Graphite

▲ Color Pencil

▲ Ink

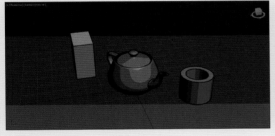

▲ Color Ink

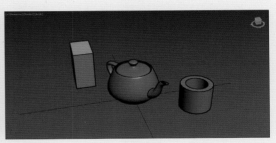

▲ Acrylic

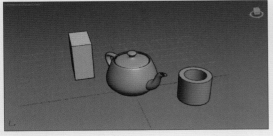

▲ Pastel

▲ Tech

Chapter

02

저장하고 불러오기

3ds Max에서 파일을 열거나 저장하는 기능이 모여 있는 [File] 메뉴에 대해 알아보고 다른 프로그램에서 제작된 파일을 불러오거나 내보내기 등 맥스 파일을 관리하는 방법에 대해 살펴보겠습니다.

새 장면 만들기

작업 도중 새로운 장면을 만들기 위해 3ds Max를 닫은 후 새로 열지 않고 처음 상태로 되돌리는 방법에 대해 학습합니다.

새로 만들기

1 [File] → [New] → [New All]을 선택하면 작업 도중 아무것도 없는 처음 상태로 다시 시작하기 위한 메뉴입니다. 작업 중인 모든 파일이 사라지고 빈 뷰포트만 남습니다.

 기존 작업 중인 파일이 있다면 먼저 저장한다.

2 [File] → [New] → [New from Template]을 선택하면 [Create New Scene]창이 뜹니다. 조명과 카메라 모델링 등이 미리 만들어져 있는 템플릿 파일 중 하나를 고를 수 있습니다. 원하는 장면을 고른 다음 더블 클릭합니다.

3 [File] → [Reset]을 선택하면 뷰포트 레이아웃같은 모든 설정을 지우고 새롭게 시작하는 상태로 되돌릴 수 있습니다.

파일 열기 및 외부 파일 불러오기

3ds Max 파일을 열고 다른 확장자를 가진 외부 파일을 불러오는 방법을 학습합니다. 3ds Max에 호환되는 파일 타입에 대해
미리 알아두면 유용합니다.

파일 열기

1 [File] → [Open File]을 선택하면 [Open File]창이 뜨면서 3ds Max 파일을 찾아서 열 수 있습니다. 3ds
Max 파일의 확장자인 *.max 파일을 선택합니다.

 불러오고자 하는 맥스 파일이 사용 중인 맥스보다 상위 버전 파일이라면 파일이 열리지 않습니다. 저장할 때 하위 버전으로 저장하면 파일을
열 수 있습니다.

2 [File] → [Open Recent]를 선택하면 앞서 사용했던 파일들을 선택하여 열 수 있습니다.

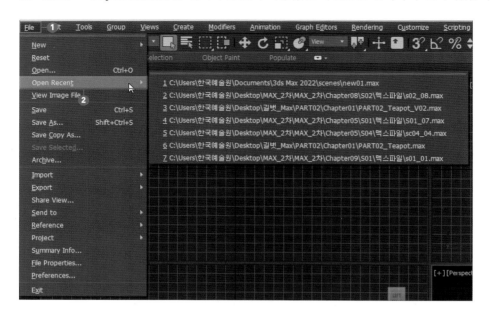

외부 파일 불러오기

3 [File] → [Import]를 선택하면 맥스 파일과 다른 여러 종류의 외부 파일을 불러올 수 있습니다. 6개의 하위 메뉴가 있습니다. [Import]를 선택하면 [Select File to Import] 대화상자에서 'File of type:'의 드롭 다운 메뉴 중 불러올 수 있는 모든 파일 확장자를 확인 및 선택할 수 있습니다.

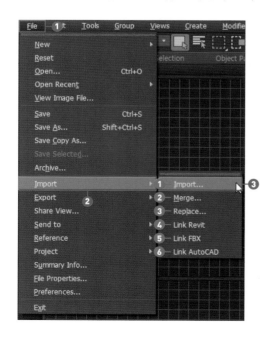

①Import: 불러올 수 있는 모든 파일 확정자 확인 및 선택 가능

②Merge: 외부 맥스 파일을 현재 장면으로 병합합니다.

③Replace: 동일한 이름을 가진 모든 오브젝트가 불러온 오브젝트로 대체됩니다.

④Link Revit: rvt또는 fbx파일에 대한 링크를 현재 장면에 병합합니다.

⑤Link FBX: fbx파일에 대한 링크를 현재 장면에 병합합니다.

⑥Link AutoCAD: dwg또는 dxf파일에 대한 링크를 현재 장면에 병합합니다.

파일 저장 및 외부 파일로 내보내기

3ds Max 파일을 저장하거나 다른 확장자로 저장하여 외부 파일로 내보내는 방법을 학습합니다. 맥스는 버전이 다르면 하위 버전에서 상위 버전 파일은 열리지 않습니다. 저장 옵션에서 버전을 달리해서 저장할 수 있습니다.

파일 저장하기

1 [File] → [Save] or [Save As]을 선택하면 [Save File As]창이 열립니다. 현재 작업 중인 장면이 맥스 파일로 저장됩니다. 저장경로를 지정한 후 'File name:'에 파일명을 입력하고 [Save]버튼을 클릭합니다.

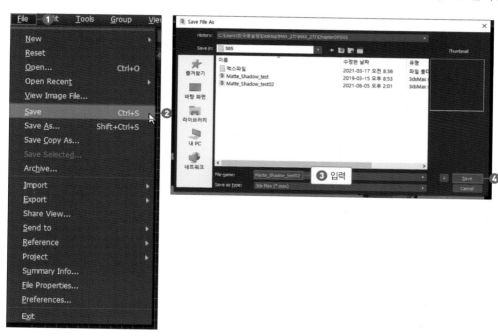

2 제작 도중 맥스 파일을 계속해서 덮어쓰기로 저장한다면 이전으로 되돌리기 힘듭니다. 만약 파일의 문제가 생겼을 때 순차적으로 저장되어 있다면 파일 관리에 유리합니다. 시간차를 두고 변경 사항을 저장할 때는 번호를 붙여 새로 저장하길 권장합니다. [Save]버튼 왼쪽 [➕]을 클릭하면 파일명 뒤에 ***.01, ***.02 이렇게 자동으로 번호를 늘려가며 저장할 수 있습니다.

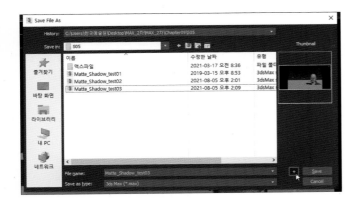

하위 버전으로 저장하기

3 3ds Max는 하위 버전에서 상위 버전에서 저장한 파일은 열리지 않습니다. 3ds Max는 버전을 달리해서 저장할 수 있습니다. [Save File As]창에서 'Save as type:'의 드롭 다운 메뉴를 클릭하면 맥스 이전 버전을 선택할 수 있습니다. 마지막으로 [Save]버튼을 클릭해서 최종 저장합니다.

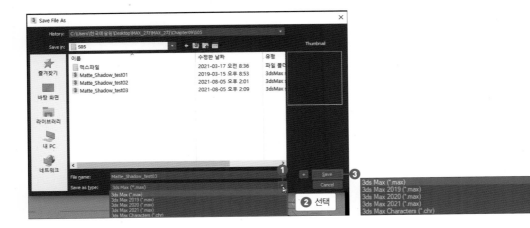

파일 압축하기

4 [File] → [Archive]를 선택하면 맥스 파일과 제작에 사용됐던 소스 파일 모두를 하나의 압축 파일로 만듭니다. 3ds Max는 이미지나 음원 파일 등 외부 소스 파일은 맥스 파일에 적용한다고 해서 하나의 맥스 파일에 저장되지 않습니다. 프로젝트 폴더를 만들어 폴더채로 저장 및 이동해야 합니다.

외부 파일로 내보내기

5 [File] → [Export]를 선택하면 맥스 파일과 다른 여러 종류의 외부 파일로 내보낼 수 있습니다. 4개의 하위 메뉴가 있습니다. [Export]를 선택하면 [Select File to Export]창에서 'Save as type:'의 드롭 다운 하위 메뉴에서 외부 파일로 내보낼 수 있는 모든 파일 확장자를 확인 및 선택할 수 있습니다.

⑤ 확인 및 선택

❶ **Export Selected:** 선택한 오브젝트만 내보내기, 오브젝트를 선택할 때 활성화됩니다.

❷ **Publish to DWF:** Design Web Format인 dwf파일로 내보낼 수 있습니다.

❸ **Game Exporter:** 모델 및 애니메이션 클립을 FBX 형식으로 게임 엔진에 내보낼 수 있습니다.

6 [File] → [Send to]메뉴를 선택하면 다른 3D 소프트웨어인 'Maya', 'Motion Builder', 'Mudbox'로 연결하여 내보낼 수 있습니다. 그전에 현재 컴퓨터에 연결할 소프트웨어가 설치되어 있어야 활성화됩니다.

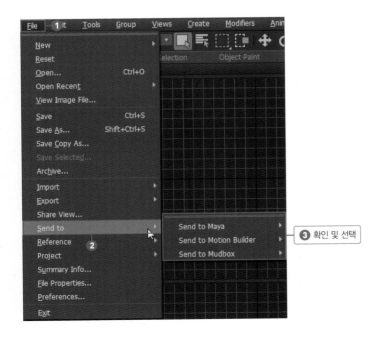

❸ 확인 및 선택

04 자동 저장 기능

3ds Max는 자동으로 시간차를 두고 현재 작업 중인 파일을 저장합니다. 이전으로 되돌아가거나 파일에 문제가 생겼을 때 유용하게 활용할 수 있습니다. 하지만 작업도중 일정한 시간차를 두고 처리속도가 느려진다고 느껴진다면 자동저장 기능을 해제하거나 저장 시간 간격을 늘리는 것을 권합니다.

1 컴퓨터의 문서에 자동으로 설치되는 폴더 '3ds Max 2022' 폴더를 찾습니다. 하위 폴더 중 'autoback' 폴더 속 'AutoBackup' 파일명으로 맥스 파일이 3개 있습니다. 번호 순서대로 시간차를 두고 백업 파일이 저장되고 있습니다.

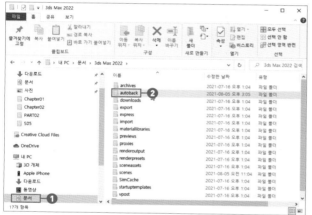
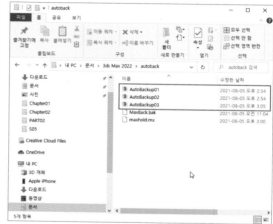

2 [File] → [Preference]메뉴를 선택하면 [Prefernece Setting]창이 뜹니다. [Files]탭을 선택하고 아래 'Auto Backup'항목에서 활성화, 비활성화 또는 저장 시간, 파일명 등을 변경할 수 있습니다.

❶ **Enable**: 체크 박스를 해제하면 저장되지 않습니다.

❷ **Number of Autobak files**: 저장 개수

❸ **Backuo Interval(minutes)**: 몇 분 마다 저장할 것인지 지정

❹ **Auto Backup File Name**: 파일명 지정

> **Tip** 자동 저장 기능은 편리하긴 하지만 파일의 데이터가 많아지거나 컴퓨터 사양에 따라 작업 도중 자동 저장이 일어날 때 컴퓨터 멈춤 현상이 있을 수 있습니다. 필요에 따라 저장 파일 개수와 시간차를 지정해서 사용합니다.

Chapter

03

오브젝트 선택/ 이동/ 회전/ 크기조절하기

3차원 공간에서 오브젝트를 다루기 위해서 X, Y축만 있는 평면 2D와 달리 깊이, 즉 Z축에 대한 이해가 필요합니다. 3ds Max에서 오브젝트를 선택 및 분류하고 이동 및 회전, 크기 조절 등 오브젝트를 다루는 기본적인 방법을 학습합니다.

오브젝트 선택과 분류

오브젝트를 선택하는 다양한 방법이 존재합니다. 오브젝트를 한 개를 또는 여러 오브젝트를 선택하는 방법과 장면에서 오브젝트가 늘어남에 따른 작업 효율을 높이기 위해 분류하는 방법에 대해 살펴봅니다.

● 예제 파일 : PART02_Select_Teapot_V01.max

오브젝트 선택하기

1 예제 파일을 열고 오브젝트를 선택해 보겠습니다. 메인 툴바에서 [▣ : Select Object]를 클릭합니다. 여러 오브젝트 중 하나를 선택하려면 오브젝트를 마우스로 클릭하면 됩니다.

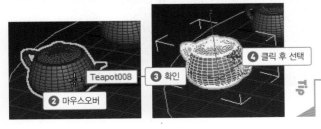

> **TIP** 오브젝트 위에 커서를 올려두면 노란색으로 테두리가 생기면서 오브젝트의 이름을 확인할 수 있습니다. 이때 클릭하여 선택합니다.

2 여러 가지 오브젝트를 동시에 선택하기 위해서는 두 가지 방법이 있습니다. 먼저 클릭으로 선택하는 방법은 키보드에서 Ctrl을 누른 채 원하는 오브젝트를 클릭합니다. 선택을 제외하고 싶은 오브젝트는 다시 Alt를 누른 채 오브젝트를 선택하면 그 오브젝트만 선택 해제됩니다.

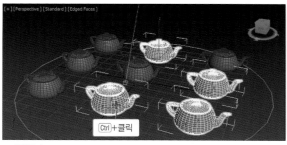
▲ 선택추가

▲ 선택제외

선택 영역 도구

3 다음으로 마우스로 드래그해서 선택하는 방법이 있습니다. 드래그한 영역 안의 오브젝트가 다중 선택됩니다. 이때 드래그하는 모양을 선택할 수 있습니다. 기본값은 네모 모양인 'Rectangular Selection Region'입니다. 하위 메뉴로 다른 모양을 선택할 수 있습니다. 총 5개의 모양을 선택할 수 있습니다.

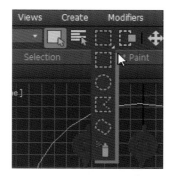

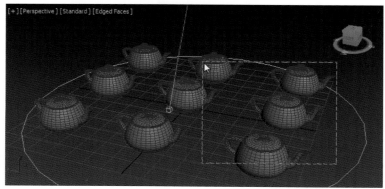

▲ Rectangular Selection Region

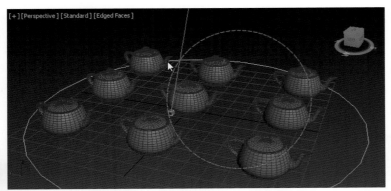

▲ Circular Selection Region

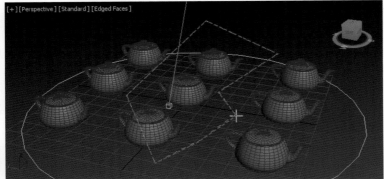

▲ Fence Selection Region

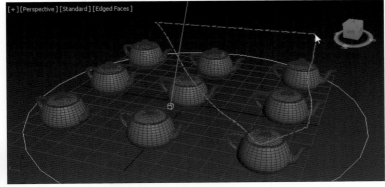

▲ Lasso Selection Region

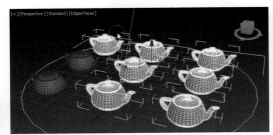

▲ Paint Selection Region

Window/Crossing 선택 도구

4 선택 영역 지정 아이콘 옆의 Window/Crosssing 토글 아이콘은 오브젝트를 드래그로 선택할 때 선택 영역 안에 오브젝트가 완전히 포함하도록 선택될 것인지 아닌지를 설정할 수 있습니다. 기본값으로 설정되어 있는 [🔲: Crossing] 모드는 드래그 영역이 오브젝트 일부분만 포함해도 선택됩니다. 반대로 [🔳: window] 모드는 선택 영역 안에 오브젝트 전체가 포함 되어야지만 선택됩니다.

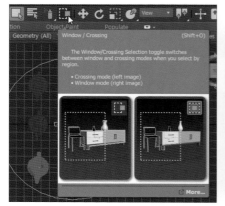
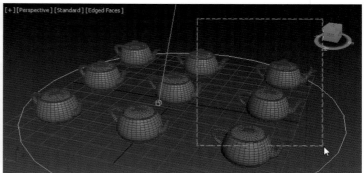

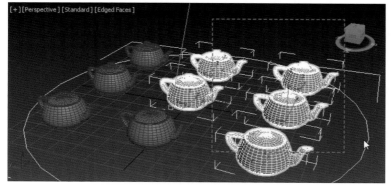

▲ Crosssing

▲ Window

같은 선택 영역을 드래그했을 때 윈도우 모드는 오브젝트의 일부분만 포함되어도 선택되지만 크로싱 모드는 오브젝트 전체가 드래그 영역 안에 포함되어야지만 선택된다.

이름으로 오브젝트 선택하기

5 메인 툴바의 'Select by Name'을 클릭하면 [Select From Scene]창이 뜹니다. 장면에 존재하는 모든 오브젝트 리스트를 볼 수 있습니다. 선택할 오브젝트를 선택하고 [OK] 버튼을 클릭합니다. 장면에 오브젝트가 많아지면 Geometry만 보이게 하거나 Camera만 보이게 오브젝트 타입별로 구분할 수 있는 상단의 오브젝트 디스플레이 토글 아이콘을 사용하여 필요한 오브젝트만 보여지게 할 수 있습니다.

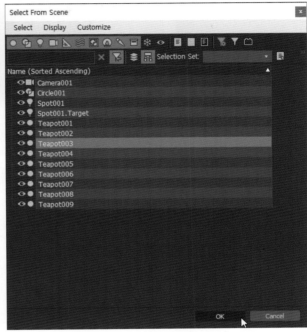

여기서 잠깐

기본값은 모든 오브젝트가 보여지게 활성화되어 있습니다. 필요에 따라 클릭으로 디스플레이 모드를 변경합니다.

❶ Display Geometry   ❷ Display Shapes   ❸ Display Lights

❹ Display Cameras   ❺ Display Helpers   ❻ Display Space Warps

❼ Display Groups   ❽ Display Object XRefs   ❾ Display Bones

❿ Display Containers

6 메인 툴바의 'Selection Filter'를 활용하여 오브젝트 타입에 따른 선택을 구분할 수 있습니다. 복잡한 장면에서 오브젝트 수가 많아질 경우 활용하면 편리합니다. 예제 파일에서 조명만 선택되게 설정해보겠습니다. 기본값으로는 'All'이 설정되어 있습니다. 드롭 다운 메뉴에서 'Light'를 선택하고 Front 뷰포트에서 전체를 드래그하여 선택하면 조명만 선택된 걸 확인할 수 있습니다.

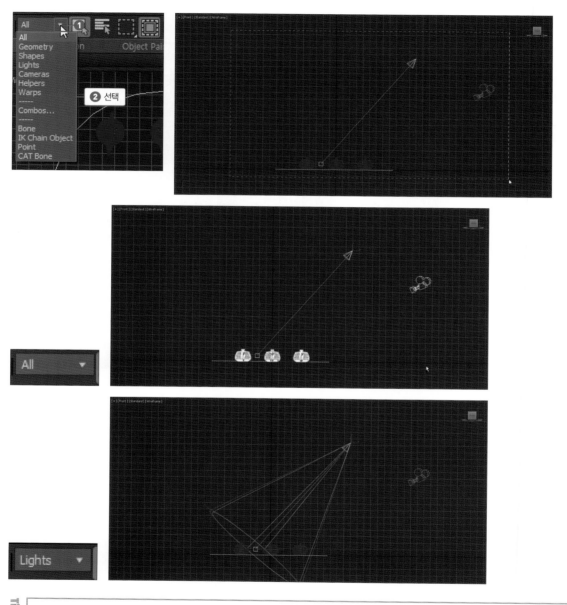

제작 중 오브젝트가 선택이 안 되어 당황하는 경우가 있습니다. [Selection Filter]를 확인합니다. 필요에 의한 경우가 아니면 'All' 설정을 권장합니다.

오브젝트 분류하기

오브젝트가 많아지면 뷰포트에서 제어하기가 어려워집니다. 필요에 따라 그룹으로 묶어나 레이어로 분류해서 지정하는 방법에 대해 학습합니다.

7 오브젝트를 그룹으로 묶는 방법을 먼저 살펴보겠습니다. 그룹으로 묶을 오브젝트를 선택한 뒤 메뉴에서 [Group] → [Group]을 선택하여 나타난 창에서 원하는 그룹 이름을 입력합니다. 그룹을 풀고 싶으면 [Group] → [Ungroup]을 선택합니다.

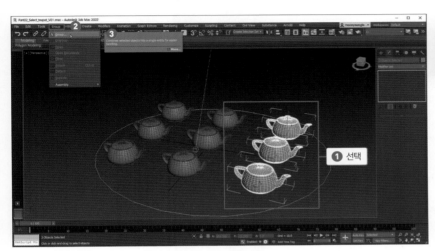

> **TIP** 오브젝트나 그룹이나 각각의 이름은 다른 사람이 쉽게 알아볼 수 있도록 직관적으로 정하는 습관을 기르도록 합니다. 실무에서는 공동 작업이 이루어지기 때문에 다른 사람도 알아보기 쉬운 이름이 좋습니다.

8 여러 오브젝트를 분류하는 방법으로 세트로 지정하는 방법도 있습니다. 분류할 오브젝트를 선택하고 메인 툴바의 'Create Selection Set'에서 원하는 이름을 입력합니다. 아래 그림처럼 오브젝트를 선택하고 A를 입력하고 Enter를 눌러 다시 뷰포트에서 오브젝트 선택한 후 B를 입력하고 Enter를 누릅니다.

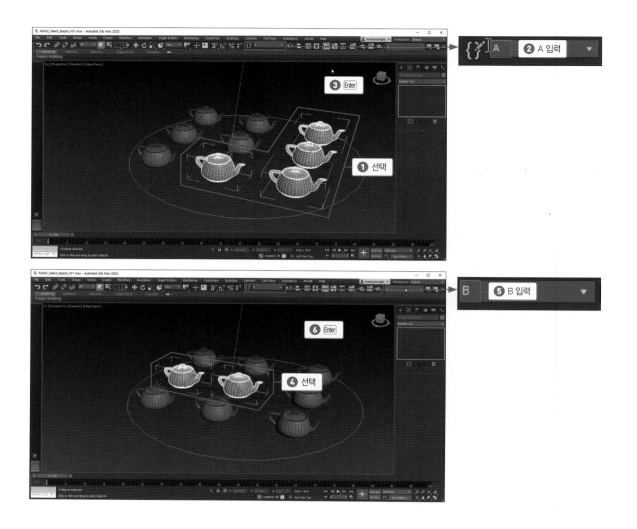

9 [: Manage Selection Sets] 아이콘을 클릭하면 분류된 오브젝트를 확인할 수 있습니다. 지정된 오브젝트를 선택하기 위해서 다시 'Named selection Sets'에서 ▼ 눌러 리스트 중 원하는 이름을 선택합니다.

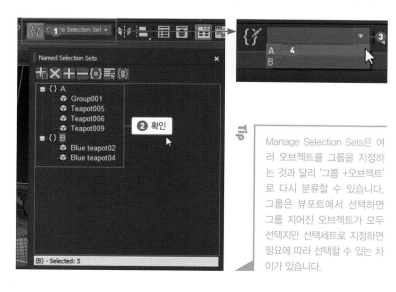

Tip

Manage Selection Sets은 여러 오브젝트를 그룹을 지정하는 것과 달리 '그룹 +오브젝트'로 다시 분류할 수 있습니다. 그룹은 뷰포트에서 선택하면 그룹 지어진 오브젝트가 모두 선택지만 선택세트로 지정하면 필요에 따라 선택할 수 있는 차이가 있습니다.

10 오브젝트 이름을 기본 이름에서 수정해보겠습니다. 오브젝트를 선택하고 화면 오른쪽 [Command Panel]의 [: Modify]패널을 선택합니다. 아래 기본 이름을 클릭하면 새로운 이름을 키보드로 입력하여 변경할 수 있습니다.

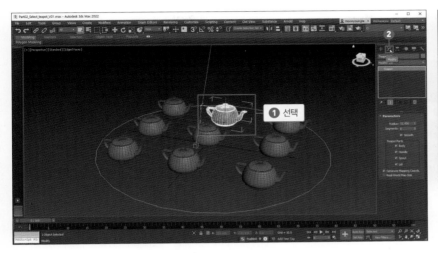

11 오브젝트를 선택하고 마우스 오른쪽 버튼을 클릭하여 나타나는 메뉴 중 [Object Properties]를 클릭하면 나타나는 [Object Properties] 대화상자에서 'Name:'에서 입력하고 수정한 다음 [OK] 버튼을 클릭합니다.

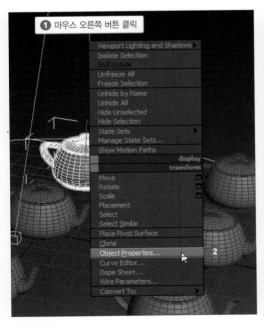
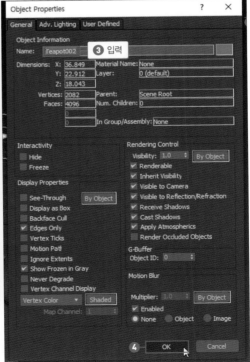

12 오브젝트 수가 많아지면 이름을 일일이 지정하는 것도 쉽지 않습니다. 같은 형태의 수많은 오브젝트를 분류하기 위해서 번호를 붙여 이름을 동시에 수정할 수 있습니다. 오브젝트를 다중 선택하고 메뉴에서 [Tools] → [Rename Objects]를 선택하면 'Rename Objects' 대화상자가 뜹니다. 'Base Name'에 대표 이름을 입력합니다. 아래 'Numbered'의 체크박스를 클릭하고 아래 [Rename]버튼을 클릭한 후 [x] 버튼으로 창을 닫습니다.

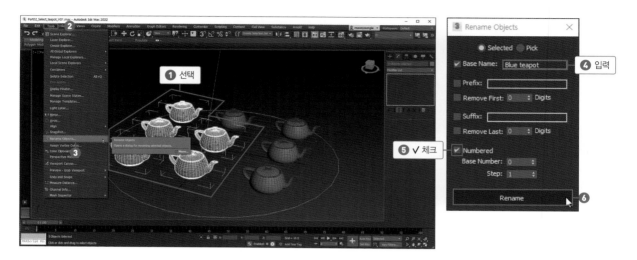

예제에서 Blue teapot으로 대표 이름을 지정하였습니다. Blue teapot00, Blue teapot01, Blue teapot02... 차례로 번호가 지정됩니다.

SECTION 02

Move (단축키 W)

오브젝트를 이동하기 위해서 메인 툴바의 이동 도구를 활용하여 마우스로 이동하거나 정확한 수치를 입력하여 이동합니다.
3D 상에서 오브젝트를 이동하기 위한 여러 방법을 살펴보겠습니다.

● 예제 파일 : PART02_Box_W_E_R.max

1 예제 파일을 열고 오브젝트를 이동해 보겠습니다. 먼저 박스를 선택한 후 메인 툴바의 [: Select and Move] 아이콘을 선택하거나 키보드에서 단축키 W를 입력합니다. 모든 뷰포트에서 이동축을 확인하고 조절할 수 있는 Gizmo가 나타납니다. 원하는 축 끝에 마우스 커서를 둔채 클릭 앤 드래그를 하면 오브젝트를 이동할 수 있습니다.

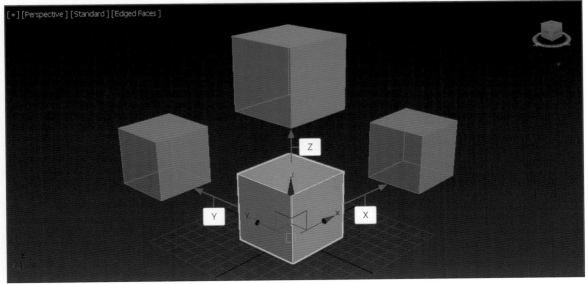

Pivot의 중간 네모를 선택하고 이동할 수 있습니다. 하지만 뷰포트에서 보이는 것과 달리 위치 이동이 정확하지 않을 수 있습니다. X, Y, Z축 끝을 잡고 드래그로 조금씩 이동하길 권장합니다.

2 정확한 수치를 입력하여 이동할 수 있습니다. 메인 툴바의 [✛: Select and Move] 아이콘을 마우스 오른쪽 클릭하면 [Move Transform Type-in] 대화상자가 뜹니다. [Absolute:World]는 입력한 수치의 절대값으로 적용되며 [Offset:World]는 입력하면 이전 값에서 상대적인 값으로 적용됩니다.

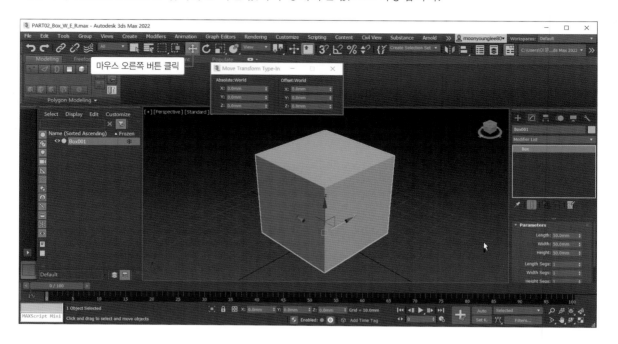

▼ [Absolute:World] X='10'을 입력하면 뷰포트 상에서 그리드 중심 기준으로 X축으로 '10'만큼 이동합니다.

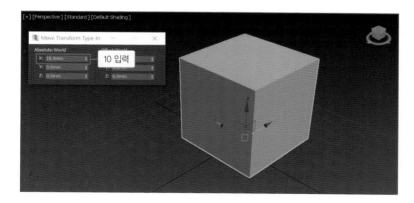

▼ [Offset:World] X='10'을 입력하면 오브젝트 현재 위치에서 X축으로 '10'만큼 이동합니다. 하지만 Enter 후 수치가 '0'으로 변합니다. '10' 이동한 값이 다시 '0'이 되며 다시 '10'을 입력하면 지금 위치에서 '10' 만큼 이동합니다. 만약 '10'을 총 3번 입력하면 절대값은 '30'이 이동한 결과입니다. [Offset:World]값은 다시 '0'으로 변해 있는 것을 확인할 수 있습니다.

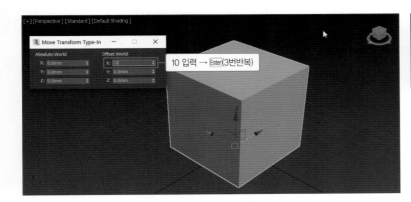

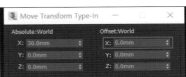

▲ [Offset:World] X=10을 총 3번 입력한 결과

Rotate (단축키 E)

오브젝트를 회전하기 위해서 메인 툴바의 회전 도구를 활용하여 마우스로 회전하거나 정확한 수치를 입력하여 회전합니다.
3D 상에서 오브젝트를 회전하기 위한 여러 방법을 살펴보겠습니다.

● 예제 파일 : PART02_Box_W_E_R.max

1 예제 파일을 열고 오브젝트를 회전해 보겠습니다. 먼저 박스를 선택한 후 메인 툴바의 [: Select and Rotate] 아이콘을 선택하거나 키보드에서 단축키 E를 입력합니다. 모든 뷰포트에서 회전축을 확인하고 조절할 수 있는 Gizmo가 나타납니다. 원하는 축 끝에 마우스 커서를 둔 채 클릭 앤 드래그를 하면 오브젝트를 이동할 수 있습니다. 선택한 축의 선은 노란색으로 변합니다.

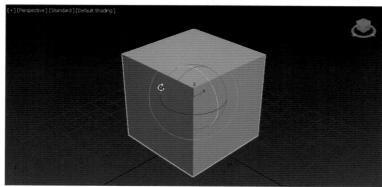

▼ X축 회전, 빨간색으로 회전한 각도만큼 표시됩니다.

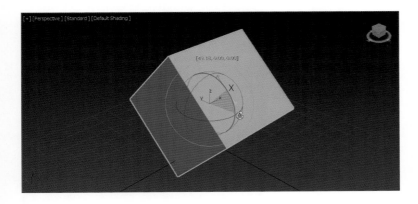

▼ Y축 회전, 녹색으로 회전한 각도만큼 표시됩니다.

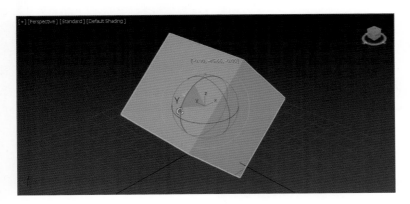

▼ Z축 회전, 파란색으로 회전한 각도만큼 표시됩니다.

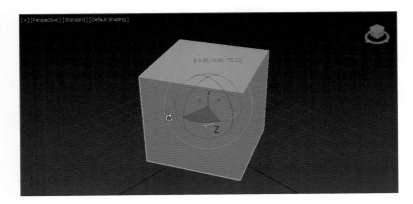

2 정확한 수치를 입력하여 회전할 수 있습니다. 메인 툴바의 [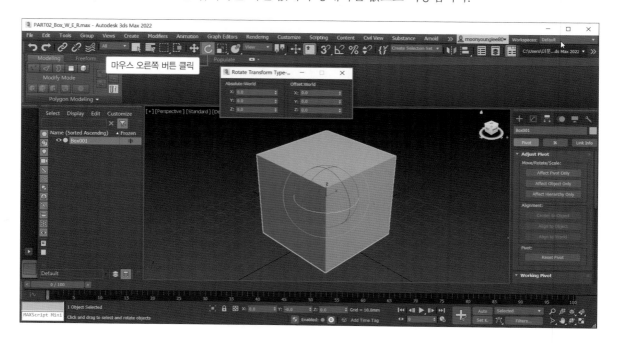: Select and Rotate] 아이콘을 마우스 오른쪽 클릭하면 [Rotate Transform Type-in] 대화상자가 뜹니다. [Absolute:World]는 입력한 수치의 절대값으로 적용되며 [Offset:World]는 입력하면 이전 값에서 상대적인 값으로 적용됩니다.

▼ [Absolute:World] X='30'을 입력하면 뷰포트 상에서 그리드 중심 기준으로 X축으로 '30'만큼 회전합니다.

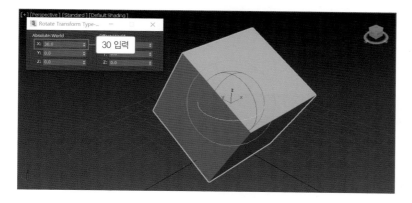

▼ [Offset:World] X='30'을 입력하면 오브젝트 현재 위치에서 X축으로 '30'만큼 회전합니다. 하지만 Enter를 누른 후 수치가 '0'으로 변합니다. '30' 회전한 값이 다시 '0'이 되며 다시 '30'을 입력하면 지금 각도에서 '30'만큼 회전합니다. 만약 '30'을 총 2번 입력하면 절대값은 '60'이 회전한 결과입니다. [Offset:World]값은 다시 '0'으로 변해 있는 것을 확인할 수 있습니다.

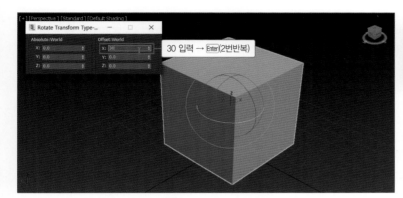

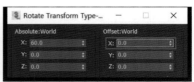

▲ [Offset:World] X=30씩 두번 입력한 결과

Scale (단축키 R)

오브젝트의 크기를 조정하기 위해서 메인 툴바의 크기 도구를 활용하여 마우스로 크기 배율을 조정하거나 정확한 수치를 입력하여 크기를 조정합니다. 3D 상에서 오브젝트의 크기를 변형하기 위한 여러 방법을 살펴보겠습니다.

●예제 파일 : PART02_Box_W_E_R.max ●예제 파일 : PART02_Squash_teapot..max

---

1 예제 파일을 열고 크기 변형을 위해 먼저 박스를 선택한 후 메인 툴바의 [▣: Select and Uniform Scale] 아이콘을 선택하거나 키보드에서 단축키 R를 입력합니다. 단축키를 반복해서 누르면 크기 조절 아이콘의 하위 메뉴를 선택할 수 있습니다.

▼ 하위 메뉴

2 전체를 같은 비율로 확대하거나 축소해보겠습니다. 기본 크기 조절 아이콘인 ▣/▣을 선택하고 Pivot 의 가운데 삼각형 부분이 노란색으로 활성화될 때 클릭 앤 드래그로 이동하면 크기가 일정한 비율로 조절됩니다.

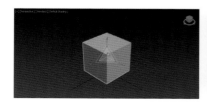
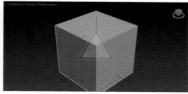

3 한쪽 방향으로 크기 조절하기 위해서는 기본 크기 조절 아이콘인 ▣/▣을 선택하고 원하는 방향의 축에 마우스를 가져다 두면 노란색으로 활성화됩니다. 이때 클릭 앤 드래그로 이동하면 선택한 방향으로 크기가 조절됩니다.

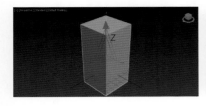 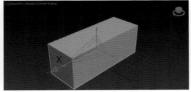 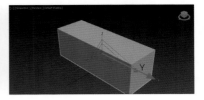

Tip 두 아이콘의 차이점은 마우스 오른쪽 버튼을 클릭하여 Scale Transform Type-In 대화상자에서 구별할 수 있습니다. 'Offset: World' 에서 [Select and Uniform Scale]은 전체 비율을 균일하게 조절하지만 [Select and Non-Uniform Scale]은 다른 축은 달리 비율을 조절할 수 있습니다.

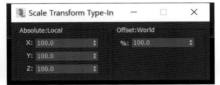 

4 오브젝트 크기 변형이 늘어지거나 찌그러진 형태로 변형하는 'Squash and Stretch'를 적용할 수 있습니다. 크기 조절 아이콘 하위 메뉴 중 [▣: Select and squash]를 선택합니다. Pivot의 한쪽 축 끝을 잡고 위아래로 이동하며 변형합니다.

● 예제 파일 : PART02_Squash_teapot..max

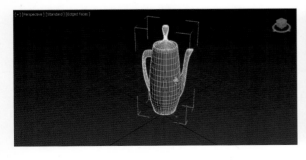 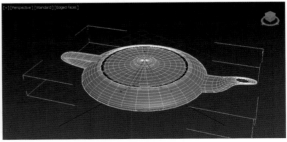

Chapter

04

오브젝트 중심축 설정하기

3차원 공간에서 오브젝트를 선택했을 때 나타나는 좌표를 Pivot 이라고 합니다. 이동하거나 회전 크기조절 할 때 선택하고 조절 하는 큰 화살표나 회전축을 Gizmo라고 합니다. 둘 다 같은 명칭 으로 사용하기도 하지만 정확히는 뷰포트에 오브젝트의 변환을 위해 조절기 형태로 보이는 것을 Gizmo라고 합니다. 오브젝트 변형을 위한 Pivot과 Gizmo에 대한 이해를 하고 변경하는 방법을 살펴봅니다. 또한 뷰포트에서 오브젝트의 참조 좌표계의 종류와 특성을 이해합니다.

01 Gizmo 활성화

오브젝트를 이동, 회전, 크기 조절하는 조절 장치인 Gizmo를 활성화 비활성화 및 크기 조절 등을 살펴보겠습니다.

● 예제 파일 : PART02_Use Pivot..max

1 차례로 이동, 회전, 크기 조정 Gizmo입니다. 기본으로 오브젝트를 선택하고 단축키 W, E, R을 입력하면 활성화됩니다. 메뉴에서 [Views] → [Show Transform Gizmo]에서 체크박스를 해제하면 비활성화할 수 있습니다.

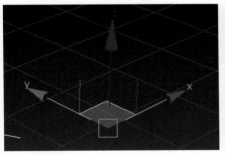

▲ Move Gizmo

▲ Rotate Gizmo

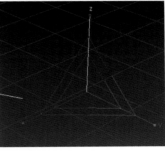

▲ Scale Gizmo

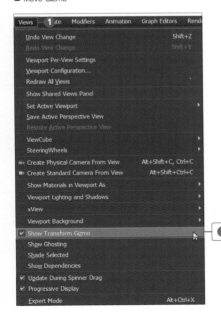

2 Gizmo 크기를 조절할 수 있습니다. 메뉴의 [Customize] → [Preferences]를 선택하고 [Preferneces Settings]창에서 [Gizmos]탭을 선택합니다. Size:에서 조절하거나 키보드위 □를 계속 입력하면 Gizmo 크기가 작아지고 □를 계속 입력하면 Gizmo 크기가 커집니다.

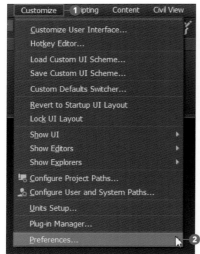
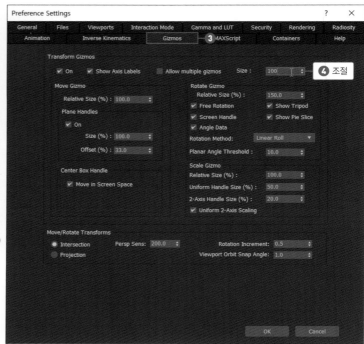

3 두 개 이상의 오브젝트를 선택했을 때 Gizmo의 위치를 조정할 수 있습니다. 메인 툴바에서 [🔳: Use Pivot Point Center]를 선택합니다. 하위 메뉴로 총 3가지를 선택할 수 있습니다. 예제 파일을 열고 두 오브젝트를 동시에 선택한 후 하위 메뉴를 달리 선택 하여 Gizmo의 위치를 확인합니다.

●예제 파일 : PART02_Use Pivot..max

▼ Use Pivot Point Center : 오브젝트 각각의 피봇 위치에 Gizmo가 생깁니다.

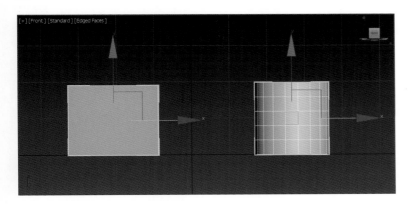

▼ Use Selection Center: 선택된 오브젝트의 중심에 Gizmo가 생깁니다.

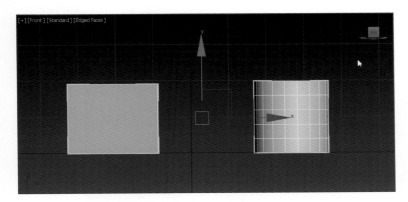

▼ Use Transform Coordinate Center: 선택된 오브젝트와 상관없는 곳에 기즈모가 나타납니다. 이 모드일때는 Gizmo를 이동하면 오브젝트는 이동하지만 Gizmo가 이동하지 않습니다.

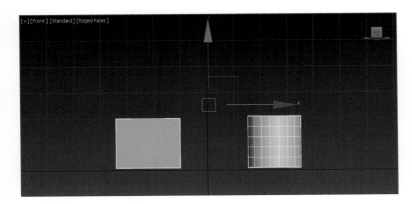

Hierachy 패널 이해하기

오브젝트의 회전이나 크기 변화 등은 모두 중심축을 기준으로 적용됩니다. 특히 애니메이션을 적용하기 전에 원하는 위치로 축 설정을 적용한 후 시작합니다. 오브젝트 기준점인 Pivot의 설정을 변경하는 방법을 학습합니다.

●예제 파일 : PART02_Teapot.max

1 Pivot을 이동해보겠습니다. 예제 파일을 열고 오브젝트를 선택합니다. 오른쪽의 [Command Pannel]의 [Hierachy]로 가서 [Affect Pivot Only] 버튼을 클릭합니다. 피봇이 변형 가능한 상태로 나타납니다. Select And Move 또는 Select And Rotate로 이동 및 회전할 수 있습니다.

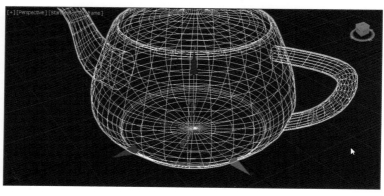

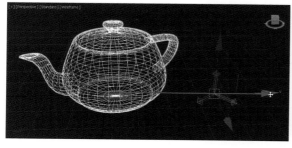

2 오브젝트 중심으로 Pivot을 옮겨 보겠습니다. [Affect Pivot Only] 버튼이 활성화되어 있는 상태에서 아래 [Center to Object]버튼을 클릭하면 오브젝트 중심으로 이동합니다.

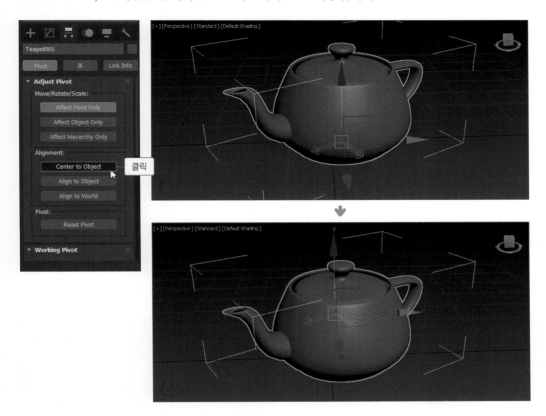

3 오브젝트 이동이 끝나면 [Affect Pivot Only] 버튼을 다시 클릭하여 활성화된 것을 해제합니다. 처음 상태로 Pivot을 되돌리려면 [Reset Pivot]버튼을 클릭합니다.

SECTION 03

참조 좌표계
(Reference Coordinate System)

오브젝트의 위치, 회전, 크기 변형할 때 참조 좌표계를 활용해야 합니다. 뷰포트에서 기즈모 활용하기 앞서 좌표의 종류를 변형하면서 제작합니다.

● 예제 파일 : PART02_Box_W_E_R.max

1 메인 툴바에서 'Reference Coordinate System'으로 마우스 커서를 가져다 둡니다. 기본은 'view'모드이며 ▼를 누르면 드롭 다운 하위 메뉴를 선택할 수 있습니다.

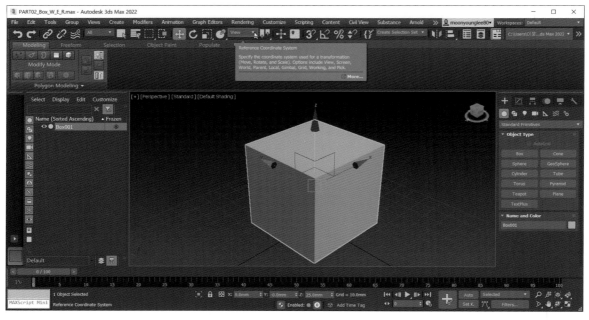

❶ **View**: 2D뷰포트에서 X축은 오른쪽, Y축은 항상 위를 향합니다.

❷ **Screen**: 화면을 좌표계로 사용합니다. 카메라 시점을 기준으로 합니다.

❸ **World**: 뷰포트의 현재 방향을 보여주며, 각 뷰포트의 왼쪽 아래에서 확인할 수 있습니다.

❹ **Parent**: 선택한 오브젝트가 링크가 걸려 있는 상위 좌표계를 사용합니다.

❺ **Local**: 선택한 오브젝트의 각각의 개별 좌표계를 사용합니다.

❻ **Gimbal**: 짐벌 좌표계는 '오일러 XYZ 회전 제어기'에 사용하기 위한 것입니다.

❼ **Grid**: 여러 차원에 대해 제작할 때 활성 그리드의 좌표계를 사용합니다.

❽ **Working**: 특정 위치의 Pivot 설정된 경우 이 좌표계가 기본 좌표계입니다.

❾ **Local Aligned**: 로컬 정렬됨은 선택한 오브젝트의 좌표계를 사용하여 Z 이외에 X 및 Y축을 모두 계산합니다.

❿ **Pick**: 다른 오브젝트 선택하여 선택한 오브젝트를 좌표계로 사용합니다. 선택한 오브젝트 명이 리스트 아래에 표기 됩니다.

2 가장 많이 활용되는 'View'와 'Local'에 대해 비교해 보겠습니다. Perspective 뷰포트에서 박스를 선택하고 키보드에서 단축키 [E]를 입력합니다. Y축으로 그림과 같이 회전합니다. 다시 키보드에서 [W]를 입력하고 피봇을 확인하고 좌표계를 달리하여 Z축으로 이동해 보겠습니다. 두 좌표계에 따라 이동 경로가 달라짐을 알 수 있습니다.

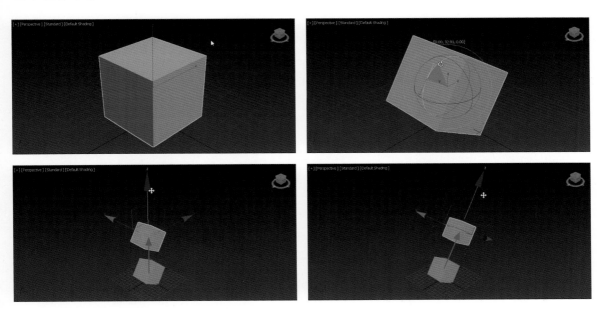

Chapter

05

오브젝트 복사하기

컴퓨터 그래픽 작업의 가장 큰 장점은 복사와 수정의 편리함이라고 생각합니다. 3ds Max에서 오브젝트를 복사하는 여러 방법을 살펴봅니다.

Clone Options

컴퓨터 그래픽 작업의 장점 중 하나는 쉽게 복사본을 만들 수 있다는 겁니다. 오브젝트를 복사하는 기본 옵션인 Clone 옵션 창에 대해 학습합니다.

● 예제 파일 : PART02_Teapot.max　● 예제 파일 : PART02_Use Pivot..max

복사하기

1 3ds Max에서 오브젝트를 복사하는 방법은 여러 방법이 있습니다. 그중 키보드 명령어를 활용하는 방법을 먼저 실습하겠습니다. 예제 파일을 열고 오브젝트를 선택하고 Ctrl+V를 입력합니다. Clone Options 창이 뜹니다. 복사본의 'Object' 타입을 [Copy]로 선택하고 'Name'에 이름을 입력한 다음 [OK] 버튼을 클릭합니다. 복사한 오브젝트는 원본과 똑같은 위치에 겹쳐져 나타납니다. 오브젝트를 이동하여 확인합니다.

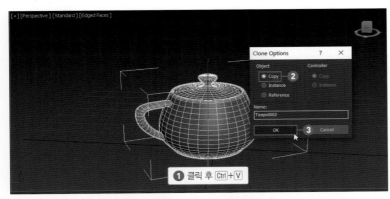

❶ 클릭 후 Ctrl+V

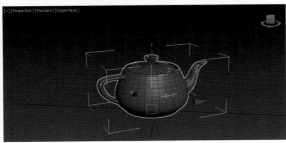

❹ 드래그

> **TIP** 복사본의 Object 타입은 Copy/ Instance/ Reference 3가지 타입을 선택할 수 있습니다. 복사본의 보여지는 모습은 3가지 모두 같지만 각기 다른 특성을 가지고 있습니다. 자세한 내용은 다음 장에서 설명하겠습니다.

다중 복사하기

2 오브젝트를 선택한 상태에서 Shift를 누르고 드래그로 이동하면 처음 이동한 거리만큼 간격을 유지한 채 다중 복사할 수 있습니다. 예제 파일을 열고 Front 뷰포트에서 오브젝트를 선택하고 Shift를 누른 채 오른쪽으로 이동하였습니다. 옵션에서 'Number of Copies= 5'를 입력하고 [OK] 버튼을 클릭합니다. 처음 이동한 거리와 같은 간격으로 총 5개의 복사본이 생겼습니다.

3 오브젝트를 선택한 상태에서 Shift를 누르고 회전하면 처음 회전한 각도만큼 일정하게 회전하여 다중 복사할 수 있습니다. 예제 파일을 열고 Front 뷰포트에서 오브젝트를 선택합니다. [Command Pannel] → [Hierachy]로 이동하고 [Affect Pivot Only]버튼을 클릭하여 피봇을 그리드 중앙으로 이동합니다. 이동 후 다시 [Affect Pivot Only]버튼을 클릭하여 활성화를 끕니다.

● 예제 파일 : PART02_Use Pivot..max

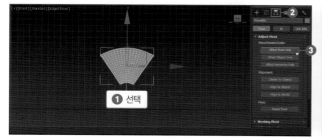 

▲ 중심축 이동

4 E를 입력하고 Shift를 누른 채 Front 뷰포트에서 Z축으로 회전합니다. 'Number of Copies= 10'을 입력하였습니다. 처음 회전한 각도만큼 오브젝트의 중심축을 기준으로 회전하면서 복사합니다. 회전 각도와 복사 개수를 달리하며 실습해 봅니다.

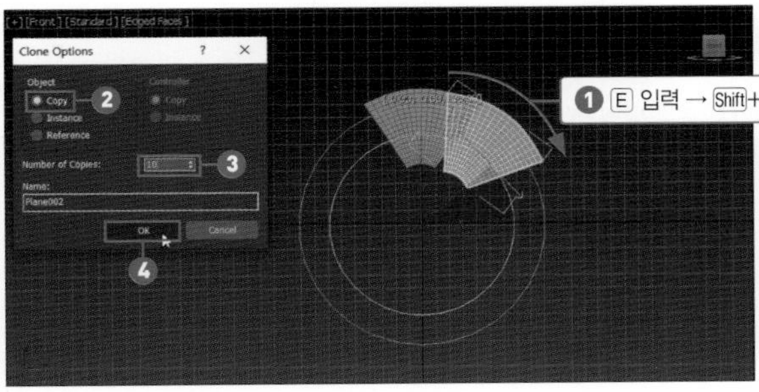

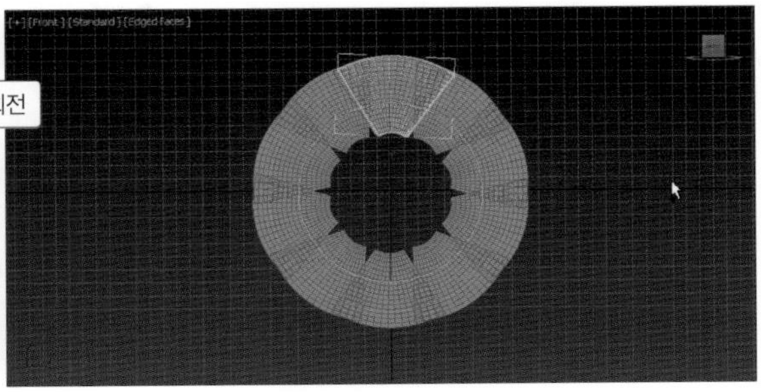

Shift를 누른 채 드래그로 회전할 때는 정확한 수치대로 회전하기 쉽지 않습니다. 회전 값에 스냅을 설정하면 편리합니다.

5 정확한 수치로 회전하여 복사해보겠습니다. 메인 툴바의 [: Angle Snap Toggle] 아이콘을 클릭하여 활성화합니다. 앞서 회전과 달리 5도씩 스냅이 걸리면서 회전됩니다. Shift를 누른 채 60도 회전하고 옵션 창에서 〈Number of Copies〉를 '5'로 입력합니다. 360도에 60도 간격으로 둘러싸면 6개가 필요하니 원본을 제외하고 복사 5개를 입력하였습니다.

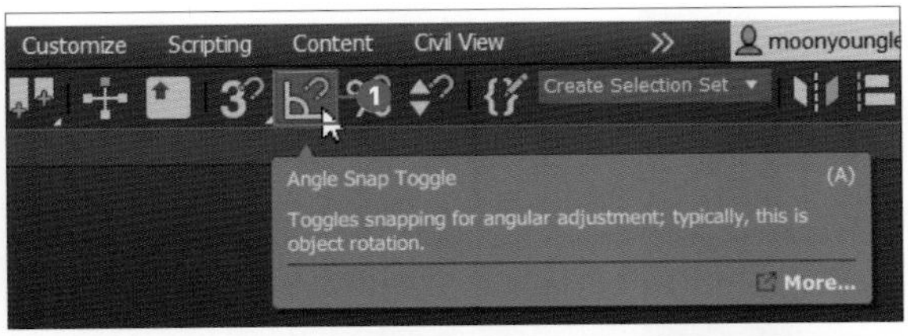

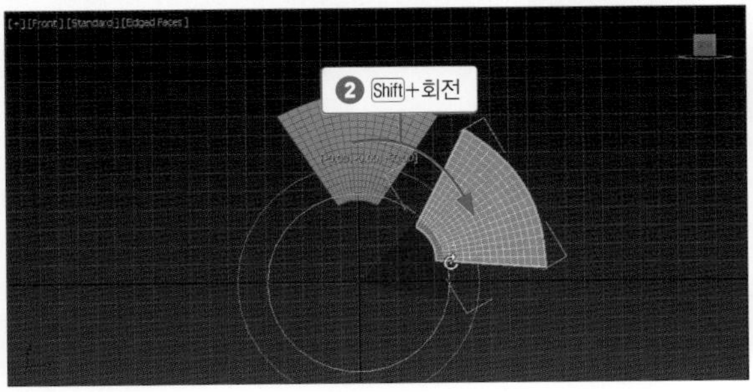

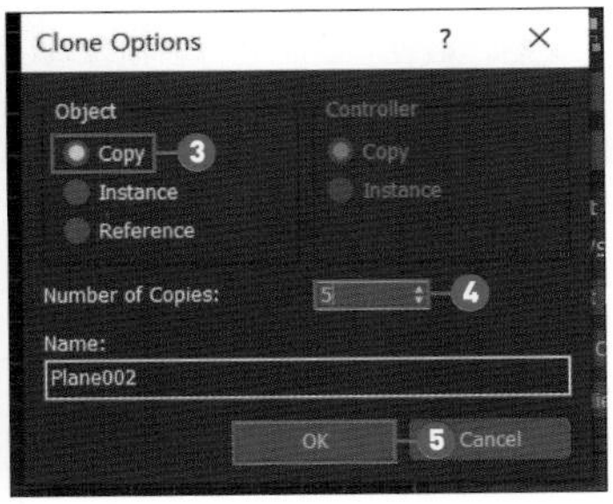

▲ 60도 회전

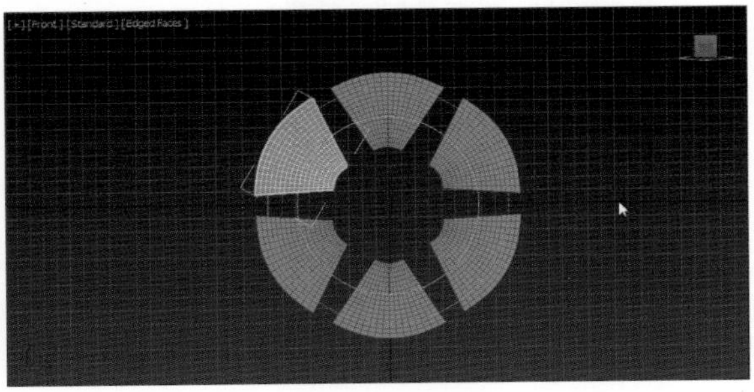

Copy/ Instance/ Reference 이해하기

오브젝트를 복사하는 기본 옵션인 Clone 옵션에서 Object 옵션이 총 3가지 종류가 있습니다. Copy, Instance, Reference는
복사한 직후의 모습은 원본과 같지만 차후 원본을 수정하거나 복사본을 수정했을 때 영향을 받는지 안 받는지 등의 차이가 있
습니다.

●예제 파일 : PART02_Copy_Cylinder.max

Copy 복사

1 예제 파일을 열고 실린더를 선택하고 단축키 W를 입력하여 이동 기즈모를 활성화합니다. Shift를 누른 채
오른쪽으로 이동하여 복사합니다. [Clone Options] 창에서 'Object'에서 'Copy'를 선택하고 복사합니다. 원
본과 복사본이 독립된 개체가 됩니다.

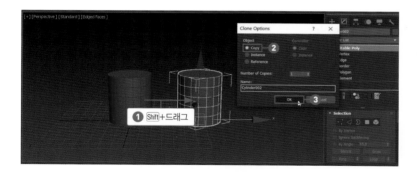

2 원본을 변형해보겠습니다. 원본 오브젝트를 선택하고 오른쪽 Command Pannel의 [: Modify]로 가서
Vertex를 선택합니다. Vertex를 드래그로 선택한 후 이동하여 변형해봅니다. 복사본에 아무런 영향이 없습니
다. 반대로 복사본을 변형해도 원본에 영향을 주지 않습니다.

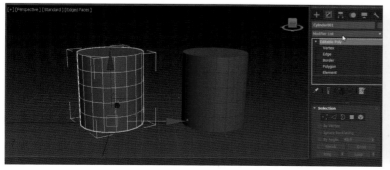

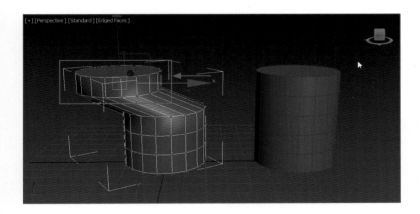

Instance 복사

3 이번엔 같은 방법으로 복사하되 [Clone Options] 창에서 'Object'에서 'Instance'를 선택하고 하나 복사합니다. 원본을 변형하면 복사본도 영향을 받습니다. 반대로 복사본을 변형해도 원본에 영향을 미칩니다.

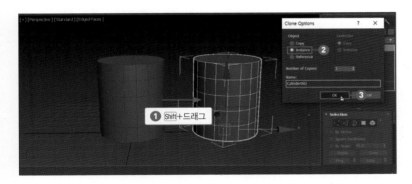

4 원본을 변형해보겠습니다. 원본 오브젝트를 선택하고 오른쪽 Command Pannel의 [: Modify]로 가서 Vertex를 선택합니다. Vertex를 드래그로 선택한 후 이동하여 변형해봅니다. 원본을 변형하면 복사본도 같이 변형됩니다. 반대로 복사본을 변형해도 같은 결과를 보입니다.

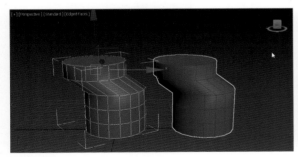

▲ 원본 변형

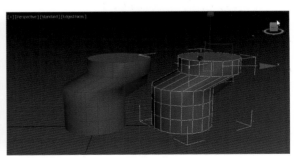

▲ 복사본 변형

Reference 복사

5 같은 방법으로 이번엔 [Clone Options] 창에서 ‘Object’에서 Reference로 복사합니다. Instace 복사와 같이 원본을 변형하면 복사본에도 영향을 미칩니다. 다른 점은 복사본에 새로 추가된 Modify 명령은 원본에 영향을 미치지 않습니다.

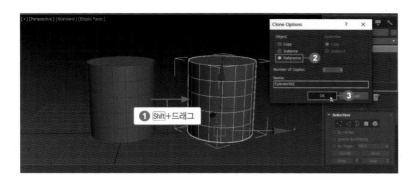

6 복사본을 변형해보겠습니다. 복사된 오브젝트를 선택하고 오른쪽 Command Pannel의 [☑ : Modify]로 가서 Modifier List의 ▼를 눌러 새로운 명령어를 입력해 봅니다. 예시로 TurboSmooth를 적용해 보았습니다. 결과는 원본에 영향을 미치지 않고 복사본에만 적용되었습니다.

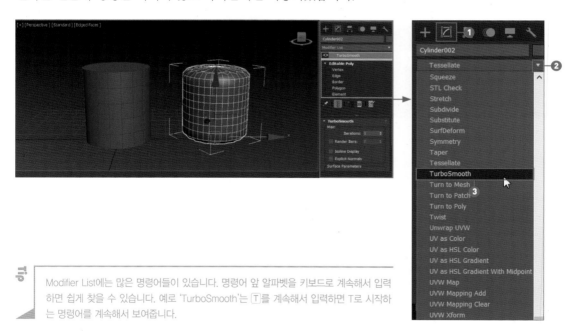

> **Tip**
>
> Modifier List에는 많은 명령어들이 있습니다. 명령어 앞 알파벳을 키보드로 계속해서 입력하면 쉽게 찾을 수 있습니다. 예로 ‘TurboSmooth’는 T를 계속해서 입력하면 T로 시작하는 명령어를 계속해서 보여줍니다.

지정한 축을 기준으로 반전 복사할 수 있는 Mirror 복사에 대해 학습합니다. 이때도 옵션에서 Copy, Instance, Reference를
선택할 수 있습니다.

● 예제 파일 : PART02_Copy_Cylinder.max   ● 예제 파일 : PART02_Mirror.max

오브젝트 반전시키기

1 예제 파일을 열고 프론트 뷰포트에서 시작합니다. 오브젝트를 선택하고 메인 툴바에서 [🔳 : Mirror]아이
콘을 선택합니다. [Mirror Screen Coordinate]창이 뜹니다. 'Mirror Axis'에서 반전시킬 축을 선택하고 'Clone
Selection'에서 'No Clone'을 선택하고 [OK] 버튼을 클릭합니다. 복사하지 않고 오브젝트를 반전시킬 수 있
습니다.

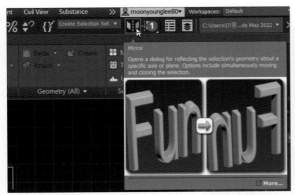

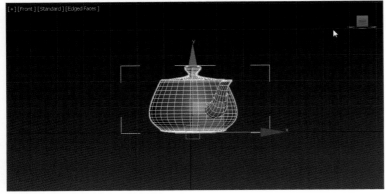

▲ 원본

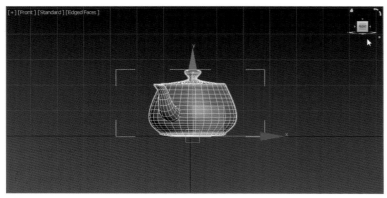

▲ X

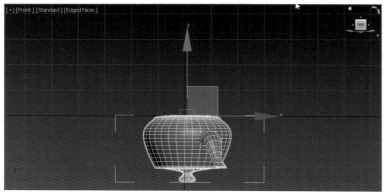

▲ Y

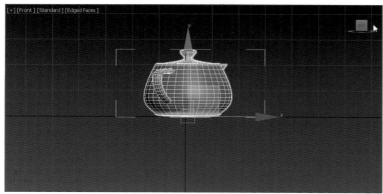

▲ Z

반전 복사

2 예제 파일을 열고 Front 뷰포트에서 오브젝트를 선택합니다. 오른쪽의 [Command Pannel]에서 [Hierachy]로 가서 [Affect Pivot Only]를 선택하고 Pivot을 X축 방향으로 오브젝트 끝으로 이동시킵니다. 이동 후 다시 [Affect Pivot Only] 버튼을 클릭해서 해제합니다. Mirror 아이콘을 클릭합니다. 'Mirror Axis' X을 선택하고 'Clone Selection' Copy 선택하고 [OK] 버튼을 클릭합니다 .좌우 똑같은 형태의 오브젝트는 모델링할 때 반만 만들고 반은 복사해서 완성합니다. 이때 오브젝트 중심축인 Pivot의 위치를 정확히 복사할 축 끝에 먼저 이동합니다.

● 예제 파일 : PART02_Mirror.max

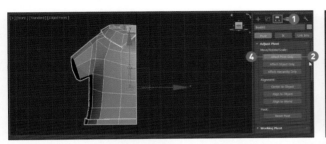

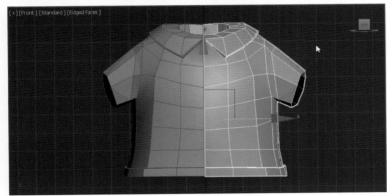

중간 과정 중 Instance로 복사하여 좌우를 다 보면서 제작할 수 있습니다. 완성된 후 복사본을 지우고 다시 Copy로 복사합니다.

Part
03

오브젝트 생성 및 편집을 위한
모델링 기본기

아무것도 없는 빈 뷰포트에 기본 도형을 꺼내고 원하는 형태로
모델링하는 방법을 배웁니다.

Chapter

01

Create 연습하기

모델링의 시작인 기본 도형을 선택하기 위해 3ds Max에서 기본
으로 제공하는 기본 도형의 종류를 알아보고 기본 옵션 변경을
통한 형태를 변형하는 방법을 실습합니다.

Create Panel

Command Panel은 총 6개의 세부 패널로 이루어져 있습니다. 기본 도형을 꺼내고 편집하고 중심축을 조절하거나 디스플레이
모드를 수정하고 애니메이션 등 3ds Max에서 가장 많이 활용되는 주요 기능이 모여 있는 패널입니다. 그 중 오브젝트를 만들
어내는 Create Panel에 대해 살펴보겠습니다.

Command Panel

맥스에서 가장 많이 활용되는 패널인 [Command Panel]은 총 6개의 하위 패널로 이루어져 있습니다.

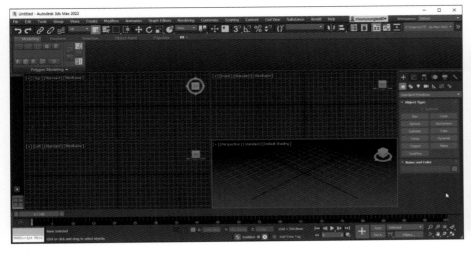

1. ✚ **Create**: 도형, 카메라, 조명, 파티클 텍스트 등 오브젝트를 생성하는 곳입니다.
2. 🗹 **Modify**: 오브젝트를 수정하기 위한 편집 가능한 명령어를 포함합니다.
3. 🖳 **Hierarchy**: 계층의 링크, 관절 및 IK에 대한 명령어를 포함합니다.
4. ◉ **Motion**: 애니메이션 제어하고 캐릭터 셋업을 할 수 있습니다.
5. 🖵 **Display**: 오브젝트를 숨기거나 보여지는 것을 설정합니다.
6. 🔧 **Utilities**: 유틸리티를 포함하고 있습니다.

Create

Command Panel의 첫 번째 [➕ Create]를 선택합니다. 총 7개의 하위 오브젝트 종류로 나뉘어 있습니다.

❶ Geometry: 기본 도형뿐만 아니라 창문 계단과 같은 인테리어 오브젝트, 파티클, 텍스트 등 유형별 오브젝트들이 모여 있습니다.

❷ Shapes: 스플라인 또는 NURBS 곡선을 만들 수 있습니다. 렌더링되도록 모양 두께를 지정할 수 있습니다.

❸ Lights: 여러 종류의 조명을 만들 수 있습니다.

❹ Cameras: 기본 카메라가 되지만 최종 여러 종류의 카메라를 추가하여 만들 수 있습니다.

❺ Helpers: 애니메이션에 도움이 되는 더미나 측량에 필요한 여러 오브젝트를 만들 수 있습니다.

❻ **Space Warps**: 중력이나 바람같은 장면을 왜곡하거나 오브젝트를 비트는 등을 만들 수 있습니다. 주로 파티클에 적용합니다.

❼ **Systems**: Bones이나 Biped 등 캐릭터 셋업에 필요한 오브젝트와 태양광 시스템같은 시뮬레이션 오브젝트를 생성할 수 있습니다.

Geometry 기본 도형 만들기

Create 패널의 Geometry는 다양한 기본 오브젝트들을 제공합니다. 총 16개의 카테고리로 나뉘어 기본 도형뿐만 아니라 눈이나 비 등을 표현하는 파티클, 텍스트, 인테리어 모델링에 활용할 수 있는 창문, 계단 등을 만들 수 있습니다. 대표 도형들을 만들어 보겠습니다.

Standard Primitives

1 [➕ Create]의 [⬤ Geometry] 아이콘을 누르면 [Standard Primitives]가 기본으로 선택됩니다. ▼Object Type에 있는 총 11개 도형에서 원하는 것을 선택한 후 뷰포트에서 클릭 앤 드래그를 하면 해당 오브젝트를 만들 수 있습니다. [Name and Color]에서 도형의 이름과 색상을 지정할 수 있습니다.

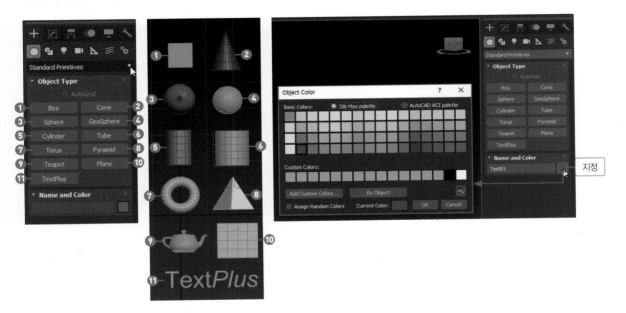

드래그로 만들기

2 가장 기본 도형이라 할 수 있는 [Box]를 만들어 봅니다. Perspective 뷰포트로 가서 ▼Object Type에서 [Box]를 선택합니다. 시작점이 될 곳에 마우스 커서를 두고 클릭 앤 드래그로 바닥을 만듭니다. 바닥을 만든 뒤 왼쪽 마우스 버튼에서 손을 떼고 위로 드래그하여 높이를 만듭니다. 끝나는 지점에서 클릭하여 마무리합니다.

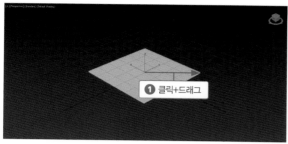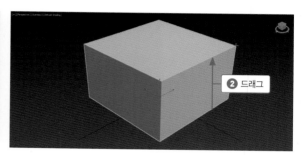

▲ Perspective

3 [▦ : Modify]를 클릭하면 나타나는 ▼Parameters에서 가로, 세로, 높이와 각 면을 나누는 Edge 수를 설정할 수 있습니다. 그림과 같이 [Length Segs], [Width Segs], [Height Segs] 값을 수정한 뒤 변경 사항을 확인해봅니다. 면을 분할하는 값인 'Segs'는 면의 선인 [Edge]가 됩니다. 보이지 않는다면 F4 를 누릅니다.

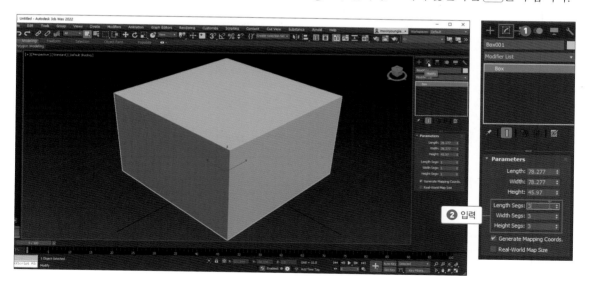

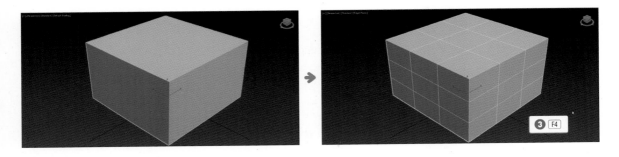

> **Tip** [Edge]는 면을 분할하는 선을 말합니다. 3D 모델링은 선이나 점을 이동하여 형태를 수정합니다. 처음 기본 도형을 만들 때 최소한의 [Edge]를 설정하고 추가하면서 수정합니다.

Keyboard Entry로 만들기

4 뷰포트에서 마우스 드래그로 만들지 않고 위치 및 가로세로 크기를 키보드로 입력 후 자동으로 뷰포트에 만들 수 있습니다. [Box]를 선택하고 아래 ▼Keyboard Entry 세모 버튼을 누릅니다. 가려져 있던 옵션값이 보입니다. 기본은 가려져 있습니다. 가로 · 세로 · 높이 '30'인 박스를 만들어 보겠습니다. 'Length: 30', 'Width: 30', 'Height: 30'을 입력하고 [Create]버튼을 클릭합니다.

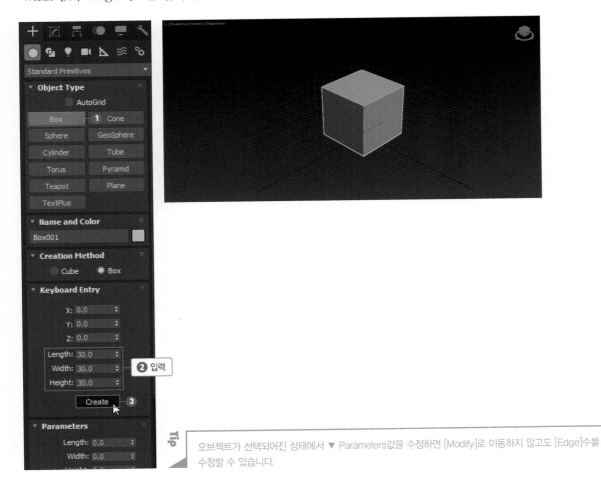

> **Tip** 오브젝트가 선택되어진 상태에서 ▼ Parameters값을 수정하면 [Modify]로 이동하지 않고도 [Edge]수를 수정할 수 있습니다.

Parameters 미리 설정하기

5 ▼Object Type에서 [Sphere]를 선택한 뒤 ▼Parameters의 [Segments] 차례로 다른 값을 입력하고 클릭 앤 드래그하여 [Sphere]를 만듭니다. 구의 둥글기를 다르게 만들 수 있습니다.

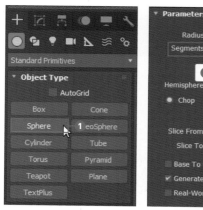

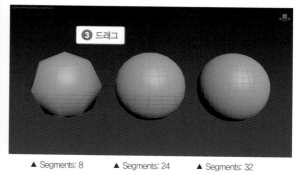

▲ Segments: 8   ▲ Segments: 24   ▲ Segments: 32

6 ▼Parameters의 다른 옵션을 수정하여 [Sphere]의 형태를 다양하게 만들 수 있습니다. 예를 들어 [Hemisphere]를 이용하면 설정 값(최대 1)만큼 잘려나간 반구 형태로 만들 수 있습니다. 'Slice On'을 체크한 뒤 'Slice From/ Slice To'를 이용하면 설정 값(최대 360)만큼 자른 형태로 만들 수 있습니다.

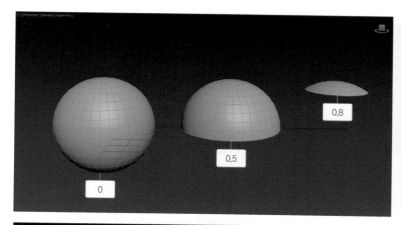

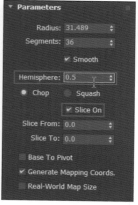

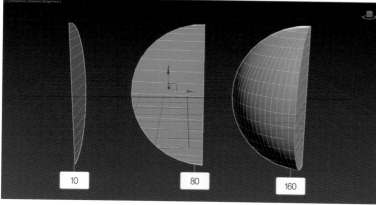

▲ Slice To=0 기준, Slice From 값 변화에 따른 형태

Text 모델링

7 ▼Object Type에서 [TextPlus]를 선택한 뒤 ▼Parameters의 [Text]에 원하는 텍스트를 입력합니다. 뷰포트에서 드래그하면 입력한 텍스트를 만들 수 있습니다. 이때 한글 입력이 안 된다면 ▼Parameters의 [Font]에서 한글 서체로 변경합니다.

8 텍스트 크기를 변경하기 위해 ▼Parameters의 [Global Parameters]에서 [Size] 값을 처음 설정한 '25'에서 '50'으로 수정합니다. 이때 Layout의 Type에서 Region이 체크되어 있으면 크기가 커져서 영역 밖으로 나가면 텍스트가 보이지 않습니다. 대신에 Point를 체크하면 드래그한 영역에 제한을 받지 않습니다.

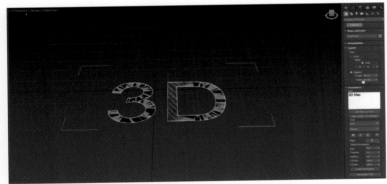

▲ Region 체크, Size를 50으로 설정한 경우

▲ Point 체크, Size를 50으로 설정한 경우

> **Tip** 오브젝트를 드래그하여 만든 후 마우스 오른쪽 버튼을 클릭하여 선택 해제가 되었다면 ▼Parameters가 나타나지 않습니다. 다시 오브젝트를 선택한 뒤 [Modify]를 클릭하면 ▼Parameters를 확인할 수 있습니다.

Extended Primitives

9 [Extended Primitives]를 선택하면 ▼Object Type에 기하학 형태의 오브젝트가 총 13개 있습니다.

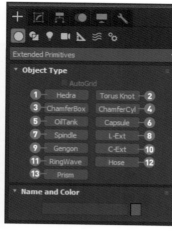
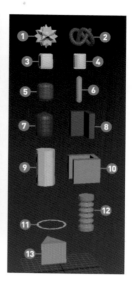

10 ▼Object Type에서 [Hedra]를 선택한 뒤 뷰포트에서 클릭 앤 드래그를 합니다. 뷰포트에 만들기 전 ▼ Parameters의 [Family] 옵션을 변경하면 다음 그림과 같이 다양한 형태로 만들 수 있습니다.

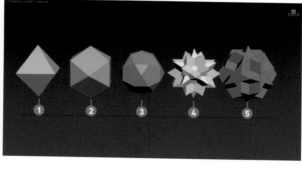

11 ▼Object Type에서 [ChamferBox]를 선택하고 뷰포트에서 클릭 앤 드래그를 한 뒤 위로 드래그를 합니다. 앞에서 만든 [Box]와 만드는 방법은 동일하지만 모서리를 둥글게 표현할 수 있다는 것이 큰 차이입니다. ▼Parameters의 [Fillet]은 모서리의 둥글기 정도, [Fillet Segs]는 모서리의 면수를 결정합니다. 수치가 클수록 모서리 면이 많아지면서 부드럽게 표현할 수 있습니다.

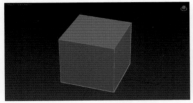
▲ Fillet: 0, Fillet Segs: 1

▲ Fillet: 5, Fillet Segs: 3

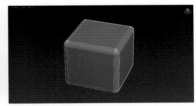
▲ Fillet: 5, Fillet Segs: 10

Doors/Windows/Stairs 인테리어 모델링

3ds Max에서 문, 창문, 계단 같은 인테리어 모델링에 필요한 오브젝트를 기본으로 제공합니다. 옵션 값을 변경 설정하면 원하는 형태로 쉽게 만들 수 있어 유용합니다.

●완성파일 : PART03_Doors.max   ●완성파일 : PART03_Windows.max

Doors

1 [➕ Create]의 [⬤ Geometrty] 아이콘을 누르고 ▼버튼을 눌러 드롭 다운 하위 메뉴 중 Doors를 선택합니다. 총 3가지 형태의 문을 선택할 수 있습니다.

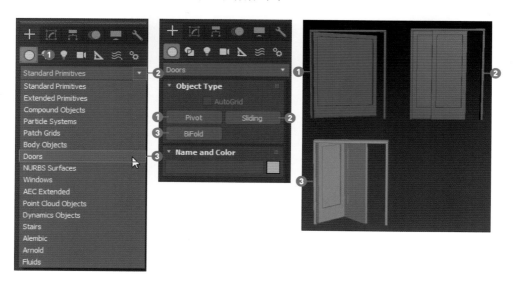

2 ▼Object Type에서 [Pivot]을 선택합니다. Perspective 뷰포트로 이동하고 마우스로 클릭 앤 드래그로 문의 가로 폭을 만듭니다. 마우스 왼쪽 버튼을 떼고 앞쪽으로 드래그하고 문틀의 두께를 만들고 클릭합니다. 그 상태에서 위로 드래그한 후 문의 높이를 만들고 클릭합니다.

TIP ▼Creation Method는 마우스로 드래그 할 때 가로, 넓이, 두께 순서대로 할 것인지 가로, 높이, 두께 순서대로 그려지게 할 것인지 결정할 수 있습니다. 기본값인 Width/Depth/Height으로 실습합니다.

3 다 만든 후 마지막으로 마우스 오른쪽 버튼을 클릭합니다. 문을 선택하고 [: Modify]를 선택합니다. ▼ Parameters에서 가로, 세로, 높이를 수정해 봅니다. 'Height: 100', 'Width: 50', 'Depth:10'을 입력하고 'Open=50'을 입력하여 문을 50도로 열어 보겠습니다.

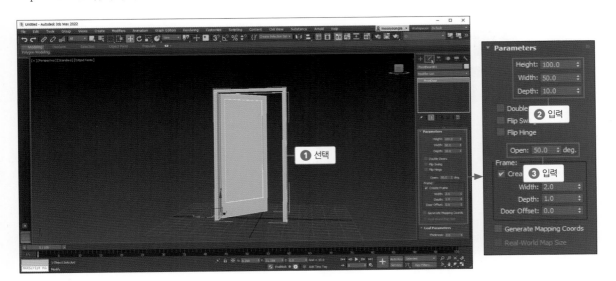

TIP Double doors 양쪽 문을 만들고 Flip Swing 문의 위치를 앞, 뒤쪽으로 변경합니다. Flip Hinge: 문의 방향을 좌우로 변경합니다.

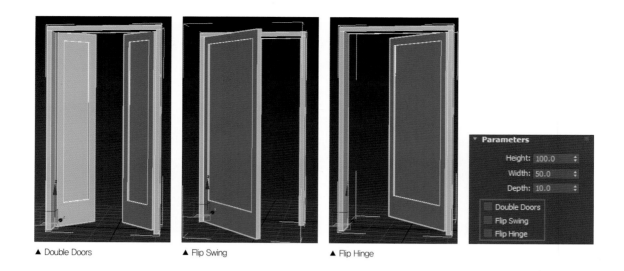

▲ Double Doors   ▲ Flip Swing   ▲ Flip Hinge

4 문의 프레임의 두께와 문 위치를 수정합니다. [Frame]에서 [Create Frame]의 'width=5' 'Depth=5' 'Door Offset=5'을 입력합니다.

▲ Door Offset=0   ▲ Door Offset=5

5 문 내부를 수정하겠습니다. ▼Leaf Parameters에서 'Thickness: 5', 'Stiles/Top Rail: 3' 'Bottom Rail: 3'을 입력하고 '#Panels Horiz: 2', '#Panels Vert: 2'를 입력하여 내부를 2*2로 구분한 모양을 만듭니다. 문살 격자의 두께 값인 'Muntin: 3'을 입력합니다.

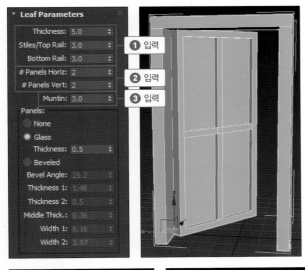

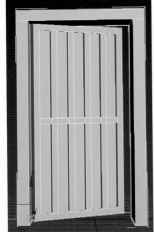

▲ #Panels Horiz: 5, #Panels Vert: 2

▲ Bottom Rail: 50

▲ Muntin: 15

 주어진 수치대로 똑같이 따라서 실습해본 후 각각의 값을 수정하면서 원하는 형태로 변형하길 권합니다.

6   Panels의 내부 두께를 조절하여 무늬를 만들어 보겠습니다. [Panels]에서 Beveled를 체크합니다. 'Bevel Angle: 10', 'Thickness 1: 5', 'Thickness: 2: 2', 'Middle Thick: 1', 'Width 1: 5', 'Width 2: 5'를 차례로 입력합니다. 앞서 2*2로 나눠져 있는 Panels의 내부 두께와 넓이를 조정하여 입체감을 살립니다.

Windows

7   [＋ Create]의 [◉ Geometrty] 아이콘을 누르고 ▼버튼을 눌러 드롭 다운 하위 메뉴 중 Windows를 선택합니다. 총 6가지 형태의 창문을 선택할 수 있습니다.

●완성파일 : PART03_Windows.max

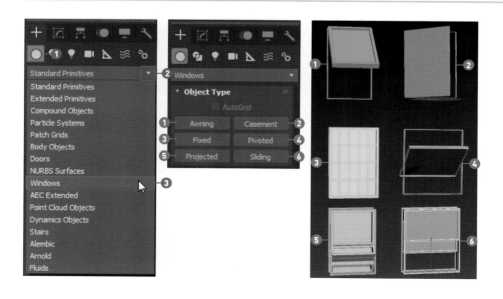

8 슬라이딩 창문을 만들어 보겠습니다. ▼Object Type에서 [Sliding]을 선택하고 Perspective 뷰포트로 갑니다. 마우스로 클릭 앤 드래그로 창문의 가로 폭을 만듭니다. 마우스 왼쪽 버튼을 떼고 앞쪽으로 드래그하고 창문틀의 두께를 만들고 클릭합니다. 그 상태에서 위로 드래그한 후 창문의 높이를 만들고 클릭합니다.

9 다 만든 후 마지막으로 마우스 오른쪽 버튼을 클릭합니다. 창문을 선택하고 [: Modify]를 선택합니다. ▼Parameters에서 가로, 세로, 높이를 수정해 봅니다. 'Height: 100', 'Width: 50', 'Depth:10'을 입력합니다.

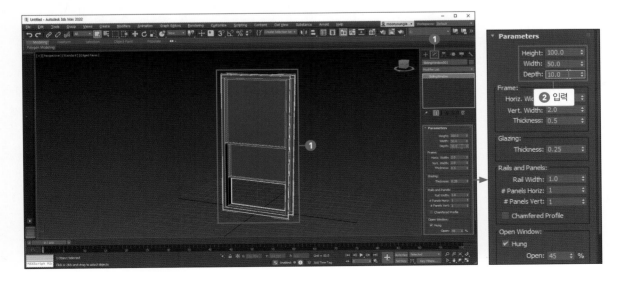

10 창문 프레임의 내부 두께를 수정합니다. [Frame]에서 'Horiz. Width: 3', 'Vert. Width: 3', 'Thickness:1'
을 입력합니다.

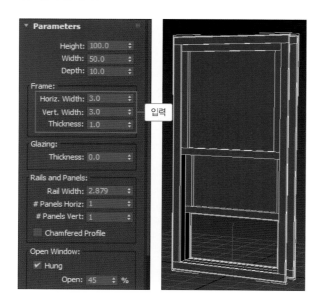

11 창문 내부를 수정해보겠습니다. 패널 내부의 'Rail Width: 3' '#Panels Horiz: 2', '#Panels Vert: 2'를 입력
합니다.

▲ Rail Width: 3, #Panels Horiz: 5   ▲ Rail Width: 1, #Panels Horiz: 2
   #Panels Vert: 3   #Panels Vert: 2

12 창문이 열리는 방향을 변경해보겠습니다. Open Window에서 Hung 체크박스를 해제하면 방향이 변경됩니다.

▲ Hung 체크박스 해제

Stairs

13 [➕ Create]의 [◉ Geometrty] 아이콘을 누르고 ▼버튼을 눌러 드롭 다운 하위 메뉴 중 Stairs를 선택합니다. 총 4가지 형태의 계단을 선택할 수 있습니다.

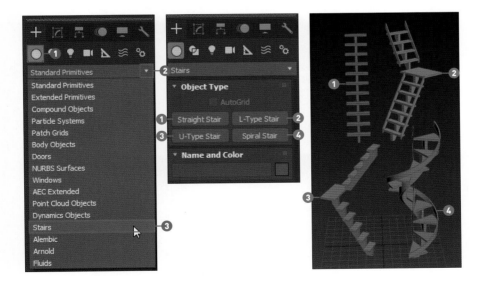

14 나선형 계단을 만들어 보겠습니다. ▼Object Type에서 [Spiral Stair]를 선택합니다. Perspective 뷰포트로 가서 클릭 앤 드래그한 다음 왼쪽 마우스를 떼고 위로 드래그하여 높이를 만들고 클릭하여 나선형 계단을 만듭니다.

▲ Perspective

15 다 만든 후 마지막으로 마우스 오른쪽 버튼을 클릭합니다. [▣ : Modify]를 선택하고 ▼Parameters에서 나선형 계단의 형태를 변경해보겠습니다. [Type] = 'Open'을 선택합니다.

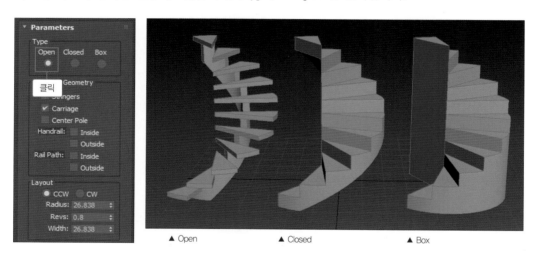

▲ Open   ▲ Closed   ▲ Box

16 계단의 나선형 회전 형태를 수정하려면 [Layout]의 [Revs] 값을 조절합니다. [Revs]='0.8'을 입력합니다.

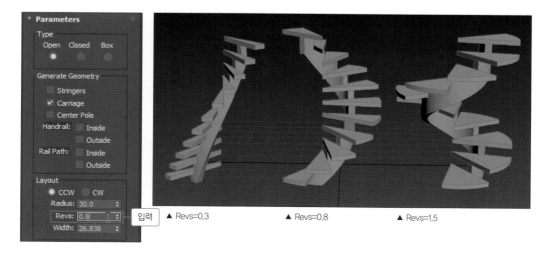

▲ Revs=0.3   ▲ Revs=0.8   ▲ Revs=1.5

17 계단의 핸드레일을 만들기 위해 [Generate Geometry] → [Handrail]의 [Outside]의 체크박스를 체크합니다.

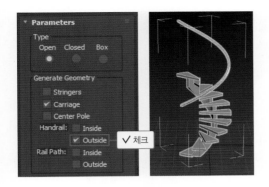

18 계단의 두께를 수정합니다. [Steps] 속성의 'Thickness: 5', 'Depth: 3'을 입력합니다.

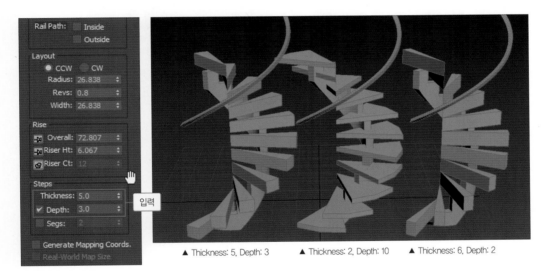

▲ Thickness: 5, Depth: 3   ▲ Thickness: 2, Depth: 10   ▲ Thickness: 6, Depth: 2

> **Tip**
> 화면에 ▼Parameters 아래 속성이 보이지 않는다면 빈 공간에 마우스커서를 가져다두면 손바닥 모양으로 변합니다. 이때 클릭 앤 드래그로 위아래로 이동할 수 있습니다.

19 계단의 핸드레일의 위치 및 형태를 수정합니다. 숨겨진 ▼Railings 옵션을 선택하고 핸드레일의 두께와 지름 위치 값 등을 수정합니다. 'Height: 15', 'Offset: 2', 'Segments: 3', 'Radius: 1'을 입력합니다.

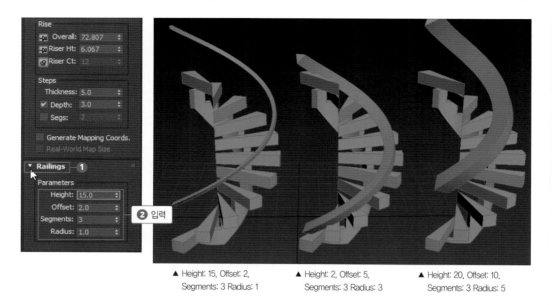

▲ Height: 15, Offset: 2,　　▲ Height: 2, Offset: 5,　　▲ Height: 20, Offset: 10,
　 Segments: 3 Radius: 1　　　 Segments: 3 Radius: 3　　 Segments: 3 Radius: 5

04 Splines

채워진 형태의 도형이 아닌 2D 선을 활용하면 곡선의 형태의 오브젝트나 돌출 및 회전으로 생성되는 형태의 모델링을 완성할 수 있습니다. 3D 뷰포트에서 선을 생성하고 활용하는 방법을 실습합니다.

직선그리기

1 [➕: Create]의 [⬚: Shapes] 아이콘을 누르면 기본으로 [Splines]이 나타납니다. ▼Object Type에서 총 13개의 Splines을 선택할 수 있습니다. 마우스로 선을 그릴 수 있는 [Line]을 선택합니다. 정사각형을 만들어 보겠습니다. Front 뷰포트로 가서 첫 번째 시작점을 만들기 위해 마우스로 클릭합니다. 이때 [2²: 2D Snap Toggle]을 클릭하여 활성화하면 편리합니다.

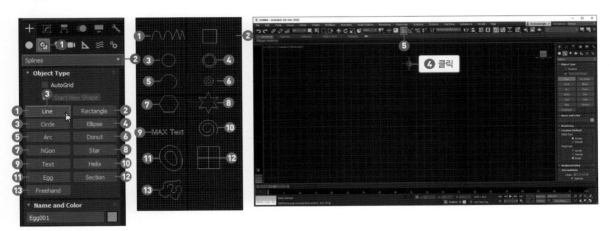

TIP 선을 그릴 때는 2D 뷰포트에서 그리는 것을 권장합니다.

2 오른쪽으로 7칸을 이동해서 클릭하고 다시 아래로 7칸 이동 후 클릭, 왼쪽으로 7칸 이동하여 클릭하고 시작점으로 올라가서 클릭합니다. 마지막 점을 시작점에 가서 클릭하면 닫힌 패스를 만들 수 있습니다. [Close Spline?] 대화상자가 뜨면 [Yes] 버튼을 클릭합니다.

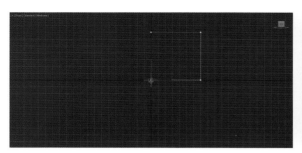 

클릭

곡선그리기

3 곡선을 그려보겠습니다. Front 뷰포트로 가서 그리드 중앙에 첫 번째 시작점을 마우스로 클릭합니다. 오른쪽 상단으로 이동 후 두 번째 점은 클릭 앤 드래그로 그려줍니다. 드래그로 곡선의 형태를 조절할 수 있습니다. 마지막으로 시작점으로 가서 클릭합니다. [Close Spline?] 대화상자가 뜨면 [Yes] 버튼을 클릭합니다.

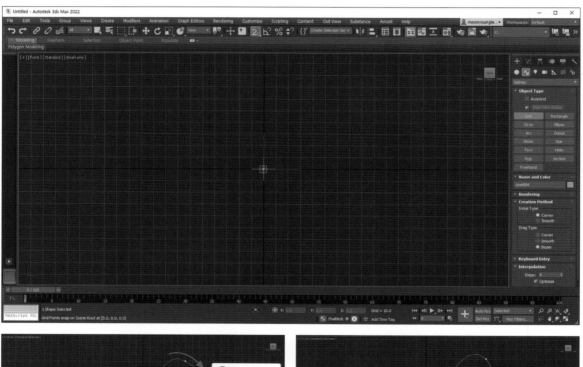

② 클릭+드래그

① 클릭

④

③ 클릭

 곡선이든 직선이든 첫 번째 시작점은 무조건 '클릭'으로 그립니다.

4 완성 후 마우스 오른쪽 버튼을 클릭하기 전 [➕: Create]에서 ▼Interpolation의 'Steps: 15'로 입력합니다. 수치가 높을수록 곡선의 기울기가 부드러워집니다. 이미 오른쪽 클릭하였다면 [✐: Modify]에서 변경할 수 있습니다.

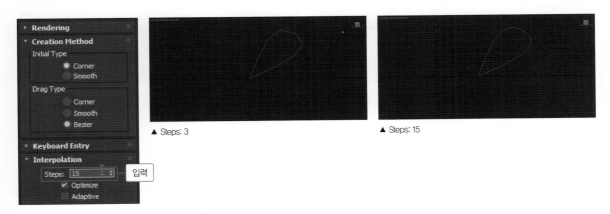

▲ Steps: 3   ▲ Steps: 15

라인 수정하기

5 [Line]을 선택합니다. 물결무늬 곡선을 그래 보겠습니다. Front 뷰포트로 가서 첫 번째 시작점을 만들기 위해 마우스로 클릭합니다. 오른쪽 위로 이동하여 클릭 앤 드래그로 곡선을 만들고 아래로 내려와서 이번엔 클릭합니다. 클릭 앤 드래그와 클릭을 반복하여 완성합니다.

6 완성 후 마우스 오른쪽 클릭한 다음 [✐: Modify]로 이동합니다. ▼ Line의 Vertex를 선택합니다. 마우스로 클릭한 부분에 점(Vertex)가 생긴 것을 확인할 수 있습니다. 단축키 Ⓦ를 입력하고 이동할 수 있습니다. 두 번째 점을 선택해봅니다. 클릭 앤 드래그로 그렸기 때문에 좌우에 조절할 수 있는 핸들이 생깁니다. 이를 'Bezier'라고 합니다. 좌우 핸들을 선택하고 이동하며 곡선의 형태를 변형할 수 있습니다.

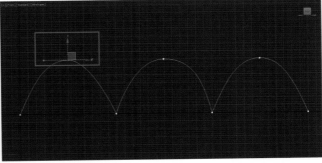

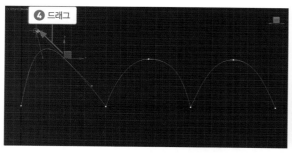

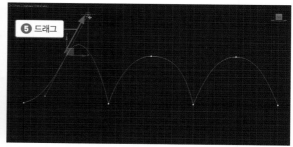

필요에 따라 [2 : Snap Toggle]을 비활성화하고 수정합니다.

7 클릭으로 그렸던 점을 곡선으로 변경해보겠습니다. 'Vertex'를 선택하고 마우스 오른쪽 버튼을 누르면 옵션에서 Corner로 선택되어져 있음을 알 수 있습니다. Bezier로 변경 선택합니다. 핸들이 생기면서 곡선으로 변합니다.

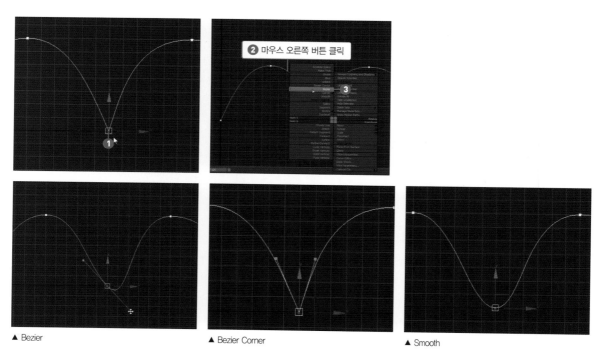

▲ Bezier   ▲ Bezier Corner   ▲ Smooth

8 이번엔 점이 아닌 선을 선택하여 변경해보겠습니다. [🔲: Modify]에서 ▼Line의 'Segment'를 선택합니다. Vertex 사이의 선을 선택할 수 있습니다. 마우스 오른쪽 버튼을 누르면 옵션에서 Curve가 선택되어져 있음을 알 수 있습니다. Line으로 변경 선택합니다.

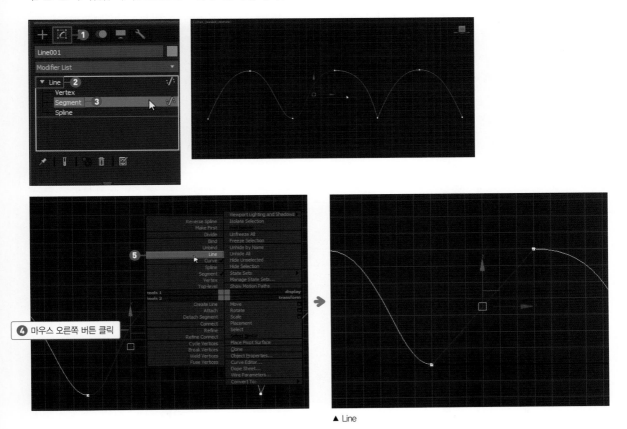

▲ Line

Text 그리기

9 ▼Object Type에서 Text를 선택합니다. 아래 ▼Parameters에서 폰트를 고르고 Text:에 쓰고 싶은 글씨를 입력합니다. HI를 입력했습니다. Front 뷰포트로 가서 클릭하면 글씨가 생깁니다.

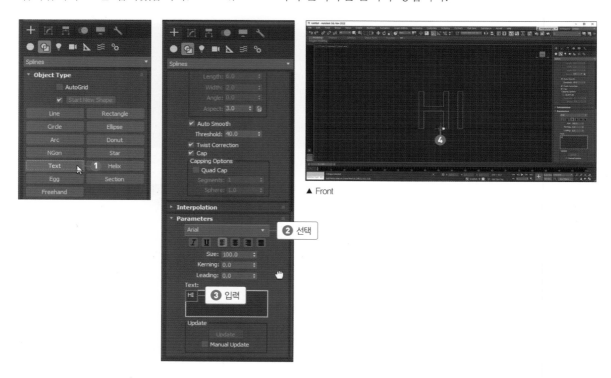

▲ Front

10 마우스 오른쪽 버튼을 클릭하고 [: Modify]로 이동합니다. ▼Rendering에서 [Enable In Renderer], [Enable In Viewport] 체크박스를 모두 켭니다. Splines 상태에서 기본으로는 렌더링되지 않습니다. 이 체크박스를 켜면서 라인을 면으로 표현하고 최종 렌더링도 됩니다.

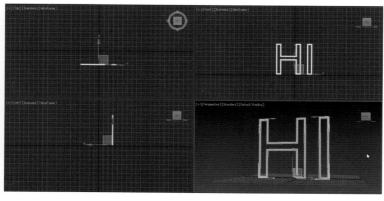

두께 표현하기

11 두께를 확인하기 위해 Perspective 뷰포트로 이동합니다. 면의 형태를 선택하고 두께와 각도를 설정합니다. 먼저 Radial을 체크하고 'Thickness: 5', 'Sides: 5', 'Angle: 0'을 입력합니다.

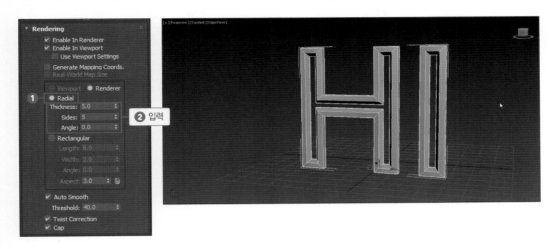

12 두 번째로 Rectangular를 체크하고 'Length: 15', 'Width: 5', 'Angle:0', 'Aspect: 3'을 입력합니다. 수치를 다르게 입력하면서 원하는 형태로 완성합니다.

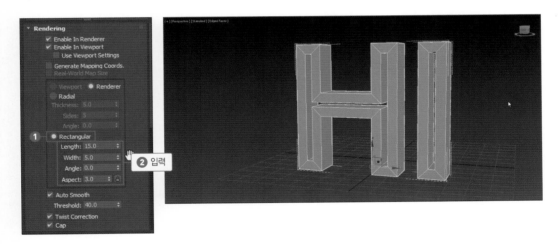

Chapter

02

Editable Poly 연습하기

기본 도형을 폴리곤으로 변환 후 원하는 형태로 수정할 수 있습니다. 모델링에 주로 사용하는 Editable Poly 기본 메뉴들의 기능을 살펴봅니다.

Editable Poly

기본 도형을 생성한 후 면 분할은 수치로 입력하여 변경할 수 있습니다. Editable Poly로 변환 후에는 불가능합니다. 때문에 최소한의 형태로 변형을 마친 후 폴리곤으로 변환합니다. 폴리곤으로 변환하는 법을 학습합니다.

면 분할 설정하기

1 [➕ : Create]의 [◉ : Geometry]에서 기본 'Standard Primitives'의 ▼Object Type의 [Box]를 선택하고 아래 ▼Keyboard Entry에 'Length:50', 'Width:50', 'Height:50'을 입력하고 [Create]버튼을 클릭합니다.

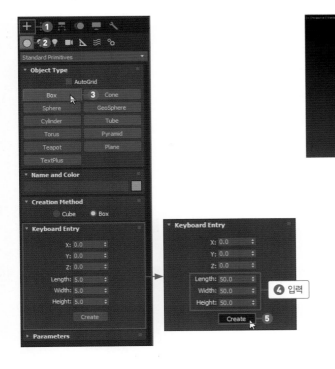

2 박스를 선택하고 [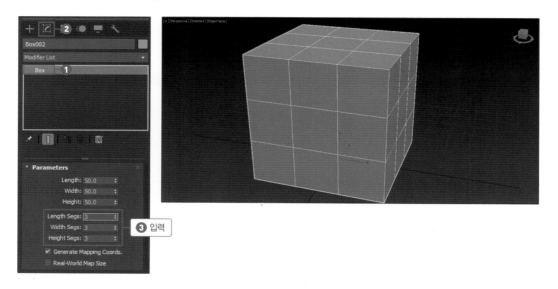: Modify]로 이동합니다. 'Length Segs: 3', 'Width. Segs: 3', 'Height Segs: 3'을 각각 입력하여 3*3*3으로 면을 분할합니다.

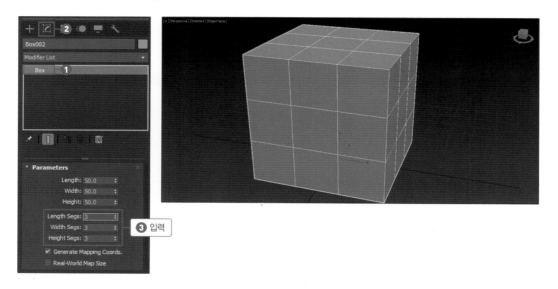

Tip 폴리곤으로 변환하기 전 최소한의 면 분할을 하기를 권장합니다. 너무 많은 면은 수정하기 힘들고 적은 면은 다시 컷 분할을 해야 하기 때문에 적절한 수를 생각하고 입력합니다.

폴리곤으로 변환하기

3 박스를 선택하고 뷰포트에서 마우스 오른쪽을 클릭합니다. 드롭 다운 메뉴에서 [Convert To] → [Convert to Editable Poly]를 선택합니다. [: Modify]에서 Box를 선택하고 마우스 오른쪽 버튼을 클릭하고 'Editable Poly'를 선택해도 폴리곤으로 변환됩니다. Box가 Editable Poly로 변경됨을 확인할 수 있습니다.

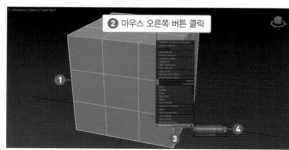

▲ 뷰포트에서 폴리곤으로 변형하는 방법

▲ [Modify]에서 폴리곤으로 변형하는 방법

Edit Vertices

폴리곤으로 변환된 오브젝트는 Vertex, Edge, Border, Polygon, Element를 선택할 수 있습니다. 이 중 점을 수정할 수 있는
Edit Vertices의 세부 메뉴 기능을 학습합니다.

Selection

1 폴리곤으로 변환된 오브젝트를 선택하고 [🖉: Modify]에서 ▶Editable Poly 하위 메뉴를 펼치면 총 5개
의 항목을 선택할 수 있습니다. 아래 ▼Selection에서도 선택할 수 있으며 점: Vertex, 선: Edge, 테두리:
Border, 면: Polygon, 개별 오브젝트: Elements 중 선택하고 편집합니다.

▲ Vertex

▲ Edge

▲ Border

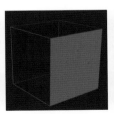
▲ Polygon

▲ Elements

Vertex 수정하기

2 ▼Selection에서 'Vertex'를 선택합니다. 아래 ▼Edit Vertices 옵션이 나타납니다. Perspective 뷰포트에서 Vertex를 하나 클릭하여 선택합니다. ▼Edit Vertices에서 [Remove] 버튼을 클릭합니다. Vertex가 지워집니다.

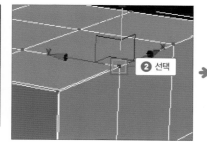
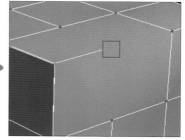

3 Perspective 뷰포트에서 Vertex를 하나 클릭하여 선택합니다. ▼Edit Vertices에서 [Break] 버튼을 클릭합니다. 적용 후 변화를 확인하기 힘듭니다. Vertex를 다시 클릭하여 선택하고 이동해보면 하나의 점이 떨어져 4개의 점으로 분리된 것을 확인할 수 있습니다.

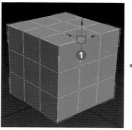
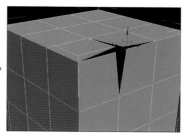

▲ Vertex를 클릭해서 이동하면 분리된 것을 확인

4 Perspective 뷰포트에서 Vertex를 하나 클릭하여 선택합니다. ▼Edit Vertices에서 [Extrude]의 [■: Settings] 버튼을 클릭합니다. 뽑아져 나오는 높이와 넓이의 크기를 입력 후 [✔: OK] 버튼을 클릭합니다.

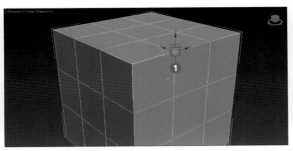

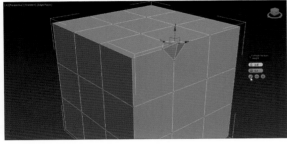

▲ Height: 2, Width: 5

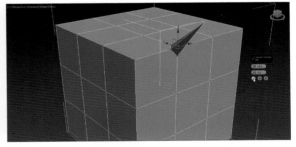

▲ Height: 15, Width: 3

 [■: Settings] 버튼을 사용하지 않고 명령어 버튼을 클릭하여 바로 적용하면 뷰포트에서 드래그로 크기를 조정할 수 있습니다. 하지만 정확한 수치 값을 입력하여 제작하기를 권합니다.

Vertex 합치기

5 여러 Vertex를 합치는 명령어는 [Weld]와 [Target Weld]가 있습니다. 먼저 뷰포트에서 두 개 이상의 Vertex를 선택하고 [Weld]의 [■: Settings] 버튼을 클릭합니다. 간격 값을 입력하거나 [스피너]를 조절하여 선택한 Vertex거리에 따라 합쳐집니다. 많은 수의 Vertex를 합칠 때 유용합니다.

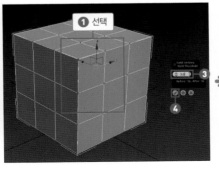
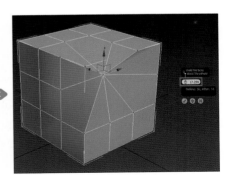

6 두 개의 Vertex를 합치기 위해서는 [Target Weld]를 사용하길 권합니다. 먼저 ▼Edit Vertices에서 [Target Weld]의 버튼을 클릭합니다. 첫 번째 Vertex를 선택하고 이동하면 점선이 나타납니다. 붙이고 싶은 Vertex를 선택하면 이동해서 합쳐집니다.

 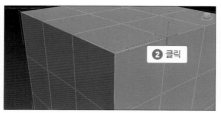 

단면 모서리 깍아내기

7 모서리 단면을 수정하는 명령어를 적용해보겠습니다. 선택한 하나의 점이 세 가장자리를 따라 정점이 이동하는 삼각면으로 변합니다. 뷰포트에서 모서리 [Vertex]를 하나 선택하고 ▼Edit Vertices에서 [Chamfer]의 [■: Settings] 버튼을 클릭합니다. 모서리 격이는 형태의 옵션을 입력하고 [◎: OK] 버튼을 클릭합니다.

 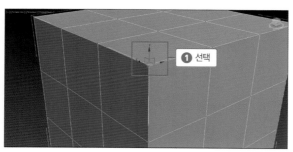

❶ **Vertex Chamfer Amount**: 모서리 깍이는 양
❷ **Vertex Chamfer Segments**: 모서리 면 분할
❸ **Vertex Depth**: 모서리 깍이는 깊이
❹ **Open Chamfer**: 깍인 면을 뚫을 수 있습니다.
❺ **Smooth, Smooth Type, Smooth Threshold**: 모서리 깍인 단면의 기울기 형태와 임계 값

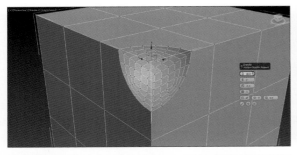
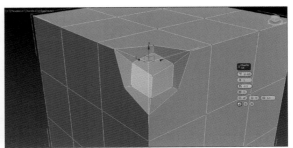
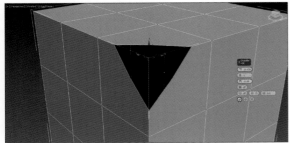

▲ 수치값 변화에 따른 결과

새로운 연결 Edge만들기

8 뷰포트에서 연결하고자 하는 Vetex를 Ctrl를 누르고 다중 선택합니다. ▼Edit Vertices에서 [Connect]버튼을 클릭합니다. 선택한 정점 쌍 사이에 새 [Edge]가 만들어집니다.

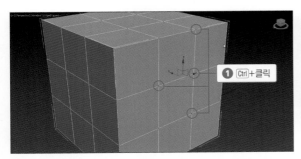

Edit Edges

오브젝트의 Vertex 사이의 선인 Edge를 편집할 수 있는 Edit Edges의 세부 메뉴 기능을 학습합니다. 뷰포트에서 오브젝트의
선이 잘 보이기 위해 F4 를 입력하고 와이어프레임을 활성화한 후 작업합니다.

● 예제 파일 : PART03_Box_Bridge.max

Edge 수정하기

1 ▼Editable Poly에서 [Edge]를 선택하면 ▼Edit Edges가 활성화됩니다. [Inset Vertex]를 선택하면 [Edge]
위에 Vertex를 추가할 수 있습니다. 끝나면 마우스 오른쪽 버튼을 클릭하여 해제합니다.

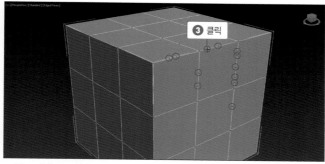

▲ 뷰포트에서 Edge 위에 클릭

2 뷰포트에서 [Edge]를 선택합니다. ▼Edit Edges의 [Remove]를 클릭하면 [Edge]를 지울 수 있습니다.

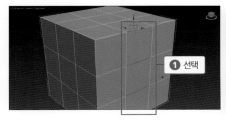

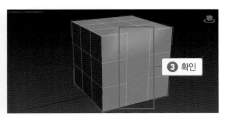

3 뷰포트에서 [Edge]를 선택합니다. 이때하나가 아닌 면의 가장자리가 될 수 있는 Edge를 다중 선택합니다. ▼Edit Edges의 [Split]을 클릭합니다. 적용 후 뷰포트에서 변화가 보이지 않습니다. 각 [Edge]를 선택하고 이동해보면 선택한 가장자리를 따라 면이 분할된 것을 확인할 수 있습니다.

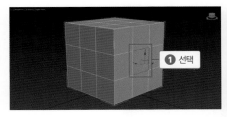

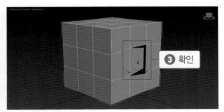

▲ Edge를 선택하고 이동하여 확인

4 뷰포트에서 [Edge]를 선택합니다. ▼Edit Edges의 [Extrude]의 [■: Settings]을 클릭합니다. 선택한 Edge를 중심으로 돌출됩니다. 돌출된 측면으로 다각형들이 만들어집니다. 돌출 높이와 폭을 입력하고 [●: OK] 버튼을 클릭합니다.

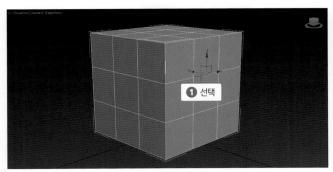

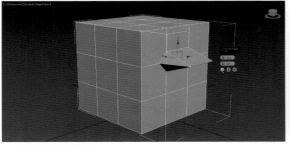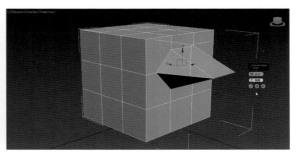

▲ 수치값 변화에 따른 결과

Edge 합치기

5 ▼Edit Edges에서 Weld와 Target Weld 두 명령어는 Edge를 합칠 수 있습니다. 먼저 뷰포트에서 면이 떨어져 있는 두 개 이상의 Edge를 선택하고 [Weld]의 [■: Settings] 버튼을 클릭합니다. 간격 값을 입력하거나 [⊕17.385: 스피너]를 조절하여 뷰포트에서 확인 후 [✓: OK] 버튼을 클릭합니다. Edge 거리에 따라 합쳐집니다. 여기서 막혀있는 가장자리의 Edge끼리는 합쳐지지 않습니다.

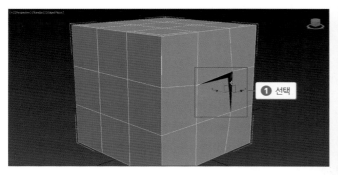

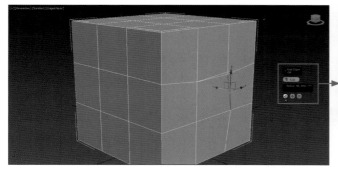

6 다음으로 직접 선택하여 합쳐주는 ▼Edit Edges에서 [Target Weld]를 먼저 선택합니다. 뷰포트에서 면이 떨어져 있는 하나의 Edge를 클릭하고 합칠 Edge로 드래그로 이동하면 점선이 생깁니다. 마우스 커서가 변할 때 클릭하여 하나의 선으로 합쳐줍니다. 끝나면 마우스 오른쪽 버튼을 클릭하여 해제합니다.

단면 모서리 깍아내기

7 모서리 Edge를 Ctrl를 누르고 다중 선택합니다. ▼Edit Edges에서 [Chamfer]의 [🔲: Settings] 버튼을 클릭합니다. 모서리 꺽이는 형태의 옵션을 입력하고 [⚫: OK] 버튼을 클릭합니다.

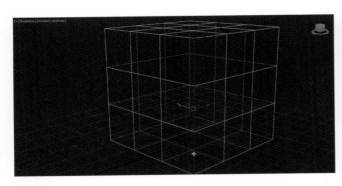

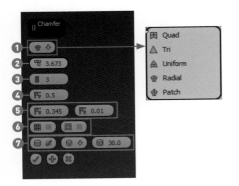

❶ 하위 메뉴 중 새로 생기는 다각형의 형태를 선택할 수 있습니다.

❷ [Edge Chamfer Amount] 모서리 깍이는 양

❸ [Connect Edge Segments] 모서리 면 분할

❹ [Edge Depth] 모서리 깊이, (Quad &Uniform = [Edge Tension])

❺ [Edge End Bias] [Edge Radial Bias] 새로 생긴 Edge 간격

❻ [Open Chamfer] 깎인 면을 뚫을 수 있습니다.

❼ [Smooth] [Smooth Type] [Smooth Threshold] 모서리 깎인 단면의 기울기 형태와 임계 값

  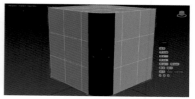

▲ 수치값 변화에 따른 결과

떨어진 면 연결하기

8 예제 파일을 열고 떨어져 있는 면의 Edge를 Ctrl을 누르고 다중 선택합니다. ▼Edit Edges의 [Bridge]의 [■: Settings] 버튼을 클릭합니다. 이어지는 면의 분할 수와 형태 옵션을 입력하고 [✅: OK] 버튼을 클릭합니다.

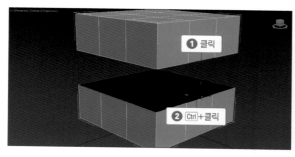 

 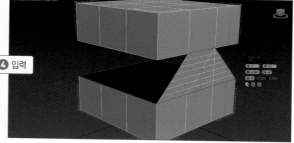

▲ 두 개 이상의 Edge를 이은 경우

 두 개 이상의 Edge를 선택해도 이어집니다.

새로운 면 분할하기

9 뷰포트에서 [Ctrl]을 누르고 [Edge]를 다중 선택합니다. ▼Edit Edges의 [Connect]의 [■: Settings] 버튼을 클릭합니다. 분할 [Edge] 개수와 위치 값 옵션을 입력하고 [●: OK] 버튼을 클릭합니다.

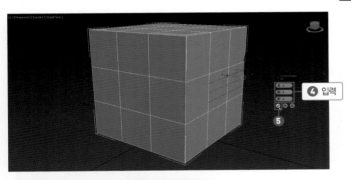

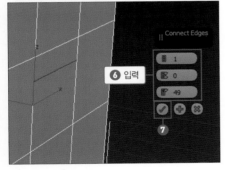

Edit Borders

구멍이 뚫린 가장자리를 뜻하는 Border를 편집할 수 있는 Edit Borders의 세부 메뉴 기능을 학습합니다. 오브젝트의 모든 면이 채워져 있다면 Border를 선택할 수 없습니다.

테두리 선택 및 수정하기

1 ▼Editable Poly의 [Border]를 선택합니다. 뷰포트에서 [Border]를 선택합니다. ▼Edit Borders의 [Extrude]의 [■: Settings] 버튼을 클릭합니다. 돌출되는 높이와 넓이 값 옵션을 입력하고 [●: OK] 버튼을 클릭합니다.

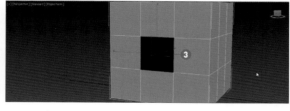

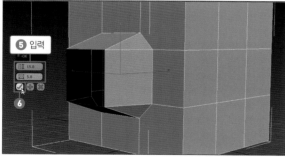

▲ 5

2 뷰포트에서 [Border]를 선택합니다. ▼Edit Borders의 [Insert Vertex]를 클릭합니다. [Border]위에 클릭으로 [Vertex]를 추가할 수 있습니다.

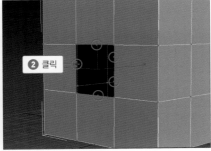

단면 모서리 깍아내기

3 뷰포트에서 [Border]를 선택합니다. ▼Edit Borders의 [Chamfer]의 [■: Settings] 버튼을 클릭합니다. 모서리 꺾이는 형태의 옵션을 입력하고 [●: OK] 버튼을 클릭합니다.

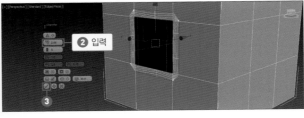

면 채우기

4 뷰포트에서 [Border]를 선택합니다. ▼Edit Borders의 [Cap]을 클릭합니다. 단일 면으로 캡 처리합니다.

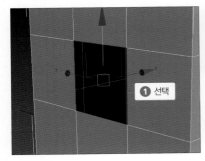

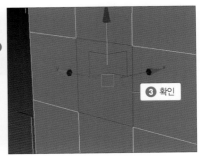

떨어진 면 연결하기

5 뷰포트에서 이을 [Border]를 각각 선택합니다. ▼ Edit Borders의 [Bridge]의 [⬛: Settings] 버튼을 클릭합니다. 이을 면의 각도와 면분할 값과 형태 옵션을 입력하고 [✔: OK] 버튼을 클릭합니다.

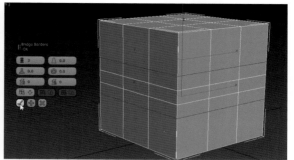

❶ **Segments**: 면 분할 개수, **Taper**: 이어진 면의 형태

❷ **Bias, Smooth**: 면의 기울기

❸ **Twist1, Twist2**: 면의 꼬임

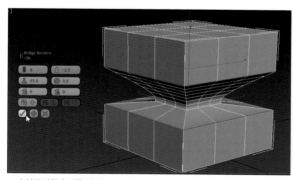

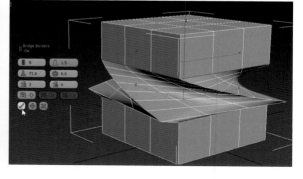

▲ 수치값 변화에 따른 결과

6 뷰포트에서 두 개의 [Border]를 Ctrl 을 누른 상태에서 다중 선택하고 ▼ Edit Borders의 [Connect]의 [■: Settings] 버튼을 클릭합니다. 가장자리 분할 수와 간격 위치 옵션을 입력하고 [◉: OK] 버튼을 클릭합니다.

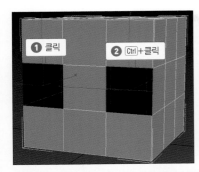 

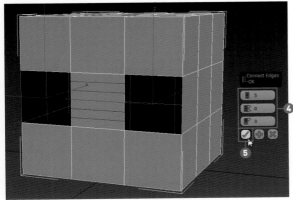

Edit Polygons

면은 선인 Edge로 분할되며 각 모서리는 점인 Vertex로 이루어져 있습니다. 오브젝트의 면을 뜻하는 Polygon을 편집할 수 있는 Edit Polygon의 세부 메뉴 기능을 학습합니다.

면 선택 및 수정하기

1 ▼Editable Poly에서 Polygon을 선택합니다. ▼Edit Polygons의 [Insert Vertex]를 선택합니다. 면 위에 클릭으로 Vertex를 추가하여 면을 분할할 수 있습니다.

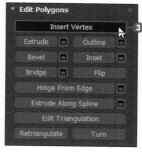
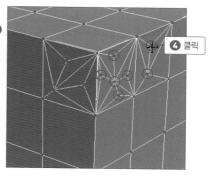

2 뷰포트에서 Poygon을 선택합니다. ▼Edit Polygons의 [Extrude]의 [■: Settings] 버튼을 클릭합니다. 돌출할 면의 높이와 면을 다중 선택했을 때 붙여서 뽑아낼지 각각 뽑아낼지 정한 다음 [●: OK] 버튼을 클릭합니다.

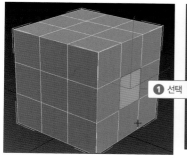

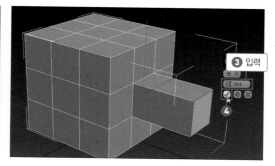

3 뷰포트에서 Poygon을 선택합니다. ▼Edit Polygons의 [Outline]의 [■: Settings] 버튼을 클릭합니다. 선택한 면의 외부 가장자리를 늘리거나 줄일 수 있습니다. 양을 정한 다음 [●: OK] 버튼을 클릭합니다.

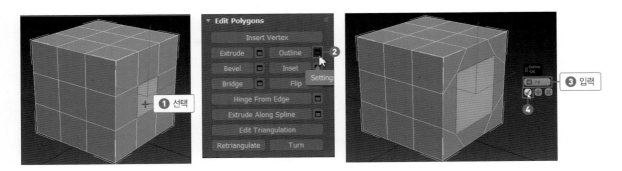

4 뷰포트에서 Ctrl을 누른 상태에서 Polygon을 다중 선택합니다. ▼Edit Polygons에서 [Bevel]의 [■: Settings] 버튼을 클릭합니다. 면을 도출할 때 베벨을 적용할 수 있습니다. 돌출할 면의 높이와 면을 다중 선택했을 때 붙여서 뽑아낼지 각각 뽑아낼지 정한 다음 [●: OK] 버튼을 클릭합니다.

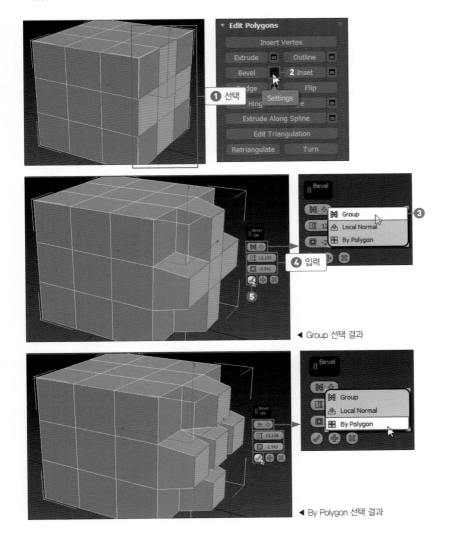

◀ Group 선택 결과

◀ By Polygon 선택 결과

5 뷰포트에서 Ctrl을 누른 상태에서 Polygon을 다중 선택합니다. ▼Edit Polygons에서 [Inset]의 [■: Settings] 버튼을 클릭합니다. 높이 없이 베벨을 적용할 수 있습니다. 면을 다중 선택했을 때 붙여서 베벨을 적용할지 각각 적용할지 정한 다음 [●: OK] 버튼을 클릭합니다.

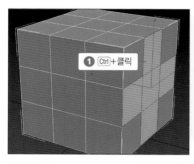 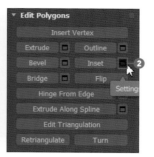

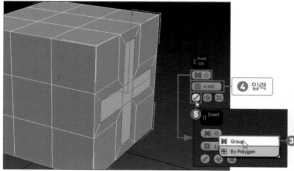 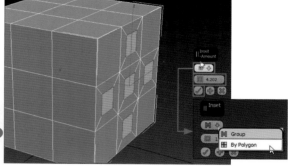

▲ Group 선택 결과　　　　　　　　　　　　　　　　▲ By Polygon 선택 결과

떨어진 면 연결하기

6 뷰포트에서 Ctrl을 누른 상태에서 떨어져 있는 Polygon을 다중 선택합니다. ▼Edit Polygons에서 [Bridge]의 [■: Settings] 버튼을 클릭합니다. 떨어져 있는 두 면을 중간에 면을 만들면서 면 분할 수와 형태를 설정한 후 [●: OK] 버튼을 클릭합니다.

  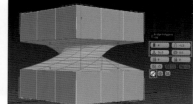

▲ 수치값 변화에 따른 결과

7 뷰포트에서 Polygon을 선택합니다. ▼Edit Polygons에서 [Flip] 버튼을 클릭합니다. 선택한 면의 방향을 반대로 합니다.

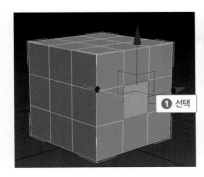

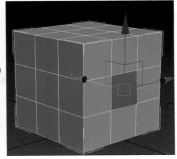

8 뷰포트에서 Polygon을 선택합니다. ▼Edit Polygons의 [Hinge From Edge]의 [■: Settings] 버튼을 클릭합니다. 가장자리를 중심으로 회전합니다. 회전 값과 면 분할 수를 입력 후 [✓: OK] 버튼을 클릭합니다.

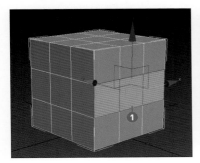

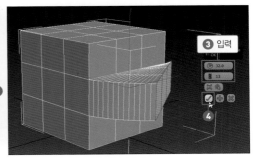

라인 따라 면 돌출하기

9 라인을 따라 면을 뽑아낼 수 있습니다. 뷰포트에서 Polygon을 선택하고 ▼Edit Polygons의 [Extrude Along Spline]의 [■: Settings] 버튼을 클릭합니다. 옵션 중 Pick Spline을 선택하고 따라갈 Spline을 뷰포트에서 클릭합니다. 면의 형태와 기울기를 설정한 후 [✓: OK] 버튼을 클릭합니다.

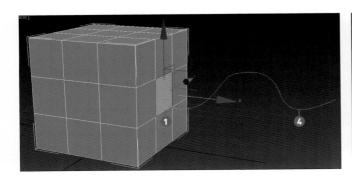

❶ **Segments**: 면 분할 수, **Taper Amount**: 점점 가늘어지는 양

❷ **Taper Curve:** 중간 두께 조절, [Twist]: 꼬임

❸ **Extrude Along Spline Align**: 라인을 따라서 돌출, **Rotation**: 해제하면 활성화되고 회전값 설정

❹ **Pick Spline**: 따라갈 라인 선택

▼ 수치값 변화에 따른 결과

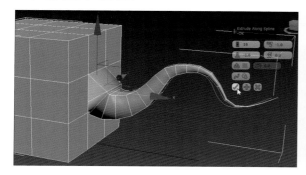
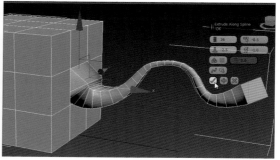

삼각형으로 면 분할하기

10 ▼Edit Polygons에서 [Edit Triangulation]을 클릭하면 삼각형으로 면을 분할할 수 있습니다.

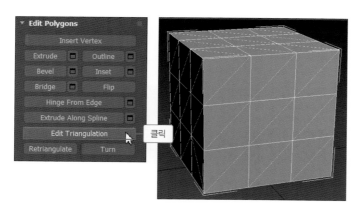

Paint Deformation

오브젝트 표면 위로 마우스 커서를 드래그하여 점점을 밀거나 당겨서 형태를 변형할 수 있습니다. 지면이나 조형물을 만들거나 주름이나 크랙을 세밀하게 표현할 때 활용할 수 있는 Paint Deformation의 주요 기능을 학습합니다.

1 ▼ Paint Deformation에서 [Push/Pull]을 클릭하고 오브젝트 주변을 드래그로 문지릅니다. 형태가 변형됩니다. 옵션에서 브러쉬 크기와 세기 등을 조절할 수 있습니다.

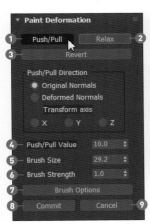
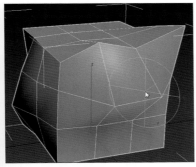

❶ Push/Pull: 밀고 당기기
❷ Relax: 정점 간의 거리를 균일하게 합니다.
❸ Revert: 되돌리기
❹ Push/Pull Value: 밀고 당기는 힘의 크기
❺ Brush Size: 브러쉬 크기 조절
❻ Brush Strength: 브러쉬 적용하는 속도를 설정
❼ Brush Option: 브러쉬 옵션 창을 엽니다.
❽ Commit: 지금까지 적용한 값을 고정합니다. 되돌아가지 않습니다.
❾ Cancel: 적용 취소

Edit Geometry

모델링 할 때 전체를 한번에 모델링하지 않고 부분 부분 따로 모델링하여 하나의 오브젝트로 합친 후 세부 형태를 수정하는 방식도 있습니다. 각각의 오브젝트를 합치고 분리하여 원하는 위치에 면을 분할하는 등의 Edit Geometry에서 자주 사용하는 기능을 학습합니다.

오브젝트 합치고 분리하기

1 따로 만든 각각의 오브젝트를 하나로 합칠 수 있습니다. 뷰포트에서 오브젝트 하나를 선택하고 [🖉: Modify]로 이동합니다. ▼Edit Geometry에서 [Attach] 버튼을 클릭합니다. 합치고자 하는 다른 오브젝트를 클릭하면 하나의 오브젝트로 합쳐집니다. 끝나고 마우스 오른쪽 버튼을 클릭하여 해제합니다.

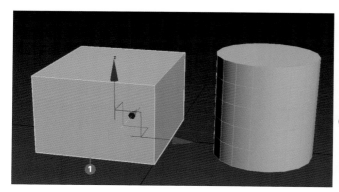

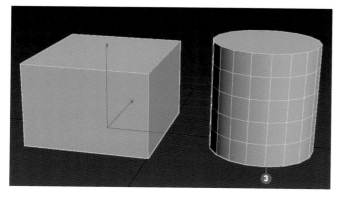

 처음 선택한 오브젝트가 폴리곤이면 다른 오브젝트들이 기본 도형이나 넙스여도 폴리곤으로 합쳐집니다.

2 분리하기 위해서는 ▼Editable Poly에서 Element를 선택합니다. 그러면 붙이기 전의 개별 오브젝트를 따로 선택할 수 있습니다. 떼어낼 Elment를 선택하고 ▼Edit Geometry에서 [Detach] 버튼을 클릭합니다. 옵션창에서 분리될 오브젝트의 이름을 지정하고 [OK] 버튼을 클릭합니다.

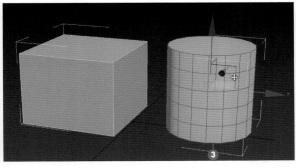

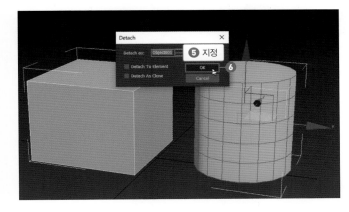

Tip | Vertex끼리 붙어 있는 Element로 분리되지 않는 면을 분리하고자 할 때는 [Selection] → [Polygon]을 선택하고 면을 선택한 다음 같은 방법으로 Detach하면 됩니다.

면 자르기

3 뷰포트에서 오브젝트를 선택하고 ▼Edit Geometry에서 [Cut]버튼을 클릭하고 원하는 선이나 점에서 이동하면서 클릭합니다. 마우스 오른쪽 버튼을 클릭으로 해제합니다.

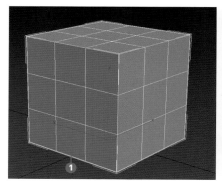

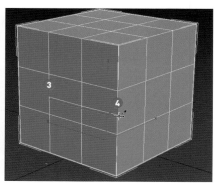

> **Tip**
> Cut으로 Vertex를 추가하면서 Edge를 만들어 면을 분할합니다. Vertex에 뷰포트 상 같은 위치에 클릭할 때 마우스 커서 모양이 ▦ → ▦ 변할 때 클릭합니다. 같은 위치에 두 개의 Vertex가 생기지 않습니다.

4 한번에 오브젝트를 관통하는 면을 자르는 방법이 있습니다. 뷰포트에서 오브젝트를 선택하고 ▼Edit Geometry에서 [QuickSlice]를 클릭합니다.

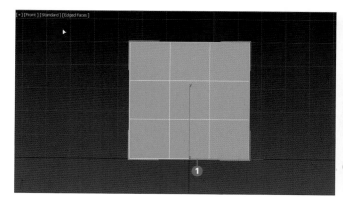

5 오브젝트 정중앙을 가로로 잘라 보겠습니다. Front 뷰포트로 이동 후 오브젝트를 사이에 두고 왼쪽 빈공간에서 클릭하고 오브젝트를 지나 오른쪽 빈공간으로 이동한 후 더블클릭합니다. 끝나면 마우스 오른쪽 버튼을 누르고 해제합니다.

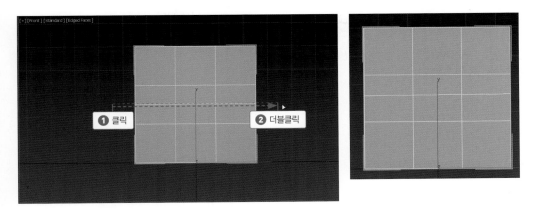

TIP [QuickSlice]를 사용할 때는 마우스 커서 이동에 따라 잘리기 때문에 정확하게 좌우 또는 상하로 면을 분할해야 할 때 사용하기를 권장합니다. 2D 뷰포트에서 [Snap Toggle]을 활성화하고 작업하길 권합니다.

Soft Selection & 편리한 Select 방법

선택한 Vertex 기준으로 주변 영역까지 한번에 선택하거나 선택 영역을 줄이거나 하는 다양한 Select기능이 있습니다. 오브젝트를 변형할 때 편리한 Select의 다양한 기능을 학습합니다.

Soft Selection

1 오브젝트의 Vertex를 선택하고 키보드 단축키 W를 입력하고 이동합니다. 다음으로 [: Modify]로 이동하고 ▼Soft Selection의 Use Soft Selection을 활성화합니다. 경계면을 부드럽게 변형할 수 있습니다.

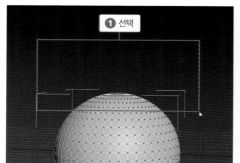

▲ Use Soft Selection 비활성화

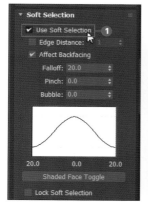
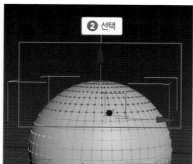
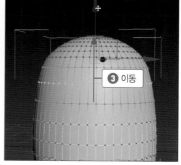

▲ Use Soft Selection 활성화

Selection

2 뷰포트에서 Edge를 선택합니다. ▼Selection에서 [Grow] 버튼을 클릭하면 주변으로 선택 영역이 확장합니다. 반복해서 선택할 수 있습니다.

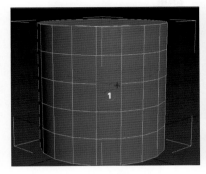  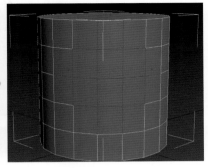

3 ▼Selection에서 [Shrink] 버튼을 클릭하면 반대로 선택 영역이 줄어듭니다.

 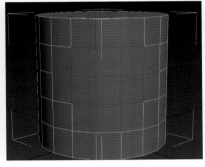 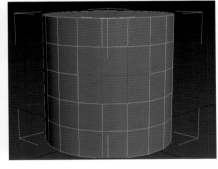

4 [Ring]과 [Loop]의 기능을 활용하여 요소를 선택합니다.

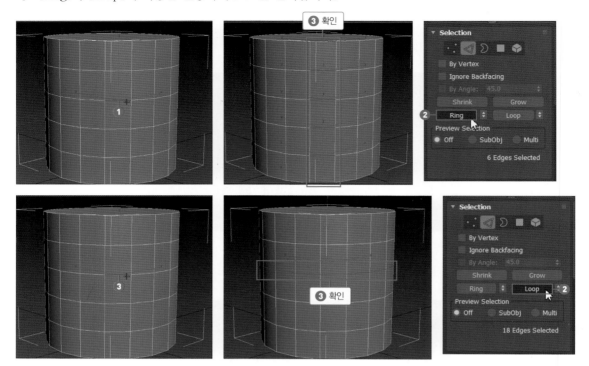

자주 사용하는 Modifier List

3ds Max는 Modifier List에 있는 기능들을 추가해서 제작합니다. Editable Poly 위에 적용한 기능들이 쌓입니다. 각각의 기능을 선택하고 수정 및 삭제할 수 있습니다. 모델링에서 주요 사용되는 기능들을 학습합니다.

● 예제 파일 : PART03_Modifier List

Modifier List

1 Modifier List는 [: Modify]에서 Modifier List옆 ▼를 누르면 드롭 다운 메뉴에서 고를 수 있습니다. 수많은 기능들이 있습니다. 사용하고자 하는 명령어의 첫 번째 알파벳을 클릭하면 입력한 알파벳으로 시작하는 메뉴들이 차례로 선택됩니다. 적용한 순서대로 ▶Editable Poly 위로 쌓여갑니다. 눈 아이콘을 끄거나 휴지통 아이콘을 사용하여 삭제합니다. 마우스 오른쪽 버튼을 클릭하여 [Collapse All]을 적용하면 명령어가 적용된 상태로 합쳐집니다.

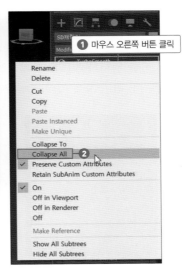

Smooth

2 예제 파일을 열고 오브젝트를 선택합니다. Modifier List에서 [T]를 입력하고 [TurboSmooth]를 찾아서 선택합니다.

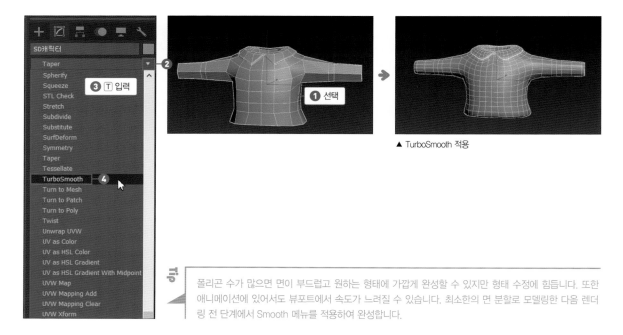

▲ TurboSmooth 적용

TIP

폴리곤 수가 많으면 면이 부드럽고 원하는 형태에 가깝게 완성할 수 있지만 형태 수정에 힘듭니다. 또한 애니메이션에 있어서도 뷰포트에서 속도가 느려질 수 있습니다. 최소한의 면 분할로 모델링한 다음 렌더링 전 단계에서 Smooth 메뉴를 적용하여 완성합니다.

FFD

3 모델링에서 전체 형태 비율을 수정할 때 유용한 FFD메뉴가 있습니다. 예제 파일을 열고 오브젝트를 선택합니다. Modifier List에서 [F]를 입력하고 FFD 2×2×2를 찾아서 선택합니다. ▼를 누르고 Control Points를 선택한 다음 형태를 수정합니다. 뒤 숫자에 따라 Point수를 설정할 수 있습니다.

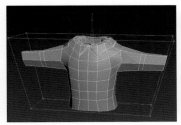

▲ FFD 2×2×2

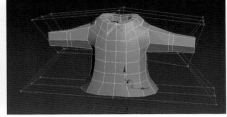

▲ FFD 3×3×3

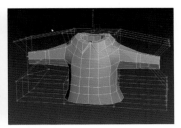

▲ FFD 4×4×4

Symmetry

4 모델링에서 반쪽만 모델링한 다음 합칠 때 유용한 Symmetry 메뉴가 있습니다. Modifier List에서 ⑤를 입력하고 Symmetry를 찾아서 선택합니다. Mirror Axis에서 축을 선택합니다. Mirror 복사와 다른 점은 중간 [Vertex]를 자동으로 합쳐줍니다.

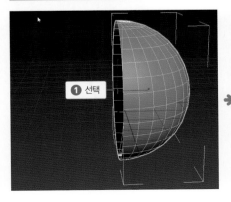

➡

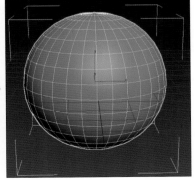

▲ Symmetry 적용

Chapter

03

Editable Spline 연습하기

Shapes에서 Spline을 활용하여 모델링할 때 필요한 Editable Spline의 기본 메뉴들을 살펴봅니다.

Editable Spline 변환

유선형 모델링을 하기 위해서는 Spline을 자유자재로 변형할 수 있어야 합니다. Spline을 편집 가능한 Editable Spline으로 변환합니다.

Spline 변환

1 [➕ : Create]의 [🔲 : Shapes]에서 기본 'Splines'의 ▼Object Type의 [Circle]을 선택하고 아래 ▼ Keyboard Entry에 'Radius: 50'을 입력하고 [Create] 버튼을 클릭합니다.

2 Circle을 선택하고 뷰포트에서 마우스 오른쪽 버튼을 클릭합니다. 드롭 다운 메뉴에서 Convert To: → Convert to Editable Spline을 선택합니다. 또는 [🖾: Modify]에서 Circle를 선택하고 마우스 오른쪽 버튼을 클릭하고 'Editable Spline'을 해도 변환됩니다.

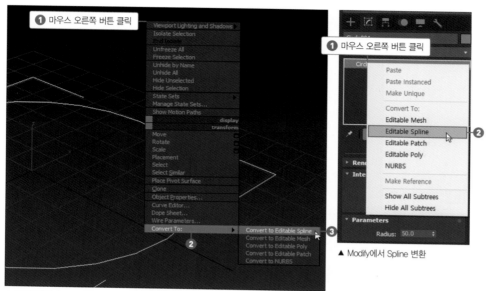

▲ 뷰포트에서 Spline 변환

▲ Modify에서 Spline 변환

Geometry: Vertex/ Segment/ Spline

Spline의 구성요소인 점: Vertex, 두 점 사이의 선: Segment, 연결된 전체의 선: Spline을 선택하고 수정하는 Geometry 메뉴의 주요 기능을 학습합니다.

Vetex 수정하기

1 [□: Modify]에서 ▶Editable Spline 하위 메뉴를 펼치면 총 3개의 항목을 선택할 수 있습니다. 아래 ▼ Selection에서도 선택할 수 있으며 점: Vertex, 두 점 사이 선: Segment, 연결된 전체선: Spline 중 선택하고 편집합니다.

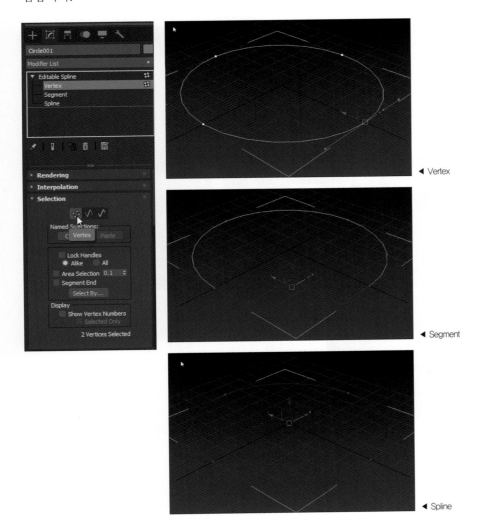

◀ Vertex

◀ Segment

◀ Spline

2 ▼Selection에서 Vertex를 선택합니다. 뷰포트로 돌아와 하나의 Vertex를 선택하고 ▼Geometry의 [Break] 버튼을 클릭합니다. 하나의 점이 둘로 나뉩니다. Vertex를 다시 선택하고 각각 이동해보면 둘로 나뉜 것을 확인할 수 있습니다.

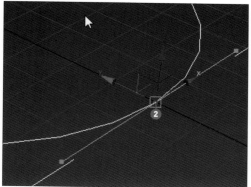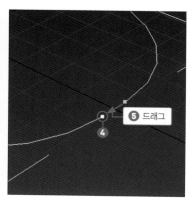

3 ▼Geometry의 아래 메뉴 중 [Weld]를 활용하여 떨어져 있는 두 Vertex를 합쳐보겠습니다. 먼저 [Vertex] 두 개를 동시에 선택하고 Weld 버튼을 클릭합니다. 합쳐지지 않는다면 오른쪽 수치 값을 간격을 고려해서 숫자를 높여가며 다시 적용합니다.

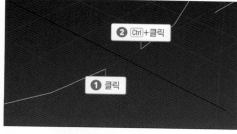

4 ▼Geometry의 아래 메뉴 중 [Connect]를 활용하여 떨어져 있는 두 Vertex 사이를 이어 보겠습니다. 하나의 Vertex를 선택한 상태에서 [Connect]를 누르고 클릭 앤 드래그로 다른 Vertex를 선택하면 중간에 선이 생기면서 이어집니다.

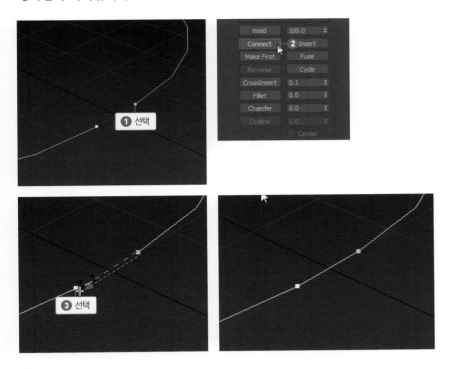

5 ▼Geometry의 아래 메뉴 중 [Insert]을 클릭하고 추가하고자 하는 위치에 마우스 커서를 가져다 대고 마우스를 이동하고 클릭하여 Vertex를 추가할 수 있습니다.

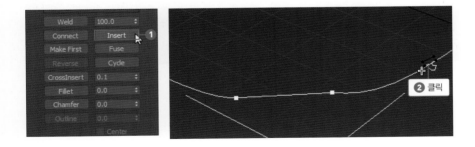

6 ▼Geometry의 아래 메뉴 중 [Filet]은 각진 모서리를 수정할 때 편리합니다. [Rectangle]을 하나 만들고 Editable Spline으로 변환 후 모서리 Vertex 하나를 선택합니다. [Filet]을 클릭하고 오른쪽 수치 값의 Spinner 를 조절하면서 모서리 둥글기를 수정합니다.

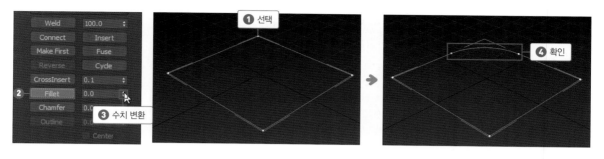

> **Tip** Filet을 적용 한 후 하나의 점이 두 개의 점으로 나뉘면서 곡면이 형성됩니다. 선택된 점이 왼쪽으로 이동되면서 옵션 값은 마우스를 떼는 순간 기본값 0으로 돌아옵니다.

Segment 수정하기

7 ▼Selection에서 Segment를 선택합니다. 뷰포트로 돌아와 하나의 Segment를 선택하고 ▼Geometry 하 위 메뉴 중 [Hide]를 선택합니다. 뷰포트에서 숨겨진 것을 확인할 수 있습니다. 반대로 [Unhide All]하면 [Hide]로 숨겼던 Segment를 다시 뷰포트에 나타나게 할 수 있습니다. [Delete]는 완전히 삭제합니다.

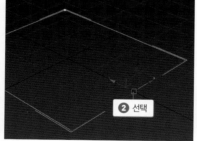

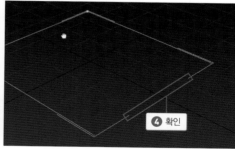

▲ Hide

8 Segment를 선택하고 ▼Geometry 하위 메뉴 중 [Divide]를 선택합니다. 오른쪽 수치 값에 따라 Vertex가 추가되면서 분할됩니다.

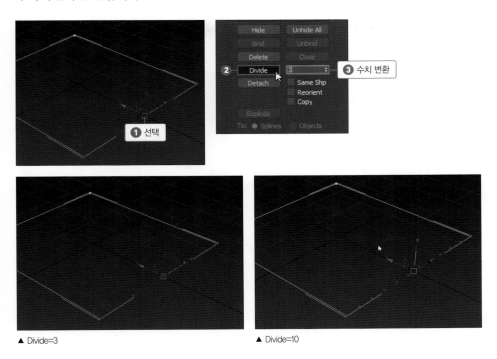

▲ Divide=3   ▲ Divide=10

9 Segment를 선택하고 ▼Geometry 하위 메뉴 중 [Detach]를 선택합니다. 대화상자에서 새로 생길 Line의 이름을 지정하고 [OK] 버튼을 클릭합니다.

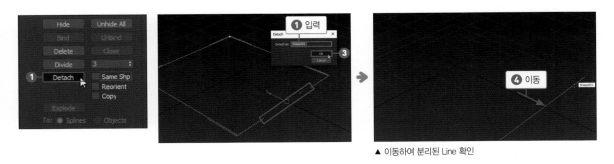

▲ 이동하여 분리된 Line 확인

새로 분리된 Line을 선택하고자 할 때는 현재 Segment 선택을 해제해야 선택할 수 있습니다.

Spline 수정하기

10 ▼Selection에서 Spline을 선택합니다. 뷰포트로 돌아와 Spline을 선택하고 ▼Geometry 하위 메뉴 중 [Outline]을 선택합니다. 오른쪽 수치 값을 조절하면 지정한 거리만큼 스플라인을 복사합니다. 마우스를 떼면 다시 0점으로 되며 다시 수치를 조정하면 계속해서 생성됩니다.

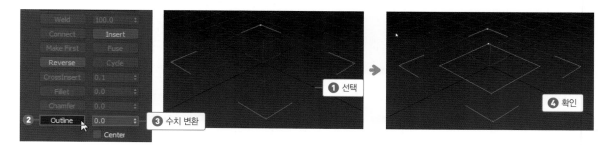

11 ▼Selection에서 Spline을 선택합니다. 뷰포트로 돌아와 Spline을 선택하고 ▼Geometry 하위 메뉴 중 [Explode]를 선택합니다. 선택한 스플라인을 한번에 분해합니다. To:에서 각각의 Spline으로 분해할지 새로운 Object로 분해할지 선택할 수 있습니다.

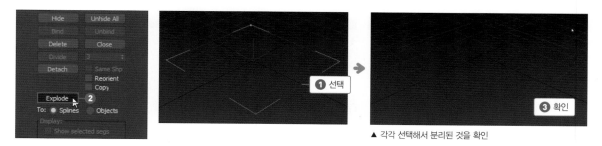

▲ 각각 선택해서 분리된 것을 확인

Boolean

여러 개의 Spline을 자르고 붙이면서 형태를 만들 수 있는 Boolean 메뉴는 3개의 옵션을 선택할 수 있습니다. 이때 각기 다른 형태의 Spline을 Attach로 하나의 오브젝트로 합친 후 적용합니다. Boolean 메뉴의 활용법을 학습합니다.

두 개의 Spline 합치기

1 Front 뷰포트에 [🗇 : Shapes]에서 Circle과 Rectangle 두 개의 Splines을 생성합니다. 하나를 선택하고 마우스 오른쪽을 클릭하고 Convert To → Convert to Editable Splines을 선택하고 변환합니다. [🗹 : Modify]에서 ▼Geometry에서 [Attach] 버튼을 클릭하고 나머지 하나의 Spline을 클릭합니다. 하나의 Spline으로 합쳐집니다. 완료 후 마우스 오른쪽 버튼으로 해제합니다.

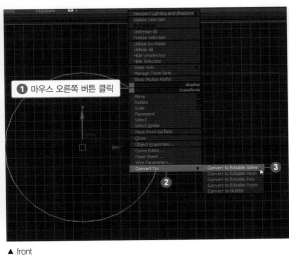

▲ front

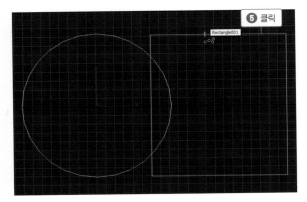

TIP Attach로 합칠 때 Editable Spline으로 변환하지 않은 Spline도 선택 가능합니다.

2 Selection에서 Spline을 선택한 다음 뷰포트에서 하나의 Spline을 먼저 선택합니다. [▨ : Modify]에서 ▼ Geometry의 아래 메뉴 중 [Boolean]을 클릭합니다. 오른쪽 아이콘 형태를 달리 선택한 후 마우스를 뷰포트로 이동하고 다른 Spline을 클릭하면 형태가 변형됩니다. 완료 후 마우스 오른쪽 버튼으로 해제합니다.

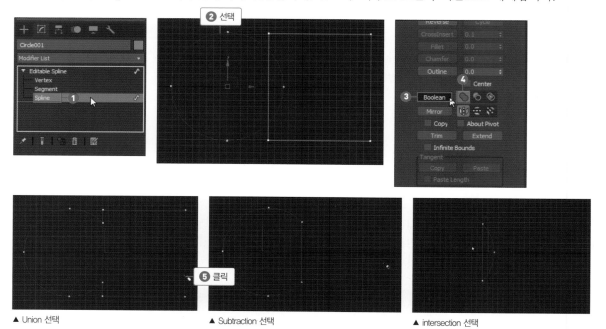

▲ Union 선택   ▲ Subtraction 선택   ▲ intersection 선택

SECTION 04 Loft

라인을 따라 형태가 만들어지는 모델링에 필요한 Loft 활용법을 학습합니다. 주로 기둥이나 나무 같은 길쭉한 형태로 모델링
할 때 유용합니다.

1　Front 뷰포트에 [📐: Shapes]에서 Line을 선택하고 위로 올라가는 곡선을 하나 그립니다. 그리고 형태가
될 [Spline]으로 [Star]를 선택합니다.

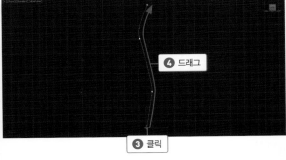

▲ Star 만들기

2 뷰포트에서 줄기가 될 Line을 선택하고 [+ : Create]의 [● : Geometry]에서 ▼을 누르고 Compound Objects를 선택합니다. ▼Object Type에서 [Loft]를 클릭합니다. 아래 메뉴 중 ▼Creation Method에서 [Get Shape]을 선택하고 뷰포트로 돌아와 만들어둔 [Star]를 클릭합니다. Perspective 뷰포트에서 만들어진 형태를 확인합니다.

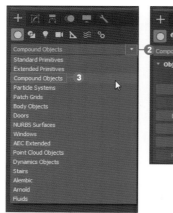

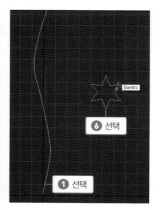

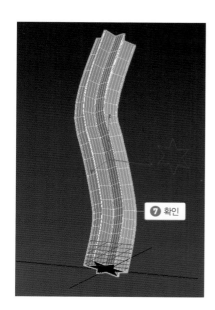

Lathe

정해진 축을 중심으로 라인이 한 바퀴 회전하면서 형태가 만들어지는 Lathe에 대해 학습합니다. 유선형의 오브젝트는 단면을
미리 구상하여 적용하면 쉽게 모델링을 완성할 수 있습니다.

1 Front 뷰포트에서 [Line]을 그립니다. [☑: Modify]로 가서 Modifier List의 ▼를 누르고 ⓛ을 계속 입력하
여 [Lathe]를 찾아 적용합니다. 처음 그린 Line의 중심축을 중심으로 한바퀴 돌아서 형태가 생깁니다.

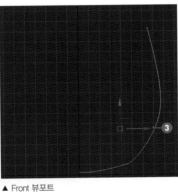

▲ Front 뷰포트

2 ▼Lathe의 Axis를 선택하면 축을 이동할 수 있습니다. 축 이동에 따라 형태가 실시간을 변합니다.

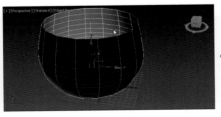

여러 개의 라인을 이어서 면을 만드는 Surface에 대해 학습합니다. 깊이가 있는 오목한 형태나 터널같은 곡선의 라인이 단면인 형태를 만들 때 유용합니다.

라인 이어주기

1 Front 뷰포트에서 [Arc]를 그립니다. [Convert To] → [Convert to Editable Splines]을 선택하고 변환합니다. Perspective 뷰포트로 이동해서 Shift와 W를 눌러 이동하여 복사합니다. [🖉: Modify]에서 ▼Geometry에서 [Attach] 버튼을 클릭하고 나머지 하나의 Spline을 클릭합니다. 하나의 Spline으로 합쳐집니다. 완성 후 마우스 오른쪽 버튼을 눌러 해제합니다.

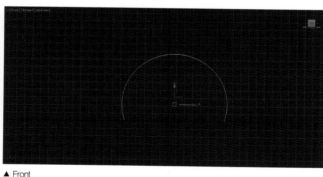

▲ Front

2 이동 후 복사

▲ Shift+이동

4 클릭

2 Selection에서 Spline을 선택한 다음 뷰포트에서 하나의 Spline을 먼저 선택합니다. [ : Modify]에서 ▼ Geometry의 [Cross Section]을 선택합니다. 한쪽 Spline에서 다음 Spline으로 드래그해 연결합니다. 완성 후 마우스 오른쪽 버튼을 눌러 해제합니다.

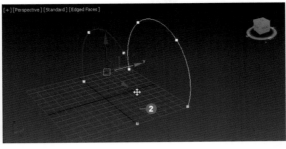

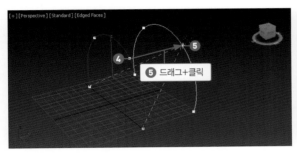

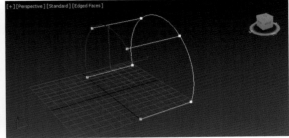

3 [: Modify]로 가서 Modifier List의 ▼를 누르고 S를 계속 입력하여 [Surface]를 적용합니다. Spline을 따라 면이 생성된 것을 확인할 수 있습니다.

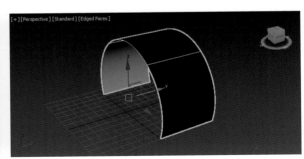

Part 04

Editable Poly로
다양한 소품 만들기

Geometry와 Shapes를 활용하여 간단한 소품 모델링을 통해
Editable Poly의 주요 기능 연습하기

Chapter

01

기본 도형으로 시작하는 기초 모델링

형태를 변형하는 명령어를 가지고 있는 [Editable Poly]는 사물, 캐릭터 등의 모델링을 할 때 가장 많이 활용되는 기능입니다. 맥스에서 제공하는 기본 도형을 폴리곤으로 변환하여 모델링하는 방법을 배워봅니다.

01

Box를 변형하여 책장 만들기

기본 도형 Box를 가지고 간단한 모델링 연습을 시작합니다. Editable Poly 메뉴 중 가장 많이 활용되는 Extrude 활용법을 책장 모델링 실습을 통해 학습합니다.

면 나누기

1 [Create] → [Geometry]에서 [Standard Primitives]의 ▼Object Type의 [Box]를 선택합니다. 뷰포트에서 드래그하지 않고 ▼Keyboard Entry를 활용하여 만들어 봅니다. 'Length: 50', 'Width: 50', 'Height: 100'을 입력하고 [Create] 버튼을 클릭합니다.

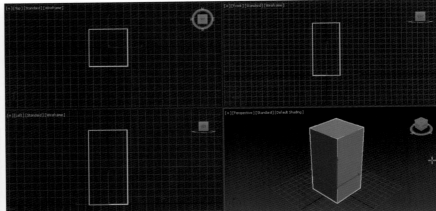

2 [Modify]로 이동합니다. ▼Parameters의 'Length Segs: 1', 'Width Segs: 2', 'Height Segs: 4'를 입력합니다. 뷰포트에서 면이 분할된 것을 확인할 수 있습니다. 2*4의 형태의 책장 만들기 기본형이 만들어졌습니다.

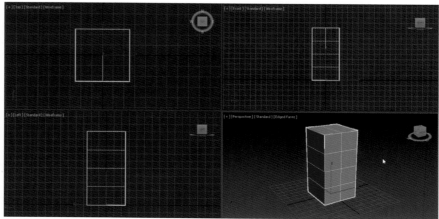

폴리곤으로 변환하기

3 오브젝트를 선택하고 마우스 오른쪽 버튼을 눌러 [Convert To] → [Convert to Editable Poly]로 변환합니다. [Modify]에서 [Box]를 선택하고 [Editable Poly]로 변환해도 됩니다. ▶Editable Poly로 변환된 것을 확인할 수 있습니다.

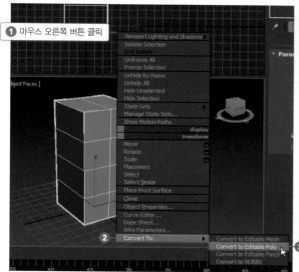

▲ 뷰포트에서 폴리곤으로 변환

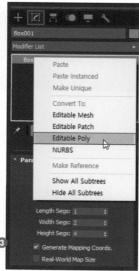

▲ Modify에서 폴리곤으로 변환

4 [Modify]에서 ▶Editable Poly의 ▼를 눌러 [Polygon]을 선택하거나 아래 ▼Selection에서 [Polygon]을 선택합니다. Perspective 뷰포트로 이동하여 책이 꽂혀질 앞부분 면을 Ctrl을 누른 상태에서 다중 선택합니다.

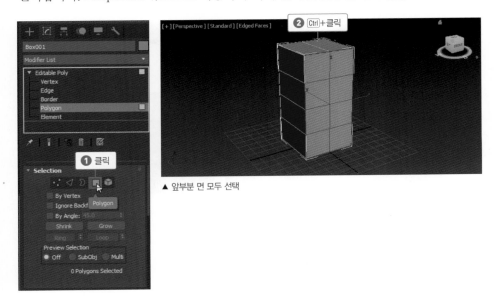

▲ 앞부분 면 모두 선택

5 [Modify]에서 ▼Edit Polygons 메뉴에서 [Inset]의 Settings 옵션을 클릭합니다. 뷰포트에서 형태를 확인하면서 수치를 조절합니다. 앞면 [Polygon]을 동시에 선택했기에 Inset의 옵션 중 [By Polygon]을 선택하고 'Amount= 3'을 입력한 후 [OK] 버튼을 클릭합니다. 각각의 [Polygon] 안쪽으로 면이 삽입되었습니다.

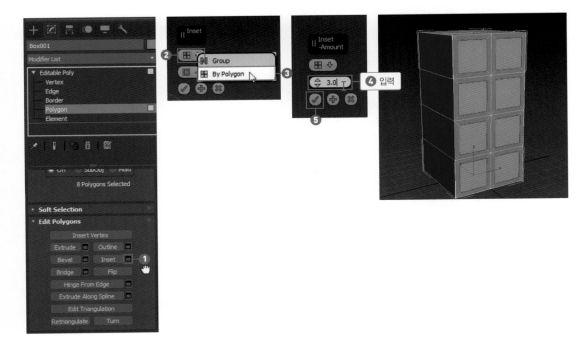

6 [Polygon] 선택이 되어 있는 상태에서 ▼Edit Polygons 메뉴에서 [Extrude]의 Settings 옵션을 클릭합니다. 책이 들어갈 안쪽 면을 만들어주기 위해서 안으로 면을 밀어 넣어보겠습니다. 'Heigth= -20'을 입력하고 [OK] 버튼을 클릭합니다. -값을 입력했기 때문에 안쪽으로 면이 뽑아져 들어갑니다.

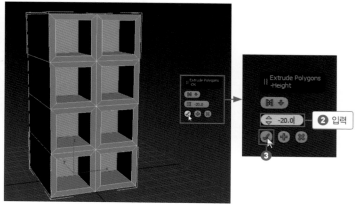

모서리 다듬기

7 ▼Selection에서 [Edge]를 선택합니다. 뷰포트로 이동하여 책장의 가장자리의 [Edge]를 그림과 같이 Ctrl 을 누른 상태에서 다중 선택합니다.

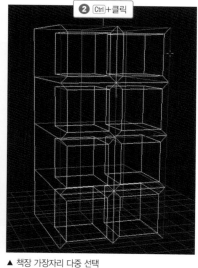

▲ 책장 가장자리 다중 선택

8 [Modify]에서 ▼Edit Edges 메뉴에서 [Chamfer]의 Settings 옵션을 클릭합니다. 뷰포트에서 형태를 확인하면서 수치를 조절합니다. 모서리 형태를 Uniform으로 선택하고 그림과 같이 세부 옵션 값은 'Edge Chamfer Amount=0.5', 'Connect Edge Segments=2', 'Edge Depth=1', 'Edge End Bias=0.5', 'Edge Radial Bias=0'을 입력하고 [OK] 버튼을 클릭합니다.

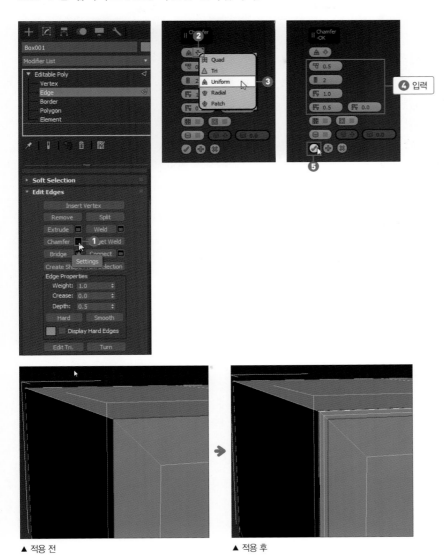

▲ 적용 전   ▲ 적용 후

9 [File] → [Save As]를 클릭하고 완성된 책장을 저장합니다.

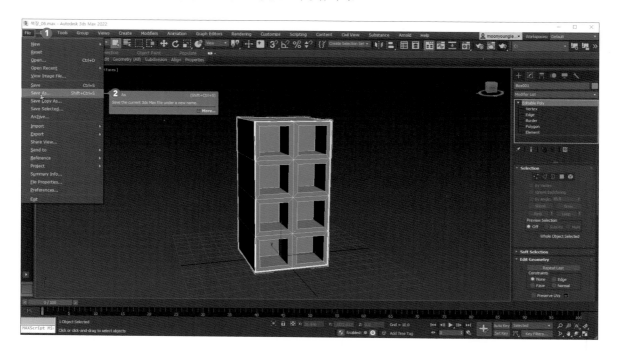

Box를 변형하여 책상 만들기

Box를 변형하여 책상 만드는 방법을 배워봅니다. 책상의 구성 요소인 상판, 서랍, 다리 등 모두 기본 도형을 변형하여 완성합니다.

책상 상판 만들기

1 이번엔 뷰포트에서 드래그로 [Box]를 만들어봅니다. [Create]에서 [Geometry] → [Standard Primitives]에서 ▼Object Type의 [Box]를 선택합니다. 그리드 중앙에서 클릭 앤 드래그한 다음 마우스를 떼고 위로 드래그하여 끝나는 지점에서 클릭합니다.

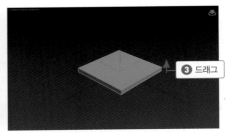

2 [Modify]의 [Parameters]에서 'Length=60', 'Width=130', 'Height=5'을 입력합니다. 가로로 긴 책상의 상판이 완성되었습니다. R(Scale)을 입력하여 조정하여도 됩니다. 처음 따라할 때는 정해진 수치를 입력하여 연습합니다.

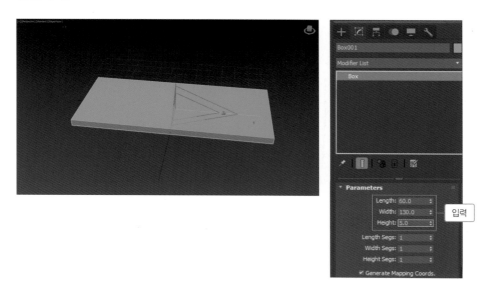

3 기본 형태가 완성되면 편집할 수 있는 폴리곤 형태로 변환하기 위해 상판을 선택하고 마우스 오른쪽 버튼을 클릭하여 [Convert To] → [Convert to Editable Poly]를 선택합니다.

4 책상 상판의 가장자리를 다듬기 위해 [Modify]로 이동하고 [Selection] → [Edge]를 선택합니다. Ctrl을 눌른 상태에서 뷰포트에서 상판 위쪽 [Edge] 4개를 다중 선택하여 위 가장자리를 모두 선택합니다. ▼ Edit Edges 메뉴 중 [Chamfer]의 [Setting]을 클릭합니다.

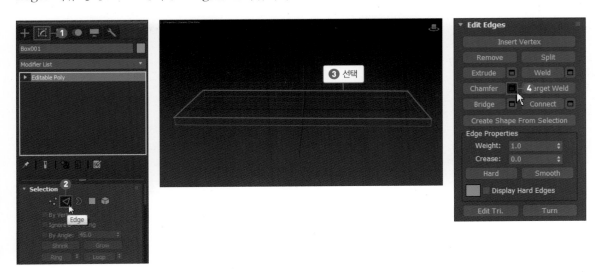

5 가장자리에 얇은 면을 추가하면 직각인 것보다 완성도가 높아집니다. [Edge Chamfer Amount]는 새로 생긴 [Edge]와의 간격이고 [Connect Edge Segments]는 사이 면 분할 개수입니다. 원하는 값으로 조정해주고 체크를 클릭하면 됩니다. 'Edge Chamfer Amount=0.5', 'Connect Edge Segments=6'을 입력하고 [OK] 버튼을 클릭합니다.

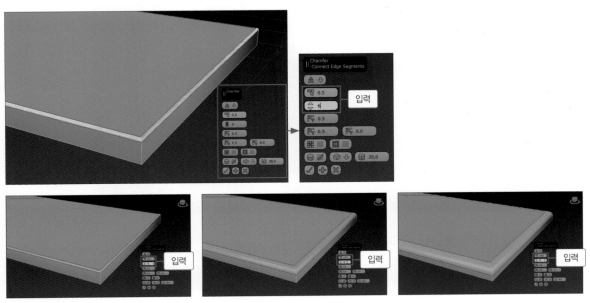

▲ 수치값 변화에 따른 결과

6 상판의 높이를 조절하기 위해서는 아래 [Vertex]를 Front 뷰포트에서 드래그로 선택하고 위쪽으로 이동합니다. 책상 상판의 높이를 수정합니다.

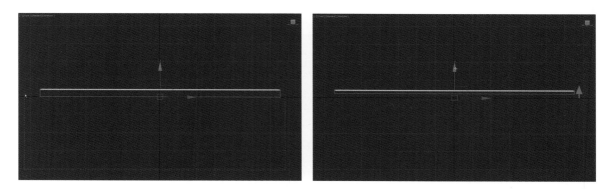

서랍 만들기

7 서랍을 만들어 봅니다. [Box]를 상판 넓이보다 조금 작게 만들고 서랍 두께만큼 높이를 조정합니다. Top 뷰포트에서 상판보다 작게 클릭 앤 드래그로 만들고 Front 뷰포트로 이동해서 드래그한 다음 클릭하면 정확한 크기로 만들 수 있습니다.

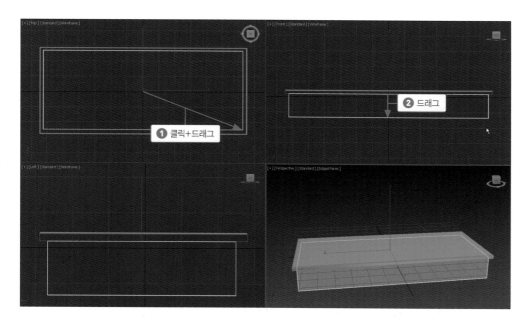

8 3개의 서랍을 만들 예정입니다. 정면의 서랍이 있을 홈을 위해 [Modify]의 [Parameters]에서 [Width Segs]에 '3'을 입력하여 [Edge]를 추가합니다.

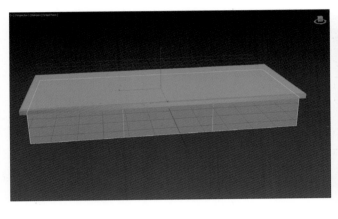

9 오브젝트를 선택하고 마우스 오른쪽 버튼을 클릭하여 [Convert To] → [Convert to Editable Poly]를 선택합니다. [Modify]로 이동하고 [Selection] → [Polygon]을 선택하고 뷰포트에서 Ctrl을 누른 상태에서 정면에 있는 3개의 폴리곤을 모두 클릭하여 다중 선택합니다.

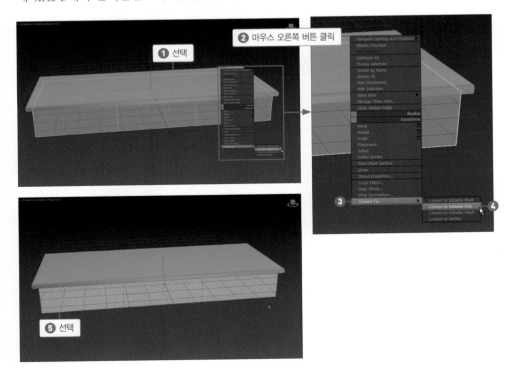

10 서랍 홈 가장자리를 만들기 위해 [Edit Polygons] → [Inset]의 [Settings]을 클릭합니다. 첫 번째 옵션을 [By Polygon]으로 선택하고 [Amount] 값을 조정하여 원하는 서랍 가장자리 모양이 만들어지면 [OK] 체크 버튼을 클릭합니다.

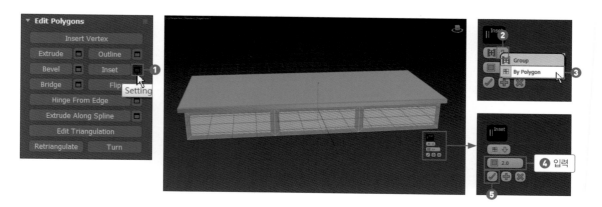

11 서랍 안쪽 홈을 만들어 보겠습니다. [Polygon]이 선택되어있는 상태에서 [Extrude]의 [Setting]을 클릭합니다. 면을 안쪽으로 밀어넣기 위해 [Height] 값을 '-'로 입력합니다. 'Height=-45'를 입력하고 [OK] 체크 버튼을 클릭합니다.

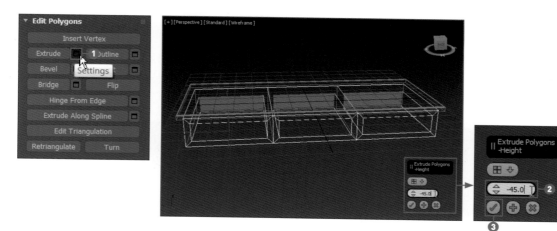

12 서랍 안쪽 홈에 맞는 서랍 몸통을 만들기 위해 안쪽에 있는 [Polygon]을 하나 선택합니다. 선택한 면을 새로운 오브젝트로 분리하기 위해 [Edit Geometry]→ [Detach]를 클릭합니다. [Detach]옵션 창에서 'Detach To Elements', 'Detach As Clone' 두 체크박스를 모두 활성화한 후 [OK] 버튼을 클릭합니다. 앞으로 이동하여 옮깁니다.

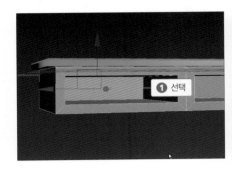

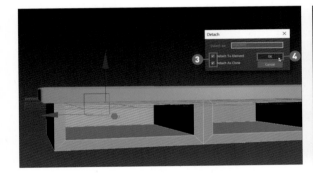
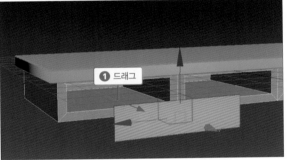

13 복사하여 앞으로 이동한 폴리곤 면을 [Selection] → [Element]로 다시 선택합니다. [Detach] 메뉴를 클릭하고 옵션의 체크박스를 모두 해제한 후 [OK] 버튼을 클릭합니다. 오브젝트를 선택하고 [Selection] → [Polygon]을 클릭한 후 [Extrude]의 [Settings]을 클릭합니다. 'Height= -45'를 입력하고 [OK] 버튼을 누르고 서랍의 두께를 완성합니다.

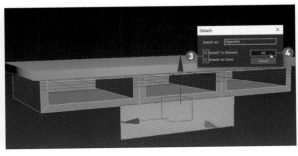

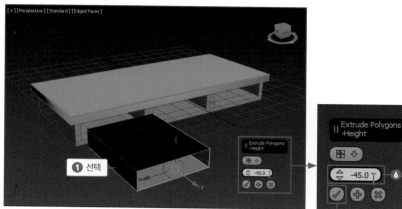

 Tip 복사한 오브젝트가 선택이 되지 않는다면 원래 오브젝트의 [Selection] → [Polygon]을 다시 클릭해서 선택 해지시킨 후 새로운 오브젝트를 선택합니다.

14 앞쪽 면이 뚫려 있으니 메꿔 보겠습니다. [Selection]의 [Border]를 선택하고 앞쪽 뚫린 테두리를 선택한 후 [Edit Borders]의 [Cap]을 클릭하면 면이 생깁니다.

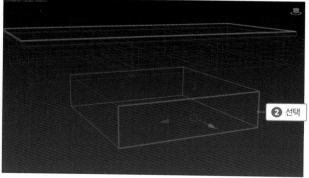

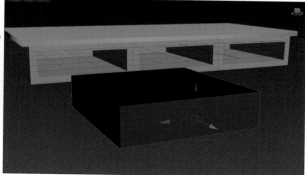

15 [Extrude] 할 때 면을 – 방향으로 뒤집어 뽑았기 때문에 면의 색이 검은색으로 보입니다. 검은색으로 보이는 Polygon을 모두 선택하고 [Edit Polygons]에서 [Flip]을 클릭합니다.

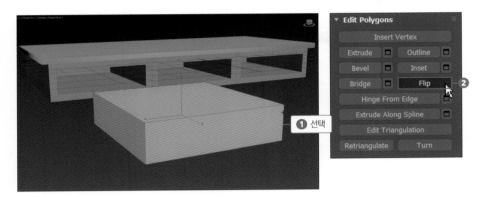

1 선택

Edit Polygons
Insert Vertex
Extrude   Outline
Bevel   Inset
Bridge   Flip **2**
Hinge From Edge
Extrude Along Spline
Edit Triangulation
Retriangulate   Turn

모든 3D 제작에서는 면의 방향이 구분됩니다. [Normal] 방향이라고도 하는데 필요에 따라 반대 방향으로 바꿀 수 있습니다. 한 장의 [Plane]에 양쪽에 다른 이미지를 입힐 수 있다고 이해하면 됩니다.

16 서랍의 윗부분 Polygon을 선택하고 Delete를 눌러 지워줍니다.

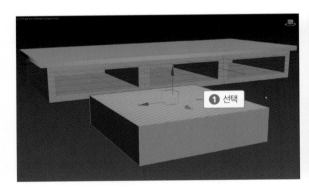

1 선택

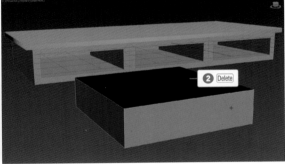

2 Delete

17 서랍 앞부분의 면을 살짝 튀어나오게 만들기 위해 앞쪽 [Polygon]을 선택하고 [Edit Polygons] → [Bevel]의 [Settings]을 클릭합니다. 'Height=2', 'Outline=1'을 입력하고 [OK] 버튼을 클릭합니다.

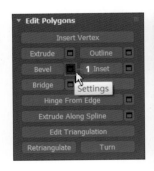

Edit Polygons
Insert Vertex
Extrude   Outline
Bevel **1** Inset
Bridge Settings
Hinge From Edge
Extrude Along Spline
Edit Triangulation
Retriangulate   Turn

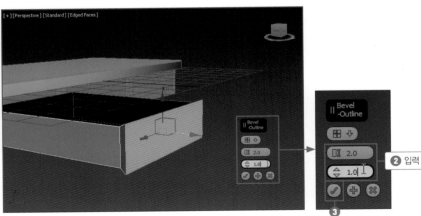

2 입력

3

18 튀어나온 앞부분의 [Edge] 네 개의 가장자리를 Ctrl을 누른 상태에서 모두 클릭하여 다중 선택하고 [Edit Edges] → [Chamfer]의 [Settings]를 클릭합니다. [Edge Chamfer Amount] 값과 [Connect Edge Segments] 값을 조정하여 가장자리 면의 완성도를 높입니다.

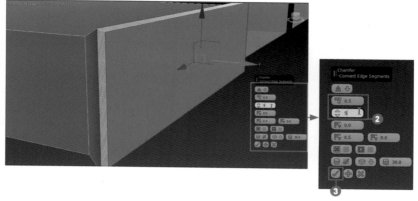

서랍 손잡이 만들기

19 이번에는 서랍 손잡이를 만들어 보겠습니다. [Create]으로 이동하고 [Shapes] → [Splines] → [Line]을 선택하고 [Top] 뷰포트에서 네모난 손잡이를 클릭으로 만듭니다. 이어서 [Modify]로 이동하고 [Rendering] 옵션에서 [Enable In Renderer]와 [Enable In Viewport] 옵션을 체크하고 [Radial] 옵션에서 'Sides=24'를 입력하고 면의 수를 늘려줍니다.

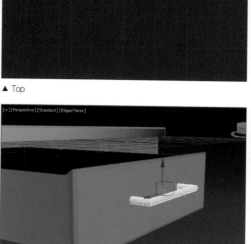

▲ Top

20 완성된 서랍을 홈에 넣어줍니다. Shift를 누르고 오른쪽으로 이동하면 [Clone Options] 창이 나타나는데, [Number of Copies]에 '2'를 입력하면 일정한 간격에 2개가 복사됩니다.

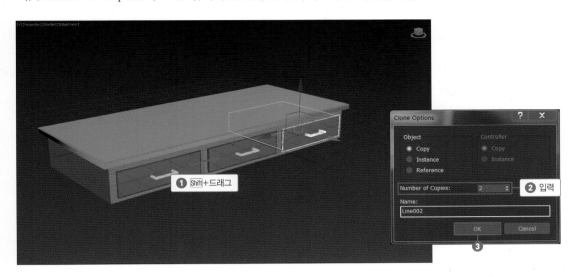

책상 다리 만들기

21 책상다리를 만들어 보겠습니다. [Create]으로 이동하고 [Geometry] → [Standard Primitives]의 [Object Type]에서 [Box]를 선택하고 [Top] 뷰포트에서 상판 가장 자리에서 클릭 앤 드래그로 모양을 만든 후 Front 뷰포트에서 드래그하여 아래로 뽑아냅니다. 완성되면 마우스 오른쪽 버튼을 클릭합니다.

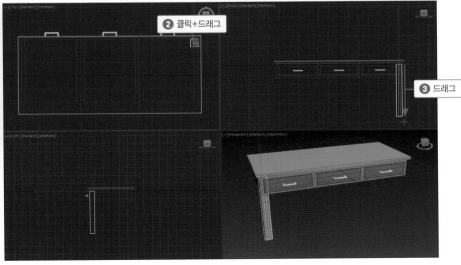

22 [Top] 뷰포트에서 Shift를 누른 채 위로 이동하여 다리를 복사하고, 만들어진 두 개의 다리를 드래그로 선택한 후 왼쪽으로 이동시켜 네 개의 다리를 완성합니다.

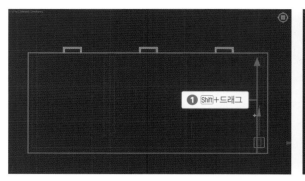

23 전체 크기조절과 배치가 끝나면 [File] → [Save As]를 선택하여 완성된 책상을 저장합니다.

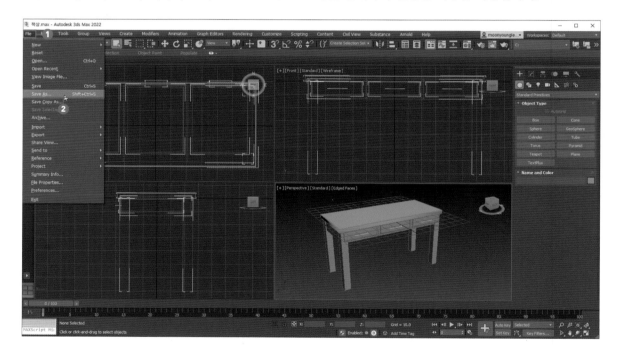

SECTION 03 Cylinder를 변형하여 스탠드 조명 만들기

원뿔 형태의 모델링에 유용한 Cylinder를 변형하여 모델링하는 법을 연습해보겠습니다. Modifier List 중 많이 활용되는 FFD 활용법을 전등갓 모델링 실습을 통해 학습합니다.

전등갓 만들기

1 [Create] → [Geometry]에서 [Standard Primitives]의 ▼Object Type의 [Cylinder]를 선택합니다. 뷰포트에서 드래그하지 않고 ▼Keyboard Entry를 활용하여 만들어 봅니다. 'Radius: 30', 'Height: 50'을 입력하고 [Create] 버튼을 클릭합니다.

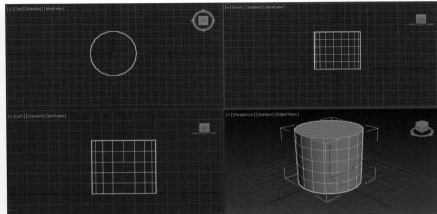

2 [Modify]로 이동합니다. ▼Parameters의 'Height Segments: 20', 'Sides: 50'을 입력합니다. 뷰포트에서 면이 더 많이 분할되어 부드럽게 변한 것을 확인할 수 있습니다. 전등갓이 될 기본형을 만들었습니다.

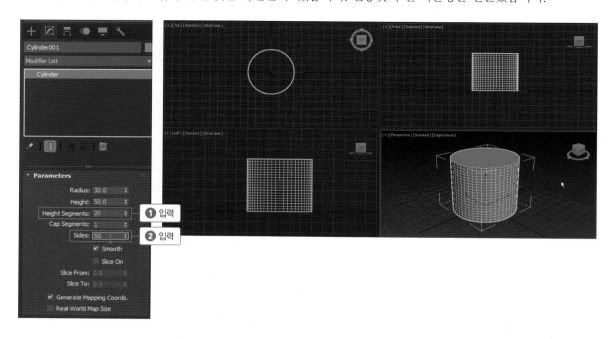

3 오브젝트를 선택하고 마우스 오른쪽 버튼을 눌러 [Convert To] → [Convert to Editable Poly]로 변환합니다. [Modify]에서 [Cylinder]를 선택하고 [Editable Poly]로 변환해도 됩니다. ▶Editable Poly로 변환된 것을 확인할 수 있습니다.

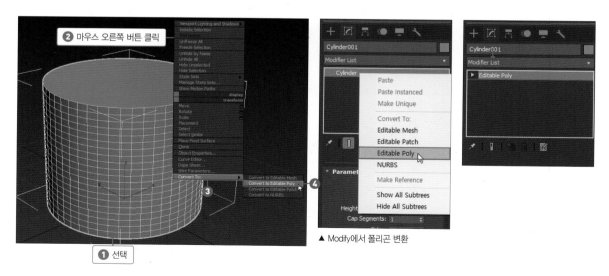

▲ Modify에서 폴리곤 변환

4 [Modify]에서 Modifier List ▼를 누르고 F를 눌러 [FFD 3*3*3]을 선택합니다.

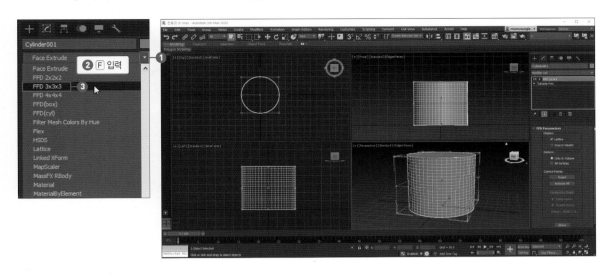

5 [Modify]의 [FFD 3*3*3]의 ▼을 누르고 Control Points를 선택합니다. Front 뷰포트로 이동하여 드래그로 첫 번째 줄의 [Control Points]를 선택합니다. 단축키 R: Scale로 기즈모 중앙을 선택하여 크기를 일정하게 줄입니다. 두 번째 줄의 Control Points를 드래그로 선택하고 다시 단축키 R: Scale로 크기를 일정하게 키워줍니다.

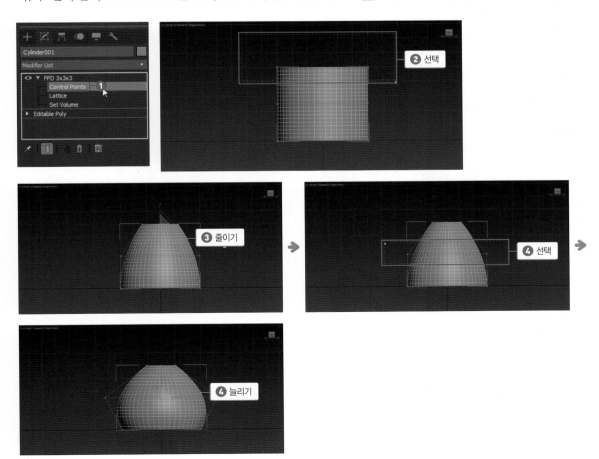

6 [Modify]의 [FFD 3*3*3]의에서 마우스 오른쪽 버튼을 클릭하고 [Coollapse All]버튼을 클릭합니다. FFD
가 적용된 상태에서 ▶Editable Poly로 합쳐집니다. Warning창이 뜨면 [Yes]버튼을 클릭합니다.

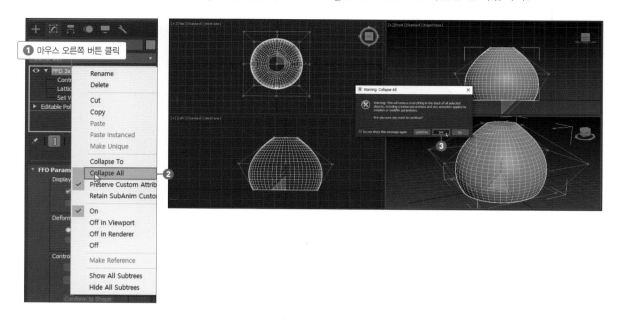

7 Selection에서 [Polygon]을 선택합니다. Perspective 뷰포트로 이동하여 윗면과 아랫면을 [Ctrl] 누르고 다
중 선택한 다음 [Delete]로 지웁니다.

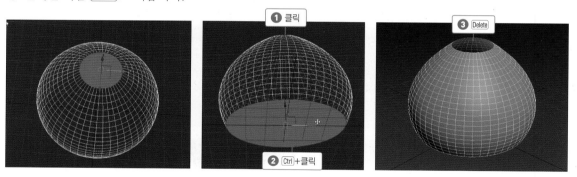

8 Selection에서 [Element]를 선택합니다. 뷰포트로 이동하여 전등갓을 선택합니다. Modifier List의 ▼을 클릭하고 F를 입력하여 [Face Extrude]를 적용합니다. ▼Parameters에서 'Amount: 3'을 입력하여 전등갓의 두께를 만들어줍니다.

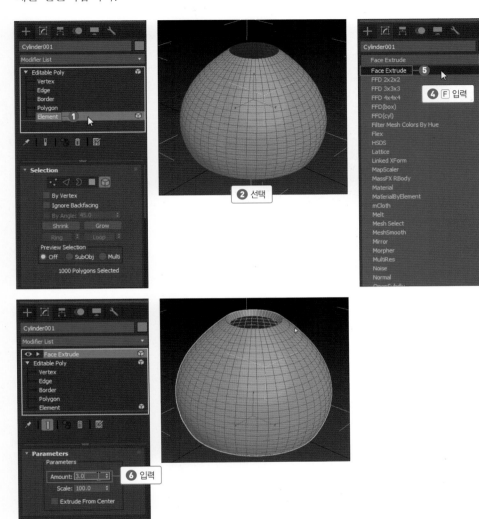

받침대 만들기

9 [Create] → [Geometry] → [Cylinder]를 선택합니다. ▼ Keyboard Entry에서 전등갓보다 아래 만들어져야 하기 때문에 Z위치를 아래로 내려가게 '-50'을 입력합니다. 'Radius:30, Height:10'을 입력하고 [Create]를 클릭합니다.

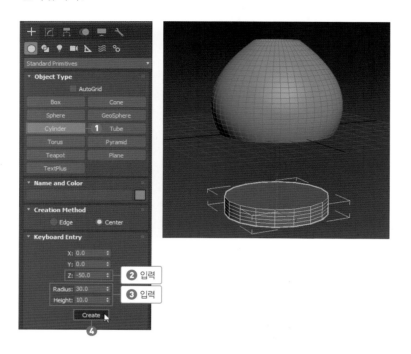

10 [Modify]로 이동하고 'Sides: 30'을 입력하여 면을 추가하여 부드럽게 만듭니다. 마우스 오른쪽 버튼을 클릭하고 [Convert To] → [Convert to Editable Poly]로 변환합니다.

11 Selection에서 [Polygone]을 선택하고 뷰포트로 이동하여 윗면의 [Polygon]을 선택합니다.

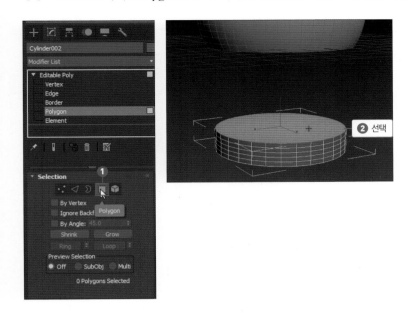

12 ▼Edit Polygons에서 [Inset]의 Settings 옵션을 클릭합니다. 'Amount: 25'를 입력하고 [OK] 버튼을 클릭합니다.

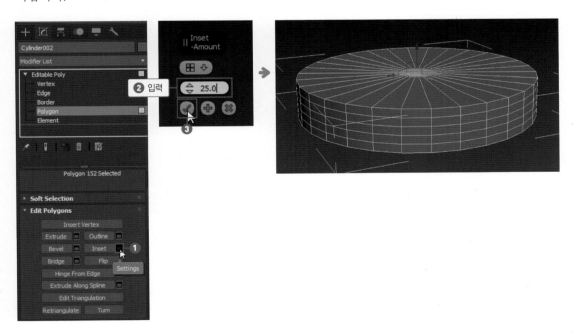

13 이번엔 기둥을 만들기 위해 ▼ Edit Polygons에서 [Extrude]의 Settings 옵션을 클릭합니다. 'Height: 70'을 입력하고 [OK] 버튼을 클릭합니다.

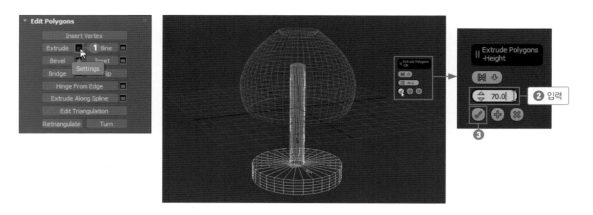

14 전체 크기조절과 배치가 끝나면 [File] → [Save As]를 선택하여 완성된 스탠드 조명을 저장합니다.

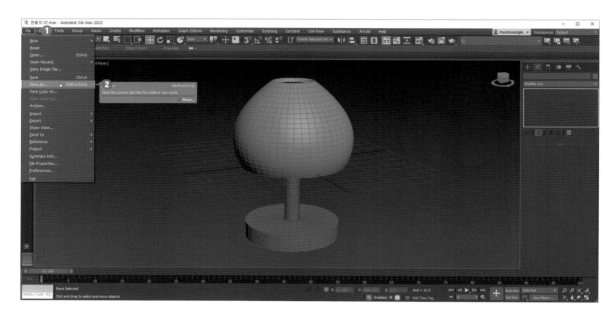

Cylinder를 변형하여 머그컵 만들기

Cylinder를 가지고 머그컵 만드는 방법을 배워봅니다. 최소한의 면으로 만든 다음 TurboSmooth를 적용하여 부드럽게 완성하는 법을 학습합니다.

머그컵 만들기

1 이번엔 드래그로 만들어 봅니다. [Create] → [Geometry]에서 [Standard Primitives] → [Object Type]의 [Cylinder]를 선택합니다. 그리드 중앙에서 클릭 앤 드래그를 한 다음 지름[Radius]을 '35'까지 만듭니다. 마우스를 떼고 위로 [Height]를 '75'까지 드래그하여 높이를 만들어주고 끝나는 지점에서 클릭합니다.

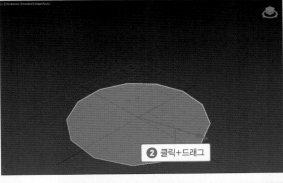

❷ 클릭+드래그

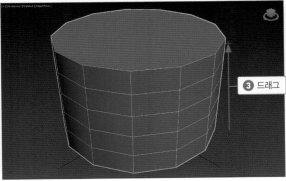

❸ 드래그

 드래그로 처음 형태를 만들 때 [Radius]값과 [Height]값이 소수점으로 변화합니다. [Modify]로 이동한 후 정확한 수치를 입력하면 됩니다.

2 [Sides]값이 '13'으로 만들어서 각이진 형태입니다. 둥근 곡면을 가진 면으로 수정해봅니다. 선택된 상태에서 [Parameters]서 [Sides]를 '26' 이상으로 입력합니다. 처음보다 면이 둥글어진 것을 볼 수 있습니다.

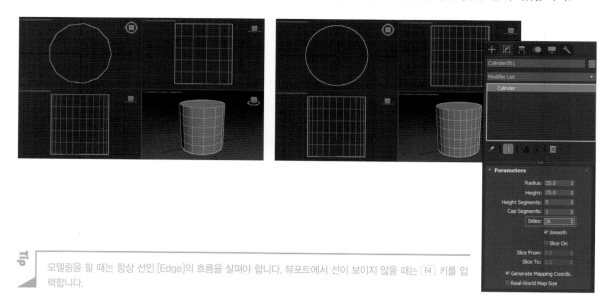

TIP 모델링을 할 때는 항상 선인 [Edge]의 흐름을 살펴야 합니다. 뷰포트에서 선이 보이지 않을 때는 F4 키를 입력합니다.

3 완성된 [Cylinder]를 선택하고 마우스 오른쪽 버튼을 클릭한 후 [Convert To] → [Convert to Editable Poly]를 클릭합니다. 기본 도형에서 편집할 수 있는 폴리곤으로 변환합니다.

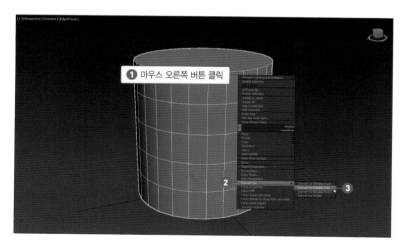

❶ 마우스 오른쪽 버튼 클릭

4 머그컵의 물이 담길 안쪽 면을 모델링하기 위해 [Selection]에서 [Polygon]을 선택하고 윗부분 면을 클릭합니다. 컵의 두께를 만들기 위해 먼저 [Edit Polygons] → [Inset]의 [Settings] 버튼을 클릭합니다. 'Amount = 6'을 입력하고 [OK] 버튼을 클릭합니다.

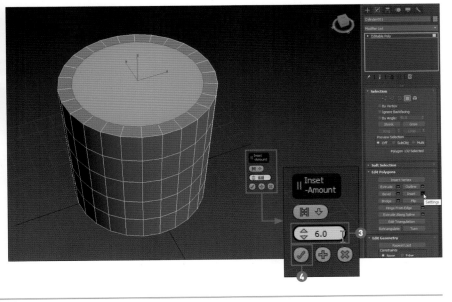

TIP 3D Max에서 옵션 수치 값의 +, -는 방향을 나타냅니다. 같은 값의 반대 방향을 주고 싶으면 + 또는 -를 입력하면 됩니다.

5 안쪽으로 면을 뽑아내기 위해 이번에는 [Edit Polygons] → [Extrude]의 [Settings] 창을 클릭합니다. 안으로 뽑아내기 위해서 'Height=-70'으로 입력합니다. 안으로 들어가는 두께가 잘 보이지 않기 때문에 단축키 F3 을 입력하고 와이어 상태로 보면서 모델링합니다.

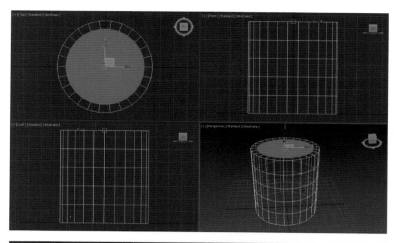

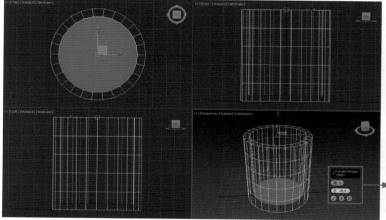

손잡이 만들기

6 손잡이를 만들기 위해 [Create]으로 이동합니다. [Shapes] → [Splines]을 선택합니다. 면이 없는 라인을 만들 수 있는 곳입니다. [Object Type]에서 [Circle]을 선택하고 Front 뷰포트에서 클릭 앤 드래그로 만듭니다. 클릭한 지점이 원의 중심점이 됩니다.

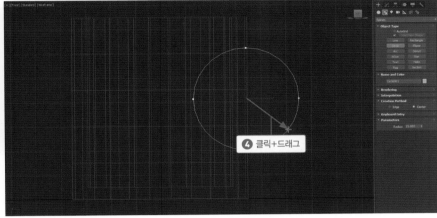

▲ Front 뷰포트

> 손잡이가 정확하게 정면을 바라보고 만들어져야 하기 때문에 [Front]뷰포트에서 만듭니다.

7 [Circle]이 선택된 상태에서 [Modify]로 이동합니다. [Rendering]에 있는 [Enable In Renderer]와 [Enable In Viewport]의 체크박스를 켜줍니다. 두께가 생기고 렌더링이 가능한 상태로 바뀝니다. [Radial]의 [Thickness]로 원하는 두께를 만들고 [Sides] 값을 늘려서 부드러운 곡면을 만듭니다.

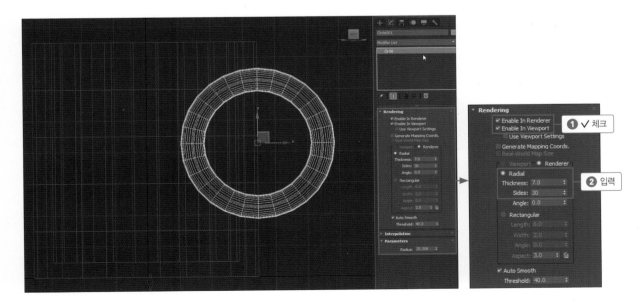

8 손잡이 형태를 수정해 보겠습니다. [Circle]을 선택하고 마우스 오른쪽 버튼을 클릭하고 [Convert To] → [Convert to Editable Poly]를 클릭하여 폴리곤 형태로 변환합니다. 또는 [Modify]로 가서 [Modifier List]에서 [Circle]을 선택하고 마우스 오른쪽 버튼을 클릭하여 [Editable Poly]를 클릭합니다.

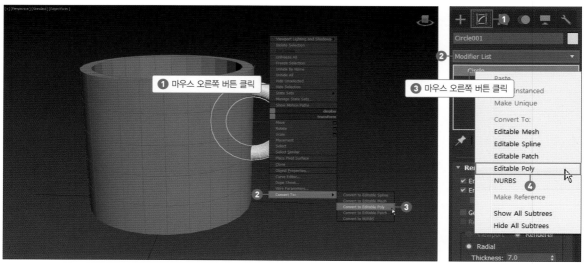

▲ 뷰포트에서 폴리곤으로 변환　　　　　　　　　　　　　　　　　　　　　　　▲ Modify에서 폴리곤으로 변환

9 컵 내부에 있는 손잡이 면을 지우기 위해 [Modify]에서 [Polygon]을 선택하고 드래그로 안쪽 면을 선택합니다. Delete를 눌러 지워줍니다.

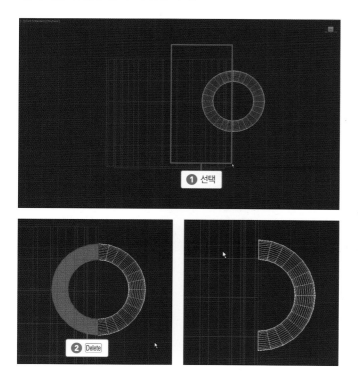

10 전체 머그컵의 형태가 완성되었습니다. 손잡이의 가운데 부분을 일직선으로 수정하기 위해 [Modify]의 [Vertex]를 선택합니다. 손잡이의 중간 부분을 드래그로 선택하고 [Selection] 아래 [Soft Selection] → [Use Soft Selection]의 체크박스를 체크하고 [Fall Off] 값을 '15'로 입력합니다. 왼쪽으로 이동해서 모양을 수정합니다.

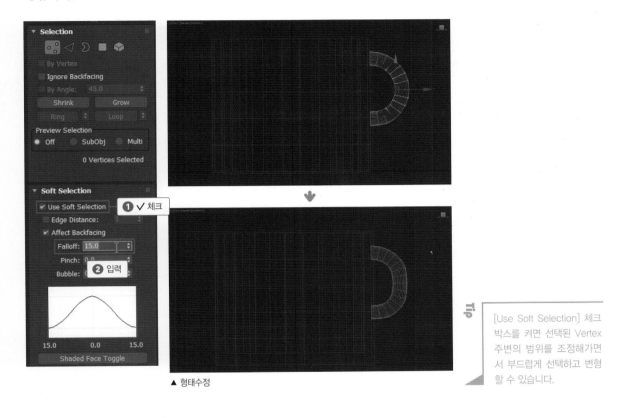

▲ 형태수정

[Use Soft Selection] 체크박스를 켜면 선택된 Vertex 주변의 범위를 조정해가면서 부드럽게 선택하고 변형할 수 있습니다.

뚜껑 만들기

11 머그컵의 뚜껑을 만들기 위해 뚜껑이 위치할 제일 윗면을 드래그로 선택합니다. 필요 없는 안쪽 면은 Alt 를 누르고 선택해서 제외시켜 줍니다.

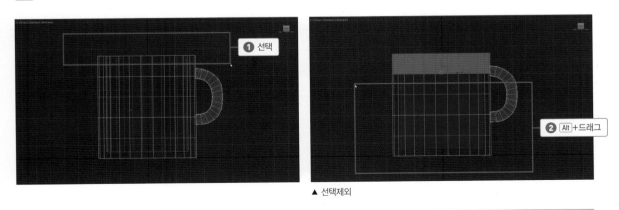

▲ 선택제외

3D 오브젝트이기 때문에 Perspective 뷰포트에서 보이는 대로 선택할 때 뒷면이 제대로 선택되지 않을 수도 있습니다. 정확한 영역을 선택하기 위해 Front 뷰포트에서 드래그로 선택하는 것이 좋습니다.

12 면이 선택된 상태에서 [Edit Geometry] → [Detach]를 선택합니다. 옵션을 모두 체크하고 [OK]버튼을 클릭합니다. 분리된 면을 위로 이동합니다. Selection에서 [Elements]를 다시 선택하고 [Edit Geometry] → [Detach]를 다시 선택합니다. 이때는 옵션을 모두 비활성화하고 이름을 'Cap'이라고 입력한 후 [OK] 버튼을 클릭합니다. 분리된 오브젝트가 새로운 오브젝트로 생성됩니다.

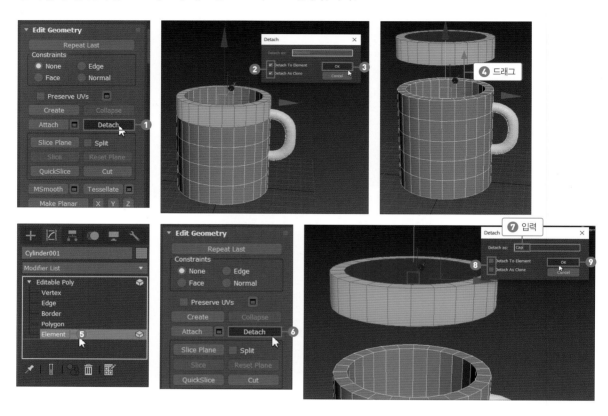

13 뚜껑을 선택합니다. [🔵: Border]를 클릭하고 새로 생긴 뚜껑 윗면의 안쪽을 선택한 후 [Edit Border] → [Cap]을 클릭하면 뚜껑의 윗면이 채워집니다.

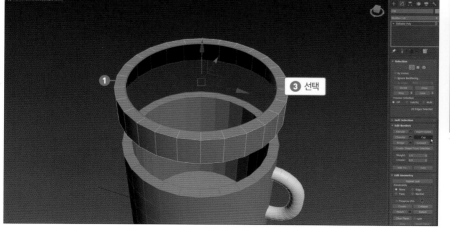

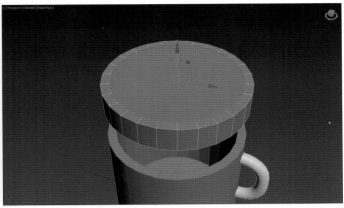

tip 다른 오브젝트 선택이 안 될 때는 [Selection]에서 선택 해지 하고 시도합니다.

14 뚜껑의 아래쪽을 수정하기 위해 아래 [Border]를 선택합니다. 단축키 ⓡ을 입력하고 Shift를 누른 상태에서 안쪽으로 줄여주면 줄여준 만큼 면이 복사되어 뽑아져 나오게 됩니다. 이때 [Scale]의 [Pivot]은 정중앙을 선택해야 일정한 비율로 안쪽의 면이 생성됩니다.

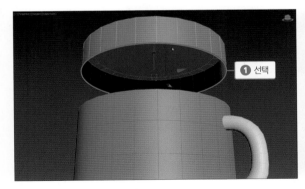

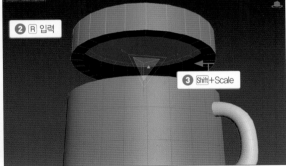

15 [Border]가 선택된 상태에서 단축키 W를 입력하고 Shift를 누른 상태에서 위로 이동시켜 면을 뽑아냅니다. 완료 후 [Border] 선택을 해제합니다.

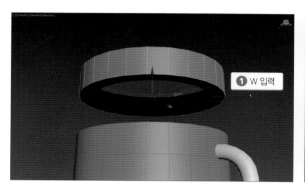
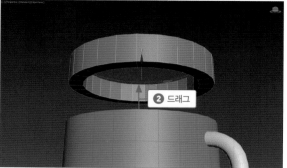

16 뚜껑은 머그컵의 몸통에서 복사되어 나온 오브젝트이기 때문에 [Pivot]의 위치가 몸통에 맞춰져 있습니다. Insert를 눌러 [Pivot]을 중앙으로 이동시키기 위해 [Hierarchy]로 이동하고 [Adjust Pivot] → [Alignment] → [Center to Object]를 클릭합니다.

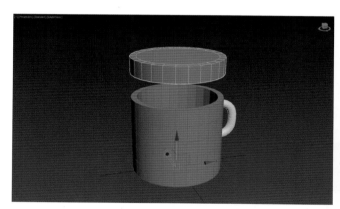

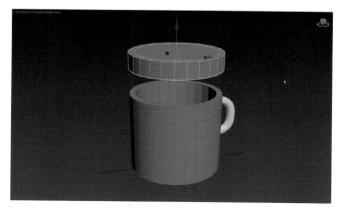

Insert를 누르면 [Pivot]의 편집 모드가 활성화됩니다. 이동 또는 회전 등의 편집이 끝나면 다시 Insert를 눌러서 편집 모드를 종료합니다.

17 모든 뷰포트에서 확인해 뚜껑의 크기를 조절하고 손잡이와 몸통의 크기와 위치도 수정합니다.

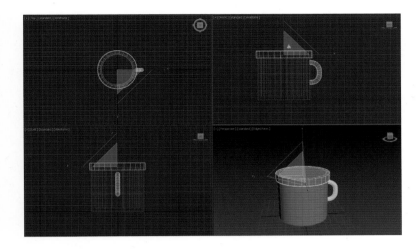

18 면을 더 부드럽게 수정하기 위해 오브젝트를 선택하고 [Modify]의 [Modifier List]에서 [TurboSmooth] 를 선택합니다. 이때 명령어의 첫 알파벳 'T'를 반복 입력하면 T로 시작하는 명령어를 빠르게 선택할 수 있습니다. [Iterations] 값이 높을수록 면이 많아지면서 부드러운 곡면이 됩니다.

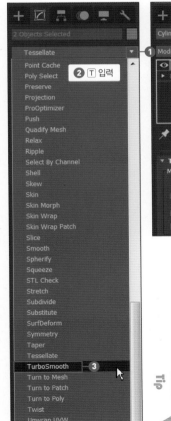

▲ 오른쪽으로 갈수록 Iterations 값이 높아짐

> **Tip**
> [Iterations] 값으로 너무 높은 수를 입력하면 데이터 용량이 늘어나기 때문에 적당한 값을 입력하는 것이 좋습니다. 오브젝트의 수가 많아져서 컴퓨터 처리 속도가 느려지면 [TurboSmooth] 눈모양 아이콘을 클릭해서 끄거나 다시 켤 수 있습니다.

19 [File] → [Save As]를 클릭하고 완성된 머그컵을 저장합니다.

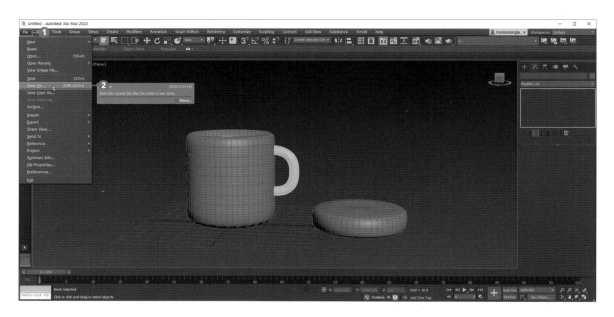

Boolean을 활용하여 벤치 만들기

두 가지 이상의 도형을 활용하여 벤치 만들기를 합니다. 두 개 이상의 오브젝트를 합치거나 구멍을 뚫어 홈을 만들 때 유용한 Boolean을 활용하는 법을 학습합니다.

일정한 간격으로 복사하기

1 [Create] → [Geometry]에서 [Standard Primitives]의 ▼Object Type의 [Box]를 선택합니다. 뷰포트에서 드래그하지 않고 ▼Keyboard Entry를 활용하여 만들어 봅니다. 'Length:20, Width:100, Height:5'를 입력하고 [Create] 버튼을 클릭합니다.

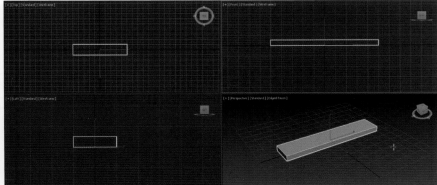

2 뷰포트로 이동하여 Box를 선택하고 마우스 오른쪽 버튼을 클릭하고 [Convert To] → [Convert to Editable Poly]를 클릭하여 폴리곤 형태로 변환합니다. 또는 [Modify]로 가서 [Modifier List]에서 [Box]을 선택하고 마우스 오른쪽 버튼으로 클릭하여 [Editable Poly]를 클릭합니다.

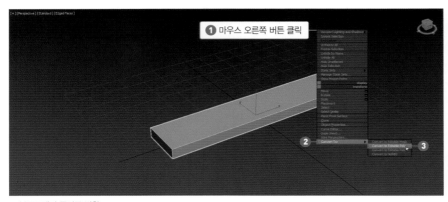

▲ 뷰포트에서 폴리곤 변환

▲ Modify에서 폴리곤으로 변환

3 [Selection]에서 [Edge]를 선택합니다 Perspective 뷰포트로 이동하여 위쪽의 [Edge] 4개를 Ctrl 을 누른 상태에서 클릭하여 다중 선택합니다.

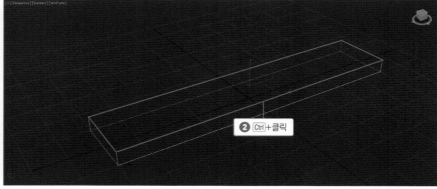

4 [Modify]로 이동하여 ▼Edit Edges의 [Chamfer]의 [Settings]을 선택합니다. 모서리 형태는 [Uniform] 을 선택하고 나머지 옵션은 아래 그림처럼 '-Edge Chamfer Amount: 1.5, Connect Edge Segment: 5, Edge Depth: 0.5, Edge End Bias: 0.5, Edge Radial Bias:0'을 입력하고 [OK] 버튼을 클릭합니다.

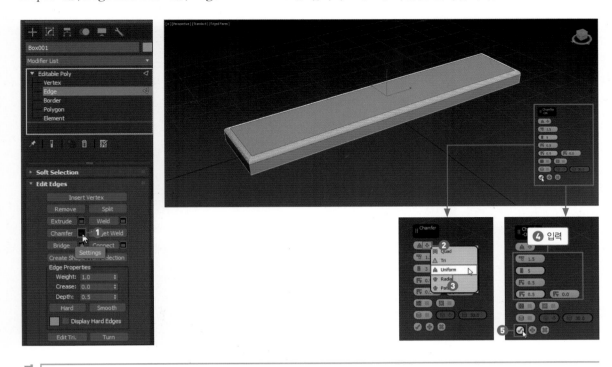

주어진 수치대로 입력하기 전 각 옵션 값을 변경해보면서 어떠한 변화가 있는지 실습해봅니다.

5 Selection을 해제하고 뷰포트로 이동하여 오브젝트를 선택합니다. W를 입력하고 Shift를 누른 상태에서 옆으로 이동합니다. Clone Option 대화상자가 뜹니다. [Copy]를 선택하고 'Number of Copies: 2'를 입력하고 [OK] 버튼을 클릭합니다. 일정한 간격을 두고 2개가 복사되었습니다.

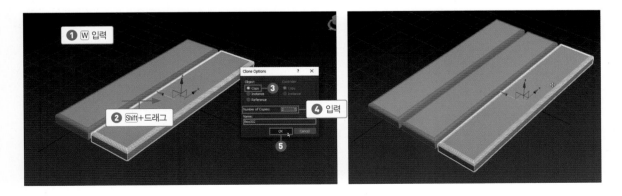

하나의 오브젝트로 합치기

6 오브젝트가 선택된 상태에서 [Modify]로 이동하고 ▼Edit Geometry의 [Attach]를 선택하고 다른 오브젝트를 차례로 클릭합니다. 하나의 폴리곤으로 합쳐집니다.

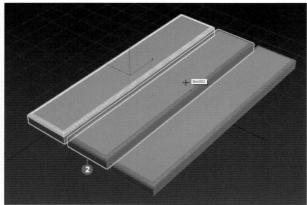

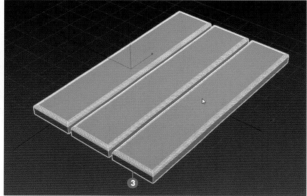

7 비례를 수정하기 위해 [Modify]로 이동하여 Modifier List의 ▼를 클릭하고 F를 입력하여 FFD 2*2*2를 찾아 적용합니다. ▼FFD 2*2*2의 [Control Points]를 선택하고 Top 뷰포트로 이동하여 한쪽면의 포인트를 드래그로 선택한 후 오른쪽으로 이동하여 길이를 늘려보겠습니다.

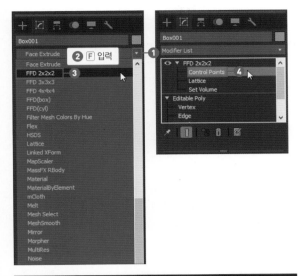

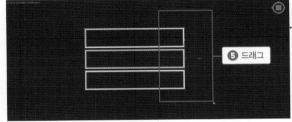

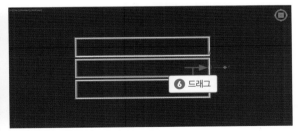

구멍 뚫기

8 벤치 다리를 만들기 위해 [Create]에서 [Box]를 선택합니다. ▼Keyboard Entry의 'Z:-50'으로 입력하고 'Lengh:50, Width:10, Height:50'을 입력하고 [Create]를 입력합니다. W를 입력하고 모든 뷰포트에서 확인하면서 그림처럼 한쪽 끝에 위치시킵니다.

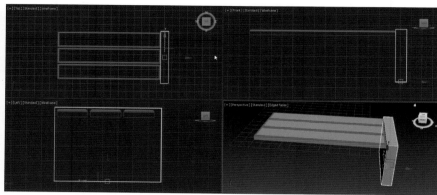

9 다리를 선택하고 마우스 오른쪽 버튼을 클릭한 다음 [Convert To] → [Convert to Editable Poly]를 클릭하여 폴리곤 형태로 변환합니다. 또는 [Modify]로 가서 [Modifier List]에서 [Box]을 선택하고 마우스 오른쪽 버튼으로 클릭하여 [Editable Poly]를 클릭합니다.

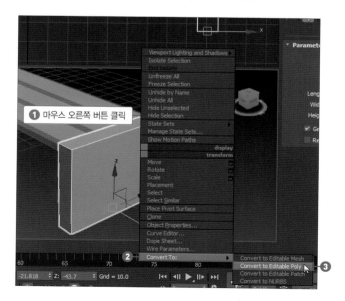

10 Selection에서 [Vertex]를 선택하고 Left 뷰포트로 이동하여 아래 [Vertex]를 드래그로 선택합니다. R 을 입력하여 크기를 X 방향으로 줄입니다. 아래가 좁아지는 사다리꼴 형태로 수정합니다.

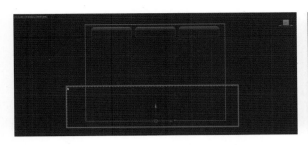 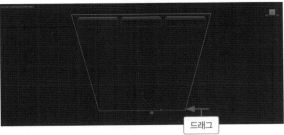

11 구멍의 형태가 될 오브젝트를 만듭니다. [Create]에서 [Box]를 선택하고 ▼Keyboard Entry를 활용하여 만들어 봅니다. 'Length:30, Width:30, Height:30'를 입력하고 [Create] 버튼을 클릭합니다. 모든 뷰포트에서 확인하고 그림처럼 다리와 겹쳐지게 위치시킵니다.

 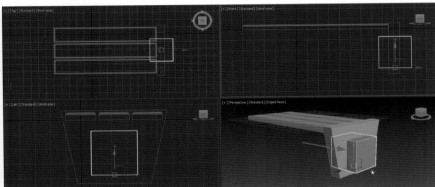

12 뷰포트에서 다시 다리를 선택한 다음 [Create]로 이동해서 Geometry의 Standard Ptimitives의 ▼를 클릭하고 [Compound Objects]를 선택합니다. ▼Object Type에서 [Boolean]을 클릭합니다. 아래 ▼Boolean Parameters와 ▼Operand Parameters를 찾습니다.

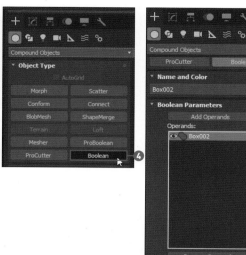

13 ▼Operand Parameters의 옵션을 Subtract를 선택하고 위의 ▼Boolean Parameters의 [Add Operands]를 클릭합니다. 뷰포트로 이동하여 [Box]오브젝트를 클릭합니다.

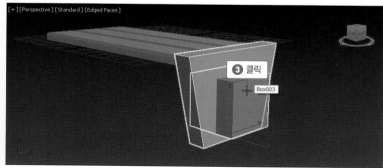

14 구멍을 뚫은 다리를 선택한 후 Top 뷰포트로 이동하여 ⓦ를 입력하고 Shift를 누른 상태에서 왼쪽으로
이동하여 반대쪽 다리는 복사합니다.

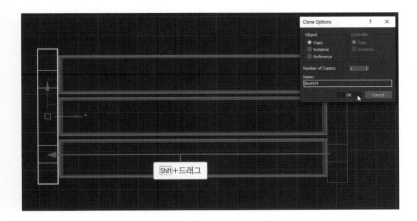

15 [File] → [Save As]를 클릭하고 완성된 벤치를 저장합니다.

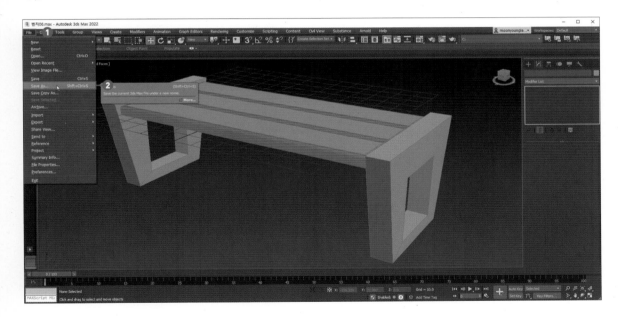

Chapter

02

2D Line을 활용하여 유선형 소품 모델링

유선형의 오브젝트를 만들 때는 [Shapes]에서 직접 라인을 그려서 곡선의 형태를 만든 후 [Modifier List]의 명령어를 사용하여 면을 만듭니다. 2D Line을 활용하는 방법과 이를 면으로 변환하여 모델링하는 방법을 배워봅니다.

두 개 이상의 Spline을 활용하여 단추 만들기

Circle을 활용하여 단추 모델링을 완성합니다. 두 개 이상의 Spline을 활용하여 원하는 형태의 면을 만드는 법을 학습합니다.

Editable Spline

1 Front 뷰포트를 먼저 선택한 다음 [Create]로 이동하고 [Shapes]를 선택합니다. 기본 [Splines]의 ▼ Object Type의 [Circle]을 선택합니다. ▼Keyboard Entry에서 Radius:50을 입력하고 [Create] 버튼을 클릭합니다.

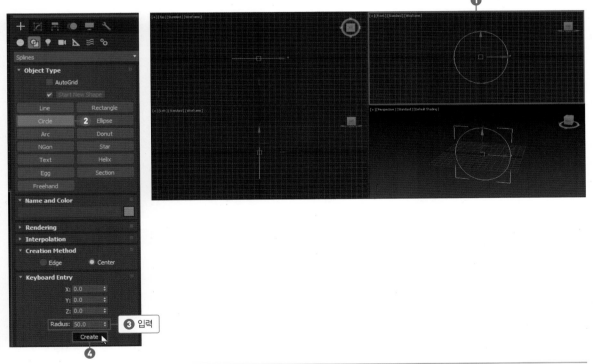

Tip 선택한 뷰포트를 기준으로 Circle이 생겨납니다. 2D Line이기 때문에 처음 생성할 때는 2D 뷰포트에서 시작하기를 권합니다.

2 Front 뷰포트에서 단추 구멍이 될 작은 Circle을 만들기 위해 다시 [Create]로 이동하고 ▼Keyboard Entry에서 'Radius:10'을 입력하고 [Create] 버튼을 클릭합니다.

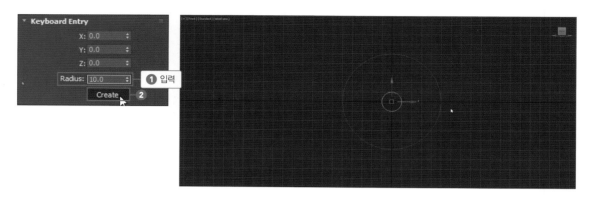

3 왼쪽 위로 이동시키고 Shift를 누른 상태에서 오른쪽으로 이동하여 복사합니다. 복사한 두 개의 Circle을 드래그로 동시 선택하고 Shift를 누른 상태에서 아래로 이동 복사하여 총 4개의 단추 구멍이 될 Circle을 위치시킵니다.

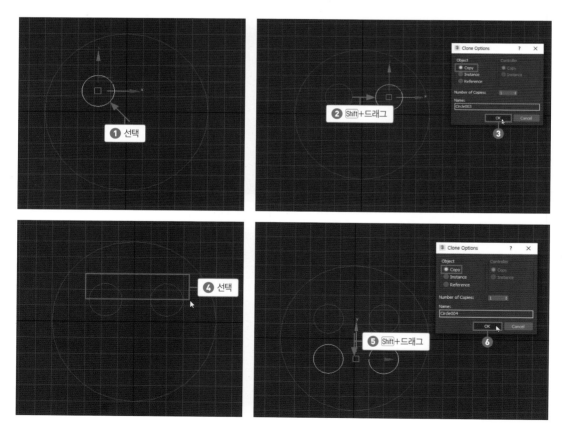

4 처음의 Circle을 선택하고 뷰포트에서 마우스 오른쪽 버튼을 클릭하고 [Convert To] → [Convert to Editable Spline]을 선택합니다. [Modify]로 이동하여 [Circle]을 선택하고 마우스 오른쪽 버튼을 클릭하고 [Editable Spline]을 선택해도 됩니다.

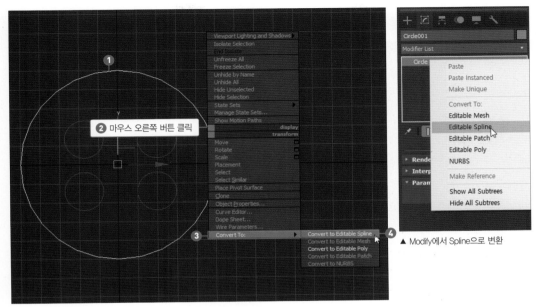

▲ 뷰포트에서 Spline으로 변환

▲ Modify에서 Spline으로 변환

5 [Moify]로 이동하고 ▼Geometry 옵션을 찾습니다. [Attach]를 클릭하고 뷰포트로 이동하여 4개의 작은 [Circle]을 클릭하여 합쳐줍니다. 완료 후 마우스 오른쪽 버튼을 클릭하고 해제합니다.

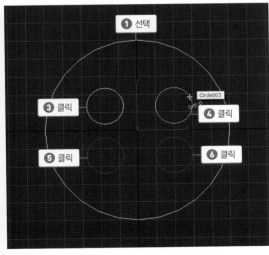

Extrude

6 Perspective 뷰포트로 이동하여 하나로 합쳐진 [Cicle]을 선택합니다. [Modify]로 이동하여 Modifier List ▼를 누르고 ⓔ를 입력하여 Extrude를 찾아서 적용합니다. 구멍이 뚫린 형태의 면이 생겼습니다. ▼ Parameters에서 'Amount: 30'을 입력하여 두께를 만듭니다.

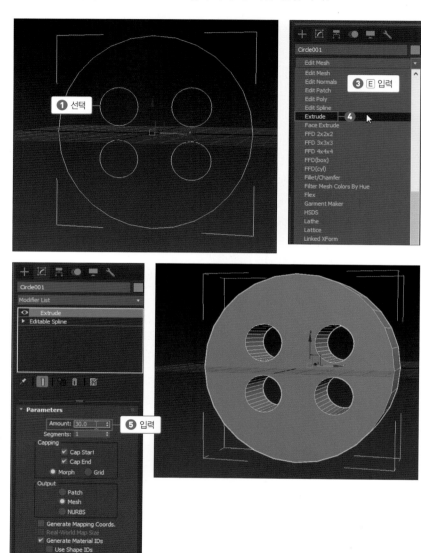

폴리곤으로 변환하기

7 뷰포트로 이동하여 오브젝트를 선택하고 마우스 오른쪽 버튼을 클릭합니다. [Convert To] → [Convert to Editable Poly]를 클릭하여 폴리곤으로 변환합니다. 더이상 Spline의 기능은 사라집니다.

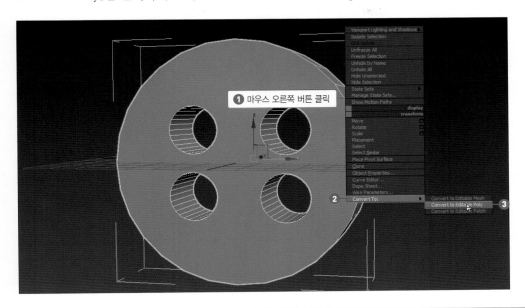

Modifier에서 마우스 오른쪽 버튼을 클릭하여 Collapse All하여 합쳐도 같은 결과를 얻을 수 있습니다.

8 [Modify]로 이동하고 Selection에서 [Polygon]을 선택합니다. 뷰포트로 이동하여 그림과 같이 겉면의 Poygon을 Ctrl을 누른 상태에서 다중 선택합니다.

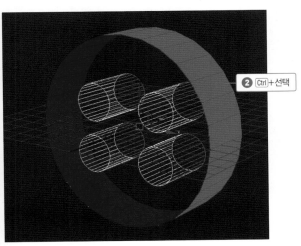

9 ▼Edit Polygon에서 [Bevel]의 Settings을 클릭합니다. 면의 나오는 방향을 [Local Normal]을 선택하고 나머지 수치 값은 그림과 같이 'Height:5, Outline:3'을 입력하고 [OK] 버튼을 클릭합니다.

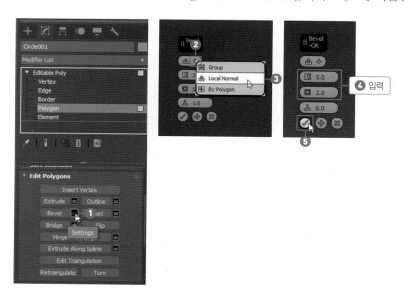

10 [File] → [Save As]를 클릭하고 완성된 단추를 저장합니다.

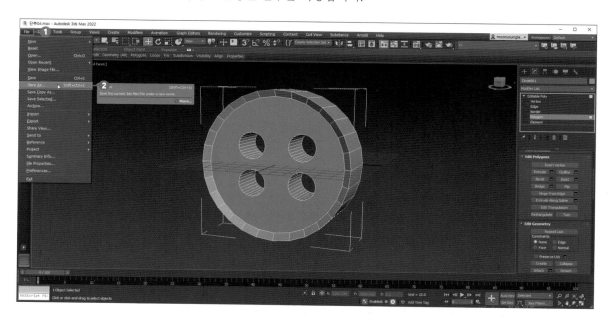

Loft 기능을 활용한 나무 만들기

두 개 이상의 Spline에 Compound Object를 적용하여 나무를 만드는 방법을 학습합니다. 그 중 Loft는 원하는 형태의 단면이 하나의 선을 따라 이어져 면이 만들어지는 기능으로 나무 기둥을 모델링할 때 유용합니다.

나무 기둥 만들기

1 먼저 나무 기둥을 만들기 위해 [Create]으로 가서 [Shapes] → [Splines]의 [Object Type] → [Line]을 선택합니다. Front 뷰포트에서 나무의 높이만큼 [Line]을 그려줍니다.

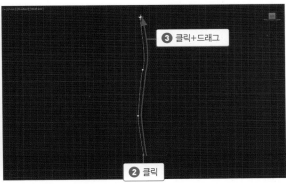

TIP
시작 지점에서 클릭한 후 각이 지게 그리려면 클릭, 곡선으로 그리려면 클릭 앤 드래그로 그립니다.

2 그려진 [Line]을 따라서 갈 면의 형태를 그리기 위해 Top 뷰포트에서 [Line]을 그려줍니다. 이때 시작점으로 돌아와서 클릭한 다음 [Spline] 팝업창에서 [Close spline?]에 [Yes]를 클릭하면 닫힌 선이 됩니다. [Modify]에서 [Vertex]를 선택하고, 여러 뷰포트에서 확인하면서 모양을 수정합니다.

3 수정이 완료되면 처음 그린 기둥 [Line]을 선택하고 [Create]으로 가서 [Geometry] → [Compound Objects]의 [Object Type]에서 [Loft]를 선택합니다. [Create Method] → [Get Shape]을 선택합니다. 그리고 형태가 될 2번 [Line]에 마우스를 가져다 대고 마우스 커서가 변할 때 클릭합니다.

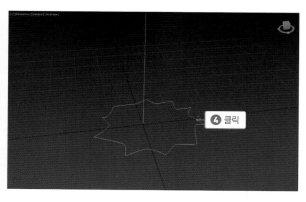

4 바닥에 그려진 [Line]의 형태로 기둥이 만들어졌습니다. [Modify]로 가서 [Skin Parameters] → [Option]의 'Path Steps=3'을 입력합니다. 수치를 조정하면서 원하는 면의 수를 정하면 됩니다.

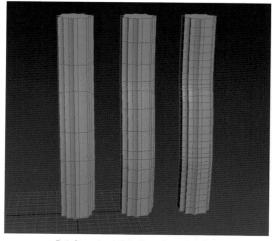

▲ Path Steps=1 ▲ Path Steps=3 ▲ Path Steps=10

Tip
너무 높은 수를 입력하면 면이 많아져 형태를 수정하기 어려워집니다. [TurboSmooth]를 적용한다고 생각하고 최소한의 면으로 시작합니다.

5 기둥이 일직선으로 뻗어 있는 모양에서 위로 올라갈수록 좁아지는 형태로 변형해 보겠습니다. [Modify]로 이동해서 [Deformations] 옵션 중 [Scale]을 클릭합니다. 위로 갈수록 좁아지는 형태로 수정하기 위해 [Scale Deformation]에서 [Move Control Point]를 선택하고 끝점을 선택하여 100(처음 크기)에서 낮은 숫자로 내려줍니다.

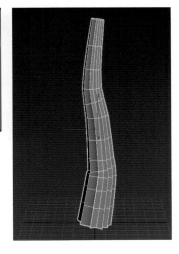

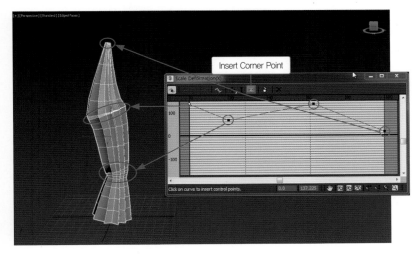

Insert Corner Point

중간 크기를 다르게 하고 싶으면 [Insert Corner Point]를 클릭하고 원하는 위치에 클릭하여 조절점을 추가하고 [Move Control Point]를 클릭해서 원하는 크기로 조절합니다.

6 올라가면서 뒤틀리는 형태로 수정하기 위해 [Deformations]의 옵션 중 [Twist]를 클릭합니다. [Twist Deformations]에서 끝점을 선택하고 0에서 100 이상으로 올려줍니다.

 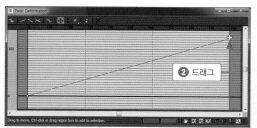 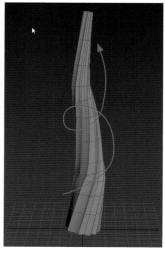

7 [Modify]의 [Modifier List]에서 [Edit Poly] 명령어를 선택합니다. 폴리곤으로 바로 변환하지 않고 [Edit Poly] 메뉴를 적용한 이유는 아래 [Loft] 명령어의 옵션으로 돌아가서 형태를 다시 수정할 수 있기 때문입니다.

8 [Selection]의 [Vertex]를 선택하여 기둥 아래 뿌리 부분의 모양을 수정합니다. [Soft Selection]을 활성화하면 전체 형태를 부드럽게 수정할 수 있습니다. 이때 [Falloff]의 수치를 바꿔 [Vertex] 선택 영역을 조절합니다.

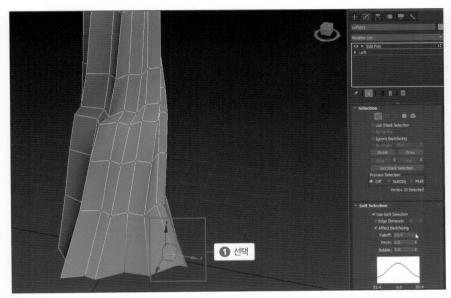
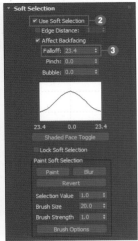

나무 가지 만들기

9 기둥의 전체 형태 수정이 끝났으면 가지를 만들어 보겠습니다. [Create]으로 가서 [Shapes] → [Splines]의 [Object Type]의 [Line]을 선택하고 Front 뷰포트에서 클릭 또는 클릭 앤 드래그로 가지 모양을 그려줍니다.

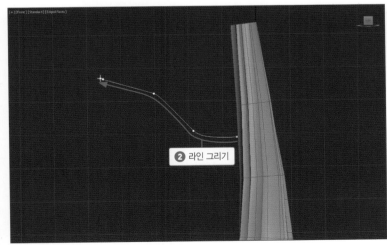

▲ Front 뷰포트

10 기둥에서 가지가 뻗어나갈 위치의 [Polygon]을 선택합니다. 선택된 [Polygon]이 [Line]을 따라 뽑아져 나오기 위해 [Edit Polygons] → [Extrude Along Spline]의 [Settings]을 클릭합니다.

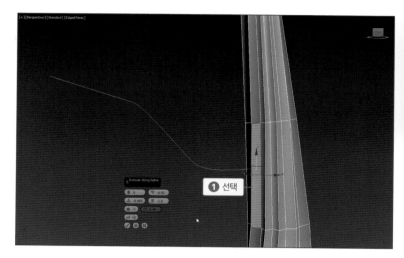

뽑아져 나올 Polygon을 선택할 때 Line과 수직이 되는 것을 선택하는 게 좋습니다.

11 [Settings] 창에서 [Pick Spline]을 클릭하고 뷰포트로 와서 그려 놓은 [Line]을 클릭합니다. 마우스를 가져다 대면 커서가 바뀔 때 클릭합니다. 라인을 따라 면이 뽑아져 나옵니다. 'Taper Amount=-0.8', 'Taper Curve=-1.0'을 입력하였습니다.

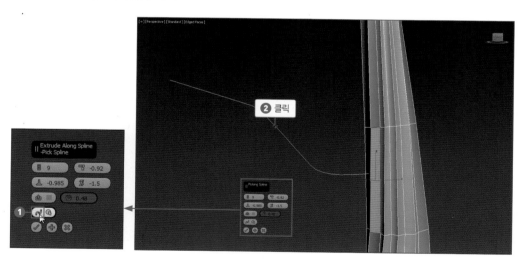

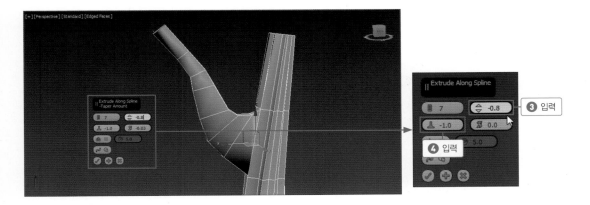

가지 모양은 [Setting]의 옵션 값에 따라 다르게 나타납니다. 그림과 다른 결과가 나오더라도 당황하지 말고 옵션 값을 하나하나 변경하면서 원하는 모양으로 수정합니다.

12 가지 면의 수를 결정하는 [Segments] 값을 조정합니다. 너무 적은 면은 가지의 형태를 유지하기 어렵고 너무 많은 면은 나중에 수정하기 어려워집니다. 형태를 유지하는 적정 값을 찾습니다.

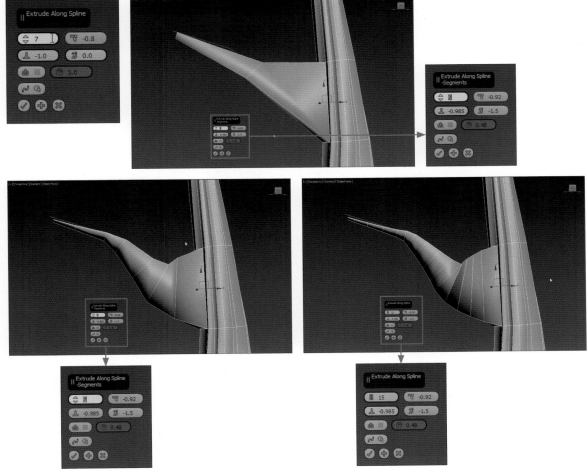

▲ 수치값 변화에 따른 결과

13 끝으로 갈수록 좁아지는 가지를 만들기 위해 [Taper Amount] 값을 0보다 작고 −1보다 큰 수로 설정합니다.

 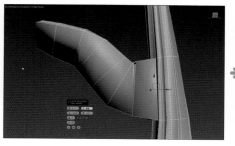 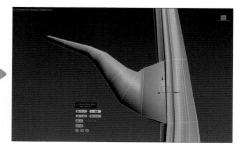

14 기둥과 같은 모양으로 전체적으로 꼬여 있는 모양을 만들기 위해 [Twist]를 조정합니다. 입력이 완료되면 체크를 선택합니다.

15 같은 방법으로 [Line]을 그려서 다른 가지도 만들어줍니다.

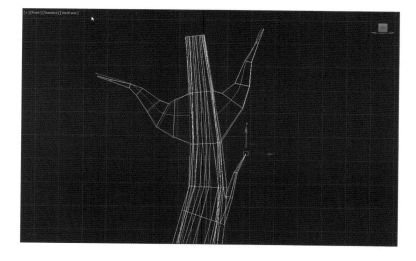

16 [Modify]로 가서 [Vertex]를 선택하고 [Extrude]하면서 면이 꼬여 있는 부분이 없는지 모든 뷰포트에서 줄기 모양을 수정합니다. 나무 밑의 면이 있다면 [Polygon]을 선택하고 Delete를 눌러 지워줍니다. 최종 [TurboSmooth]를 적용했을 때 뿌리부분의 형태가 유지되기 위해서입니다.

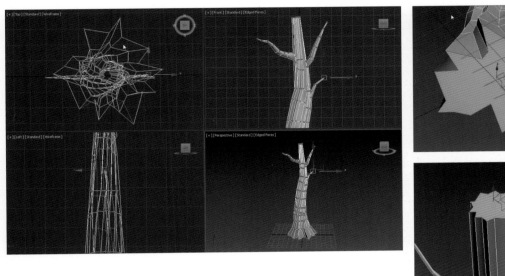

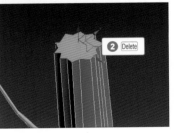

17 기둥의 모델링이 완성되면 [TurboSmooth]를 적용합니다. [Iterations] 값을 높이면 면은 더 늘어나고 부드러워집니다.

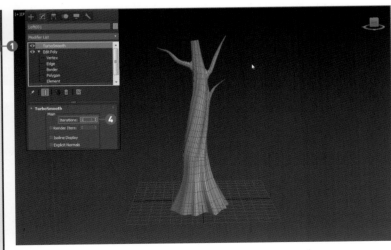

18 [Modify]에 총 3개의 명령어가 쌓여있습니다. 이전 명령어로 돌아가서 수정 및 휴지통 아이콘을 클릭하여 지울 수 있습니다.

나뭇잎 만들기

19 [Create]에서 [Geometry] → [Standard Primitives]의 [Object Type]의 [Plane]을 선택하고 [Length Segs]와 [Width Segs]='3'으로 입력합니다. Top 뷰포트에서 클릭 앤 드래그로 [Plane]을 만듭니다.

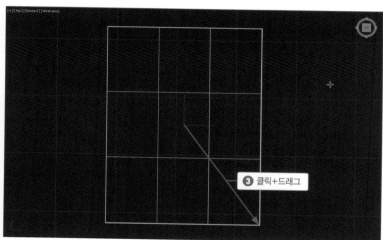

▲ Top 뷰포트

20 [Plane]을 선택하고 마우스 오른쪽 버튼을 클릭한 후 [Convert To] → [Convert to Editable Poly]를 실
행하여 폴리곤으로 변환합니다. [Modify]의 [Selection] → [Vertex]를 선택하고 나뭇잎 모양에 맞게 형태를
수정합니다.

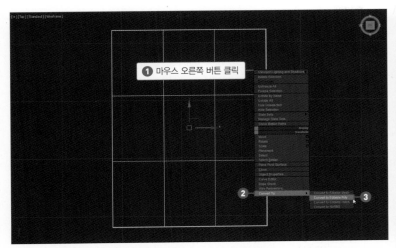

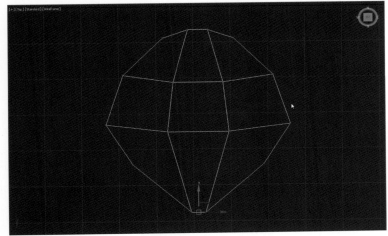

▲ Vertex를 이동하여 형태 수정

21 [Modifier List]에서 [Bend] 명령어를 선택합니다. [Parameters] → [Bend Axis]에 있는 X에 체크하고 [Bend] → [Angle] 값을 조절하여 나뭇잎이 살짝 말려 있는 모양으로 만듭니다.

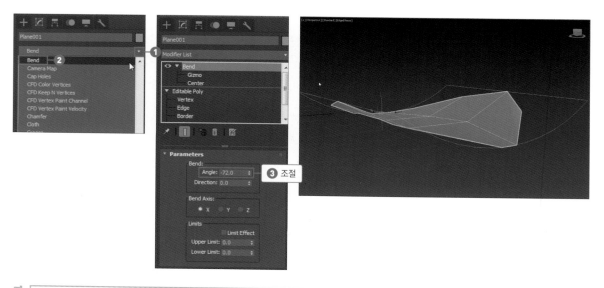

TIP [Segs]값 즉 휘어질 곳에 [Edge]가 있어야 [Bend] 명령어가 적용됩니다.

22 나뭇잎을 복사해서 [Bend]의 [Parameters]의 변화를 주어 휘어지는 정도를 다르게 합니다. 크기, 회전을 달리하여 복사합니다. 옵션 값을 달리하여 나뭇잎을 여러 모양으로 다양하게 만듭니다.

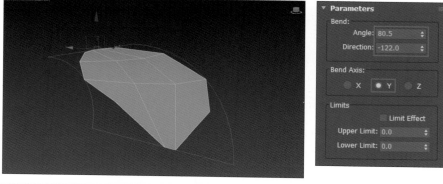

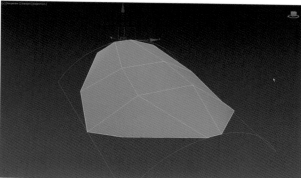

▲ 수치값 변화에 따른 결과

23 복사한 나뭇잎을 드래그로 선택하고 [Group]으로 묶어줍니다. 한 덩이씩 [Group]하여 복사하고 변형시켜 줍니다.

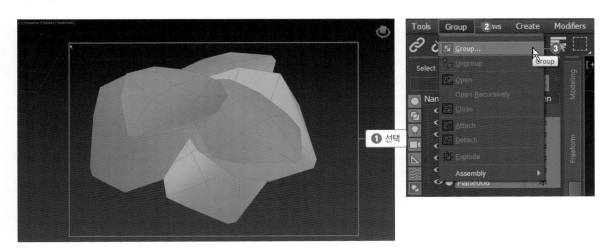

24 [Group]으로 묶은 나뭇잎을 크기 및 회전 값을 변형하여 복사한 후 나무 기둥 적당한 곳에 위치시켜 줍니다. 나뭇잎 전체를 선택하고 [TurboSmooth]를 적용시켜 주고 [File] → [Save As]로 저장합니다.

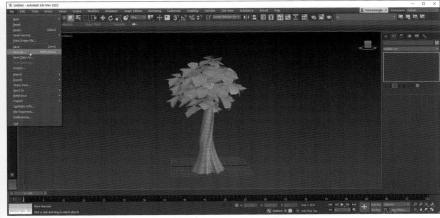

Lathe 기능을 활용한 화분 만들기

Lathe는 Spline에 있는 선들을 이용하여 단면을 그린 다음 정해진 축을 중심으로 360도 회전하여 입체감이 있는 오브젝트를 만들 때 유용합니다. Lathe의 기능과 사용법을 알아보고 이를 활용하여 화분 만드는 방법을 학습합니다.

1 [Lathe] 명령어는 그려진 [Line]을 한 바퀴 돌려서 입체 형태를 만드는 방식입니다. 이 기능을 활용하여 입구가 넓은 화분을 만들어 보겠습니다. 먼저 [Create]으로 이동하여 [Shapes] → [Spines]에서 [Object Type]의 [Line]을 선택합니다. 원하는 모양의 화분을 만들려면 어떤 단면이 필요한지 생각해서 Front 뷰포트에 그립니다. 그림을 그리고 마지막에 시작점을 다시 클릭하면 라인이 닫힌 형태로 만들어집니다.

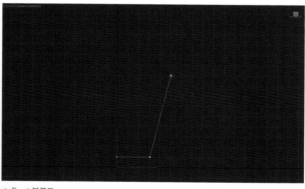

▲ Front 뷰포트

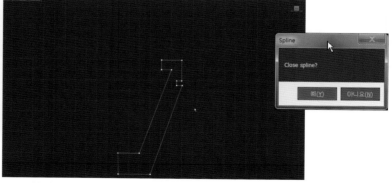

▲ Front 뷰포트

 정확한 단면을 그리기 위해 Front 뷰포트에서 그리는 것이 좋습니다. [Line]을 클릭하면서 이어가면 각이 진 형태로 그려지고, 클릭한 상태에서 드래그하면 곡선도 그릴 수 있습니다. 이에 대한 설정은 [Create Method]에서 가능합니다.

2 그려진 [Line]을 선택하고 [Modify]로 이동하고 [Modifier List] 중 [Lathe]를 선택합니다. 'L'을 반복하여 입력하면 L로 시작하는 명령어를 쉽게 선택할 수 있습니다. [Line]의 [Pivot]을 중심으로 한 바퀴 돌려져서 면의 형태가 만들어집니다.

3 [Modify]에서 [Lathe] 명령어의 하위 메뉴인 [Axis]를 선택하고 축을 왼쪽으로 이동시켜서 화분의 형태를 수정합니다.

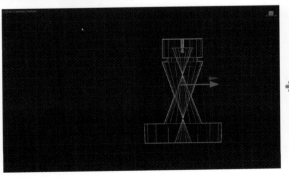 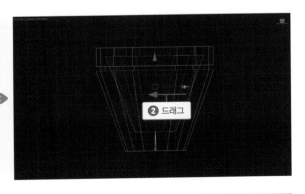

> [Lathe]를 적용하기 전에 [Pivot]을 생성될 오브젝트의 중앙으로 이동시켜도 됩니다. [Pivot]은 Insert를 입력한 후 이동시키고 완료 후에는 다시 Insert를 누릅니다.

4 형태를 수정하기 위해 오브젝트를 선택하고 마우스 오른쪽 버튼을 클릭하여 [Convert To]→ [Convert to Editable Poly]를 선택합니다.

5 화분의 형태를 다듬기 위해 [Modifier List]로 가서 [TurboSmooth]를 적용합니다. 적용 후 [TurboSmooth] 로 인해 각이 사라진 부분을 살리기 위해 아래 [Editable Poly] 메뉴의 [Edge]를 선택합니다.

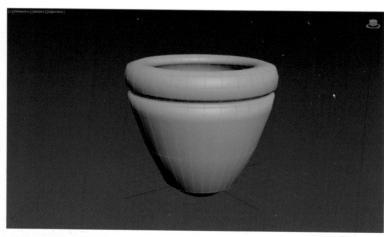

6 살리고 싶은 경계부분 그림에 표시된 부분의 [Edge]를 추가해주면 됩니다. 그림과 같은 위치의 [Edge]를 더블클릭으로 선택하면 선택한 [Edge]에 연결된 [Edge]가 모두 선택됩니다. [Modify]로 이동하고 [Edit Edges] → [Chamfer]의 [Settings]를 클릭합니다. [Connect Edge Segments]='6'을 입력하고 Edge를 추가합니다. 다른 곳도 차례로 적용시켜 줍니다.

▲ Edge 선택 후 더블클릭하면 이어져 모두 선택 가능

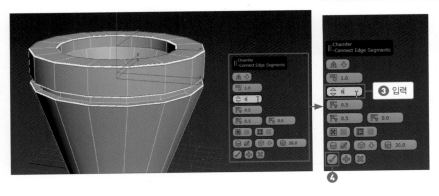

7 화분 표면에 장식을 더해보겠습니다. 둥근 홈이 파여 있는 장식을 하기 위해 [Create]으로 이동하고 [Geometry] → [Standard Primitives]의 [Object Type]중 [Sphere]를 선택하고 큰 테두리 위쪽에 만들어줍니다. [Top] 뷰포트에서 Insert를 눌러 [Pivot]을 화분 중앙으로 이동시킵니다.

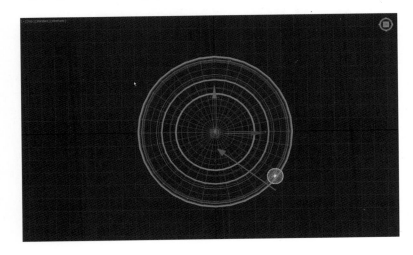

8 화분 중앙을 중심으로 일정한 간격으로 복사하기 위해 [: Angle Snap Toggle]을 클릭하여 활성화하고 오른쪽 버튼으로 클릭하여 [Grid and Snap Settings]의 [Angle]='30'을 입력합니다. 이렇게 설정하면 30도만큼 Snap이 걸려 회전하게 됩니다.

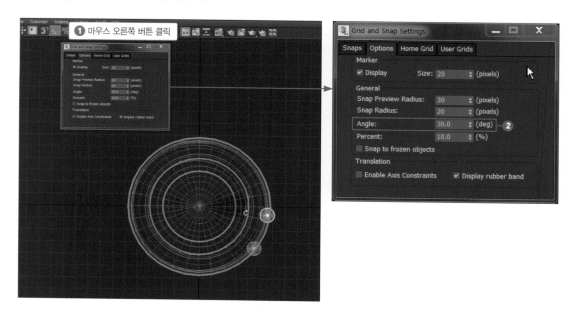

9 [: Select and Rotate]를 클릭하고 Shift를 누른 상태에서 [Sphere]를 회전시킵니다. 한 번에 30도씩 회전하기 때문에 360도를 모두 채우려면 총 12개의 [Sphere]가 필요합니다. 여기에서 원본 하나를 뺀 개수를 입력하면 되므로 [Clone Option]의 [Number of Copies] 값에는 '11'을 입력합니다.

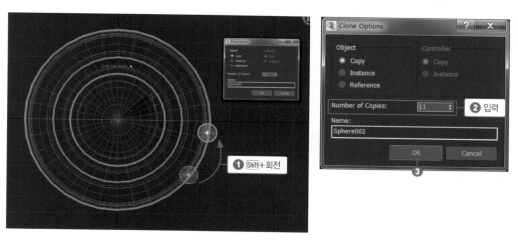

Tip
360°/ (Grid and Snap Settings에서 설정한 각도) – 1(원본) = Number of Copies 값

10 [Sphere]를 모두 선택하고 마우스 오른쪽 버튼으로 클릭하여 [Convert To] → [Convert to Editable Poly]를 적용합니다. 이어서 하나의 [Sphere]만 선택한 후 [Modify]로 이동하고 [Edit Geometry] → [Attach]를 선택하고 나머지 11개의 Sphere를 하나씩 클릭하면 하나의 오브젝트로 합쳐집니다.

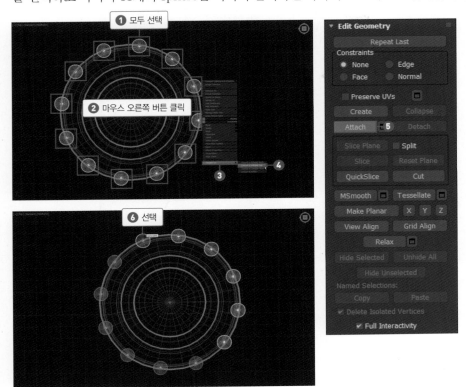

11 화분을 선택하고 [Create]으로 이동하고 [Geometry]의 [Compound Objects]를 실행한 후 [Boolean]을 선택합니다. [Modify]로 이동하고 [Operand Parameters] → [Subtract]를 클릭합니다. 이어서 [Boolean Parameters]의 [Add Operands]를 클릭하고 합쳐둔 [Sphere]를 클릭하면 겹쳐진 부분이 뚫어져서 완성됩니다.

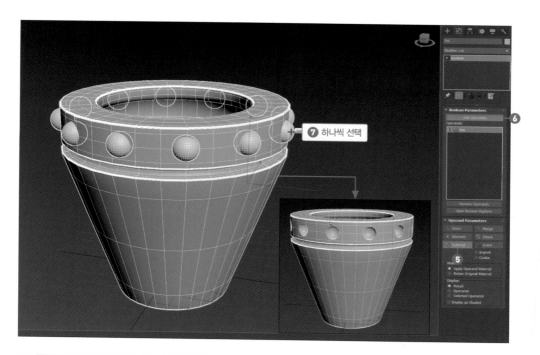

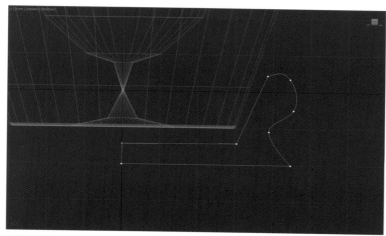

7 하나씩 선택

5

6

Tip [Boolean]은 두 오브젝트를 합치거나 겹치는 부분을 제거하는 기능을 가지고 있습니다. 이때 옵션에 따른 차이점을 이해하는 것이 중요합니다. 예를 들어 [Boolean]의 [Subtract] 옵션은 위와 같이 작은 홈을 팔 때 유용하게 활용할 수 있습니다.

12 마지막으로 화분 물받이를 만들어 보겠습니다. 처음 화분을 만들었던 방식과 같이 [Create]으로 이동하여 [Shapes] → [Splines]에서 [Objet Type] → [Line]을 선택하고 단면을 그립니다. Front 뷰포트에서 화분 크기에 맞게 직선으로 나타내야 하는 부분은 클릭으로, 곡선으로 나타내야 하는 부분은 클릭 앤 드래그로 그려줍니다.

▲ Front 뷰포트

Tip [Line]을 다 그린 후에는 [Modify]로 가서 [Selection] → [Vertex]를 클릭하고 이동하여 수정할 수 있습니다.

13   화분과 달리 [Pivot]을 먼저 중심으로 이동시키고 [Lathe]를 적용시켜 보겠습니다. [Insert]를 눌러 [Pivot]을 이동시킨 후 다시 [Insert]를 눌러 해제합니다. 이때 [Pivot]을 중심보다 오른쪽에 위치시키면 화분 물받이가 까맣게 만들어질 수 있습니다. [Modify]로 가서 [modifier List]의 [Lathe]를 선택하면 화분 물받이 모양이 나타납니다. 혹시 각이 지게 만들어졌다면 부드러운 면을 만들기 위해 [Parameters] → [Segments] 값을 늘려줍니다.

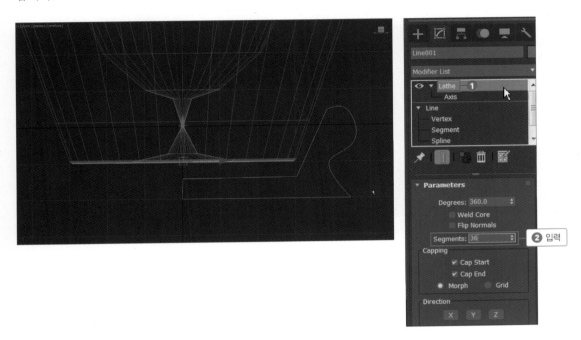

14   3ds Max는 [Modifier List]에 명령어를 쌓아가면서 하는 방식이어서 전 단계로 돌아가 각각 수정할 수 있습니다. [Lathe]를 적용시킨 후 [Modify]에서 [Lathe] 아래에 있는 [Line]을 선택하여 [Vertex]를 클릭하면 형태 수정이 가능합니다.

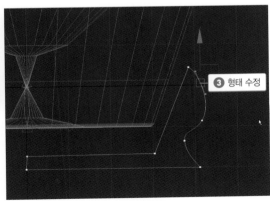

TIP 필요 없는 Vertex는 [Delete]를 눌러 삭제합니다.

15 [File] → [Save As]를 선택하여 완성된 화분을 저장합니다.

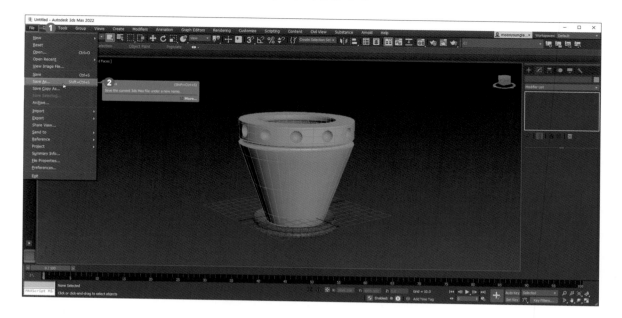

SECTION 04
Lathe 기능을 활용한 의자 만들기

원통형 오브젝트를 만들 때 Lathe 기능을 활용하면 유용합니다. 이를 활용하여 의자의 구성 요소인 등받이, 방석, 다리 만드는 방법을 학습합니다.

등받이 만들기

1 등받이 전체 틀을 만들기 위해 [Create]으로 가서 [Shapes] → [Splines] → [Line]을 클릭합니다. Front 뷰포트에서 좌우 대칭으로 만들기 위해 반쪽만 Line을 그려줍니다. 시작지점을 클릭한 후 두 번째 점부터는 클릭 또는 클릭 앤 드래그로 그려줍니다. 다 그렸으면 마우스 오른쪽 버튼을 클릭합니다.

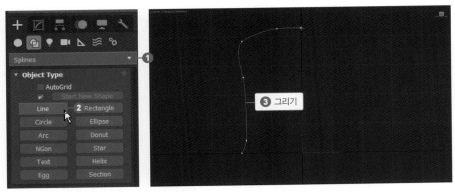

▲ Front 뷰포트

2 나머지 반쪽을 대칭 복사하기 위해 [: Mirror]를 클릭합니다. 이때 중심축이 중앙에 있지 않으면 Insert 를 눌러 이동한 후 적용합니다.

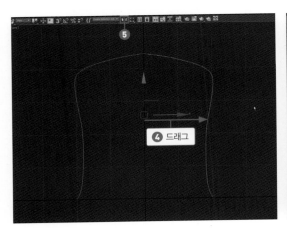

3 두 개의 [Line]을 하나로 합치기 위해 하나의 [Line]을 클릭하고 [Modify]로 가서 [Geometry] → [Attach]를 클릭한 후 다른 Line에 마우스를 가져다 대고 커서가 바뀌면 클릭합니다.

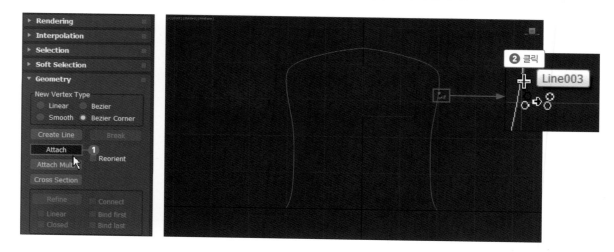

4 하나의 [Line]으로 합쳐졌습니다. 경계에 있는 두 개의 [Vertex]가 붙어 있는지 확인하기 위해 클릭으로 선택하여 이동해보고, 붙어있지 않다면 [Modify]로 이동하여 [Weld] 버튼을 클릭합니다.

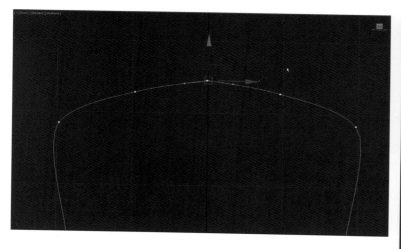

5 [Vertex]를 이동하여 형태를 수정합니다. 각이 진 부분을 수정하고 싶으면 [Geometry] → [Fillet]을 적용합니다. 수치를 높이면 선택된 점이 둘로 나뉘어서 양옆으로 이동합니다.

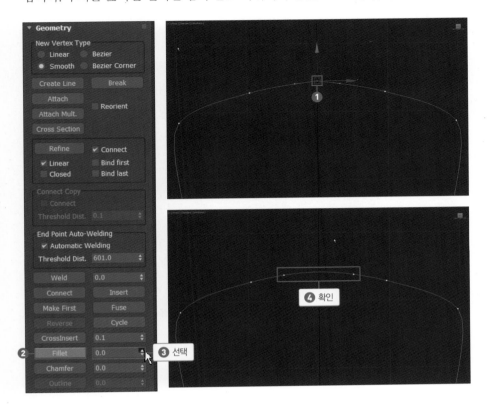

6 등받이 안쪽도 같은 방법으로 [Line]으로 그려줍니다. 다 완성되면 [Rendering]의 [Enable In Renderer]와 [Enable In Viewport]에 모두 체크합니다. 옵션의 [Thickness]로 두께를, [Sides]로 둥글기를 조절합니다. 완성되면 [Geometry] → [Attach]로 하나로 합쳐줍니다.

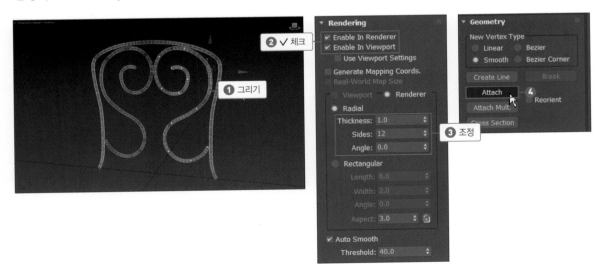

7 하나로 합쳐진 등받이를 선택하고 마우스 오른쪽 버튼으로 클릭하여 [Convert To] → [Convert to Editable Poly]를 실행합니다. 이어서 등받이 전체를 휘게 만들기 위해 [Modify]의 [Modifier List] → [FFD 3x3x3]을 클릭합니다. [FFD 3x3x3] 옵션에서 [Control Points]를 선택하고 등받이 상단의 조절점을 클릭 앤 드래그로 모두 선택하여 뒤쪽으로 이동시킵니다.

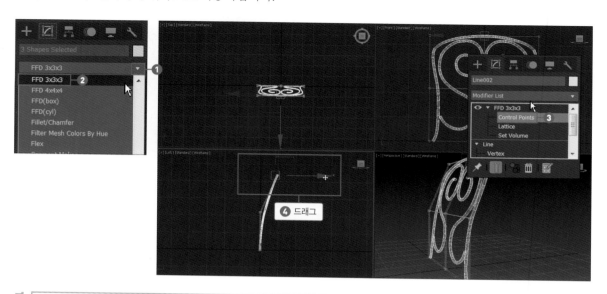

TIP [FFD] 옆의 숫자는 [Control Points] 숫자를 나타냅니다. 모델링 전체 비율 및 형태 수정을 위해 필요한 기준점 개수를 생각해서 선택하면 됩니다.

방석 만들기

8 의자의 방석을 만들기 위해 [Create]으로 가서 [Shapes] → [Splines] → [Line]을 클릭합니다. 방석의 둥글고 푹신한 느낌을 살려서 Front 뷰포트에서 그려줍니다. 완성했으면 마우스 오른쪽 버튼을 클릭하고 해지합니다. Insert를 눌러 [Pivot]을 중심으로 이동합니다.

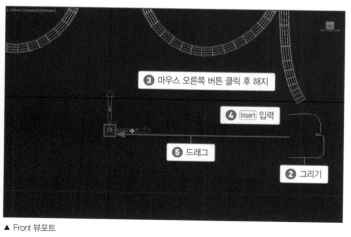

▲ Front 뷰포트

TIP 이전에 [Rendering]의 [Enable In Renderer]와 [Enable In Viewport]에 체크했기 때문에 새로 그리는 [Line]에도 두께가 생겨서 그려집니다. 단면을 그릴 때는 이 체크를 해지하고 그려야 합니다.

9 [Line]을 클릭하고 [Modify]로 가서 [Modifier List] → [Lathe]를 실행하면 [Pivot]을 중심으로 360도 회전한 면이 만들어집니다.

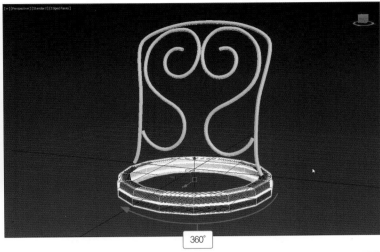

[Parameters] → [Degrees]에 다른 각도를 입력하면 입력한 값만큼 회전한 면이 만들어집니다.

10 방석 면의 방향이 반대로 뒤집혀 검은색으로 보이면 [Modify]로 가서 [Parameters] → [Flip Normals]의 체크박스를 체크합니다. 등받이와 방석의 위치와 크기를 조절합니다.

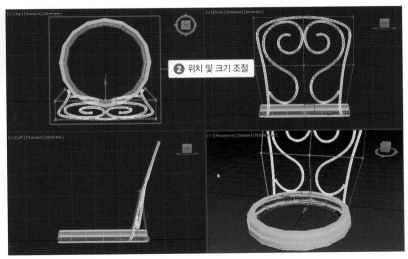

11 방석을 선택하고 마우스 오른쪽 버튼으로 클릭하여 [Convert To] → [Convert to Editable Poly]를 실행합니다. 뚫려있는 윗면을 채우기 위해 [Border]를 선택합니다. 단축키 R을 입력하고 Shift를 누른 상태에서 안쪽으로 줄입니다. 마지막은 [Edit Borders] → [Cap]으로 채워줍니다.

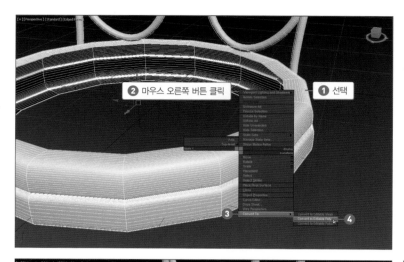

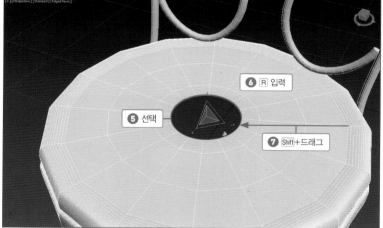

💡 처음부터 [Edit Borders] → [Cap]을 적용해서 면을 채워도 되지만 면 분할이 없는 하나의 단면으로 채워지기 때문에 섬세한 수정이 어려워집니다.

12 방석 가장자리의 경계면을 수정해 보겠습니다. [Edge]를 선택하고 방석 가장자리의 [Edge]를 더블클릭하면 연결된 Edge가 둥글게 모두 선택됩니다. Ctrl을 누르고 다음 칸의 [Edge]를 더블클릭하여 선택합니다. 두 선을 동시에 아래로 이동하면 홈을 만들 수 있습니다.

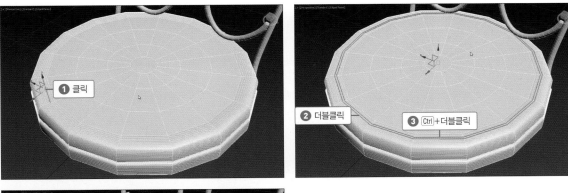

13 [Modify]로 가서 [Modifier List] → [TurboSmooth]를 적용합니다. 수정해야 할 부분이 있으면 아래 [Editable Poly]로 되돌아가서 수정 후 돌아오는 방식으로 완성합니다.

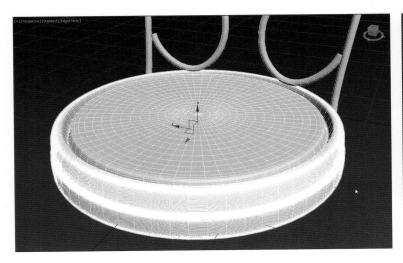

🔖 명령어가 순차적으로 쌓이고 위아래로 이동하면서 수정하는 방식이기 때문에 [Editable Poly]의 [Vertex]나 [Polygon]이 선택되어 있으면 그 부분만 명령어가 적용됩니다. 따라서 먼저 선택을 해지하고 명령어를 적용해야 합니다.

의자 다리 만들기

14 [Create]로 가서 [Shapes] → [Splines] → [Line]을 클릭하고 다리 단면을 Front 뷰포트에서 그려줍니다. 다 그린 후에는 [Vertex]를 클릭하고 모양을 수정합니다.

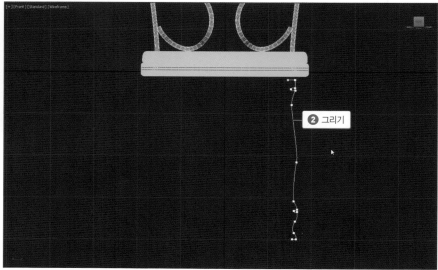

15 [Modify]로 가서 [Modifier List] → [Lathe]를 적용합니다. [Lathe] → [Axis]를 클릭하고 Front 뷰포트에서 좌우로 이동하여 의자 다리의 두께를 조절합니다.

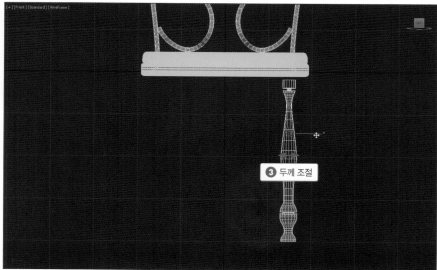

▲ Front Viewport

16 일자로 만들어진 의자 다리를 살짝 휘게 만들어 보겠습니다. [Modify]로 가서 [Modifier List] → [FFD 3x3x3]을 적용합니다. [Control Points]를 선택하고 모든 뷰포트에서 확인하며 포인트들을 이동하면서 다리 모양을 수정합니다.

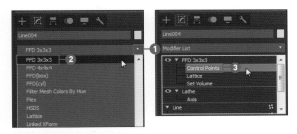

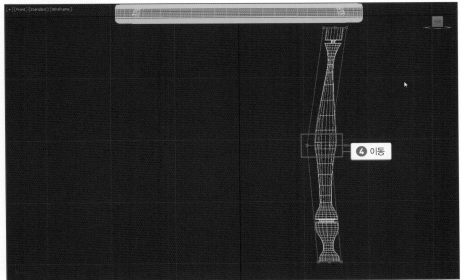

17 마우스 오른쪽 버튼을 클릭하고 [Convert To] → [Convert to Editable Polygon]을 실행합니다.

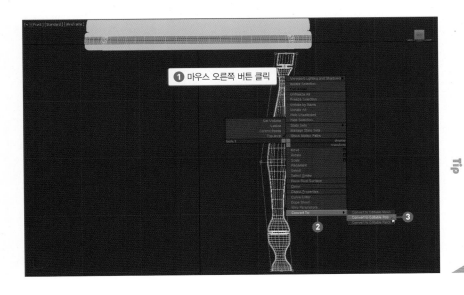

Tip

폴리곤으로 변환하면 쌓여있던 명령어는 없어집니다. 하나의 파일로 계속해서 저장하지 말고 [Save As]를 실행하여 다른 이름으로 여러파일로 저장하여 이전으로 돌아갈 수 있는 파일들은 남겨둡니다.

18 폴리곤으로 변환한 다리의 세부 무늬와 형태를 수정합니다. 홈을 파기 위해 [Modify]로 가서 [Polygon]을 클릭한 후 세로로 길게 면을 선택합니다. [Edit Polygons] → [Bevel] → [Setting]을 클릭하여 면 방향은 [Local Normal]을, [Height]='-0.5', [Outline]='-0.08'을 입력합니다. 한 줄씩 떨어져서 면을 선택하고 [Bevel]을 반복합니다.

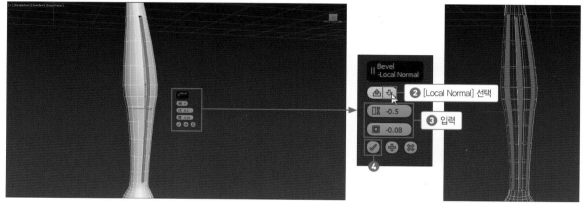

19 한 칸씩 띄어서 [Bevel]을 적용하여 물결처럼 올록볼록하게 파여 있는 다리 무늬를 완성하였습니다. [Modify]로 가서 다리 전체 형태를 수정하고 [Modifier List] → [TurboSmooth]를 적용합니다.

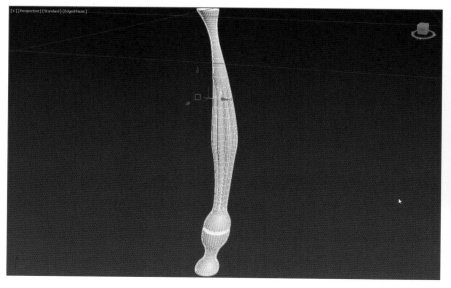

20 다리를 선택하고 Front 뷰포트에서 Insert를 입력하여 [Pivot]을 중앙으로 이동합니다. 이어서 [Mirror]를 클릭하여 대칭 복사합니다. 만들어진 다리 두 개를 모두 선택하고 Left 뷰포트에서 같은 방법으로 [Pivot]을 이동시킨 후 [Mirror]를 클릭하여 대칭 복사합니다. 앞뒤로 휘어진 모양을 유지하려면 이 순서로 복사를 해야 합니다.

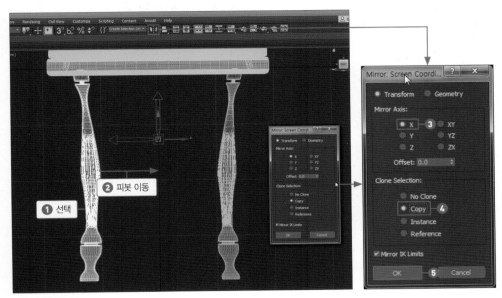

▲ Front 뷰포트

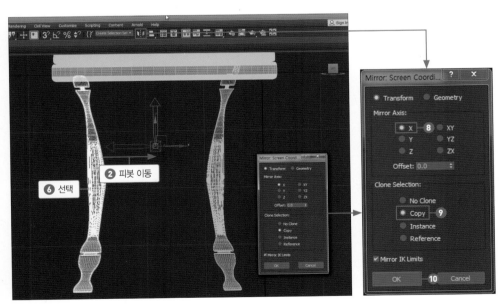

▲ Left 뷰포트

21 전체 위치와 크기를 수정하고 완성된 의자를 [File] → [Save As]로 저장합니다.

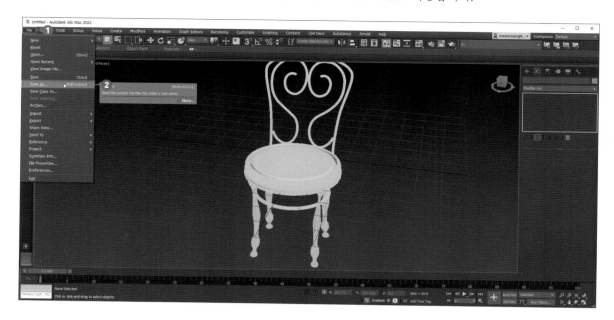

Surface기능을 활용한 욕조 만들기

욕조 모델링을 실습하면서 유선형 오브젝트의 단층을 Line으로 만들고 이를 이어서 면을 만들 수 있는 Surface기능을 학습합니다.

Surface로 면 만들기

1 Top 뷰포트를 클릭한 다음 [Create]로 가서 [Shapes] → [Splines] → [Circle]을 클릭합니다. ▼ Interpolation의 'Step:15'로 입력하고 ▼Keyboard Entry의 'Radius:30'을 입력하고 [Create]를 클릭합니다.

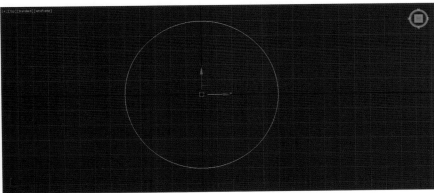

▲ Top 뷰포트

2 뷰포트에서 마우스 오른쪽 버튼을 클릭하고 [Convert To] → [Editable Spline]을 선택하여 변환합니다. [Modify]에서 Vertex를 선택하고 Top 뷰포트에서 형태를 수정합니다.

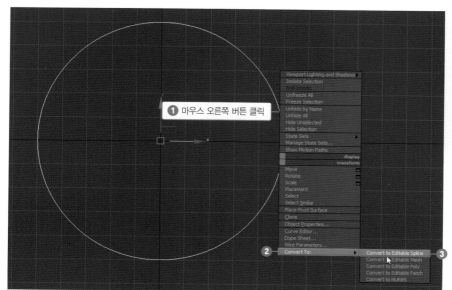

▲ Top 뷰포트

3 Vertex를 하나 선택하고 ⓡ을 입력하여 X축으로 늘려주면 곡선의 형태를 그림과 같이 수정할 수 있습니다.

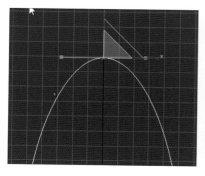
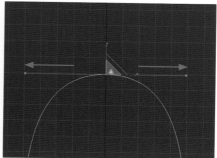

4 아래 그림처럼 형태를 수정하고 Left 뷰포트로 이동하여 W를 입력하고 Shift를 누른 상태에서 위로 이동하여 복사합니다.

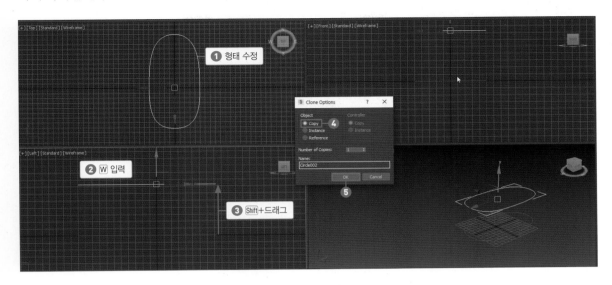

5 뷰포트에서 아래 라인을 선택하고 R을 입력한 후 Shift를 누르고 크기를 일정하게 줄여서 복사합니다. 위 아래 각각 만듭니다.

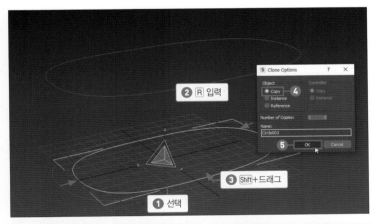

◀ 아래 라인 줄여서 복사

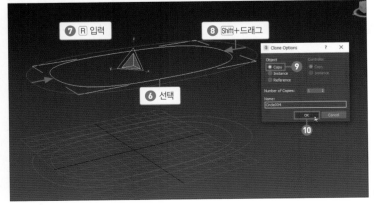

◀ 위 라인 줄여서 복사

6 Left 뷰포트로 이동한 후 아래 복사한 Spline은 아래로 이동하고 위에 복사한 Spline 위로 이동시킵니다.

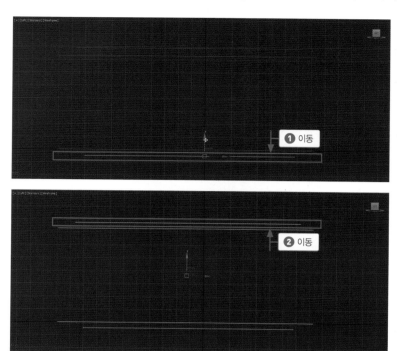

7 하나의 Spline을 선택한 다음 [Modify]로 이동하고 ▼Geometry의 [Attach]버튼을 클릭합니다. 뷰포트로 이동하여 차례로 클릭해서 하나로 합칩니다. 완료 후 마우스 오른쪽을 클릭하고 해제합니다.

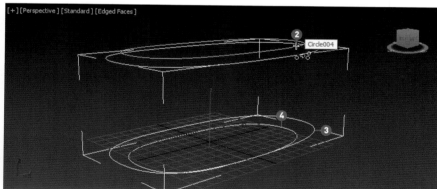

8 [Modify]로 이동하고 Spline을 선택합니다. ▼Geometry의 [Cross Section]을 선택합니다. 뷰포트로 이동하여 아래에서 차례로 각각의 라인을 클릭하여 이어줍니다. 완료 후 마우스 오른쪽 버튼을 클릭하여 해제합니다.

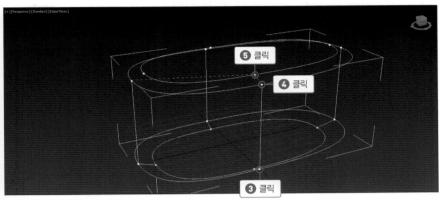

▲ 아래 라인에서 차례로 클릭한다.

 클릭 순서에 따라 면이 꼬여서 연결됩니다. 차례로 이어서 연결선이 직선인지 확인합니다.

9 [Modify]로 가서 Modifier List의 ▼누르고 [S]를 입력하여 Surface명령어를 찾아서 적용합니다. 면이 뒤집어져서 검은색으로 만들어 졌다면 ▼Parameters에서 Flip Normals을 체크합니다.

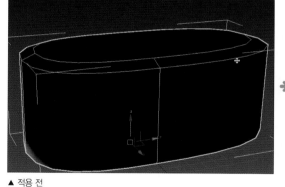

▲ 적용 전　　　　　　　　　　　　　　　　　　　▲ Flip Normals 적용 후

10 ▼Parameters에서 Patch Topology의 'Steps:15'를 입력합니다. 마우스 오른쪽 버튼을 클릭하고 [Convert To] → [Convert to Editable Poly]를 입력하고 변환합니다. [Modify]로 가서 Selection에서 [Polygon]을 선택합니다.

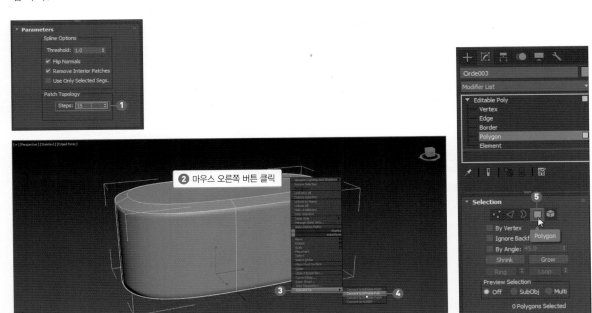

11 Front 뷰포트로 이동하여 드래그로 윗면의 Polygon을 선택하고 Delete 를 눌러 지워줍니다.

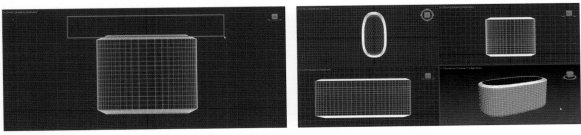

▲ Front 뷰포트

12 욕조의 전체 형태를 수정해보겠습니다. [Modify]로 가서 Modifier List의 ▼를 누르고 F 를 반복 입력하여 FFD 4*4*4를 찾아서 적용합니다. ▼FFD 4*4*4의 [Control Points]를 선택합니다.

13 Front 뷰포트로 이동하여 아래 Control Points를 드래그로 모두 선택하고 ⓡ을 입력하고 일정한 크기로 줄여줍니다. 다음으로 두 번째 줄의 Control Points를 드래그로 모두 선택하고 ⓦ를 입력하고 위로 이동시킵니다. 다시 ⓡ을 입력하고 크기를 일정하게 줄여줍니다.

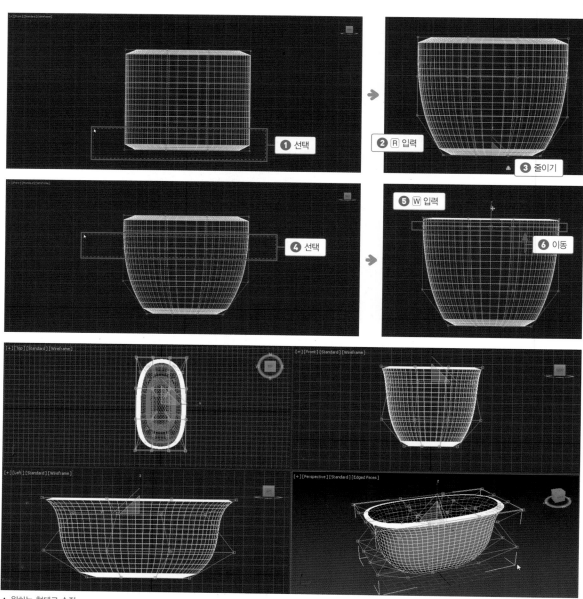

▲ 원하는 형태로 수정

Tip 다양한 욕조의 형태가 있습니다. 그림과 똑같이 따라할 필요는 없습니다. 본인의 원하는 형태로 수정합니다.

욕조 다리 만들기

14 [Create]로 이동하여 [Shapes] → [Splines]에서 ▼Object Type에서 [Line]을 선택합니다. Front 뷰포트에서 다리의 단면을 그립니다.

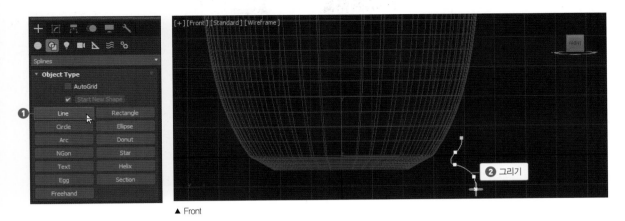

▲ Front

15 [Modify]로 이동하여 Modifier List의 ▼를 누르고 ⃝L⃝을 반복 입력하여 Lathe를 찾아서 적용합니다.

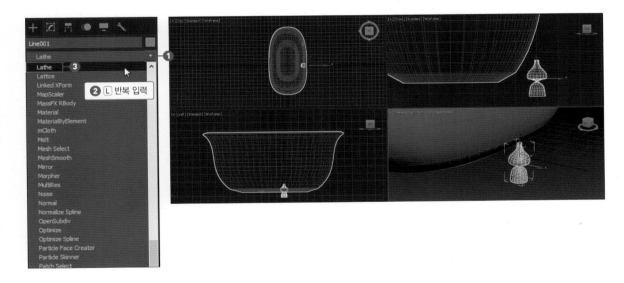

16 모든 뷰포트를 확인하여 다리를 위치시킵니다. Left 뷰포트로 이동하여 W를 입력하고 Shift를 누른 상태에서 이동하여 하나를 복사합니다. 두 개를 모두 선택 후 Top 뷰포트로 이동하여 W를 입력하고 Shift를 누른 상태에서 이동하여 두개를 복사합니다.

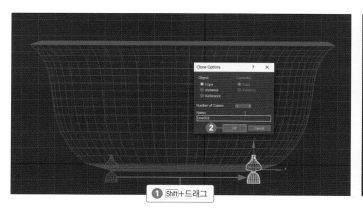
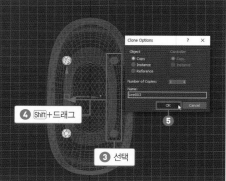

17 모든 뷰포트에서 확인 후 위치를 수정합니다. 완성된 욕조를 [File] → [Save As]로 저장합니다.

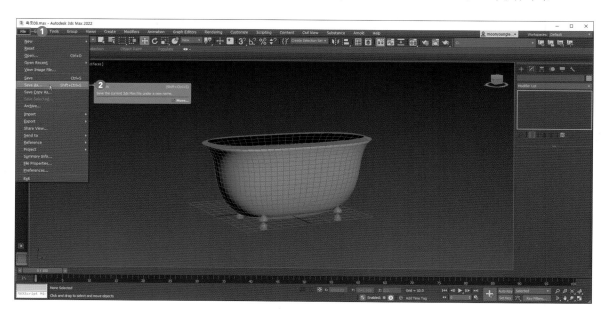

기본 도형을 활용하여
인테리어 모델링 완성하기

과제목표 인테리어(Interior)란 실내 공간 즉 건축물의 내부공간을 뜻합니다. [과제 1]은 가구, 나무, 가전제품 등 건물의 내부를 채워줄 오브젝트를 모델링하기 위해서 가장 비슷한 형태의 기본 도형을 선택 하고 이를 폴리곤으로 변환하여 원하는 형태로 바꾸는 [Editable Poly]의 활용법을 실습하기 위한 과제입니다. 실내디자인이나 애니메이션 등을 참고하여 내부공간을 직접 디자인하고, 모델링을 완성해 보세요.

과제순서 자료조사 및 스케치→ [Plane]으로 바닥과 벽 설치→ 내부 요소 모델링

---

http://www.3dmodelfree.com/
인터넷에는 3D 오브젝트를 무료로 내려받을 수 있는 사이트가 많이 있습니다. 3dmodelfree.com은 내부 인테리어 모델링뿐만 아니라 다양한 가구 오브젝트 등의 자료를 다양하게 보유하고 있습니다.

참고사이트

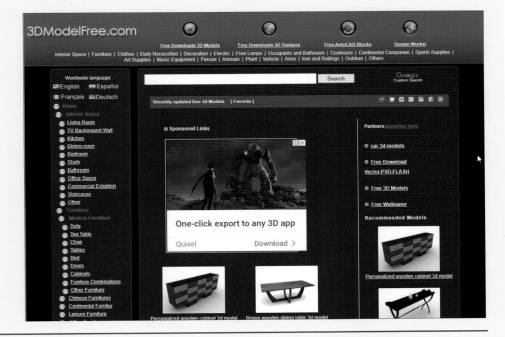

Tip
- 3D 오브젝트의 확장자 중 **.Obj 파일은 3ds Max, 마야, 캐드 등 다양한 3D 제작 소프트웨어에 호환됩니다. [Export] 할 때 확장자 선택이 가능하며 [Import] 역시 Obj 파일을 불러올 수 있습니다.
- [Plane]을 활용하여 바닥과 벽을 먼저 세우고, 앞쪽 벽만 뚫어져 있는 형태로 만들면 됩니다.
- 내부 요소 중 침대보나 커튼은 [Modifier List]→ [Cloth]를 활용하면 완성도를 높일 수 있습니다.
- 설계도에 기초한 모델링을 할 때는 [Customize]→ [Units Setup]을 클릭하고 단위를 설정합니다.

Part
05

폴리곤으로 만드는
캐릭터 모델링

Editable Poly의 주요 기능을 활용한 캐릭터 모델링 시작하기

Chapter

01

Editable Poly 메뉴를 활용한 귀여운 캐릭터 만들기

캐릭터 모델링은 소품과 가구와 달리 움직이는 애니메이션이 되기 때문에 고려할 부분이 많습니다. 캐릭터 모델링을 위한 효율적인 면수를 정하는 법부터 기본 도형을 활용하여 귀여운 캐릭터 모델링을 완성해보면서 캐릭터 모델링의 기초를 완성합니다.

적절한 폴리곤 수 설정하기

캐릭터 모델링은 처음부터 많은 수의 폴리곤으로 시작하면 형태를 수정하거나 맵핑 즉 색을 입힐 때 Vertex수가 많아져 제어하기 힘듭니다. 기본 도형으로 시작할 때 폴리곤으로 변환 전 적절한 폴리곤 수를 위한 면 분할을 합니다.

1 면 분할을 잘 보기 위해서 뷰포트를 [Edged Faces]로 합니다. 단축키는 [F4]입니다. 얼굴을 만들 때 가장 유용한 기본 도형인 Sphere를 먼저 만들어 봅니다. [Create]에서 [Geometry]의 ▼Object Type에서 Sphere를 선택합니다. ▼Keyboard Entry의 'Radius:50'을 입력하고 [Create]를 클릭합니다.

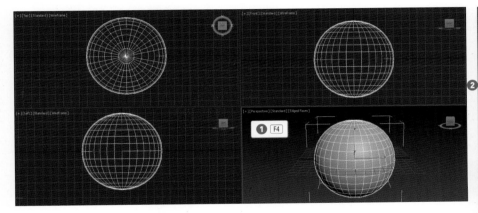

2 [Modify]로 이동합니다. ▼Parameters의 Segments값을 수정합니다. 숫자가 너무 작으면 형태를 만들기 어렵고 너무 많으면 수정하기 힘듭니다. 적절한 수를 선택해야 합니다.

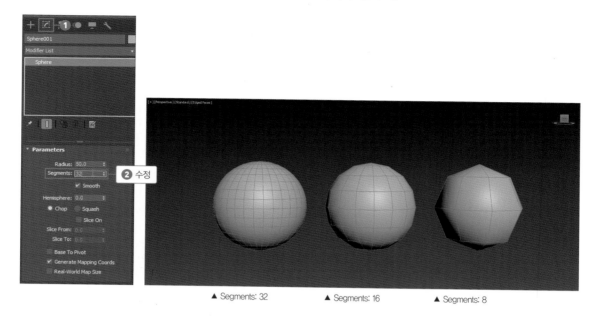

▲ Segments: 32   ▲ Segments: 16   ▲ Segments: 8

3 캐릭터 모델링은 반만 모델링하고 좌우 대칭으로 복사합니다. 때문에 정 가운데에 선이 나뉘는 숫자를 입력하면 편리합니다. 왼쪽 그림은 'Segments:17'이고, 오른쪽 그림은 'Segments:16'입니다. 이런 경우 Front 뷰포트 기준에서 중앙에 선이 나뉘는 'Segments: 16'을 설정하는 것이 유용합니다.

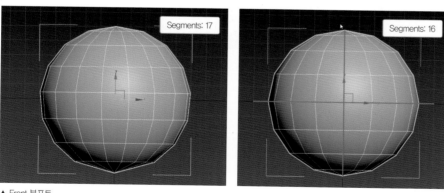

▲ Front 뷰포트

SECTION 02 — Symmetry

캐릭터 모델링을 할 때 반만 모델링하고 좌우 대칭으로 복사해서 완성합니다. 이때 Modifier List 중 Symmetry를 활용하면 중간 Vertex를 자동으로 합쳐져 편리합니다.

1 어느 정도 형태가 완성되면 폴리곤으로 변환한 후 Front 뷰포트에서 한쪽 면의 Polygon을 선택하고 Delete로 삭제합니다. 면 분할이 정확히 중앙에 있지 않다면 Cut으로 만든 다음 삭제하길 권합니다.

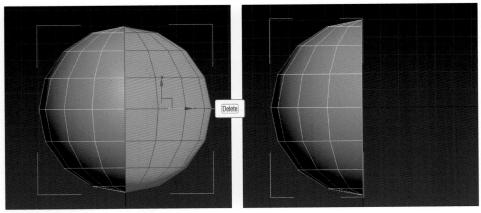

▲ Front 뷰포트

2 Modifier List의 ▼를 누르고 S를 연속 입력하여 Symmetry를 찾아서 적용합니다. [Modify]에서 ▼ Symmetry의 Mirror Axis [X]버튼과 Flip 체크박스를 켭니다.

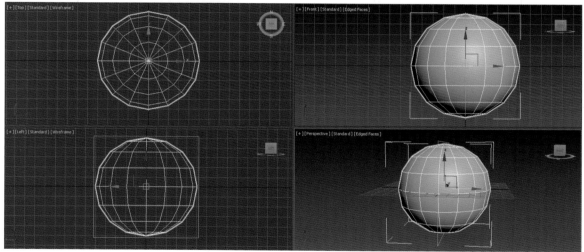

 뷰포트에 나타나는 오렌지 박스가 축을 나타냅니다.

3 반대쪽 면이 복사되면서 중간 Vertex가 연결되었습니다. 수정이 필요하면 [Modify]로 가서 아래 ▶ Editable Poly를 클릭하고 수정하면 전으로 돌아가 수정할 수 있고 다시 위 명령어인 ▶Symmetry를 클릭하면 수정한 형태로 다시 반대쪽 면이 복사됩니다.

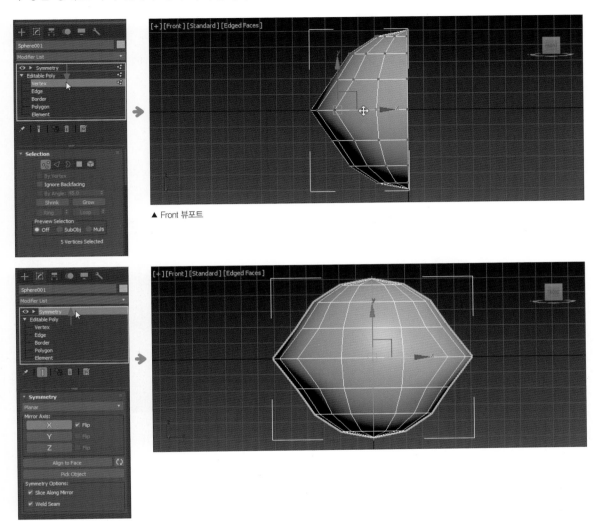

▲ Front 뷰포트

> [Modify]에서 위아래로 이동하면서 수정이 가능합니다. 다만 ▼Editable Poly에서 Selection을 해제하고(선택된 Vertex나 Polygon등이 선택 해제) 위 명령어로 올라가야 합니다.

Sphere로 시작하는 토끼 모델링

동글동글 귀여운 토끼 모델링을 실습합니다. 전체 형태는 기본 도형 중 Sphere를 변형하여 완성하고 귀와 팔다리는 Extrude
로 면을 뽑아서 완성합니다.

1 [Create]에서 [Geometry]의 ▼Object Type에서 Sphere를 선택합니다. ▼Keyboard Entry의 'Radius:50'
을 입력하고 [Create]를 클릭합니다. [Modify]로 이동하여 ▼Parameters의 'Segments: 16'을 입력합니다.

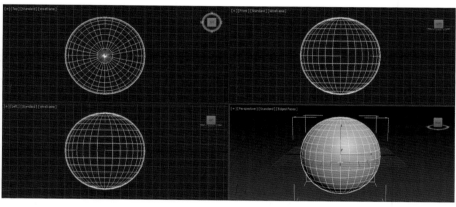

▲ Modify

2 마우스 오른쪽 버튼을 클릭하고 [Convert To] → [Convert to Editable Poly]를 선택해 폴리곤으로 변환합니다. [Modify]로 이동하고 Selection에서 Polygon을 선택하고 귀가 될 부분의 Polygon을 그림과 같이 선택합니다.

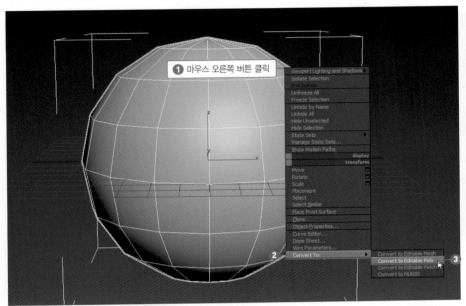

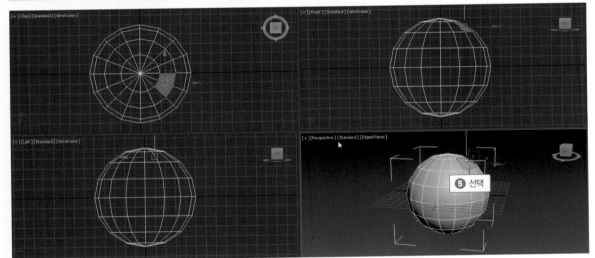

3 ▼Edit Polygons의 Extrude의 [Settings]을 선택합니다. 'Height: 50'을 입력하고 [OK] 버튼을 클릭합니다.

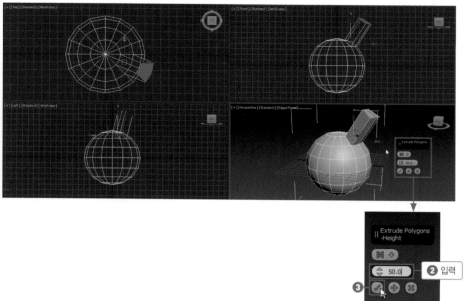

4 [Selection]에서 [Vertex]를 선택하고 Front 뷰포트에서 드래그로 [Vertex]를 선택하고 Ⓦ를 입력하고 위치를 이동하면서 그림과 같이 형태를 수정합니다.

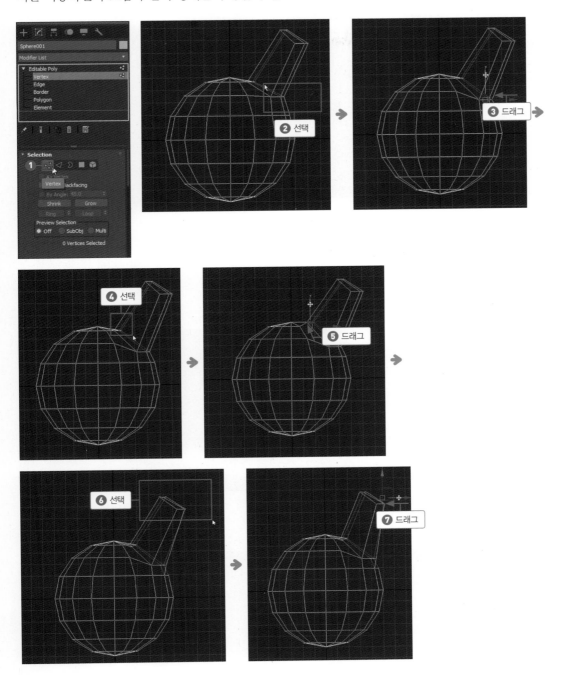

5 귀 끝부분이 평편하게 만들기 위해 E을 입력하고 회전합니다.

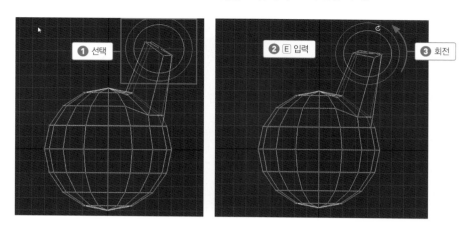

6 Front 뷰포트로 이동하여 그림과 같이 드래그로 Polygon을 선택합니다. 다른 뷰포트도 확인하면서 뒷면까지 선택이 잘 되었는지 확인합니다. 다리가 될 부분입니다. ▼Edit Polygons에서 Extrude의 [Setting]을 선택합니다. 'Height:25'를 입력하고 [OK] 버튼을 클릭합니다. Perspective 뷰포트에서 아래로 돌려보면 그림과 같이 뽑아져 나옵니다.

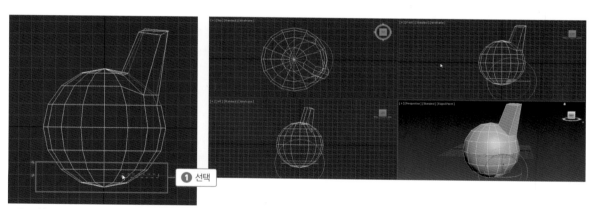

▲ Front 뷰포트

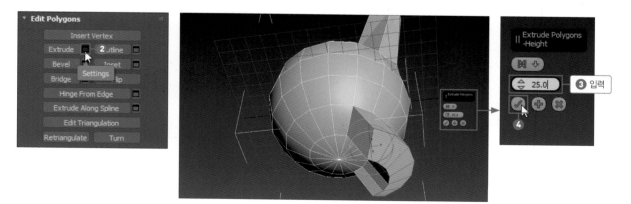

7 선택을 해지하지 않고 그대로 안쪽으로 이동하여 다리가 일자가 되게 합니다.

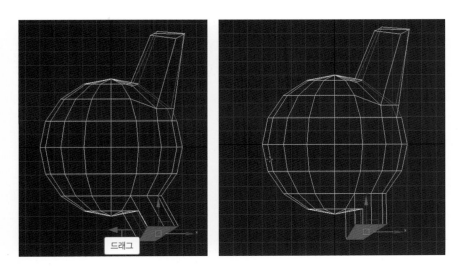

8 아래를 들어 보았을 보이는 면을 수정하겠습니다. 그림의 Vertex를 선택하고 W를 입력하여 일자가 되게 이동하면서 형태를 수정합니다.

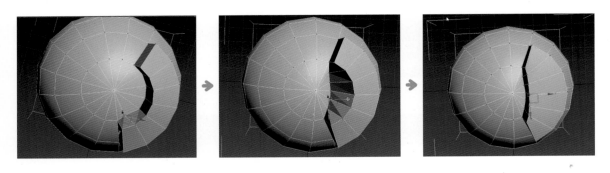

9 Front 뷰포트로 이동하여 정면에서 봤을 때 다리 바닥이 일자가 되게 형태를 수정합니다.

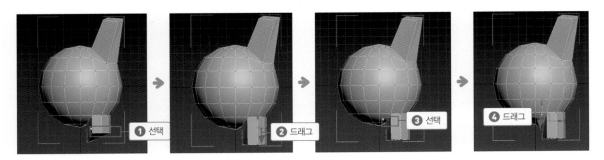

10 팔이 될 부분을 위해 귀와 다리 사이 Polygon 두 개를 선택합니다. ▼Edit Polygons의 Bevel의 Settings 을 선택합니다. 'Height:20, Outline:-2'를 입력하고 [OK] 버튼을 클릭합니다.

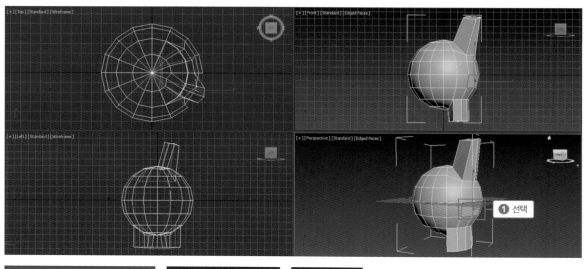

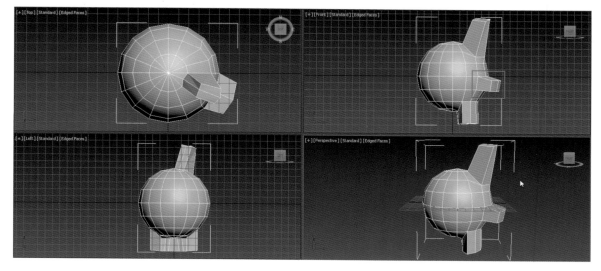

Tip 면을 여러 개 선택하고 Extrude 또는 Bevel을 적용할 때 Group과 By Polygon의 선택에 따른 결과 차이를 앞부분에서 확실하게 이해하고 넘 어옵니다.

11 전체적인 형태가 완성되었습니다. Front 뷰포트로 이동하여 반대쪽 Polygon을 드래그로 모두 선택하고 Delete를 눌러 삭제합니다.

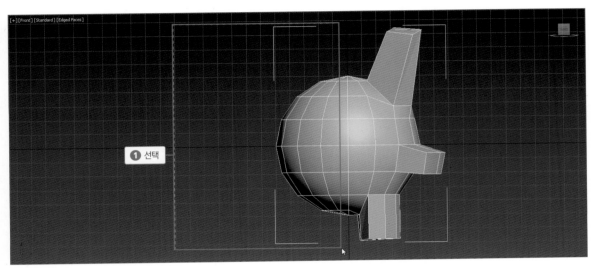

▲ Front 뷰포트

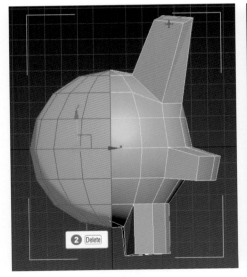

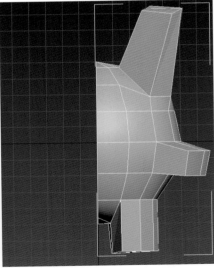

토끼 귀 만들기

12 귀의 형태를 수정하겠습니다. 그림처럼 귀 앞부분 Polygon을 선택하고 ▼Edit Polygons의 Inset의 [Settings]을 클릭합니다. 'Amount:5'를 입력하고 [OK] 버튼을 클릭합니다.

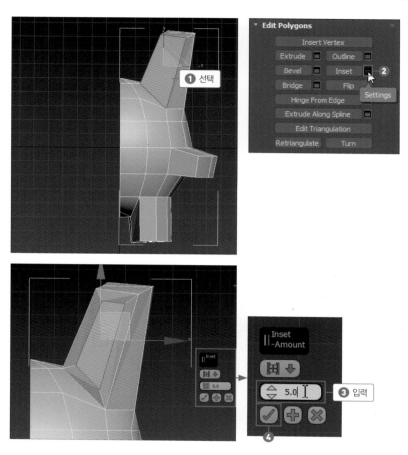

13 이어서 안쪽으로 면을 넣기 위해 Polygon을 선택하고 ▼Edit Polygons의 Extrude의 [Settings]을 클릭합니다. 'Height:-10'를 입력하고 [OK] 버튼을 클릭합니다.

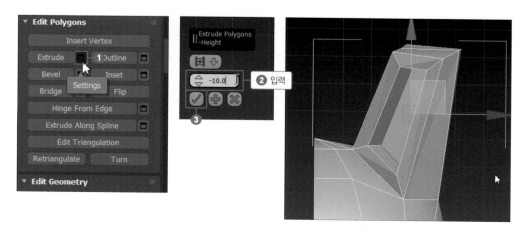

14 전체적인 형태를 수정 후 선택된 Polygon이나 Vertex가 있다면 선택 해제하고 토끼 몸을 선택합니다. [Modify]로 이동하여 Modifier List의 ▼를 클릭하고 ⑤를 반복 입력하여 Symmetry를 찾아 적용합니다. ▼ Symmetry의 Mirror Axis를 [X]축으로 지정합니다.

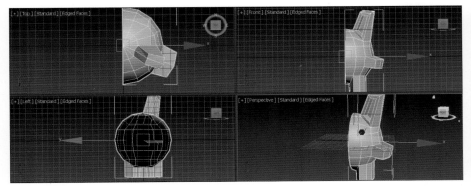

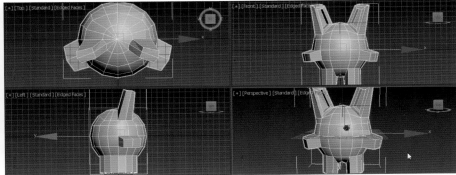

15 Modifier List의 ▼를 클릭하고 T를 반복 입력하여 TurboSmooth를 찾아 적용합니다. 면의 부드럽기를 조절하기 위해 ▼TurboSmooth의 Iterations값을 '2'로 높여주었습니다.

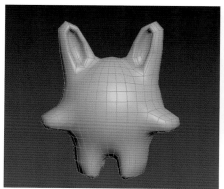

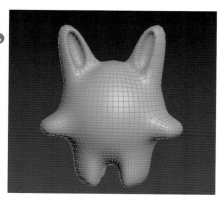

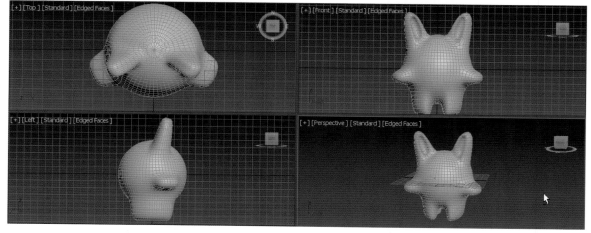

Spline으로 눈, 입 추가하기

감정을 표현하는 눈과 입은 따로 움직여야 합니다. Spline으로 귀여운 표정을 간단하게 만들 수 있습니다. Spline의 Vertex를 움직여 표정을 변화시키는 애니메이션이 가능합니다.

1 [Create]에서 [Shapes] → [Splines]을 선택하고 ▼Objectt Type의 [Arc]를 선택합니다. Front 뷰포트로 이동합니다. 클릭 앤 드래그로 직선을 그린 다음 마우스 버튼에서 손을 뗀 후 위로 드래그해서 원하는 형태가 되면 클릭하여 완성합니다.

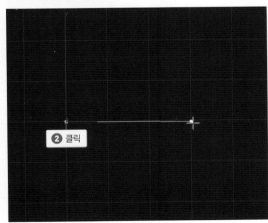

2 클릭

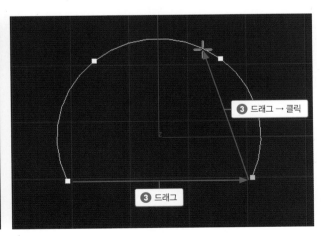

3 드래그 → 클릭

3 드래그

2 [Modify]로 이동하여 ▼Rendering의 Enable In renderer, Enable In Viewport 모두 체크박스를 켜줍니다. 아래 Radial의 'Thickness:5, Sides:20'을 입력합니다.

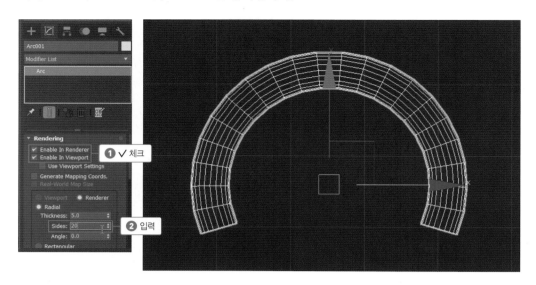

3 앞서 만들어 둔 토끼 몸통에 위치시켜줍니다. 모든 뷰포트에서 확인하며 이동 및 회전합니다. 유선형의 맞추어 회전할 때는 [Local]로 변경하여 회전합니다.

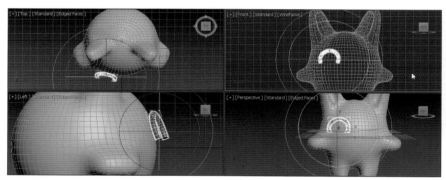

▲ 전체 뷰포트를 보면서 위치 지정하기

4 반대쪽 눈을 복사합니다. 선택한 상태에서 [Hierachy]로 이동합니다. ▼Adjust Pivot에서 [Affect Pivot Only]를 클릭하고 뷰포트에서 중심으로 축을 이동합니다. 이동 후 다시 [Affect Pivot Only]를 클릭하여 해제합니다. [🛠]아이콘을 클릭합니다. X축을 클릭하고 [Copy]를 체크하고 [OK] 버튼을 클릭합니다.

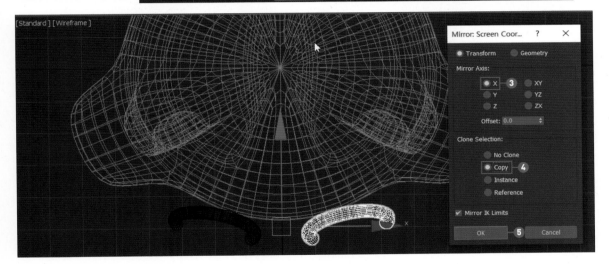

5 [Create]에서 [Shapes] → [Splines]을 선택하고 ▼Object Type의 [Circle]을 선택합니다. Front 뷰포트로 이동합니다. 드래그로 얼굴 중앙 위치에 그려줍니다. 앞에서 ▼Rendering의 Enable In renderer, Enable In Viewport 모두 체크박스를 켜두었기 때문에 두께가 있는 상태로 그려집니다. 모든 뷰포트에서 확인하고 위치를 수정합니다.

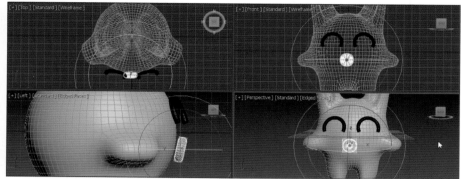

6 위치 수정이 끝나면 [File] → [Save As]를 눌러 저장합니다.

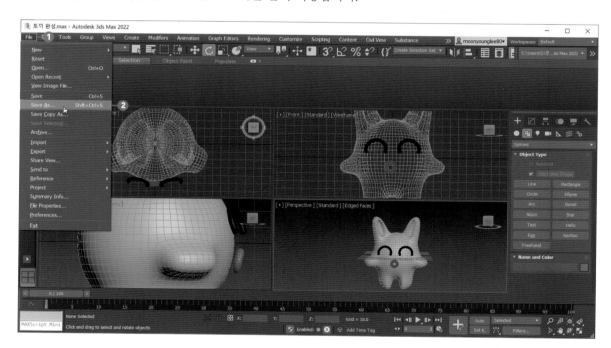

Box로 만드는 꼬마 몬스터 모델링

귀여운 꼬마 몬스터 모델링을 실습합니다. 기본 도형 Box를 변형하여 전체적인 형태를 완성하고 팔다리가 있을 위치를 Cut으로 지정한 후 Extrude로 면을 뽑아내서 완성합니다.

몬스터 몸통 만들기

1 [Create]에서 [Geometry]의 ▼Object Type에서 [Box]를 선택합니다. ▼Keyboard Entry에서 가로로 긴 박스를 만들기 위해 'Length:50, Width:80, Height:50'를 입력하고 [Create]를 클릭합니다.

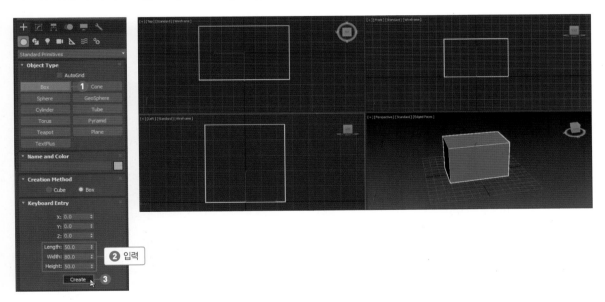

2 [Modify]로 이동하여 ▼Parameters에서 'Length Segs:2, Width:6, Height Segs:2'를 입력합니다. 마우스 오른쪽 버튼을 클릭하고 [Convert To] → [Convert to Editable Poly]를 선택하여 폴리곤으로 변환합니다.

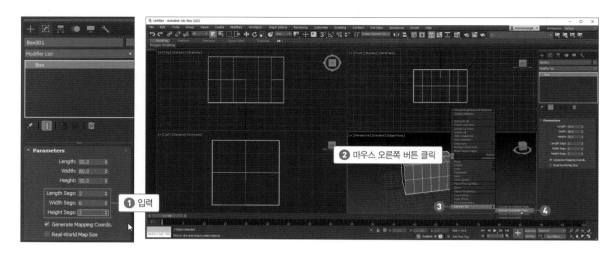

3 먼저 다리를 만들어 보겠습니다. [Modify]로 이동하여 Selection에서 [Vertex]를 선택하고 Front 뷰포트로 이동하여 그림과 같이 드래그로 Vertex를 선택합니다. W를 입력하고 왼쪽으로 이동합니다.

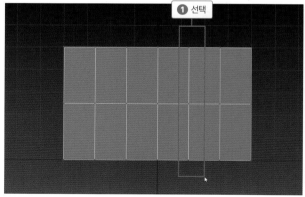

▲ Front 뷰포트

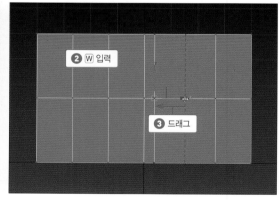

4 [Modify]로 이동하여 Selection에서 [Polygon]을 선택합니다. Perspective 뷰포트로 이동하여 아래 면 두 개의 Polygon을 선택합니다. ▼Edit Polygons의 Extrude의 [Settings]을 선택합니다. 'Height:20'을 입력하고 [OK] 버튼을 클릭합니다.

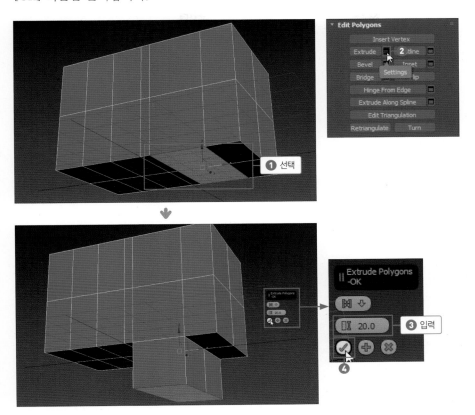

5 [Modify]로 이동하여 Selection에서 [Vertex]를 선택합니다. ▼Edit Geometry의 [QuickSlice]를 선택합니다. Front 뷰포트로 이동하여 그림과 같이 위에서 클릭 아래에서 더블클릭으로 한번에 면을 분할해줍니다. 완료한 후 마우스 오른쪽 버튼을 클릭하고 해제합니다.

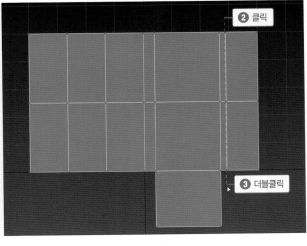

6 [Modify]로 이동하여 Selection에서 [Polygon]을 선택합니다. Perspective 뷰포트로 이동하여 그림의 위치 아래 면 두 개의 Polygon을 선택합니다. ▼Edit Polygons의 Extrude의 [Settings]을 선택합니다. 'Height:10'을 입력하고 [OK] 버튼을 클릭합니다.

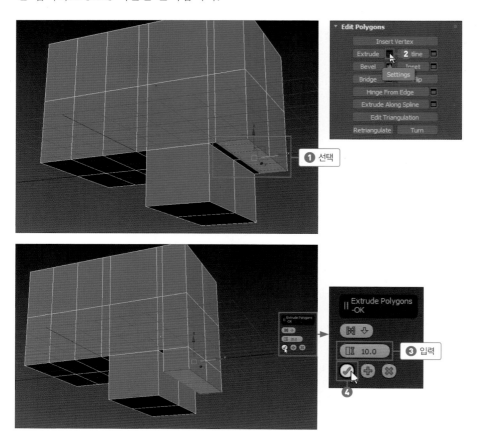

7 [Modify]로 이동하여 Selection에서 [Polygon]을 선택합니다. Front 뷰포트로 이동하여 왼쪽 면을 드래그로 모두 선택하고 Delete 을 눌러 삭제합니다.

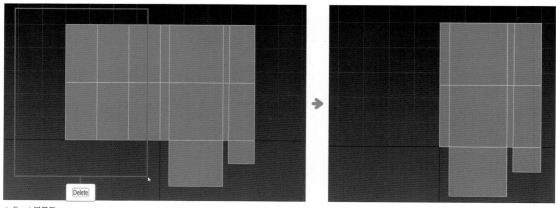

▲ Front 뷰포트

8 팔부분의 형태를 수정하기 위해 [Modify]로 이동하여 Selection에서 [Vertex]를 선택합니다. Top 뷰포트로 이동하여 제일 오른쪽 Vertex를 드래그로 모두 선택하고 ⓡ을 입력하고 일정한 크기로 줄여줍니다.

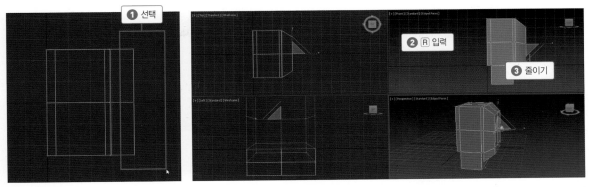

▲ Top 뷰포트

9 발부분의 형태를 수정하기 위해 [Modify]로 이동하여 Selection에서 [Vertex]를 선택합니다. Top 뷰포트로 이동하여 그림처럼 아래 끝부분의 왼쪽에서 클릭하고 오른쪽으로 이동하여 더블클릭한 다음 한번에 면을 분할합니다. 완료 후 마우스 오른쪽 버튼을 클릭하고 해제합니다.

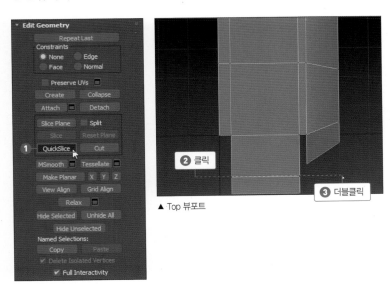

▲ Top 뷰포트

10 [Modify]로 이동하여 Selection에서 [Polygon]을 선택합니다. 앞부분 Polygon을 선택하고 ▼Edit Polygons의 Extrude의 [Settings]을 선택합니다. 'Height:10'을 입력하고 [OK] 버튼을 클릭합니다.

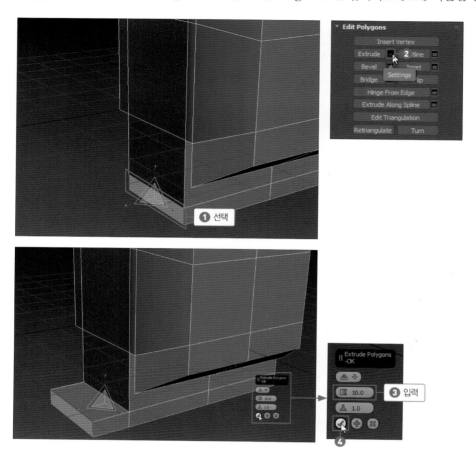

11 전체적인 형태가 완성되었습니다. [Modify]로 이동하여 Modifier List의 ▼를 클릭하고 ⑤를 반복 입력하여 Symmetry를 찾아 적용합니다. ▼Symmetry의 Mirror Axis: X축을 선택합니다.

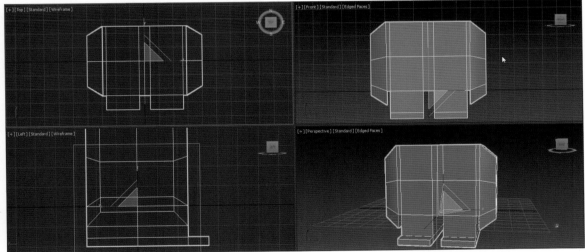

12 이어서 [Modify]로 이동하여 Modifier List의 ▼를 클릭하고 T를 반복 입력하여 TurboSmooth를 찾아 적용합니다. ▼TurboSmooth의 'Iterations:2'를 입력합니다.

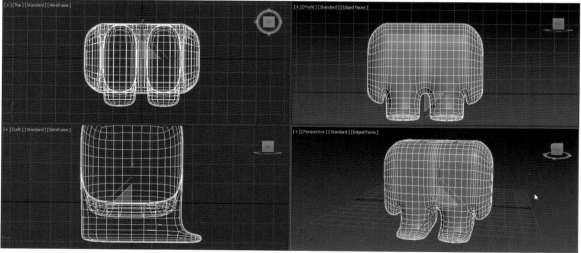

눈 만들기

13 정중앙에 하나의 눈을 만들어 보겠습니다. [Create]로 가서 Geometry의 ▼Object Type의 Sphere를 선택합니다. Left 뷰포트로 이동하여 클릭 앤 드래그로 만들고 마우스 오른쪽 버튼을 클릭하고 해제합니다. 정중앙으로 위치를 수정합니다.

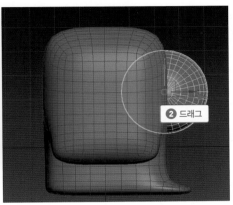

14 ⓡ을 입력하고 크기를 조절합니다. 면의 흐름을 확인합니다. [Modify]로 이동하고 ▼Parameters의 Slice On을 체크박스를 켭니다. 'Slice From: 220, Slice To:-50'을 입력하여 그림처럼 눈꺼풀 모양을 완성합니다.

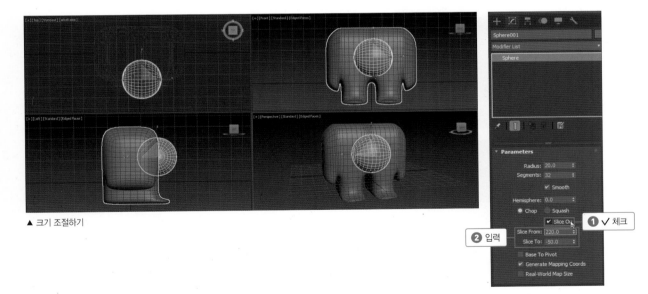

▲ 크기 조절하기

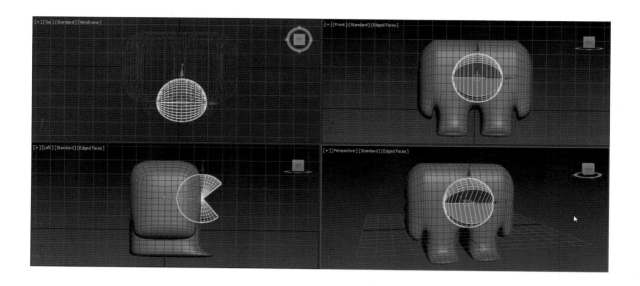

15 두 개의 Sphere를 더 만듭니다. [Create]로 가서 Geometry의 ▼Object Type의 [Sphere]를 선택합니다. Left 뷰포트로 이동하여 클릭 앤 드래그로 만들고 마우스 오른쪽 버튼을 클릭하고 해제합니다. 하나는 줄여서 정중앙으로 위치를 수정합니다. 전체적인 위치를 수정합니다.

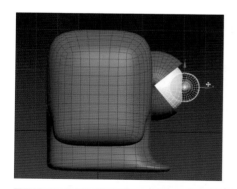

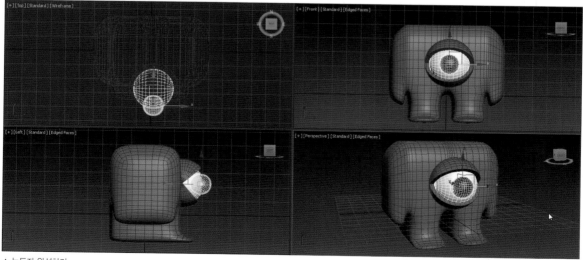

▲ 눈동자 완성하기

06 Cone로 꼬리 완성하기

기본 도형 Cone을 변형하여 꼬리를 만들어 보겠습니다. Bend를 적용하여 꼬리의 위는 정도를 수정해서 형태를 완성하거나 애니메이션도 할 수 있습니다.

1 [Create]에서 Geometry의 ▼Object Type의 [Cone]을 선택하고 아래 ▼Keyboard Entry의 'Radius 1:10, Radius 2: 0, Height:50'을 입력하고 [Create]를 클릭합니다. 꼬리 위치로 가져다둡니다.

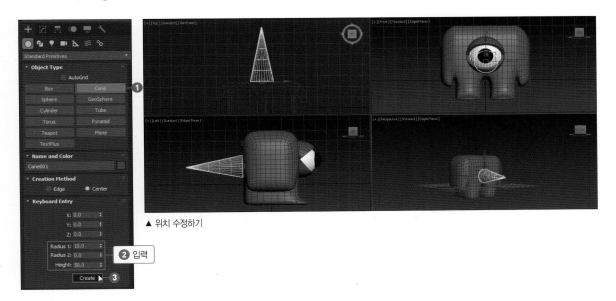

▲ 위치 수정하기

2 [Modify]로 이동하여 Modifier List의 ▼를 입력하고 ⒝를 반복 입력하여 Bend를 찾아서 적용합니다. ▼ Parameters의 Bend Axis를 Z축을 선택합니다. 'Angle:50, Direction:-70'을 입력하여 꼬리 형태로 구부려 줍니다.

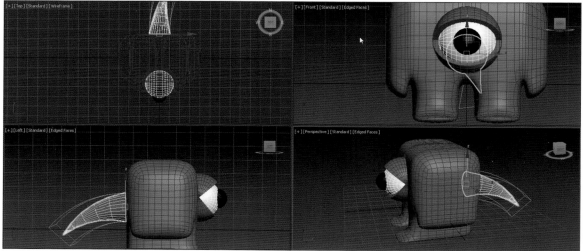

3 다시 [Create]에서 Geometry의 ▼Object Type의 [Cone]을 선택하고 몬스터의 곳곳에 다양한 크기로 위치시켜줍니다. 크기가 일정한 것보다 불규칙한 크기로 만들길 권장합니다.

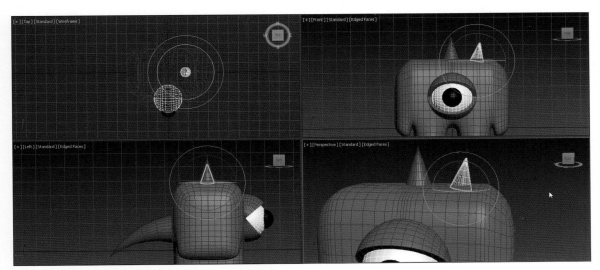

4 전체적인 수정이 끝나면 [File] → [Save As]로 저장합니다.

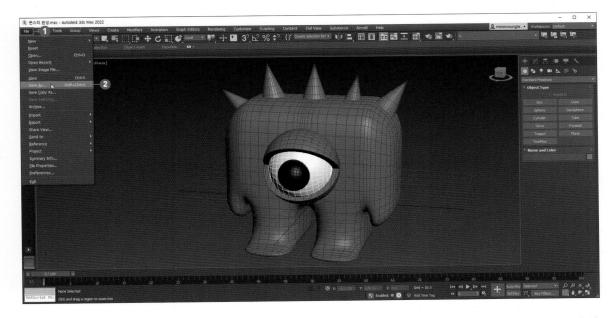

Chapter 02

Low Poly 캐릭터 모델링

SD 캐릭터 모델링을 하면서 애니메이션을 위한 와이어 흐름을 이해합니다.

캐릭터 모델링을 위한 정면, 측면 캐릭터 스케치 뷰포트에 불러오기

스케치한 그림은 2차원의 이미지입니다. 3차원의 모델링하기 위해서 정면이미지와 측면이미지를 계산해서 디자인해야 합니다. 캐릭터 셋업을 미리 고려해서 팔 다리는 살짝 벌리고 있는 포즈로 스케치 합니다. 이미지를 뷰포트에 불러오는 방법을 학습합니다.

정면, 측면 캐릭터 스케치

1 SD 캐릭터는 얼굴이 크고 팔다리가 짧은 귀여운 캐릭터를 디자인할 때 많이 활용하는 비례입니다. 2등신이나 3등신 같은 어떤 비율로 할지 먼저 결정해야 합니다. 이 책에서는 얼굴과 몸을 1:1 비율로 정하고 위아래 같은 크기의 원을 먼저 그리고 시작합니다.

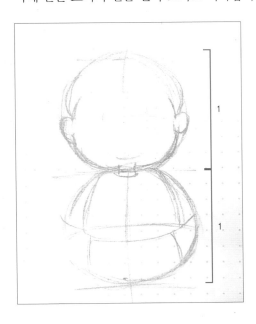

2 원을 중심으로 세부적인 형태를 그려나갑니다. 모델링을 할 때 보면서 해야 하기 때문에 디테일한 표현 보다는 주요 특징이 잘 나타나게 그려줍니다.

3 정면을 완성한 후 머리 끝처럼 옆모습을 스케치합니다. 똑같이 비율을 맞춰서 원을 그린 후 그려나가면 됩니다. 스케치한 이미지를 스캔하여 JPG 파일로 각각 저장합니다.

TIP

스케치한 이미지를 Adobe PhotoShop이나 Adobe Illustrator같은 그래픽 소프트웨어를 활용 하여 컬러링이나 의상의 자세한 부분을 다시 그려 주는 것도 유용합니다.

뷰포트에 정면 측면 이미지 불러오기

4 3ds Max를 실행하고 Front 뷰포트를 클릭한 다음 [Create]에서 [Geometry] → [Standard Primitives] → [Plane]을 선택합니다. ▼Keyboard Entry에서 'Length:300, Width:300'을 입력하고 [Create]을 클릭합니다. 마우스 오른쪽 버튼을 클릭하여 선택 해지합니다. 정면의 이미지를 넣을 플랜이 완성되었습니다.

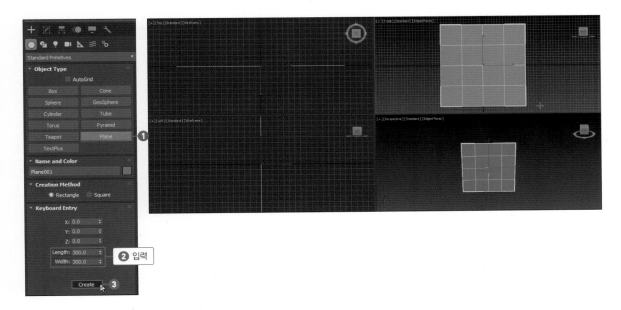

5 측면 이미지를 넣을 플랜을 만들기 위해 Left 뷰포트로 이동합니다. Left 뷰포트의 상단 좌측의 [Left]를 클릭하고 하위 메뉴 중 [Right]를 선택하여 Left 뷰포트를 Right 뷰포트로 변경합니다.

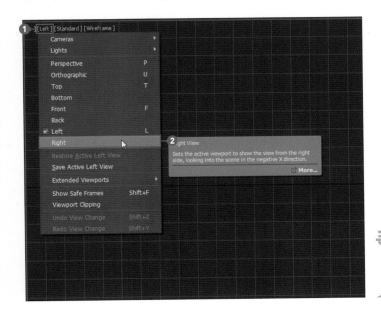

Tip
Left 뷰포트에서 해도 되지만 Left 뷰포트에서 플랜을 만들었을 때 Perspective 뷰포트에서 플랜의 반대쪽이 나타납니다. 면을 뒤집어 주거나 양면 맵핑을 해야 해서 뷰포트를 변경하여 실습합니다.

6 Right 뷰포트를 클릭한 상태에서 정면과 같은 방법으로 [Create]에서 [Geometry] → [Standard Primitives]→ [Plane]을 선택합니다. ▼Keyboard Entry에서 'Length:300, Width:300'을 입력하고 [Create] 버튼을 클릭합니다. 마우스 오른쪽 버튼을 클릭하여 선택 해지합니다. 측면의 이미지를 넣을 플랜이 완성되었습니다. 측면의 Plane을 Top 뷰포트에서 봤을 때 직각으로 ┌ 형태가 되게 위치시킵니다.

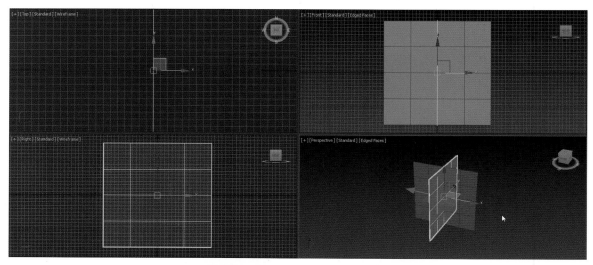

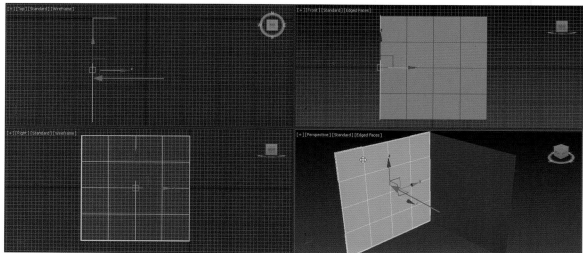

▲ 정면 · 측면 이미지 플랜 만들기

7 단축기 M을 입력하고 [Slate Material Editor] 창을 실행합니다. [-Materials] → [General] → [Physical Material]을 더블클릭합니다. 다음 그림처럼 중간에 View창에 Material이 나타납니다.

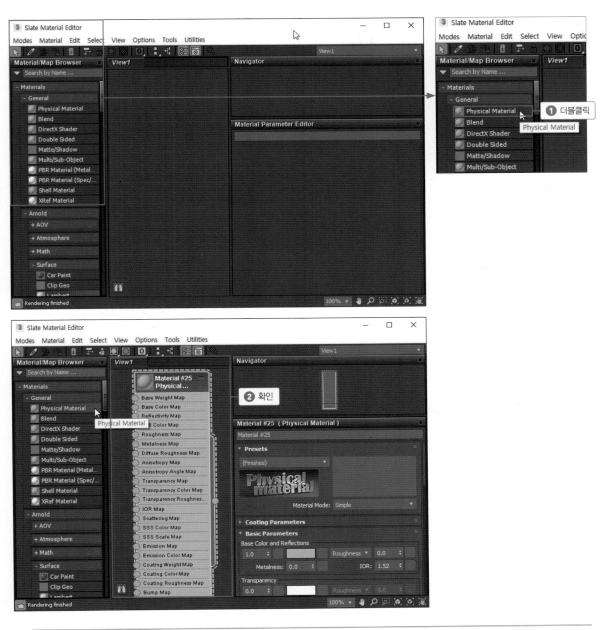

> Tip
> 뷰포트에서 참고 이미지를 보기위한 맵핑입니다. 맵핑에 관한 자세한 설명은 맵핑 파트에서 다시 다루기 때문에 뷰포트에서 이미지를 보기 위한 가장 쉬운 방법 중 하나로 이해하기 바랍니다.

8 ▼Basic Parameters의 Base Color and Reflections의 첫 번째 회색 네모칸 옆의 박스를 클릭하면 [Material/Map Browser] 창이 뜹니다. 스크롤로 아래로 내려 [-General]의 [Bitmap]을 더블클릭합니다. [Select Bitmap Image File] 창에서 정면 이미지를 찾아서 선택하고 [Open]을 클릭합니다.

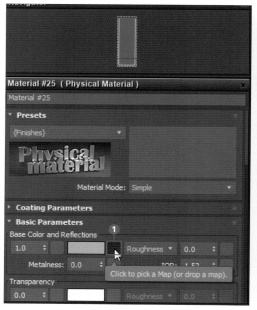

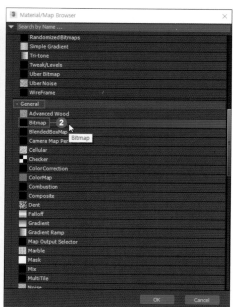

9 [Plane]을 선택하고 [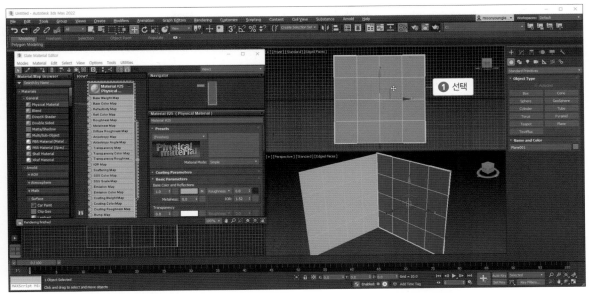: Assign Material to Selection]을 클릭하고 적용시켜 줍니다. [: Show Shaded Material in Viewport]를 클릭해야 뷰포트 상에서 보여집니다. 측면 이미지도 앞 7~8번과 같은 방법으로 새로운 Physical Material을 더블클릭으로 만든 다음 측면 이미지를 불러와서 측면 [Plane]에 적용시킵니다.

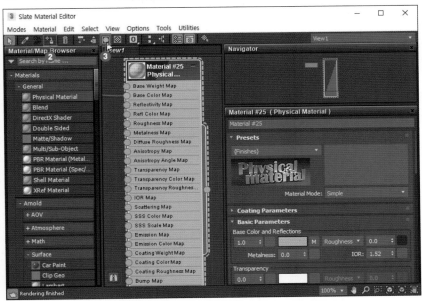

10 [View]창은 마우스 휠 버튼으로 조작이 가능합니다. 정면과 측면의 두 Material을 만들었기 때문에 두 개의 Material을 확인할 수 있습니다. 뷰포트에서 정면 측면 각각의 이미지가 잘 적용되었는지 확인하고 저장합니다.

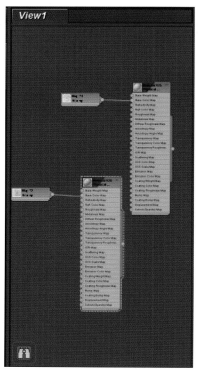

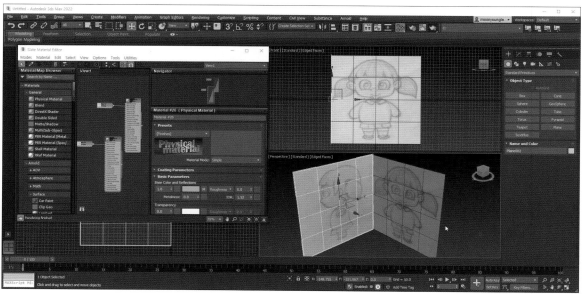

3ds Max는 이미지 파일이 맥스 파일에 합쳐지지 않습니다. 파일과 이미지 파일을 같이 들고 이동하여야 합니다. 만약 이미지 파일의 경로가 변경 되었다면 다시 [Slate Material Editor]창을 실행하여 이미지를 불러옵니다.

Symmetry를 활용하여 좌우대칭 머리 모델링

Section01에서 스케치한 정면, 측면 이미지를 기준으로 SD 캐릭터의 얼굴부터 만들어 봅니다. 전체 형태를 기본 도형 Sphere
로 만든 다음 반을 삭제하고 한쪽면만 완성한 다음 Symmetry를 적용하여 완성합니다.

●준비파일 : SD_캐릭터 정면.jpg, SD_캐릭터 측면.jpg

얼굴 만들기

1 캐릭터의 정면과 측면 이미지를 이미지 비율에 맞게 [Plane] 두개에 각각 이미지를 맵핑하고 [Plane]이
서로 90도로 배치하였습니다. 맵핑한 이미지가 뷰포트에서 안 보인다면 [Material Editor]에서 [⬛ : Show
Shaded Material in Viewport]를 체크해야 합니다. [Plane]이 선택된 상태에서 [Modify]에서 [Parameters] →
[Length Segs]와 [Width Segs]값을 모두 '1'로 입력합니다.

▲ Modify

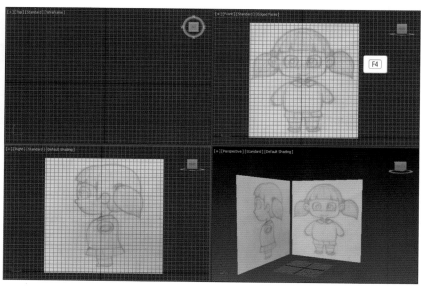

TIP 캐릭터 모델링은 F4 단축키를 입력하여 와이어를 보면서 모델링해야 합니다. 이때 [Plane] 내부 와이어는 없는 상태가 이미지를 보기 편리합니다. 정면, 측면 플랜 모두 [Parameters]의 [Lengh Segs], [Width Segs]값을 1로 설정합니다.

2 [Create]으로 가서 [Geometry] → [Standard Primitives] → [Sphere]를 클릭하고 Front 뷰포트에서 얼굴 위치에 드래그로 얼굴 크기에 맞게 만듭니다. 이때 최소한의 면수로 시작해서 늘려가야 되기 때문에 [Modify]에서 [Parameters] → [Segments]값을 '16'을 입력합니다. 중심축을 기준으로 반은 없앨 예정이기 때문에 정확히 반이 나눠지는 [Edge]가 생기는 [Segments]값으로 결정합니다.

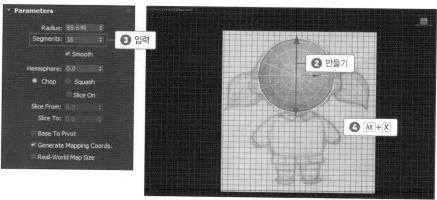

▲ Front 뷰포트

TIP 오브젝트에 가려서 뒤 플랜 이미지가 보이지 않습니다. 오브젝트를 선택하고 Alt + X 를 입력해서 반투명 상태로 만듭니다.

3 전체 형태 크기와 위치, 면수를 설정한 후 [Sphere]를 선택하고 마우스 오른쪽 버튼을 클릭하고 [Convert To] → [Convert to Editable Poly]를 클릭하고 폴리곤으로 변환시킵니다. 폴리곤으로 변환된 후에는 면의 속성값들은 더 이상 수치로 수정되지 않습니다. [Modify]로 가서 [Vertex]를 선택합니다.

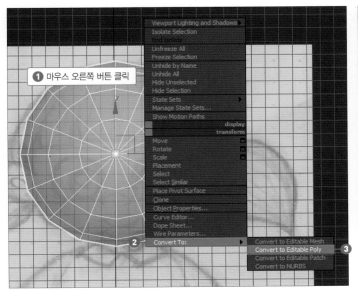

4 Front와 Right 뷰포트를 오가며 [Vertex]를 드래그로 영역별 선택하여 형태를 만들어 갑니다. 처음부터 정확한 형태가 아닌 각이 진 형태로 큰 형태부터 만들어가야 합니다.

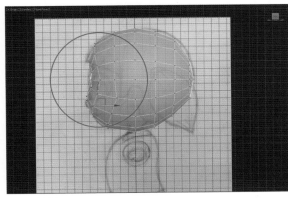
▲ Right 뷰포트

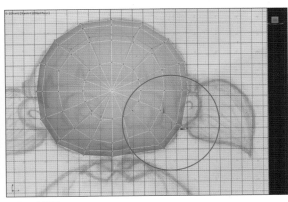
▲ Front 뷰포트

Tip
[Vertex]를 클릭으로 선택하지 않고 드래그하여 좌우 또는 뒤 부분까지 모두 선택해서 해야 한번에 전체 형태를 잡을 수 있습니다. 항상 F4 를 입력하여 와이어를 확인하면서 모델링합니다.

5 전체 형태를 만든 후에는 반대쪽 [Polygon]을 드래그로 선택하고 Delete 를 눌러 지워줍니다. 한쪽면만 만들어서 좌우대칭으로 복사하면 되기 때문입니다.

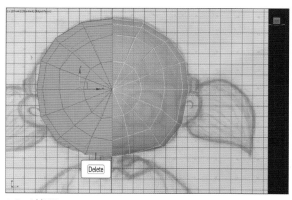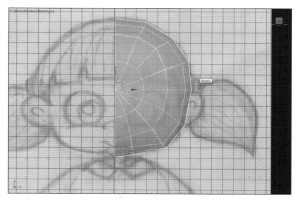

▲ Front 뷰포트

6 눈부터 수정해보겠습니다. Alt + X 로 다시 불투명하게 한 다음 [Vertex]를 선택하고 [Edit Geometry] → [Cut]을 선택합니다. 그림과 같이 선을 만든 후 중앙에 모여 있는 [Edge]들을 먼저 다중 선택하고 지웁니다. 이때 ← 를 입력하여 지웁니다. Delete 로 지우게 되면 면이 사라져 버리기 때문입니다. 지워진 공간에 가로로 [Cut]으로 선을 추가합니다.

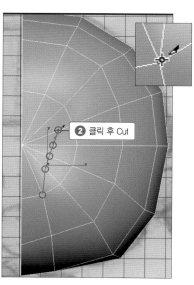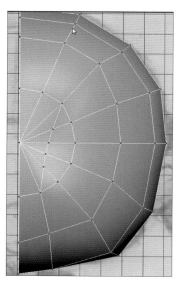

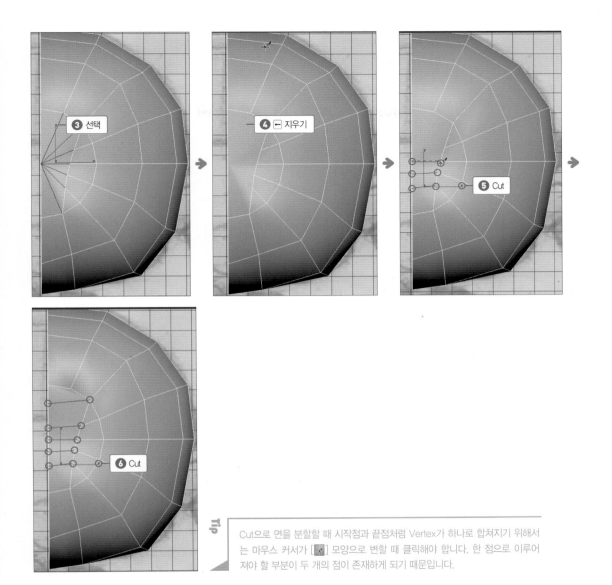

❸ 선택

❹ ← 지우기

❺ Cut

❻ Cut

Tip Cut으로 면을 분할할 때 시작점과 끝점처럼 Vertex가 하나로 합쳐지기 위해서 는 마우스 커서가 [▧] 모양으로 변할 때 클릭해야 합니다. 한 점으로 이루어 져야 할 부분이 두 개의 점이 존재하게 되기 때문입니다.

7 중앙에 모여 있는 [Vertex]를 아래와 오른쪽으로 이동하여 눈 부위 자리가 만들어지게 수정합니다. [Vertex]를 이동하여 4개의 면이 존재하는 눈의 형태로 수정합니다.

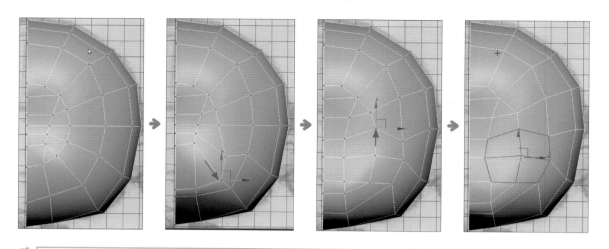

Tip [Cut]을 나누는 순서를 똑같이 따라하기보다는 와이어 형태가 마지막과 비슷하게 되도록 수정하면 됩니다. 이마 부분은 머리에 가려 보이지 않기 때문에 와이어 흐름에 크게 신경쓰지 않습니다.

8 [Cut]으로 [Edge]를 추가하여 삼각형이 있는 면의 [Ege]를 지워가며 면의 흐름을 수정합니다.

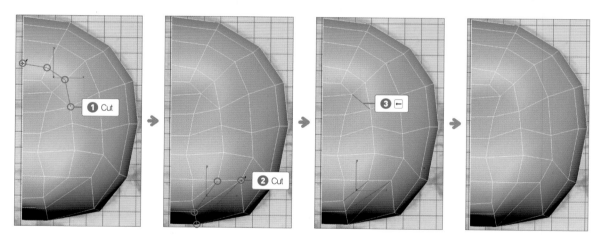

8-A [Cut]으로 볼 아래 부족한 면의 형태를 수정하기 위해 [Edge]를 추가합니다. 뒤 까지 한 줄로 이어지게 [Edge]를 추가합니다. 귀여운 볼의 형태가 되게 [Vertex]를 이동하며 형태를 수정합니다. 정면에서만 작업하면 앞이 평편한 형태로 만들어집니다. [Right] 뷰포트로 이동하여 옆모습의 형태도 수정합니다.

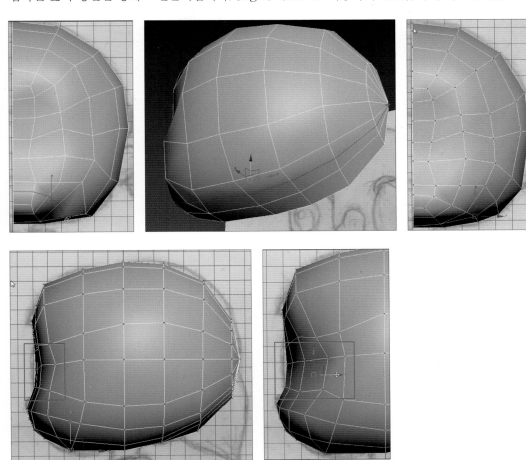

▲ Right 뷰포트

8-B 옆모습에서 [Vertex]를 이동하여 귀의 위치를 만들어줍니다.

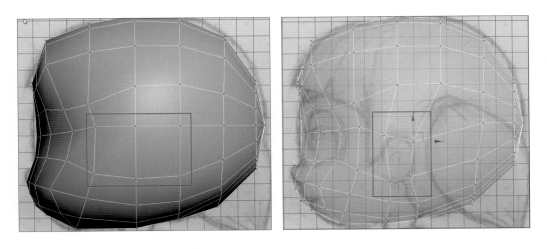

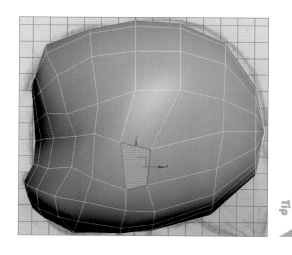

Tip 얼굴 부위를 제외한 머리카락이 있을 위치는 새로 모델링하여 얼굴 위에 붙일 예정이므로 형태만 만들고 와이어 흐름은 무시해도 좋습니다.

9 귀 부분 [Polygon]을 선택하고 [Edit Polygons]→ [Extrude]의 [Settings]을 클릭합니다. [Height]값으로 '10'을 입력한 후 [OK]를 클릭합니다. 귀 안쪽 면이 앞에서 보이도록 [Vertex]를 이동하여 수정합니다.

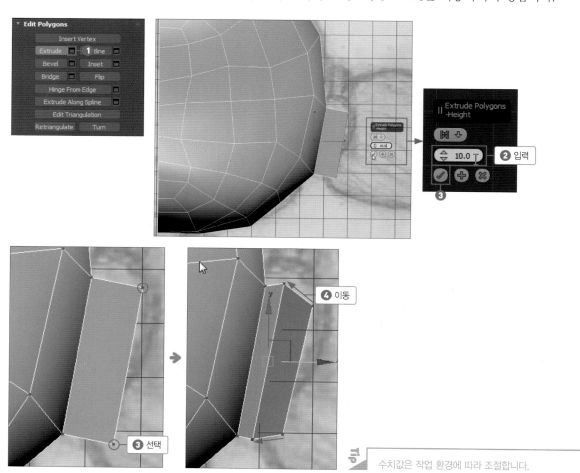

Tip 수치값은 작업 환경에 따라 조절합니다.

10 귀 안쪽 [Polygon]을 선택하고 [Edit Polygons] → [Inset]의 [Settings]을 클릭합니다. [Amount] 값 '3'을 입력하고 [OK]를 클릭합니다. 다음으로 [Edit Polygons] → [Extrude]의 [Settings]을 클릭합니다. 'Height=-2'를 입력하고 [OK]를 클릭합니다.

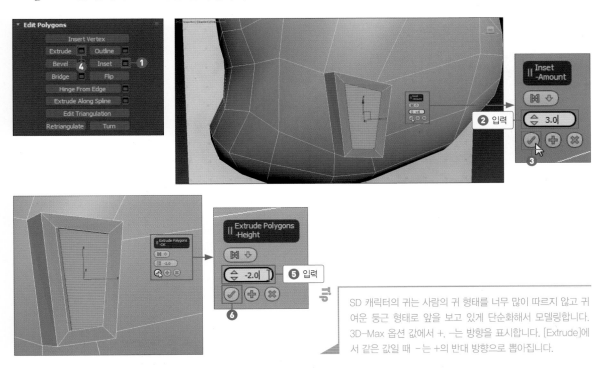

> **Tip**
> SD 캐릭터의 귀는 사람의 귀 형태를 너무 많이 따르지 않고 귀여운 둥근 형태로 앞을 보고 있게 단순화해서 모델링합니다. 3D-Max 옵션 값에서 +, −는 방향을 표시합니다. [Extrude]에서 같은 값일 때 −는 +의 반대 방향으로 뽑아집니다.

11 다음으로 눈동자를 넣을 홈을 만들겠습니다. 위와 같은 방법으로 [Polygon]을 선택합니다. [Edit Polygons] → [Inset]의 [Settings]에서 'Amount=3'을 입력하고 [OK]를 클릭합니다.

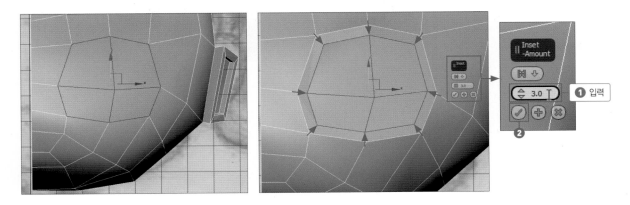

12 [Polygon]이 선택된 상태에서 [Edit Polygons] → [Extrude]의 [Settings]를 클릭하고 [Height]값에 '-10'을 입력하고 [OK]를 클릭합니다. 안으로 면을 뽑아 넣어주고 [OK]를 클릭합니다. [Vertex]를 이동하여 정면과 측면에서 눈 부위 형태를 수정해줍니다.

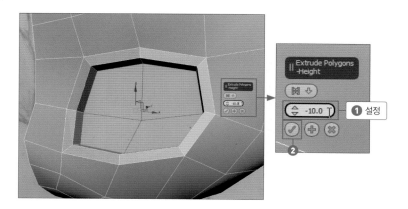

13 얼굴 중앙에 [Cut]으로 [Edge]추가합니다. [Vertex]를 이동하여 입과 코의 위치를 만들어줍니다.

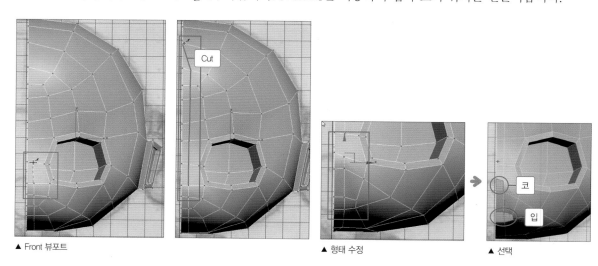

▲ Front 뷰포트   ▲ 형태 수정   ▲ 선택

14 입이 될 면을 선택하고 [Edit Polygons] → [Extrude]의 [Settings]을 클릭하고 'Height=-5'로 입력하고 [OK]를 클릭합니다. [Vertex]로 정면과 측면에서 형태를 수정해줍니다. 그리고 입 왼쪽 면은 Delete 를 눌러 삭제해줍니다. [Vertex]를 이동하고 입모양을 원하는 형태로 수정합니다.

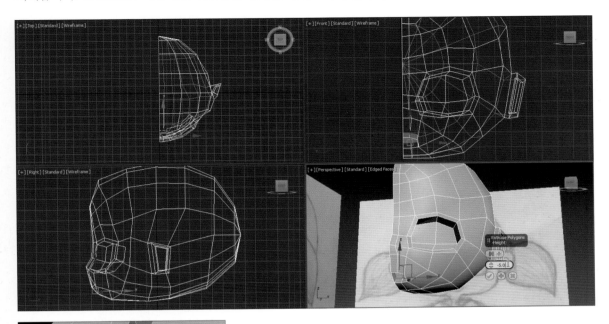

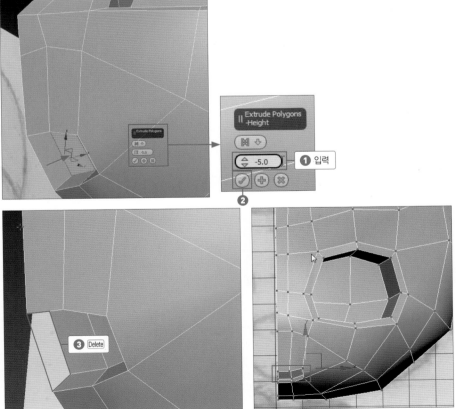

▲ 형태 수정

15 코가 있을 부위의 면을 정리합니다. [Vertex]를 이동하면서 코가 있어야 할 부분을 만들어 주고 [Polygon]을 선택한 후 [Edit Polygons] → [Extrude]의 [Settings]을 클릭하고 'Height=3'을 입력하고 [OK]를 클릭합니다. 뽑아져 나온 면을 줄여주고 왼쪽으로 이동합니다. 중앙의 왼쪽 면은 Delete를 눌러 면을 삭제합니다.

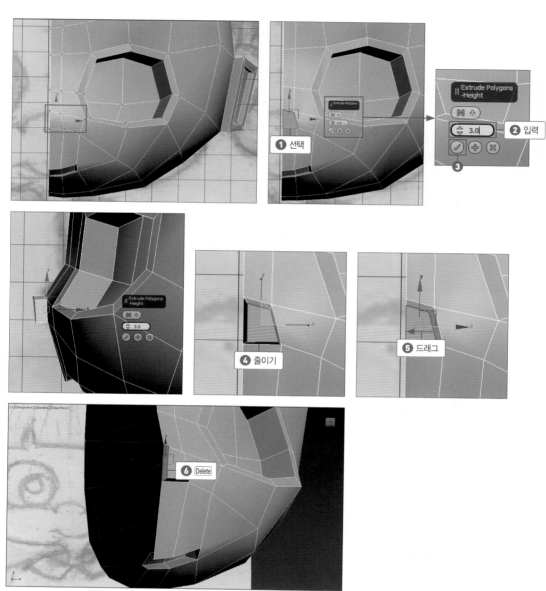

16 [Vertex]를 이동하여 형태를 수정합니다. 반만 만든 얼굴을 좌우 대칭으로 완성하기 위해 [Modifier List] → [Symmetry]를 적용합니다. X축으로 적용합니다. [Symmetry] 적용하기 전 가운데 [Vertex]를 전체 선택하고 [Scale]을 X방향으로 드래그로 줄여주면 한 줄로 정렬이 됩니다. [TurboSmooth]를 적용하여 전체 형태를 보며 수정합니다.

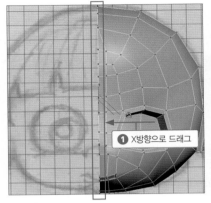

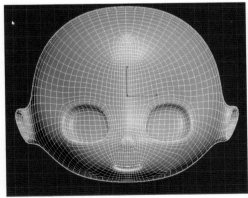

▲ 완성

[Vertex]를 가운데 정렬하는 이유는 [Symmetry] 적용 시 가운데 면이 매끄럽게 붙지 않을 수 있기 때문입니다.

머리 만들기

17 전체 형태를 만들기 위해 [Create]로 가서 [Geometry] → [Standard Primitives] → [Sphere]를 선택하고 Front 뷰포트에서 머리 위치에 만듭니다. 면의 수인 'Segments=16'을 입력합니다. 면의 흐름은 그림처럼 세로줄이 앞을 보게 합니다. 마우스 오른쪽 버튼을 클릭하고 [Convert To] → [Convert to Editable Poly]를 선택하여 폴리곤으로 변환시킵니다. 반만 모델링하기 위해 반대쪽 면과 얼굴 앞부분을 선택하고 Delete로 지워줍니다.

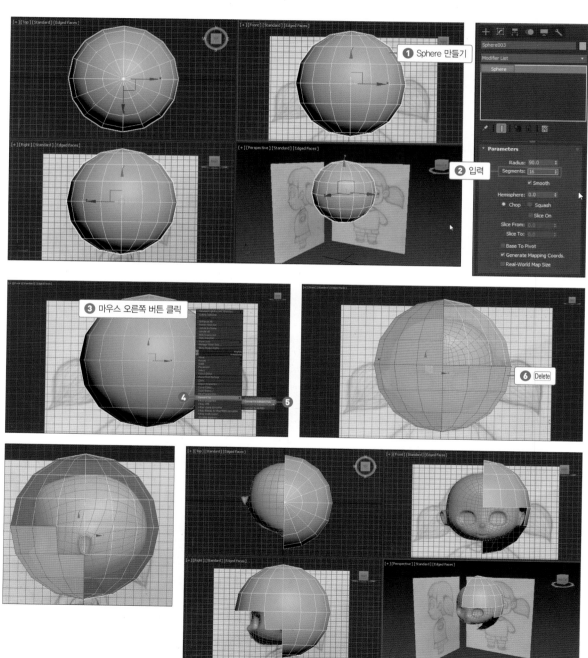

18 머리 크기를 조절해서 얼굴에 맞게 수정합니다. [Vertex]를 선택하고 [Edit Geometry] → [Cut]을 선택합니다. 앞머리 부분의 형태를 고려해서 삼각형 모양으로 [Edge]를 추가합니다. 가운데 [Edge]를 각각 선택하고 축을 [Local]로 설정한 후 안쪽으로 밀어 넣어 홈을 만들어줍니다.

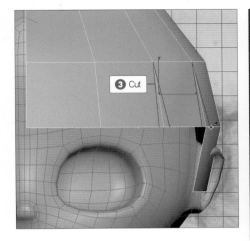

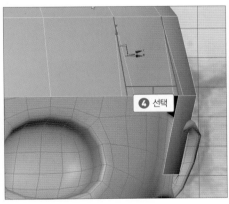

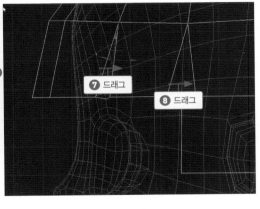

Tip SD 캐릭터의 머리카락 표현이 어렵다면 장난감 가게에서 흔하게 볼 수 있는 캐릭터 피규어를 참고해봅니다. 머리카락이 하나의 덩어리진 형태로 되어 있고 헤어라인, 가르마, 머리카락 흐름 등이 홈으로 표현되어 있습니다.

19 앞머리 형태를 수정합니다. [Vertex]를 선택하고 [Edit Geometry] → [Cut]을 선택하고 귀 앞쪽 끊어진 면의 선을 이어줍니다. 머리가 갈라질 부분의 면을 선택하고 Delete로 지워줍니다.

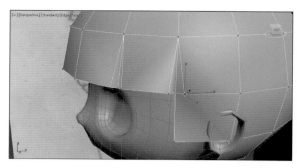

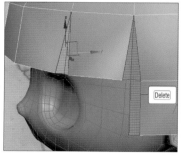
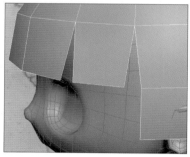

20 머리의 두께를 만들어 주기 위해 끝부분의 [Edge]를 선택하고 Shift를 선택한 상태에서 크기를 일정하게 줄여서 안쪽으로 면을 뽑아냅니다. 두 번 반복합니다.

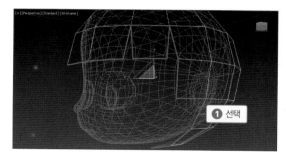
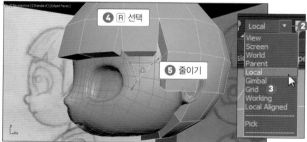

21 귀 주변의 머리 모양을 [Vertex]를 이동하여 수정합니다.

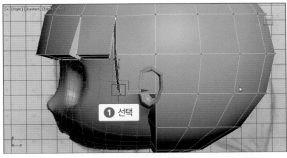
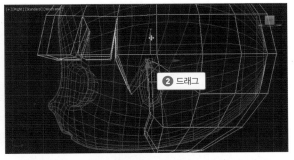
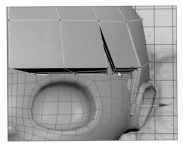
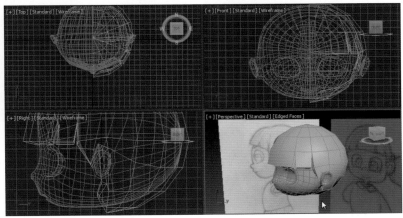

▲ 형태 수정

22 묶은 머리 형태를 만들기 위해 귀 옆의 [Vertex]를 이동하여 형태를 수정합니다. [Polygon]을 선택한 후 [Edit Polygons] → [Extrude]의 [Settings]을 클릭하고 'Height=10'을 입력하고 머리가 묶여 있는 부분을 만듭니다. 이어서 [Extrude]를 반복하여 여자아이의 묶인 양갈래 머리 형태로 만들어줍니다.

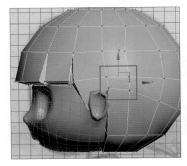
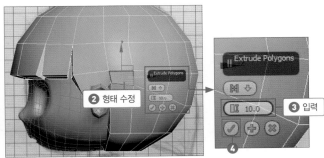

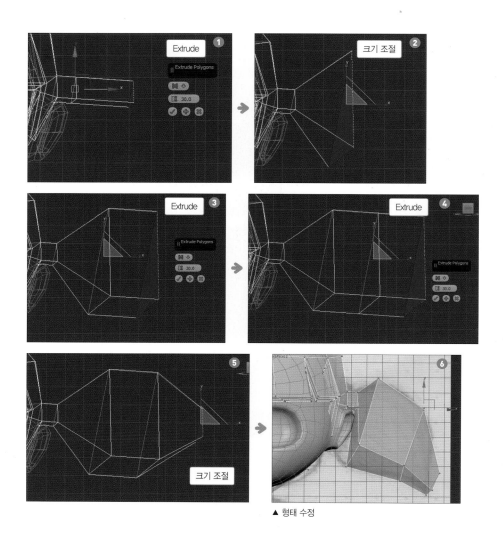

▲ 형태 수정

23 눈동자는 [Sphere]로 머리 고무줄은 [Torus]로 만듭니다.

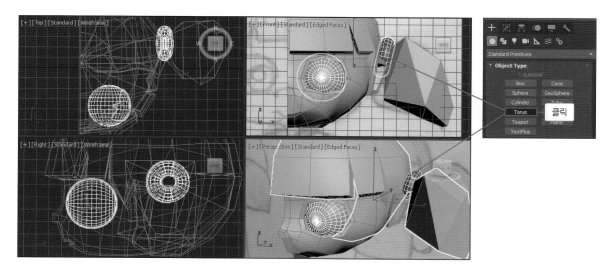

24 얼굴에 [Symmery]와 [TurboSmooth]가 적용되어 있다면 지워줍니다. 얼굴 아래쪽 면을 선택하고 [Edit Polygons]→ [Extrude]의 [Settings]을 클릭하고 'Height=20'을 입력합니다. 면을 목의 길이보다 조금 길게 뽑아주고 [o.k]를 클릭합니다. 목 중앙의 면을 Delete 로 지워줍니다.

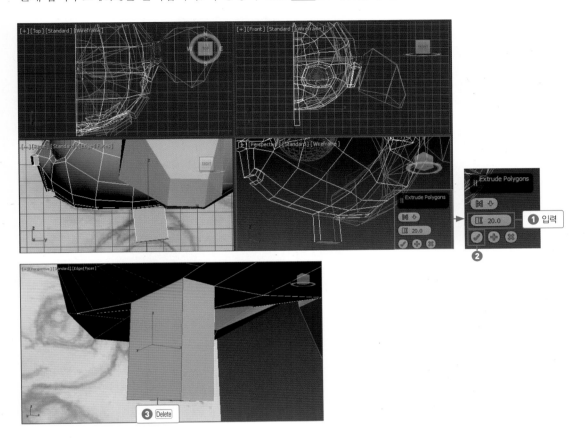

25 머리와 얼굴 각각 가운데 [Vertex]를 일렬로 정렬한 다음 각각 [Symmetry]와 [TurboSmooth]를 차례로 적용시켜 줍니다. 눈동자와 머리 밴드는 중심축을 가운데로 이동시킨 후 [Mirror]를 이용하여 복사합니다.

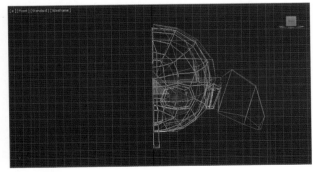

▲ Front 뷰포트

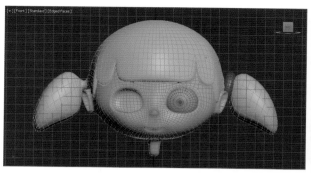

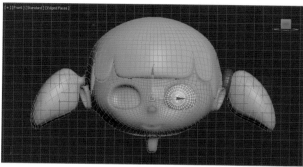
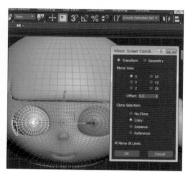

▲ 눈동자 중심축 이동

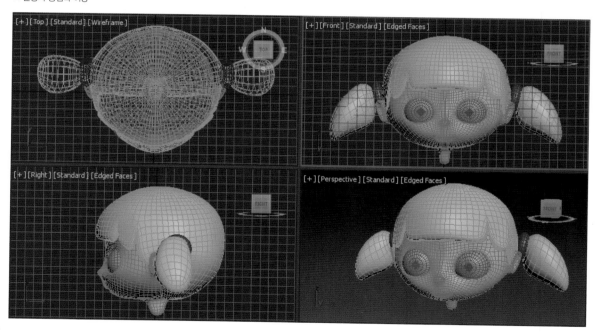

Box를 변형하여 몸통 만들기

몸통의 형태를 고려해서 기본 도형 Box를 가지고 변형하여 만드는 법을 배워봅니다. 처음 Box의 면이 너무 많으면 SD 캐릭터
의 몸 형태를 간단하게 수정하는데 쉽지 않습니다. 적절한 면 분할 수를 고려하여 실습합니다.

사용하지 않는 오브젝트 잠그기

1 얼굴 오브젝트를 드래그로 선택하고 메뉴바에서 [Toggle Layer Explorer]를 클릭합니다. [Scene
Explorer]창이 뜨면 [Create New Layer]를 클릭합니다. 선택된 오브젝트가 새로 생긴 [Layer]에 들어가게 되
면 뷰포트에서 선택되지 않게 [Freeze] 시킵니다.

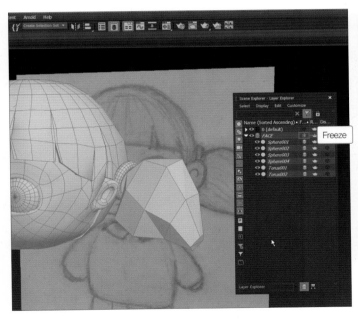

> **Tip** 새로운 [Layer] 만들 때 아이콘 클릭해도 되고 [Scene Explorer]의 빈 공간에서 마우스 오른쪽 버튼을 클릭해도 [Create New Layer] 메뉴를
> 선택할 수 있습니다.

2 [Create]로 가서 [Geometry] → [Standard Primitives] → [Box]를 클릭하고 몸통에 맞춰 드래그로 만들어줍니다. 몸통 역시 반만 만들어 복사하기 때문에 면 분할을 중심축에 생기게 하고 'Length Segs=3, Width Seg=4, Height Segs=4'를 입력합니다. Alt+X을 눌러 투명하게 만듭니다.

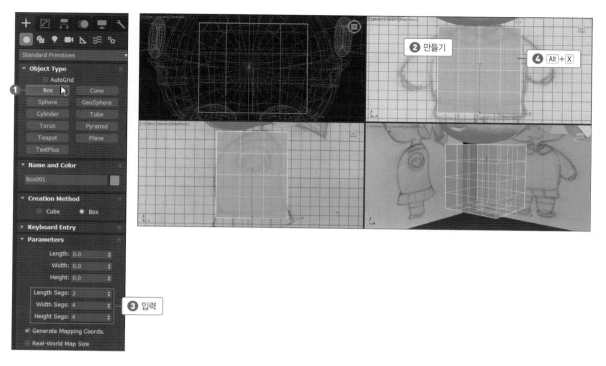

앞서 [Layer]를 [Freeze]하고 바로 오브젝트를 만들면 새로 만든 오브젝트가 기존의 [Layer]에 들어가서 [Freeze] 상태로 나타납니다. 새 [Layer]를 먼저 만들고 시작합니다.

3 [Box]를 상체에 맞게 크기와 위치를 수정하고 마우스 오른쪽 버튼을 클릭하고 [Convert To] → [Convert to Editable Poly]하여 폴리곤으로 변환시킵니다. [Modify]로 가서 [Vertex]를 선택하고 Front 뷰포트에서 먼저 어깨 위치와 허리 위치를 수정합니다.

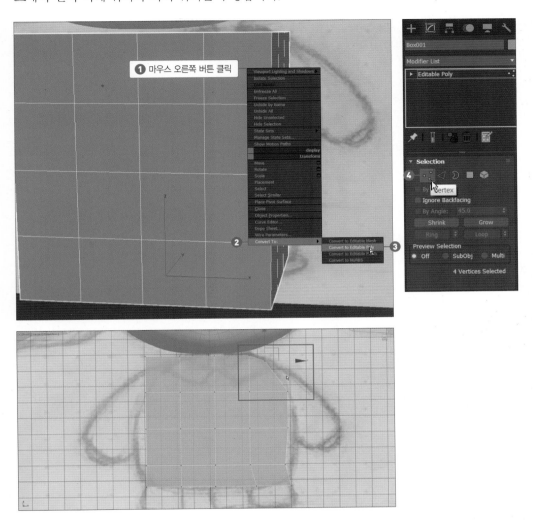

4 Light 뷰포트에서 옆모습을 수정합니다. 처음에는 전체 형태를 크게 잡아간다고 생각하면 됩니다. [Vertex]를 드래그로 선택하여 작업합니다.

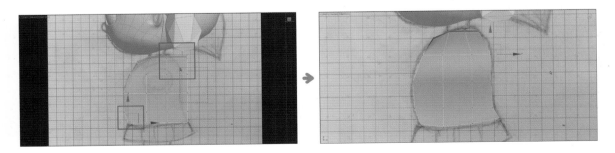

5 [Modify]로 가서 [Polygon]을 선택하고 Front 뷰포트에서 왼쪽 반 [Polygon]을 드래그로 선택하고 Delete 를 눌러 삭제합니다.

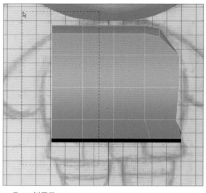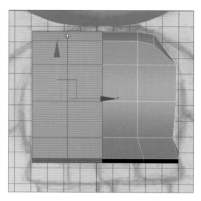

▲ Front 뷰포트

6 [Box]로 시작해서 각이진 부분 몸통형태에 맞게 보든 뷰포트에서 확인하며 [Vertex]를 이동하여 둥글게 수정해줍니다. Top 뷰포트에서 둥근 형태를 수정하기 편리합니다.

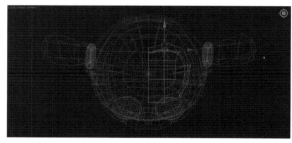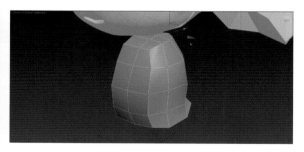

▲ Top 뷰포트

 모델링 중간 스케치 이미지로 인해 정확한 모델링 형태가 잘 보여지지 않을 때가 있습니다. 스케치 이미지가 입혀진 [Plane]이 포함되어 있는 [Layer]의 눈 아이콘을 클릭하여 숨긴 다음 자세한 모델링 수정을 해줍니다.

7 옷깃 부분을 만들어 보겠습니다. [Edit Geometry] → [Cut]을 클릭하고 Front 뷰포트에서 옷깃 모양대로 클릭하여 선을 그려줍니다.

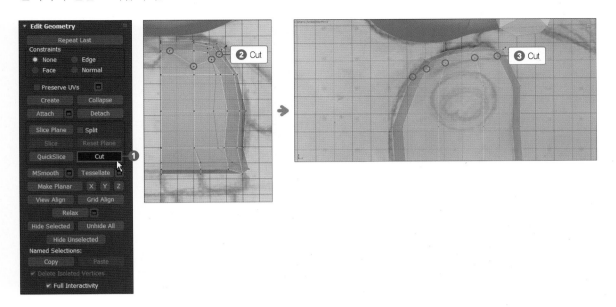

8 목이 들어갈 부분의 [Polygon]을 선택하고 Delete 로 지워줍니다. [Vertex]를 이동하여 목둘레 형태에 맞게 수정합니다.

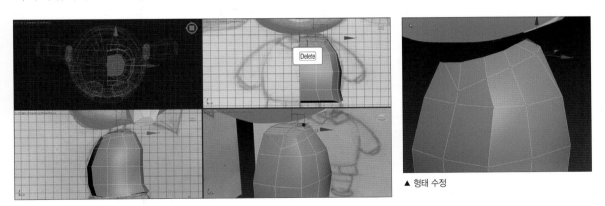

▲ 형태 수정

9 끝부분 [Edge]를 다시 선택하고 Shift를 누르고 Scale을 줄여서 면을 뽑아내고 다시 Shift를 누르고 아래로 드래그해 내리면서 면을 뽑아냅니다.

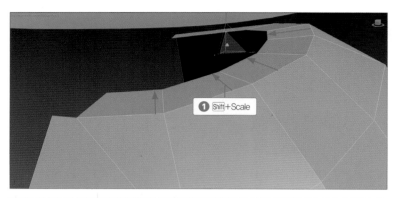

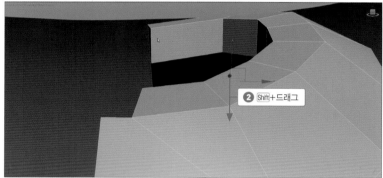

10 안쪽 몸통은 만들지 않고 보이는 부분 위주로 만들어 갑니다. 옷깃 두께를 표현하기 위해 옷 상단 [Polygon]을 선택하고 [Edit Polygons] → [Extrude]의 [Settings]을 클릭합니다. 'Height=3'을 입력하고 [OK] 를 클릭합니다.

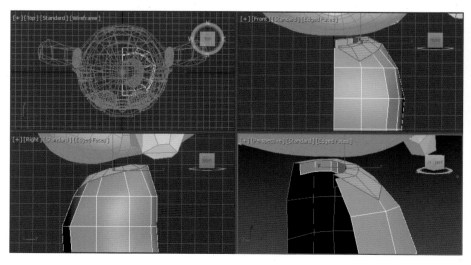

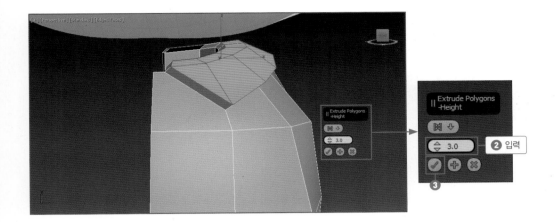

11 최종 [TurboSmooth]를 적용했을 때 면의 경계 부분이 무너지는 것을 막기 위해 옷깃 경계 부분의 면을 추가합니다. 옷깃 가장자리 [Edge]를 선택하고 [Edit Edges] → [Chamfer]의 [Settings]을 클릭합니다. 'Chamfer Amount=1, Connect Edge Segments=2'을 입력합니다.

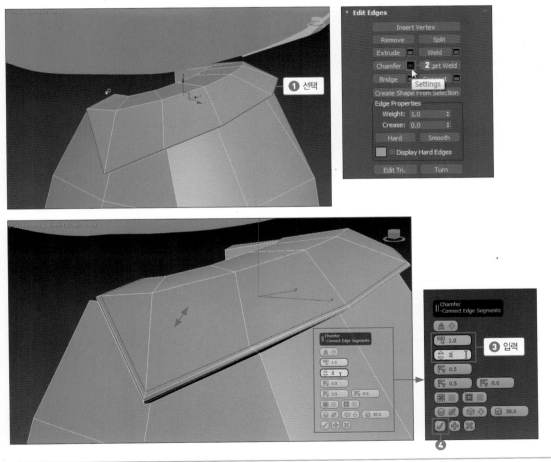

Tip 로우 폴리곤으로 모델링할 때는 작업 중간 중간 [TurboSmooth]를 적용해보고 면의 경계 부분을 확인한 후 면의 추가 여부를 결정합니다.

12 팔을 만들기 위해 팔 위치를 [Vertex]를 이동하여 만들어준 후 [Polygon]을 선택합니다. [Edit Polygons] → [Extrude]의 [Settings]을 클릭합니다. 'Height=35'를 입력합니다. 팔 길이로 뽑아준 후 소매 부분이 될 처음 선택된 [Polygon]은 Delete를 눌러 삭제합니다.

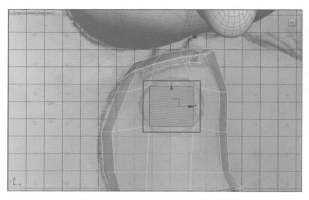

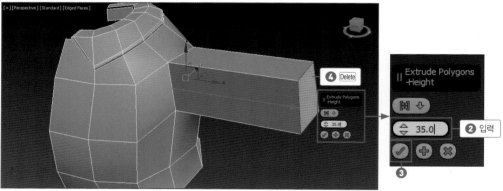

캐릭터 디자인이 팔이 몸과 붙어 있거나 여러 포즈를 취한 상태로 디자인할 수 있습니다. 바이패드 적용 등 캐릭터 셋업을 위해 양팔이 몸과 띄어진 상태로 모델링합니다.

13 애니메이션할 때 팔꿈치 면이 분할되어 있어야 굽혀지거나 움직일 수 있습니다. 팔꿈치 면을 분할하기 위해 [Vertex]를 선택하고 [Edit Geometry] → [Cut]을 클릭하고 [Edge] 위를 클릭하며 팔 가운데에 선을 그려줍니다. 반복 실행하여 팔꿈치에 두 줄로 면을 분할해줍니다.

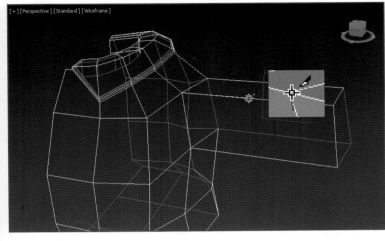

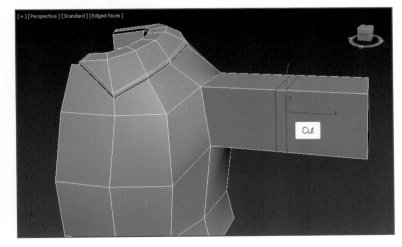

Tip

시작점으로 돌아와 연결된 라인을 그릴 때 시작점에 마우스 커서가 변할 때 클릭하여 연결합니다. 연결되지 않는 [Edge]는 [TurboSmooth] 적용하거나 애니메이션할 때 매끈한 형태가 되지 않습니다.

14 팔을 둥글게 수정하기 위해 [Edit Geometry] → [Cut]으로 가슴 등 뒤를 잇는 라인을 추가해서 만들어
줍니다.

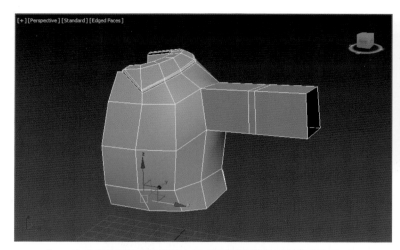

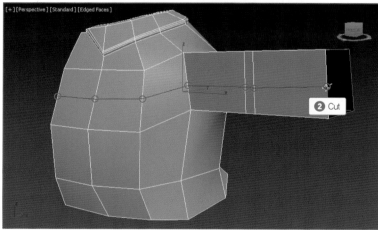

▲ 앞

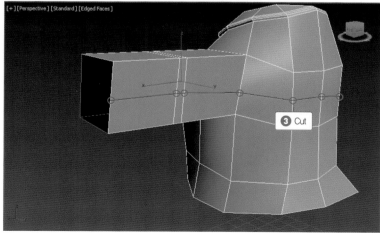

▲ 뒤

14-A [Vertex]를 이동하여 각이 진 팔을 둥글게 형태를 수정합니다. 팔의 위와 아래 [Vertex]를 한꺼번에
선택하고 Y축으로 줄여주면 쉽게 전체 팔의 형태를 수정할 수 있습니다.

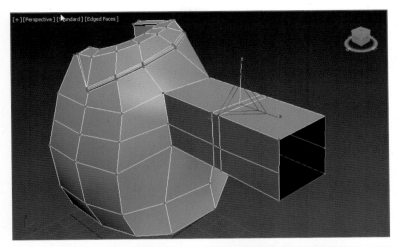

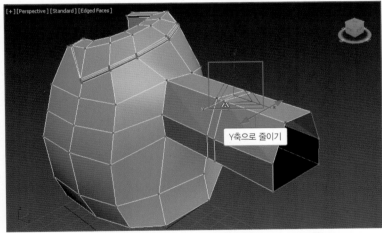

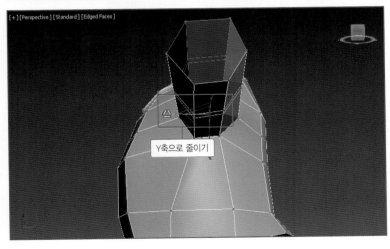

15 소매 부분을 만들어 보겠습니다. 소매 부분의 [Border]를 선택합니다. Shift를 누른 상태에서 크기를 한 번 줄이고 다시 Front 뷰포트에서 X축으로 Shift를 누른 상태에서 안쪽으로 이동하여 소매 두께를 표현해줍니다.

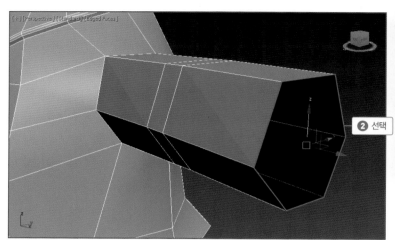

② 선택

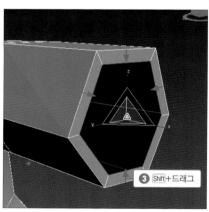

③ Shift+드래그

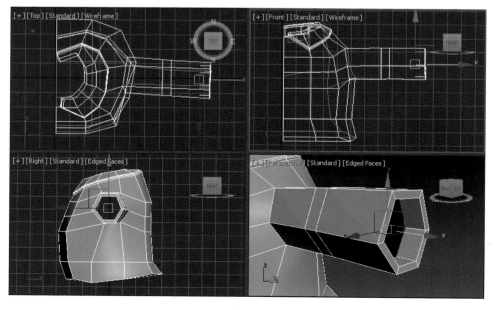

16 [Vertex]를 이동하여 어깨 라인과 전체적인 형태를 수정합니다. 허리 부분의 [Edge]를 추가하기 위해 [Edit Geometry] → [QuickSlice]를 선택합니다. 왼쪽 빈 공간에서 클릭하고 오른쪽 빈 공간으로 가서 더블클릭하여 몸통 가운데 일직선으로 [Edge]를 한번에 추가할 수 있습니다.

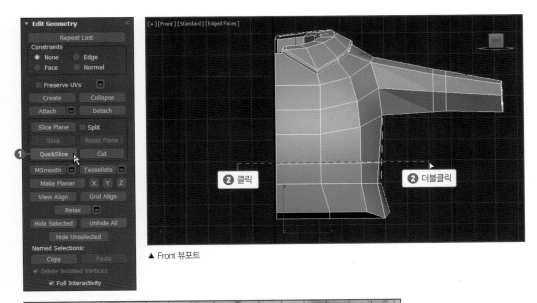

▲ Front 뷰포트

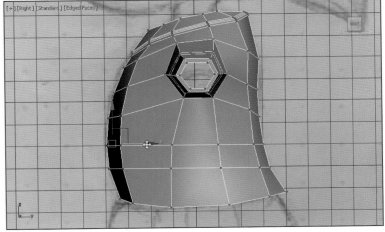

Tip

[QuickSlice]가 끝나고 나면 마우스 오른쪽 버튼 클릭이나 아이콘을 다시 클릭하여 해지해주어야 합니다. 마우스 움직임에 따라 계속해서 실행되기 때문입니다.

17 옷 아래 부분을 수정하기 위해서 [Polygon]을 선택하고 Delete 로 지워줍니다. 소매 부분과 같은 방식으로 옷단 아래 두께를 만듭니다. 아래 가장자리 [Edge]를 모두 선택한 후 Shift 를 누른 상태에서 크기를 한번 줄이고 다시 Shift 를 누른 상태에서 Z축인 위쪽으로 면을 뽑아 내어 옷 두께를 표현해줍니다.

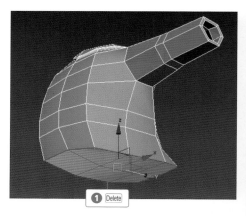
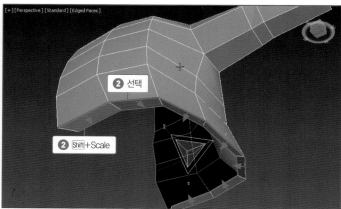

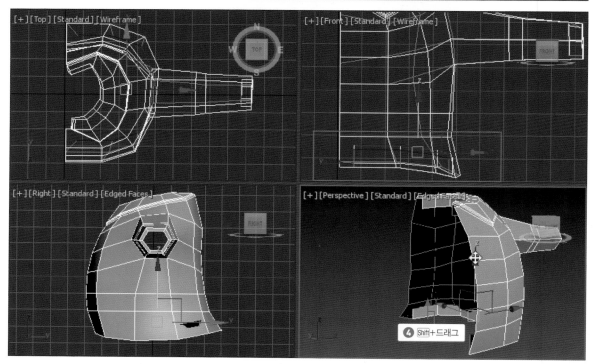

18 X축을 기준으로 반만 모델링하고 있습니다. 중심축을 기준으로 [Vertex]가 일렬로 되어 있지 않다면 Front 뷰포트에서 드래그로 모두 선택하고 Scale을 정렬하고자 하는 X축을 잡고 드래그로 줄여주면 정렬이 됩니다.

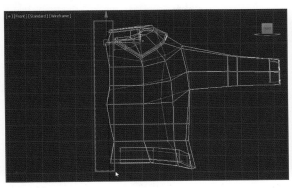 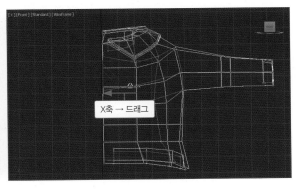

X축 → 드래그

▲ Front 뷰포트

 로우 폴리 모델링에서 옷의 소매단이나 주름 같은 세밀한 부분은 맵핑에서 표현합니다.

19 숨겨두었던 스케치 이미지 [Layer]의 눈 아이콘을 켜고 전체 형태를 수정합니다. 애니메이션 작업을 위해 [Biped] 적용하는 [Rigging]을 생각하고 몸과 팔이 살짝 떠 있는 상태로 모델링을 수정합니다.

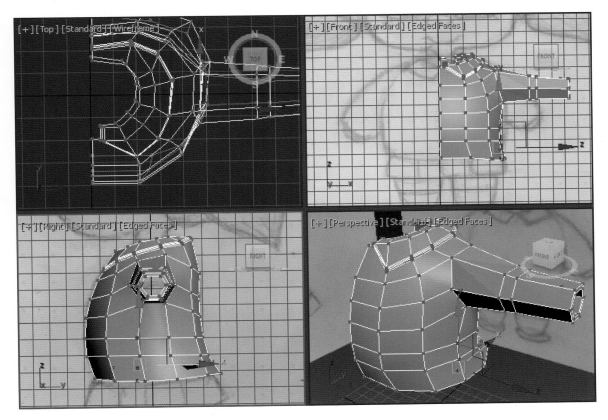

20 반쪽 몸통을 클릭하고 [Modify]로 가서 [Modifier List] → [Symmetry] 와 [TurboSmooth]도 같이 적용시킵니다. 완성되면 [File] → [Save As]로 저장합니다.

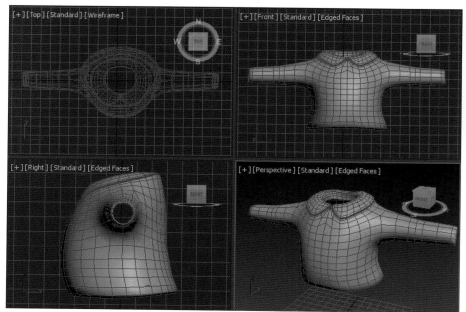

SECTION 04
Inset와 Extrude를 이용해서 팔, 다리 만들기

캐릭터 모델링을 할 때 큰 덩어리로 형태를 잡고 [Polygon]을 선택하여 [Inset]으로 뽑아낼 영역을 지정하고 [Extrude]로 밖으로 뽑거나 안으로 넣어주는 방식을 가장 많이 활용합니다. 손과 다리를 만드는 방법을 배워봅니다.

손 형태 만들기

1 귀엽고 통통한 여자아이 손을 만들어 보겠습니다. 손 기본 형태를 만들기 위해 [Create]로 가서 [Geometry] → [Standard Primitives] → [Box]를 클릭하고 뷰포트 중앙에 위치시킵니다. [Parameters] → [Length Segs], [Width Segs], [Height Segs]를 모두 '1'로 입력합니다.

▲ Modify

[Box]를 만들 때 [Ctrl]을 누르고 클릭 앤 드래그로 만들면 클릭한 곳을 중심으로 상자가 만들어집니다.

Chapter 02 Low Poly 캐릭터 모델링 **415**

2 마우스 오른쪽 버튼을 클릭하고 [Convert To] → [Convert to Editable Poly]를 클릭하고 폴리곤으로 변환시킵니다. 엄지손가락이 나올 부분의 영역을 만들기 위해 [Modify]로 가서 [Vertex]를 선택하고 Top 뷰포트에서 아래쪽을 사다리꼴 형태로 줄이고 손바닥 크기만큼 세로 길이도 조절해줍니다.

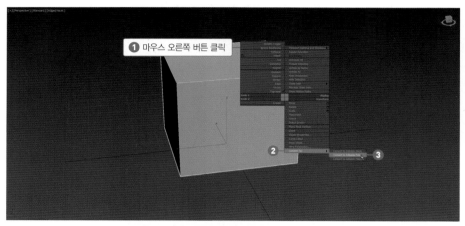

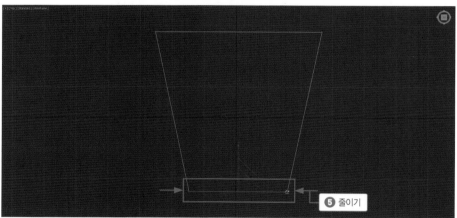

▲ Top 뷰포트

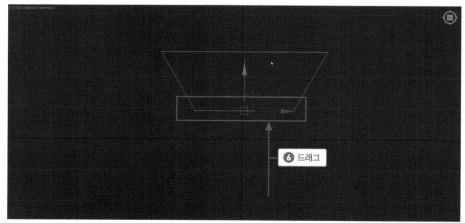

▲ Top 뷰포트

3 엄지손가락이 튀어나올 왼쪽의 [Polygon]을 선택합니다. [Edit Polygons] → [Inset] → [Settings]을 클릭합니다. 'Amount=6'을 입력하여 영역을 안쪽으로 줄여줍니다.

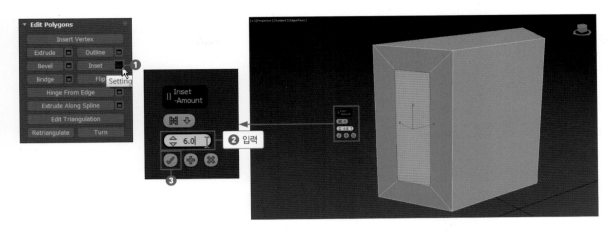

4 면이 선택되어져 있는 상태에서 [Pivot]을 [Local]로 변경하고 왼쪽 X축으로 면을 이동시킵니다. [Edit Polygons] → [Extrude] → [Settings]을 클릭하고 'Height=10'으로 두 번에 걸쳐 엄지손가락이 될 면을 뽑아냅니다.

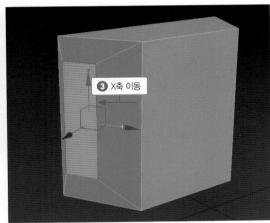
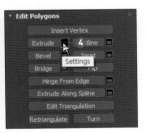

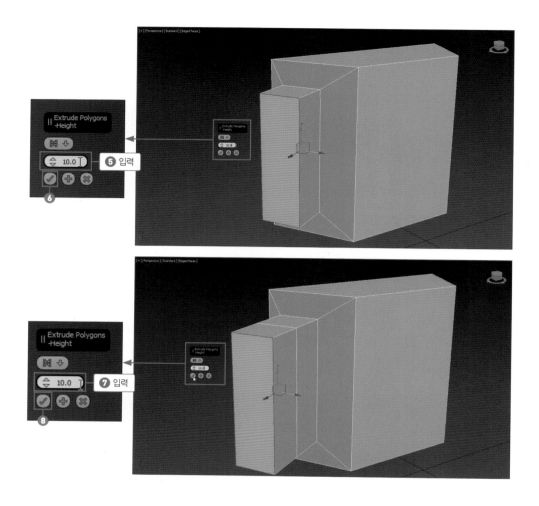

5 [Vertex]를 선택하고 엄지손가락 형태에 맞게 수정합니다. 이때 [Pivot]을 [Local]과 [View]를 변경하며 필요에 따라 선택하고 이동시키면서 수정합니다.

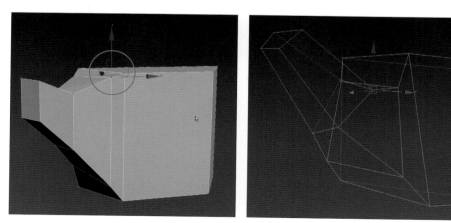

▲ 형태 수정

6 [Edit Geometry] → [Cut]을 클릭하고 엄지손가락 가운데와 손바닥 가운데를 잇는 선을 추가로 만들어 줍니다. [Cut]으로 면을 분할할 때 [Edge] 중간에 [Vertex]만 있지 않게 한 바퀴 돌아서 시작점으로 돌아와 마우스 커서가 변할 때 클릭합니다.

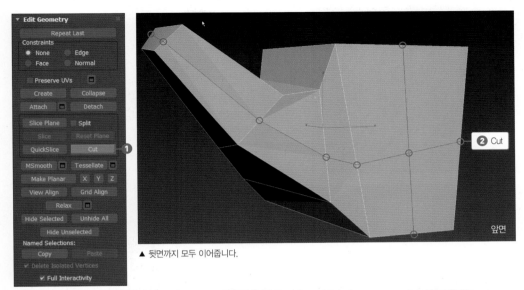

▲ 뒷면까지 모두 이어줍니다.

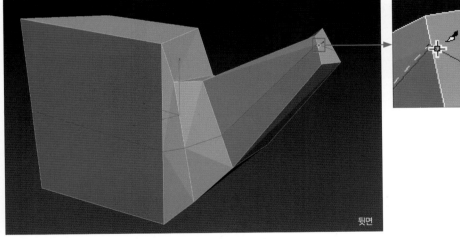

7 엄지손가락과 손바닥에 같은 방법으로 2개씩 [Edge]를 추가하고 손바닥 윗부분은 한줄 [Edge]를 추가해줍니다. 뷰포트에서 손등은 둥글게 손바닥은 안으로 들어가게 [Vertex]를 이동하여 수정합니다.

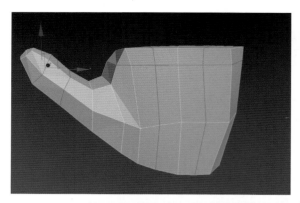

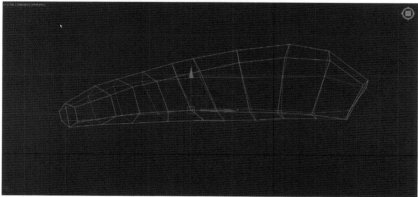

▲ Top 뷰포트

8 나머지 손가락 나올 위치를 고려하여 추가한 손바닥 세로 [Edge]를 각각 더블클릭으로 모두 선택하고 [Edit Edges] → [Chamfer]의 [Settings]을 클릭하고 [Chamfer Type] → [Tri]로 'Connect Edge Segments=1' 을 입력하고 [OK] 버튼을 클릭하여 각각 하나씩 [Edge]를 추가해줍니다.

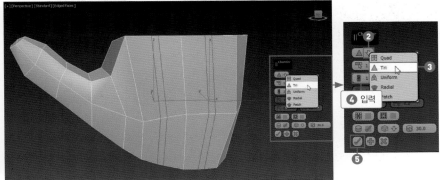

손가락 만들기

9 나머지 손가락이 될 [Polygon]을 각각 선택하고 [Edit Polygons] → [Extrude]의 [Settings]을 클릭하고 한마디 뽑아냅니다.

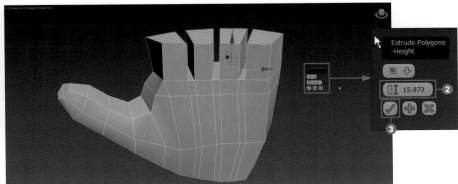

10 반복해서 2마디 더 뽑아내고 손가락 높이를 수정합니다. 굽혀질 손가락 마디를 더블클릭으로 선택하고 [Edit Edges] → [Chamfer]의 [Settings]을 클릭하고 [Tri]로 [Connect Edge Segments]는 1로 각각 하나씩 [Edge]를 추가해줍니다.

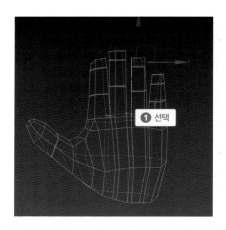

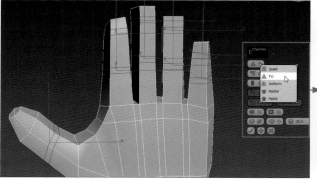

11 손가락을 좀 더 둥글게 수정하기 위해 [Edge]를 엄지손가락 끝에서 시작하게 가운데 추가해줍니다. [Vertex]를 선택하고 모든 뷰포트에서 보면서 손의 형태를 수정합니다.

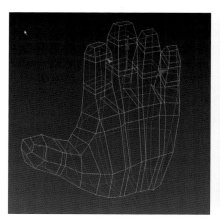
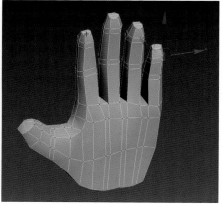

12 손목을 만들기 위해 아래쪽 [Polygon]을 선택하고 [Edit Polygons] → [Extrude]의 [Settings]을 클릭하고 [Group] 방향으로 뽑아냅니다.

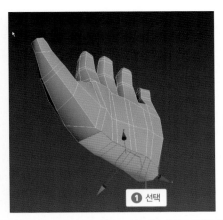

1 선택

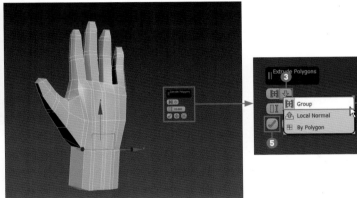

13 손목 끝 [Polygon]을 선택하고 Delete를 눌러 면을 지워줍니다. 다시 [Border]를 선택하고 Shift를 누른 상태에서 아래로 이동시키면서 필요한 만큼 뽑아냅니다. [Vertex]를 선택하고 손등과 팔목부분의 연결 부위를 수정합니다.

1 Delete

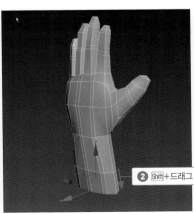

2 Shift+드래그

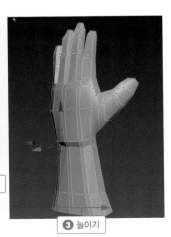

3 늘이기

14 손을 살짝 오므리고 있는 형태로 수정해줍니다. [Modifier List]에 [TurboSmooth]를 적용하고 아래 [Editable Poly]로 이동하여 수정하고 다시 [TurboSmooth]을 적용합니다.

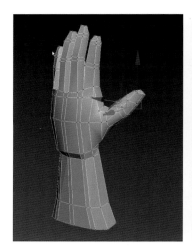 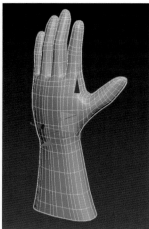 

다리 만들기

15 일자로 뻗은 다리를 만들기 위해 [Create]으로 가서 [Geometry] → [Standard Primitives] → [Cylinder] 를 클릭합니다. 이미지를 보고 하체 위치에 맞게 만들어줍니다. [Modify]로 가서 [Parameters] → [Sides]를 '6'으로 입력하여 각진 원통형을 만듭니다.

 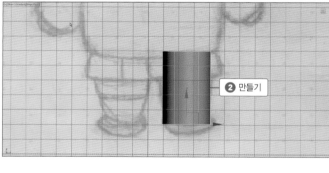 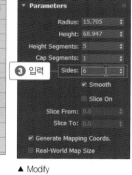

▲ Modify

 치마 속 다리가 꼽혀있는 형태로 보이는 부분 위주로 모델링합니다.

16　마우스 오른쪽 버튼을 클릭하고 [Convert To] → [Convert to Editable Poly]를 클릭하고 폴리곤으로 변환시킵니다. 아래로 갈수록 좁아지게 변형하기 위해서 [Modify]로 가서 [Modifier List] → [FFD 2x2x2]를 클릭하여 적용시킵니다. [FFD 2x2x2] → [Control Points]를 클릭하고 아래를 드래그로 선택 단축키 R을 눌러서 Gizmo 가운데를 드래그로 일정하게 줄여줍니다.

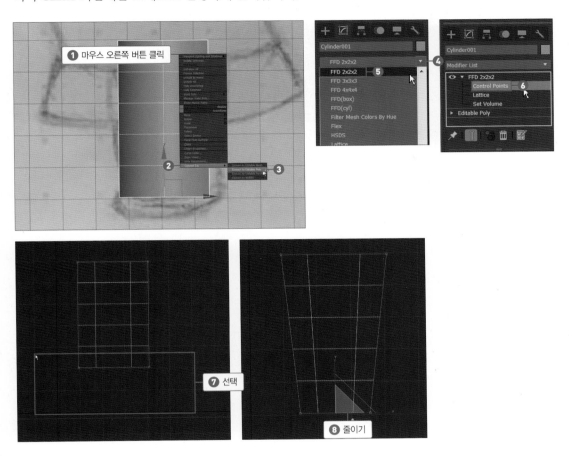

17　줄여진 상태로 모델링 수정을 이어나가기 위해서 [Modifier List]에서 상위에 있는 [FFD 2x2x2]를 마우스 오른쪽 버튼을 클릭하고 [Collapse All]을 클릭합니다. 팝업창이 뜨면 [Yes]를 클릭하여 쌓여있는 명령어를 합쳐서 [Editable Poly] 하나만 남깁니다.

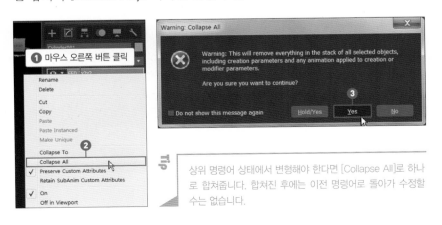

TIP　상위 명령어 상태에서 변형해야 한다면 [Collapse All]로 하나로 합쳐줍니다. 합쳐진 후에는 이전 명령어로 돌아가 수정할수는 없습니다.

18 작고 둥근 형태의 귀여운 발모양을 만들어 보겠습니다. 발이 되어 나올 앞부분 [Polygon]을 선택하고 [Modify]로 가서 [Edit Polygons] → [Extrude]의 [Settings]을 클릭합니다. 'Height=13'을 입력하고 발 모양이 될 면을 앞으로 뽑아냅니다.

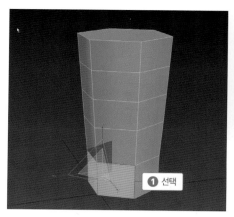

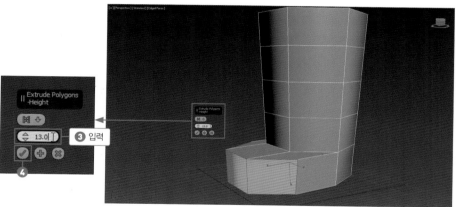

19 발등 부분에 [Edit Geometry] → [Cut]으로 [Edge]를 그림처럼 추가해주고 [Vertex]를 이동하여 둥근 형태로 수정해줍니다. 굽혀질 발목 부분에도 [Edge]를 추가해줍니다.

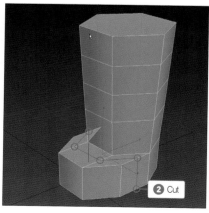

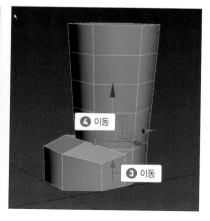

양말 만들기

20 만들어진 다리에 양말과 신발 형태를 추가해줍니다. 다리 윗부분의 [Polygon]을 선택하고 [Edit Polygns] → [Inset]의 [Settings]을 클릭합니다. 'Amount]=1'을 입력하여 안으로 영역을 만들어줍니다. 면이 선택되어진 상태에서 [Edit Polygons] → [Extrude]의 [Settings]을 클릭합니다. 'Height=30'을 입력하고 위로 면을 뽑아줍니다. 제일 윗면의 [Polygon]을 Delete로 지워줍니다.

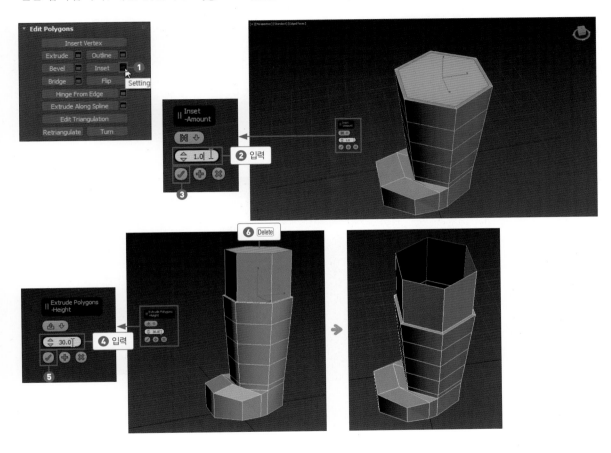

21 양말과 다리 경계 부분의 [Edge]를 더블클릭으로 선택하고 [Edit Edges] → [Chamfer]의 [Settings]을 클릭합니다. [Cahmfer Type] → [Quad]로 선택하고 'Edge Chamfer Amount=1', 'Connect Edge Segments=2', [Edge Tension]은 '0'을 입력합니다. [TurboSmooth]를 적용했을 때 경계가 무너지지 않게 설정합니다.

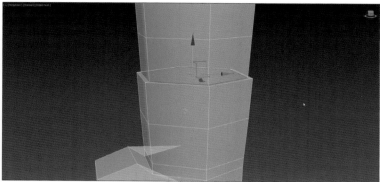

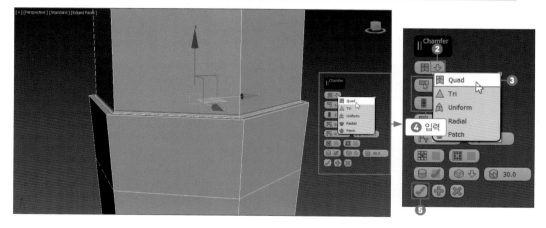

신발 만들기

22 신발 모양대로 [Cut]으로 [Edge]를 추가해줍니다. 오각형인 면이 있는 신발 아래 부분에도 [Edge]를 추가해줍니다.

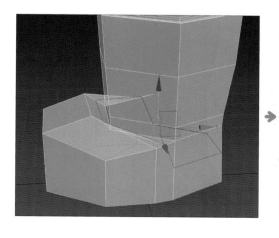
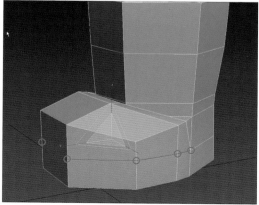

23 [Vertex]를 이동해서 신발 모양대로 위치를 설정하고 [Polygon]을 선택합니다. [Edit Polygons] → [Extrude]의 [Settings]을 클릭합니다. [Local Normal] 방향을 선택하고 'Height=3'을 입력하여 밖으로 뽑아냅니다.

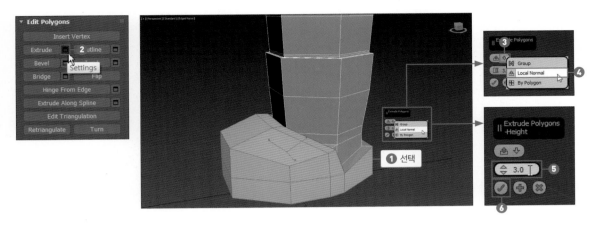

24 신발 경계 부분의 면의 모양을 수정합니다. Right 뷰포트로 가서 발바닥 아래 [Edit Geometry] → [QuickSlice]로 [Edge] 한 줄을 추가해 줍니다.

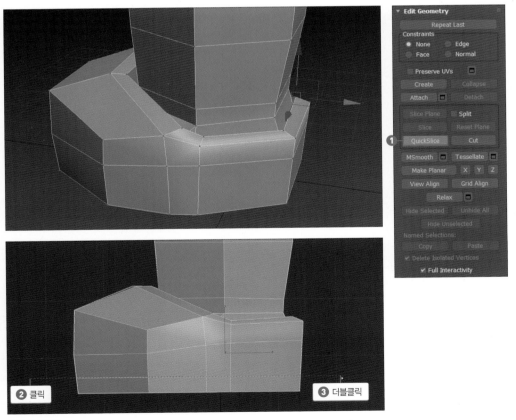

▲ Right 뷰포트

25 [Vertex]를 이동하여 형태를 수정합니다. [Modify]로 가서 [Modifier List] → [TurboSmooth]를 적용하고 반대쪽 다리는 복사합니다. [File] → [Save As]로 저장합니다.

 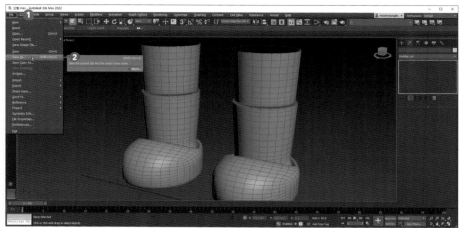

Plane을 변형하여 의상 만들기

SD 캐릭터 모델링할 때는 옷을 입은 형태로 몸을 모델링하고 손이나 다리는 따로 모델링해서 끼워두는 형태로 완성합니다. 전체 캐릭터 형태를 모델링한 후 나머지 의상들을 만듭니다. 치마나 주머니 같은 경우 기본 도형 Plane을 변형하여 모델링합니다.

옷 주머니 만들기

1 상체 모델링 파일을 엽니다. [TurboSmooth]가 적용되어 있다면 눈 아이콘을 끄거나 삭제합니다. [Create]로 [Geometry] → [Standard Primitives] → [Plane]을 클릭하고 주머니가 있을 곳에 드래그로 만들어 줍니다. 마우스 오른쪽 버튼을 클릭하고 [Convert To] → [Convert to Editable Poly]를 클릭하고 폴리곤으로 변환합니다.

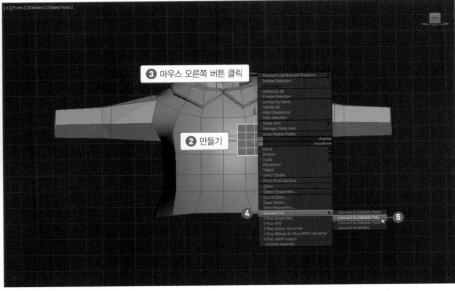

2 Top 뷰포트로 가서 몸의 굴곡에 맞게 [Plane]을 회전과 이동시켜줍니다. 이때 [Pivot]을 [Local]로 변형합니다.

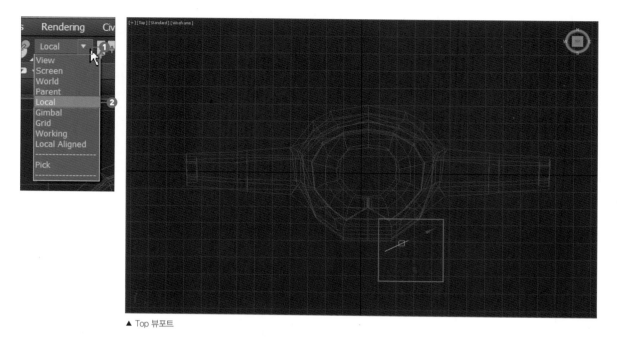

▲ Top 뷰포트

3 [Modify]로 가서 [Edge]를 클릭하고 주머니 가장자리 [Edge]를 선택합니다. Shift 를 누른 상태에서 이동하여 면을 만듭니다.

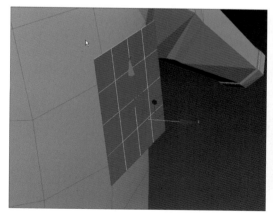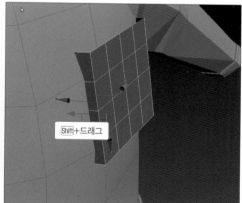

4 각이진 주머니가 만들어졌습니다. [Modify]로 가서 [Vertex]를 선택하고 [Soft Selection] → [Use Soft Selection]을 체크하고 [Falloff]를 조절해가며 부드럽게 형태를 수정해줍니다.

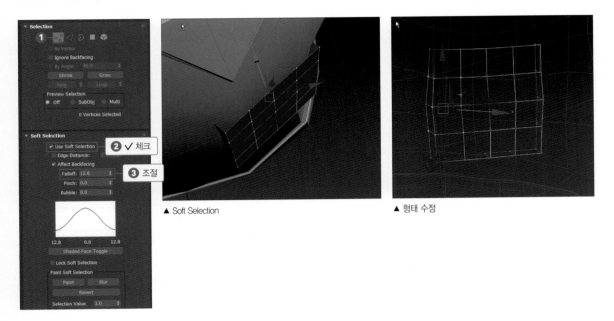

▲ Soft Selection   ▲ 형태 수정

치마 만들기

5 [Create]으로 가서 [Geometry] → [Standard Primitives] → [Cylinder]를 선택하고 치마 형태에 맞게 만들어줍니다. [Parameters]의 [Sides]값은 중앙에 [Edge]가 존재하게 하기 위해 '16'을 입력합니다.

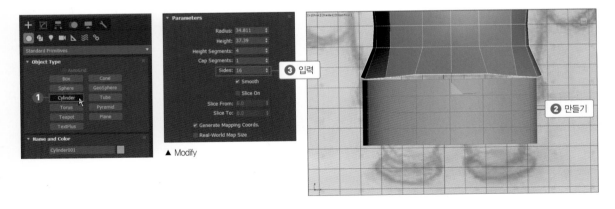

▲ Modify

6 마우스 오른쪽 버튼 선택하고 [Convert To] → [Convert To Editable Poly]를 클릭하고 폴리곤으로 변환합니다. 아래로 갈수록 퍼지는 형태로 수정하기 위해 [Modify]로 가서 [Modifier List] → [FFD 2x2x2]를 적용합니다.

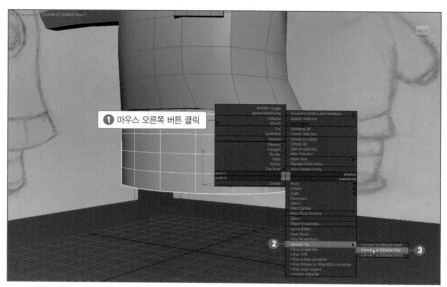

TIP [Modifier List]에서 명령어 첫 번째 알파벳을 계속 입력하면 입력한 알파벳으로 시작하는 명령어만 활성화됩니다.

7 [FFD 2x2x2] → [Control Points]를 선택하고 Front 뷰포트에서 치마 아래 [Control Points]를 드래그로 모두 선택하고 크기를 일정하게 늘려줍니다.

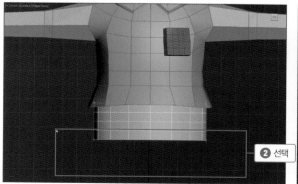

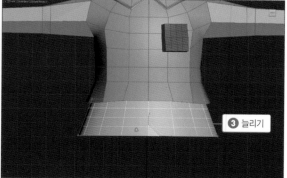

8 전체 비율 수정이 끝나면 [Modify]로 가서 [FFD 2x2x2]에서 마우스 오른쪽 버튼을 클릭하고 [Collapse All]을 클릭하고 명령어를 합쳐줍니다. 아래 면을 선택하고 Delete로 지워줍니다.

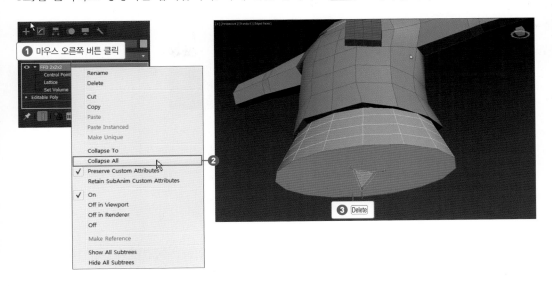

9 치마 주름을 표현하기 위해 [Polygon]을 세로로 한줄 선택하고 [Edit Polygons] → [Extrude]의 [Settings]을 클릭하고 'Height=2'를 입력하고 면을 뽑아냅니다. 다른 줄 [Polygon]도 모두 같은 방식으로 뽑아낸 후 튀어나온 아래 면을 모두 선택하고 Delete로 지워줍니다.

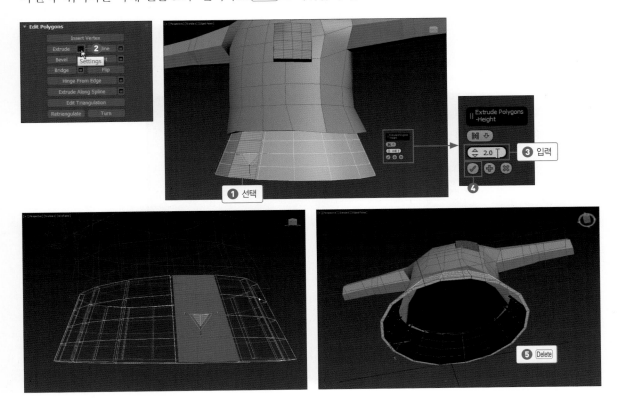

10 [Vertex]를 선택하고 전체 형태를 수정합니다. [Modifier List] → [TurboSmooth]를 적용합니다.

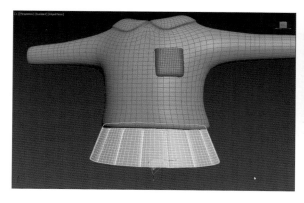 

> **Tip**
> 각각의 모델링을 다 완성한
> 후 한꺼번에 모두 선택하고
> [TurboSmooth]를 적용하
> 면 제어하기 편리합니다. 중
> 간 모델링 완성 후에 적용한
> [TurboSmooth]는 형태를
> 확인 후 지웁니다.

단추 만들기

11 [Create]로 가서 [Geometry] → [Standard Primitives] → [Cylinder]를 단추 크기로 만듭니다. 마우스 오른쪽 버튼을 클릭하고 [Convert To] → [Convert to Editable Poly]로 변환하여 폴리곤으로 변환합니다.

 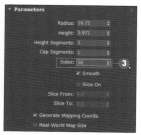

▲ Modify

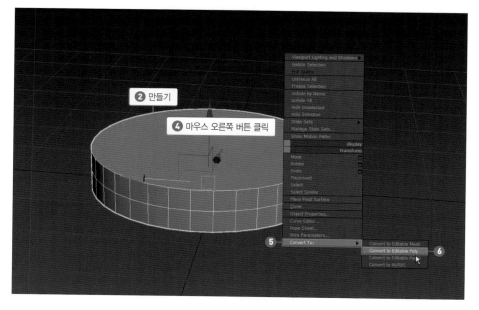

> **Tip**
> [TurboSmooth]를 적용하지 않을 예정입니다. [Sides]값을 높여서 처음부터 단면을 둥글게 만듭니다.

12 윗면 [Polygon]을 선택하고 [Edit Polygons] → [Inset]의 [Settings]을 클릭하고 안으로 면을 줄여줍니다.

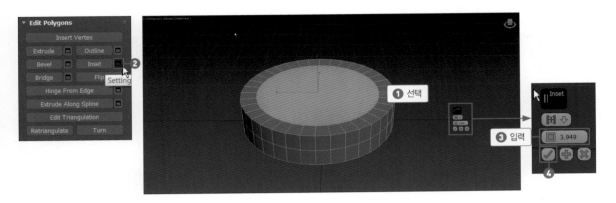

13 [Edit Polygons] → [Extrude]의 [Settings]을 클릭하고 안으로 면을 뽑아줍니다.

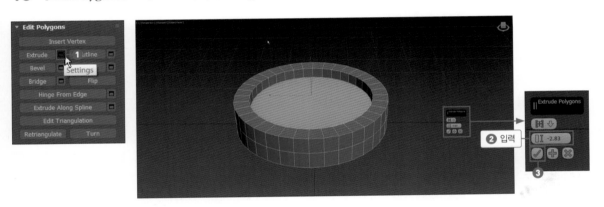

14 단추 구멍 위치에 4개의 [Cylinder]를 관통하게 각각 배치합니다.

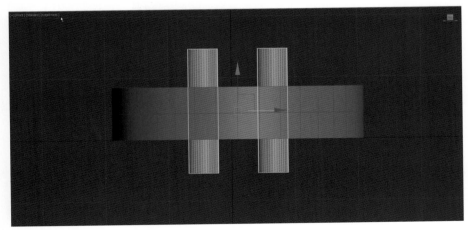

▲ Front 뷰포트

15 단추를 선택하고 [Create]로 가서 [Geometry] → [Compound Objects] → [Boolean]을 클릭합니다. [Boolean Parameters] → [Operand Parameters] → [Subtract]를 클릭하고 [Add Operands]를 클릭하고 뚫을 [Cylinder]를 차례로 클릭합니다.

16 실을 표현하기 위해 [Create]로 가서 [Shapes] → [Splines] → [Circle]을 클릭하고 단추 구멍에 맞게 만들어줍니다. 형태를 수정하고 [Rendering] 옵션에서 [Enable In Renderer]와 [Enable In Viewport]를 체크합니다.

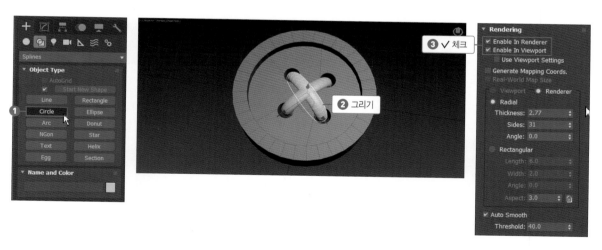

17 모두 선택하고 메뉴 바에서 [Group] → [Group]을 클릭하고 그룹을 만들고 원하는 위치에 배치합니다.

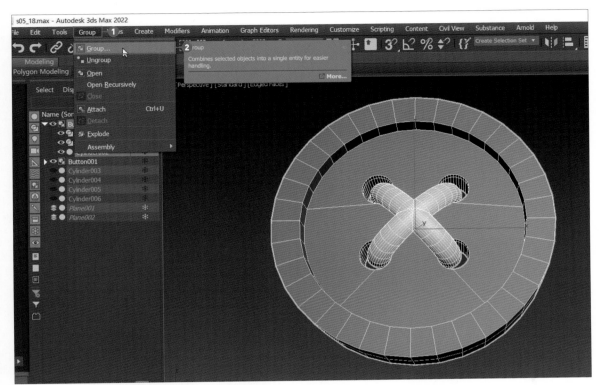

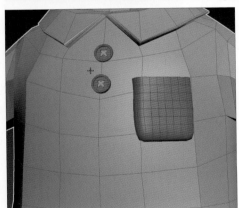

Tip | [Compound Objects]를 사용하여 면을 뚫었기 때문에 [TurboSmooth]를 적용하면 면이 일그러질 수 있습니다. 와이어 흐름을 다시 수정해 주어야 합니다. 움직임이 없는 사물 오브젝트를 만들 때 사용하면 유용합니다.

Attach를 이용해서 얼굴과 몸통 연결하기

따로 만들어져 있는 맥스 파일을 하나의 파일로 만들기 위해 불러오거나 Biped Rigging을 위해 하나의 Polygon으로 만드는
방법을 배워봅니다.

1 얼굴, 몸, 다리 등을 따로 만들고 각각의 맥스 파일로 저장하였습니다. [File] → [Import] → [Merge]를
클릭하고 불러올 파일을 선택합니다.

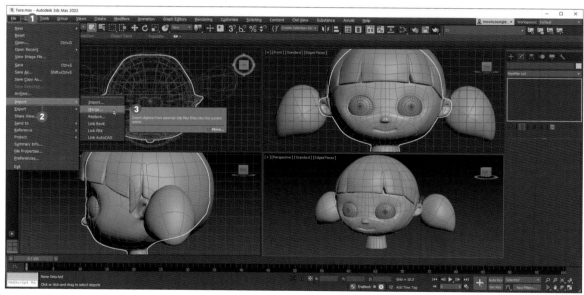

2 팝업창에서 선택한 파일의 오브젝트별 목록이 뜹니다. 불러오고 싶은 오브젝트를 선택하고 [OK]를 클릭합니다.

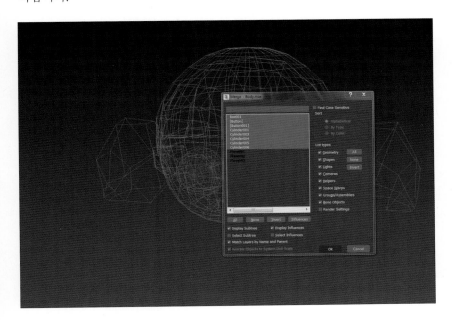

3 불러올 때 파일명이 겹치면 다음과 같이 [Duplicate Name] 창이 뜹니다. 직접 다른 이름으로 입력하거나 [Auto-Rename]을 클릭합니다. [Symmetry] 명령어가 남아 있다면 마우스 오른쪽 버튼을 클릭하고 [Collapse All]을 클릭합니다.

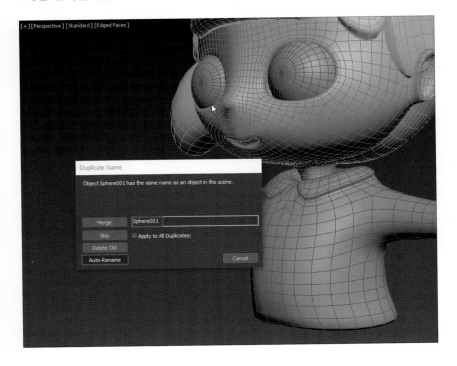

4 각 위치에 배치시켜줍니다. 얼굴 오브젝트를 선택하고 [Edit Geometry] → [Attach]를 클릭하고 다른 오브젝트를 눈동자를 제외하고 차례로 클릭합니다. 각각의 오브젝트가 하나의 오브젝트로 합쳐집니다. [Attach]로 합친 오브젝트는 [Selection] → [Element]로 따로 선택할 수 있습니다.

[Attach]하기 전 [TurboSmooth]는 지우고 합쳐줍니다.

5 하나로 합쳐진 캐릭터를 선택하고 [TurboSmooth]를 적용하고 [File] → [Save As]로 저장합니다.

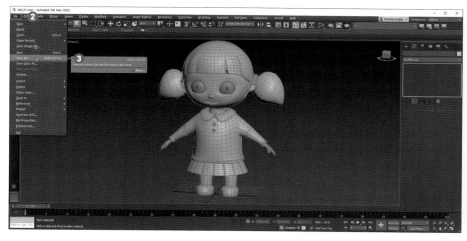

과제 2

직접 디자인한
SD 캐릭터 모델링 완성하기

과제목표
SD(Super Deformation)의 비율 특징을 이해하고 애니메이션이나 게임에 활용될 수 있는 확장성 있는 캐릭터를 직접 디자인해봅니다. 다양한 인기 캐릭터를 분석해보고 나만의 아이디어가 들어간 스토리텔링이 살아있는 캐릭터를 기획 스케치합니다. 최종 애니메이션하기 위한 움직임을 미리 예상하여 면의 흐름 즉 와이어 흐름에 유의하여 모델링을 완성합니다.

과제순서
자료조사 및 스케치→ 정면 · 측면 스케치 이미지 Plane 세우기→ 모델링→ 와이어 수정

참고사이트
CG CGMeetup http://www.cgmeetup.net
컴퓨터그래픽 관련 튜토리얼 및 참고자료를 볼 수 있는 사이트입니다. [Downloads]메뉴에서 캐릭터 셋업이 되어 있는 다양한 캐릭터를 무료로 다운 받을 수 있습니다. 와이어 흐름 및 비율을 참고하기에 유용한 사이트입니다.

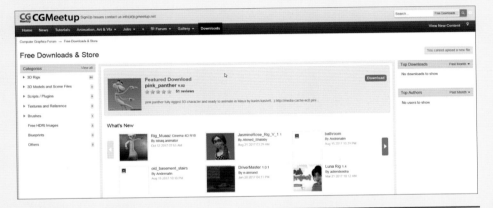

Tip
– 나이, 성별, 성격 등 캐릭터 설정을 먼저 합니다.
– 인기 있는 캐릭터의 기본형을 분석하고 2등신 3등신으로 머리가 큰 캐릭터의 형태를 잘 살려서 디자인합니다.
– 과장과 생략의 균형 속에서 기본형인 원, 삼각형, 사각형에서 디자인을 시작하여 단순하면서 특징이 잘 드러나게 디자인합니다.
– 무릎, 팔꿈치 등의 관절 부위의 와이어 흐름에 유의하여 모델링 합니다.
– 완성 후 다른 캐릭터와의 크기 비교를 위해 크기 비교 이미지를 제작합니다.

Chapter

03

TurboSmooth를 이용한 인체 기본형 모델링

인체 기본형 모델링하면서 캐릭터 비례 및 와이어 흐름을 이해합니다.

Box에 TurboSmooth를 적용하여 얼굴 모델링

얼굴 모델링을 위해 Box에 TurboSmooth를 적용하여 시작하면 쉽게 형태를 만들 수 있습니다. 전체 형태를 만들고 눈, 입, 귀를 따로 만들어 붙이는 방식으로 얼굴 기본형 만드는 방법을 배워봅니다.

얼굴 형태잡기

1 뷰포트에 Box를 하나 만들고 [Modify]로 가서 [Box]를 선택하고 [Length Segs], [Width Segs], [Height Segs]='1'로 입력해 모두 하나의 면으로 만듭니다. [Modify]로 가서 [Modifier List] → [TurboSmmoth]를 적용합니다. [Iteration]은 '1'로 설정합니다. 십자 형태로 가장 기본인 면 분할이 완성됩니다.

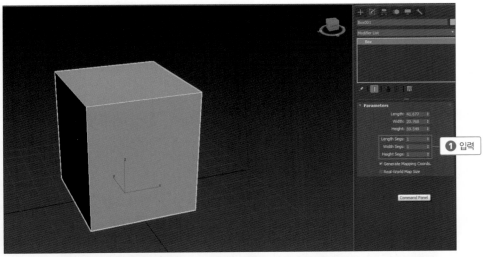

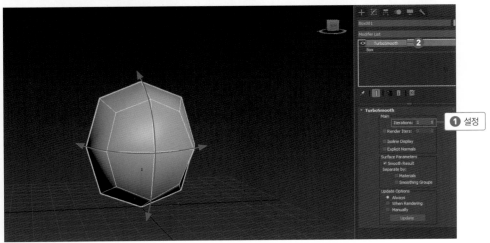

2 얼굴형을 만든 후 [Modifier List]에 보면 [Box]와 그 위 [TurboSmooth]가 쌓여 있습니다. 마우스 오른쪽 버튼을 클릭하고 [Collapse All] 또는 뷰포트에서 마우스 오른쪽 버튼을 클릭하고 [Convert To] → [Editable Poly]하여 폴리곤으로 변환합니다.

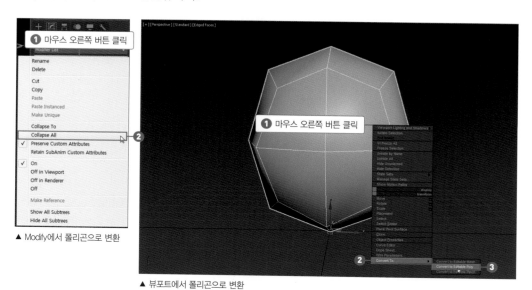

▲ Modify에서 폴리곤으로 변환

▲ 뷰포트에서 폴리곤으로 변환

3 코 위치를 만들기 위해 [Vertex]를 선택하고 [Edit Geometry] → [Cut]을 클릭하고 코가 있을 위치를 생각하고 중앙에 가깝게 한줄 세로로 추가해 줍니다.

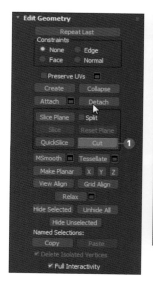

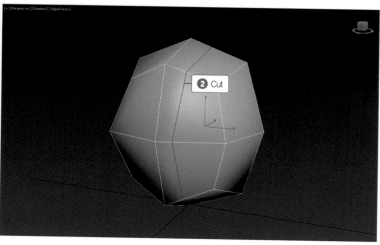

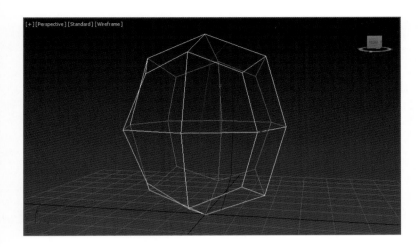

4 이마, 코, 입 위치를 구분해서 [Edit Geometry] → [Cut]으로 그림처럼 가로로 선을 추가합니다. Front 뷰 포트에서 왼쪽 [Polygon]을 드래그로 다 선택해서 Delete로 지워줍니다.

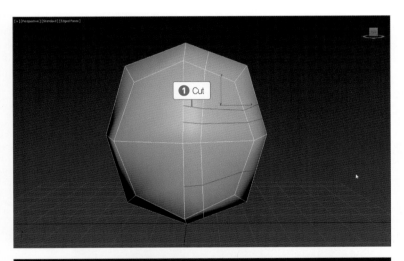

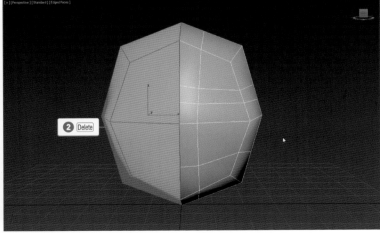

▲ Front 뷰포트

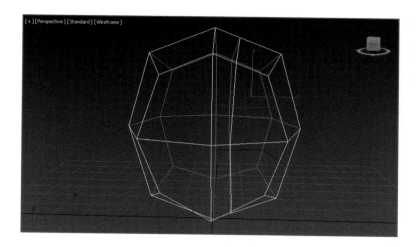

5 목을 만들기 위해 Right 뷰포트에 가서 그림의 위치의 [Polygon]을 선택하고 [Edit Polygons] → [Extrude]의 [Settings]을 클릭하고 면 방향은 [Group]을 선택하고 아래로 면을 뽑아줍니다. 여러 뷰포트에서 확인하면서 목의 위치를 수정합니다.

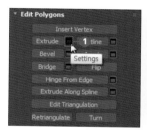

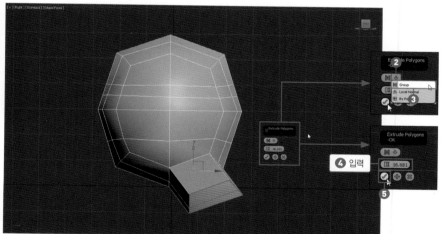

▲ Right 뷰포트

6 Right 뷰포트로 가서 뽑은 목의 전체 방향을 수정해줍니다. 목의 아래 단면이 보이지 않게 [Vertex]를 이동하여 수정해줍니다. [Vertex]를 선택하고 얼굴 옆모습 라인을 생각하고 이마, 코, 턱이 잘 구분되게 이동하여 수정합니다.

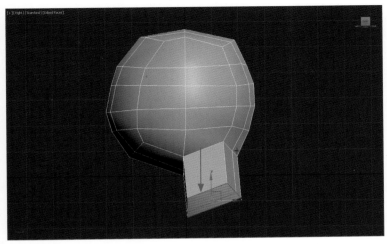

▲ Right 뷰포트

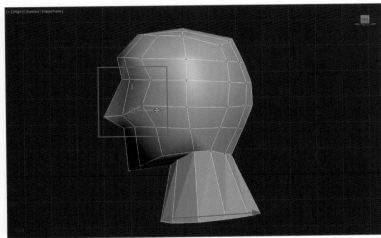

▲ 옆모습 형태 수정

TIP

처음에는 로우 폴리곤처럼 라인을 많이 추가하지 않고 큰 형태를 먼저 잡아간다 생각하고 드래그로 [Vertex]를 선택하여 이동하여 수정합니다.

눈, 코, 입 위치 지정하기

7 [Edit Geometry] → [Cut]으로 옆모습 턱의 끝에서 머리까지 올라가는 라인을 추가하고 정면에서 코끝에서 올라가는 선을 추가합니다. 삼각형이 생기면 라인을 정리하여 사각형으로 수정해줍니다.

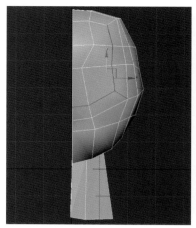 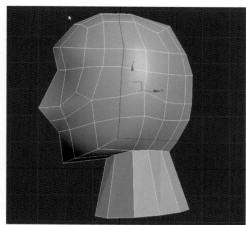

▲ 라인 추가

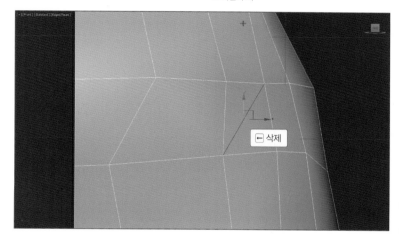

Tip
[Edge]를 지울 때 ←를 입력하면 지워지
고 Delete를 입력하면 면이 삭제됩니다.

8 콧대 형태를 위해 [Edge]를 추가합니다. 콧등의 라인이 흘러 입술 주위로 내려가도록 수정합니다.

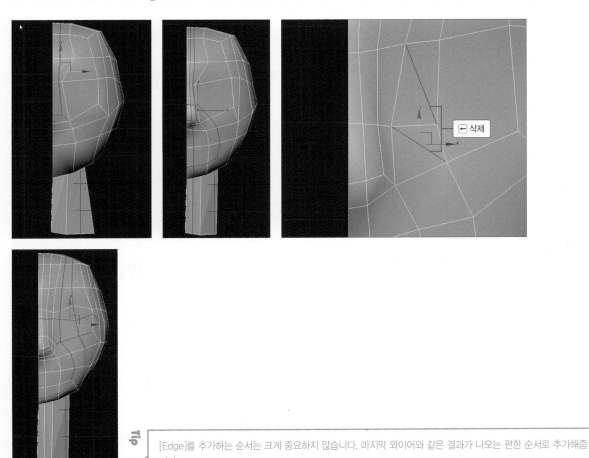

Tip [Edge]를 추가하는 순서는 크게 중요하지 않습니다. 마지막 와이어와 같은 결과가 나오는 편한 순서로 추가해줍니다.

9 형태를 수정하고 눈과 입이 있어야 할 곳의 [Polygon]을 선택하고 Delete로 삭제합니다.

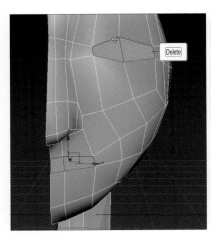
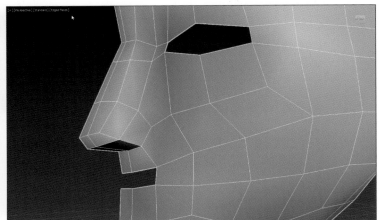

눈 만들기

10 눈 위치에 [Sphere]를 위치시킵니다. 얼굴을 선택하고 마우스 오른쪽 버튼을 클릭하고 [Hide Selection]을 클릭하고 눈 모델링하는 동안 숨겨둡니다.

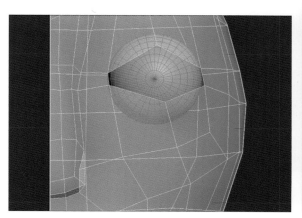 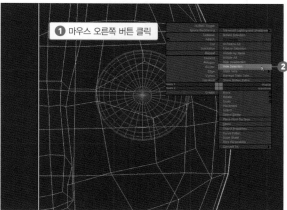

11 [Shape]→ [Splines]→ [Line]을 클릭하고 [Sphere]를 둘러싸게 눈두덩이 형태로 드래그하여 곡선으로 그려줍니다. 마지막에 처음 시작점으로 와서 클릭하면 닫힌 라인 즉 하나의 연결된 원으로 완성합니다. [Modify]로 와서 [Vertex]를 선택하고 모든 뷰포트에서 보면서 안구 형태에 구를 둘러싸는 둥근 형태로 수정해줍니다.

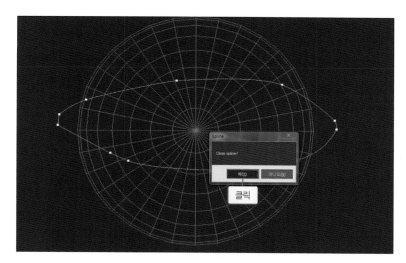

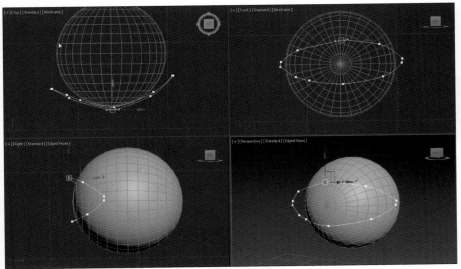

12 [Line]을 선택하고 마우스 오른쪽 버튼을 클릭하고 [Convert to] → [Editable Poly]를 클릭하고 폴리곤 으로 변환합니다. [Vertex]를 선택하고 ←를 입력하고 지워줍니다.

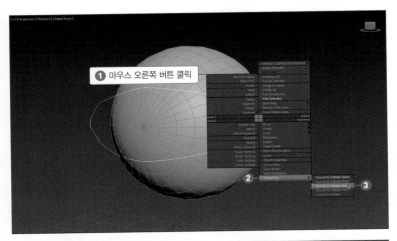

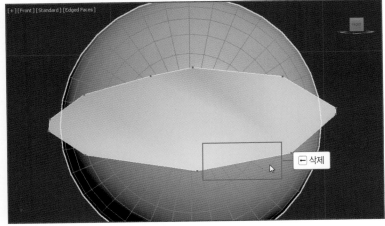

위아래 6~8개의 [Vertex]로 정리하면 적당한 면을 만드는데 도움이 됩니다.

13 [Selection]→ [Border]를 선택하고 가장자리를 클릭합니다. 단축키 [R] 입력하고 [Shift]을 누른 상태에서 크기를 늘려줍니다. 이때 피봇의 중앙을 드래그하여 일정하게 같은 비율로 면이 뽑아져 나오게 합니다. 면을 뽑고 다른 뷰포트에서 위치를 수정하고 다시 뽑는 방식으로 형태를 수정합니다.

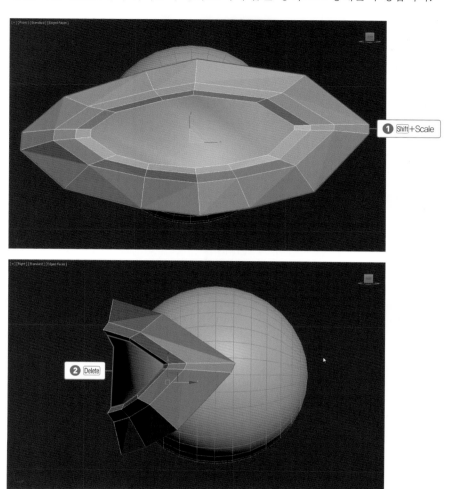

14 가운데 [Polygon]을 클릭하고 Delete 로 삭제합니다. [Vertex]를 선택하고 구를 감싸고 있는 눈의 형태로 수정해줍니다. 반달 눈 형태로 수정합니다.

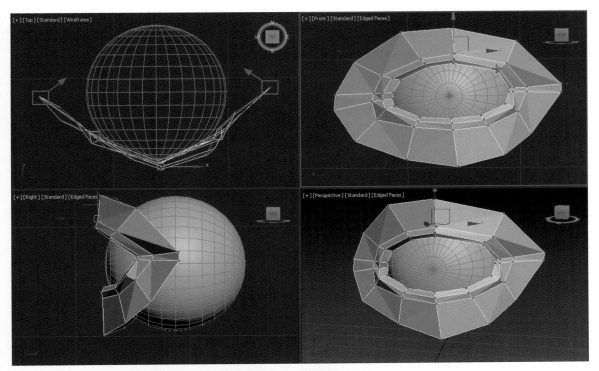

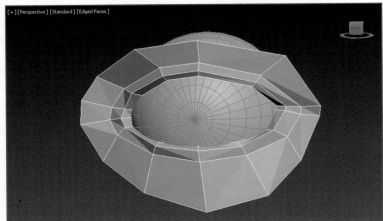

▲ 형태 수정

15 형태를 유지하는 최소한의 면의 수로 모델링을 한 후 [TurboSmooth]를 최종 적용하는 방식으로 하고 있습니다. [Modify]로 이동하고 [Selection] → [Polygon]을 선택하고 면을 선택한 후 모델링의 원하는 폴리곤을 선택하고 [Polygons: Smoothing Groups]의 숫자를 클릭하면 면의 기울기를 부드럽게 하여 각진 형태에서 부드러운 형태를 [TurboSmooth] 적용 없이 확인할 수 있습니다.

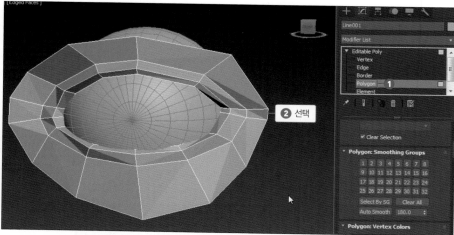

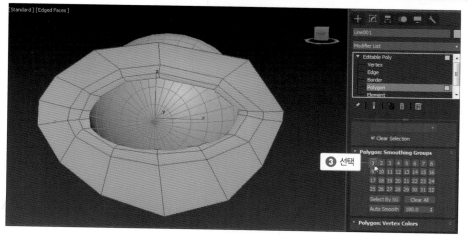

TIP 하나의 모델링을 면을 나누어 그룹을 숫자로 지정하고 각 숫자를 클릭하거나 해지하여 그룹별로도 면의 기울기를 달리 할 수도 있는 기능입니다.

귀 만들기

16 귀의 바깥쪽 형태를 만들기 위해 Right 뷰포트에서 [Seg]값이 모두 '1'인 [Plane]을 만듭니다. 마우스 오른쪽 버튼을 클릭하고 [Convert To] → [Convert to Editable Poly]를 클릭하여 폴리곤으로 변환합니다. [Edge]를 선택하고 Shift를 누른 상태에서 이동하여 면을 뽑고 회전을 반복하여 형태를 만들어 갑니다.

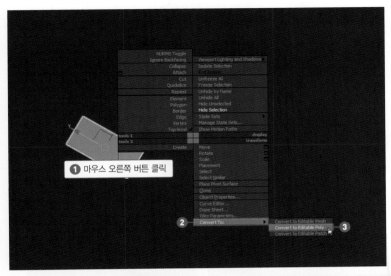

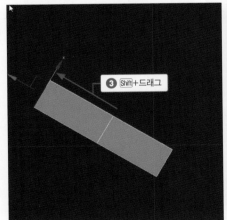

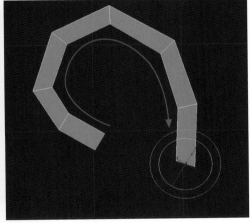

▲ 형태 만들기

17 [Vertex]를 선택하고 형태를 수정합니다. 안쪽의 튀어나온 부분을 같은 방식으로 [Plane]을 가지고 만들어 갑니다.

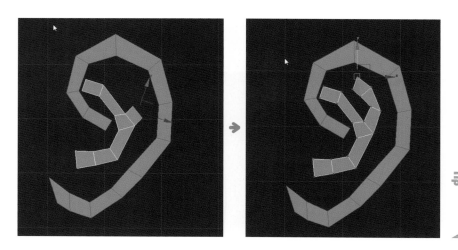

Tip
이동 및 회전 할 때 [Pivot]의
방향을 필요에 따라 [Local]
과 [View]로 변경하며 작업
합니다.

18 귀의 외곽 부분 형태를 [Plane]으로 만들었습니다. 두께를 만들기 위해 외곽 [Polygon]을 모두 선택하고 [Edit Polygons] → [Extrude]의 [Settings]을 클릭하고 [Height]값을 늘려서 면을 뽑아 두께를 만듭니다.

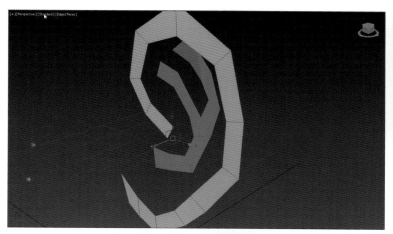

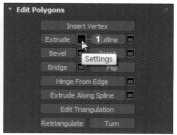

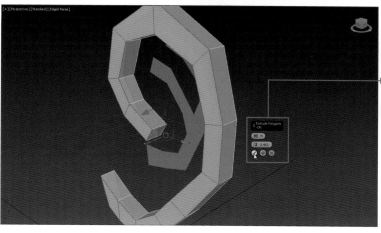

❷ 입력

Tip
귀 전체 [Polygon]을 선택하고 [Extrude]
할 때 면의 방향을 [By Polygon]으로 하
면 안 됩니다. 한통으로 뽑아져 나오지 않
고 가운데 경계면이 모두 생겨서 생성됩
니다.

19 두 개의 오브젝트를 하나의 폴리곤으로 합치기 위해 귀 바깥쪽을 선택하고 [Edit Geometry] → [Attach]를 클릭하고 안쪽 오브젝트를 클릭합니다.

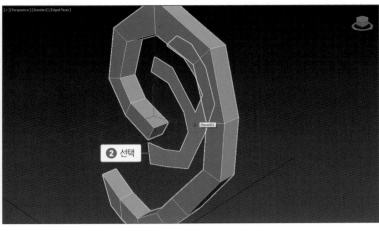

 [Polygon]같은 [Selection]의 다른 속성이 선택되어져 있으면 [Edit Geometry]가 나타나지 않습니다. 다시 클릭하여 선택해지 하고 진행합니다.

20 빈 공간을 이어줍니다. [Edge]를 Ctrl를 누르고 다중 선택한 후 [Edit Edges] → [Bridge]의 [Setting]을 클릭합니다. [Segments]값을 조절하면서 면을 이어줍니다.

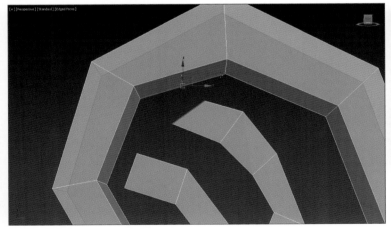

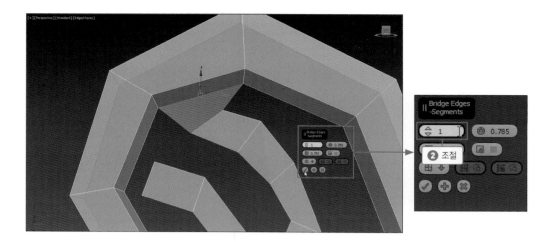

21 연결할 [Edge]의 개수가 다르다면 [Bridge]로 이은 다음 면 분할을 [Cut]으로 면을 수정해줍니다.

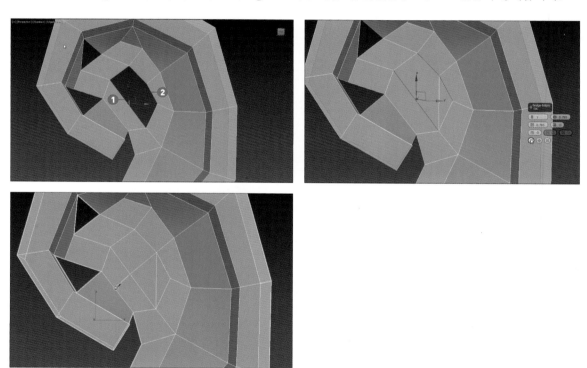

22 비어있는 면을 [Edge]를 각각 선택하고 [Bridge] 또는 [Border]를 선택하고 [Cap]을 활용해서 채우고 귀 형태를 수정합니다. 귀 형태는 끝으로 갈수록 말리는 면의 형태를 가지고 있습니다. 이점 유의해서 [Vertex]를 이동해가며 수정합니다.

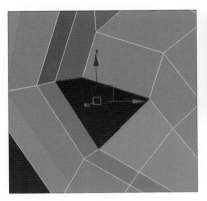

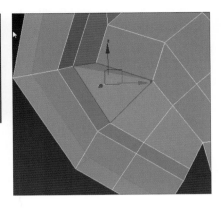

23 귓구멍을 만들기 위해 면을 [Cap]으로 채우고 [Polygon]을 선택하고 [Edit Polygons] → [Extrude]의 [Settings]을 클릭하고 [Height]값을 -값으로 입력하여 안쪽으로 면을 넣어줍니다. [Cut]으로 안쪽 [Edge]를 이어서 수정합니다.

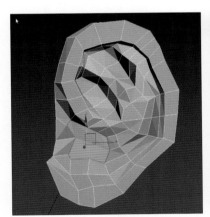
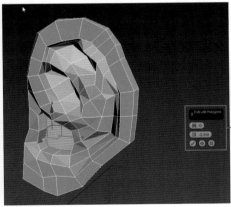

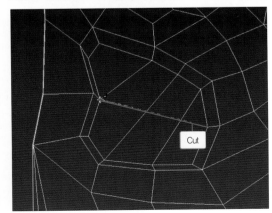

24 [Vertex]를 이동하여 전체 형태를 수정합니다. [TurboSmooth]를 적용해보고 [Cut]을 활용하여 [Edge]를 추가해서 형태를 수정합니다.

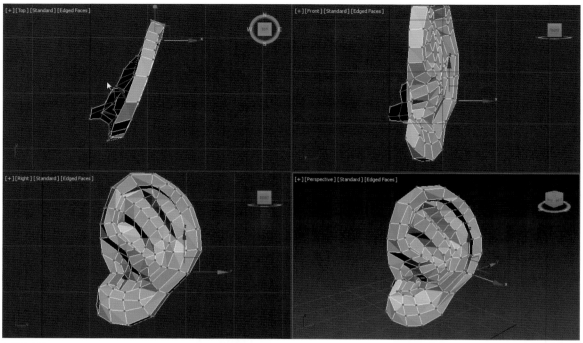

▲ 형태 수정

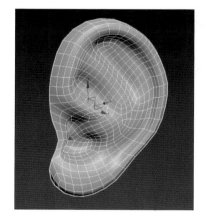

눈 연결하기

25 뷰포트에서 마우스 오른쪽 버튼을 클릭하고 숨겨두었던 얼굴을 꺼냅니다. 먼저 따로 만든 눈과 얼굴을 [Attach]합니다. [Vertex]를 선택하고 [Edit Vertices] → [Target Weld]를 클릭하고 [Vertex]를 클릭하고 붙일 [Vertex]에 클릭하면 두 [Vertex]가 한 점으로 이어집니다.

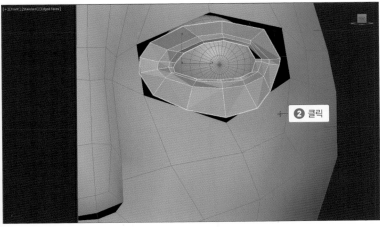

▲ 눈과 얼굴 합치기

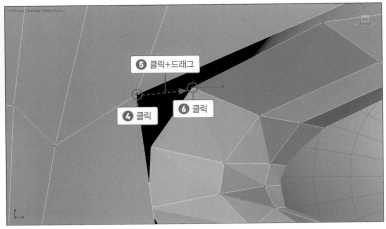

26 [Cut]으로 코와 눈 주위의 와이어 흐름을 수정합니다. 안구 주위로 둥글게 라인이 흐르고 코와 눈 부위의 이어지는 흐름을 유의하여 [Edge]를 추가 및 삭제하며 수정합니다.

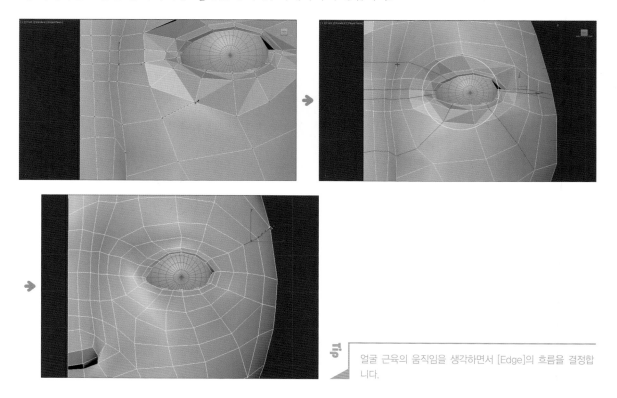

TIP 얼굴 근육의 움직임을 생각하면서 [Edge]의 흐름을 결정합
니다.

코와 입술 만들기

27 콧구멍이 될 [Polygon]을 선택하고 [Edit Polygons] → [Extrude]의 [Settings]을 클릭하고 [Height]을 -값을 입력하고 안쪽으로 뽑아 넣습니다. 콧볼이 될 부분의 [Polygon]을 선택하고 [Edit Polygons] → [Bevel]의 [Settings]을 클릭하고 안쪽으로 좁아지면서 면이 뽑아져 나오게 합니다. [Cut]으로 [Edge]를 추가하거나 ←키로 지워가며 수정합니다.

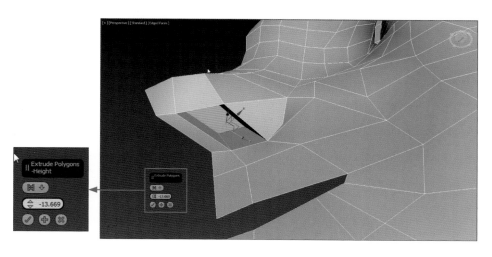

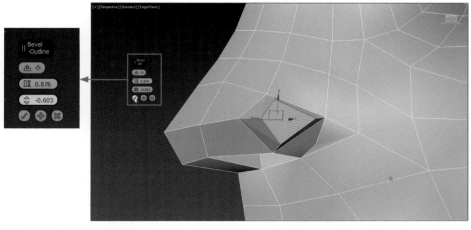

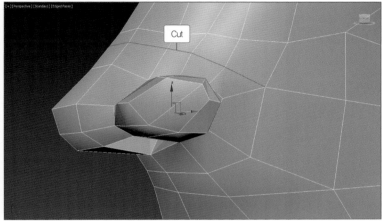

28 [Cut]으로 [Edge]를 추가하거나 [Vertex]를 이동하여 코와 눈 주위의 [Edge]를 수정합니다.

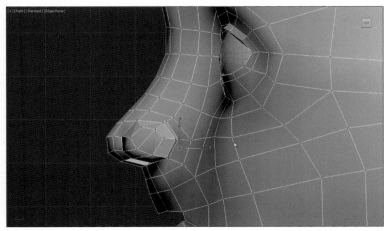

▲ 형태 수정

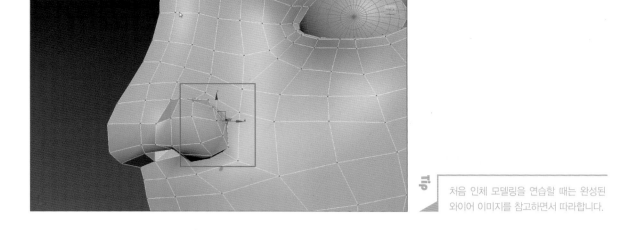

TIP 처음 인체 모델링을 연습할 때는 완성된
와이어 이미지를 참고하면서 따라합니다.

29 뚫어 둔 입술 부위의 [Edge]를 선택하고 Shift를 누른 상태에서 크기를 줄여 면을 뽑고 [Cut]으로
[Edge]를 추가하여 수정합니다. 면을 생성한 다음 [Vertex]를 이동하여 입술 형태로 수정합니다.

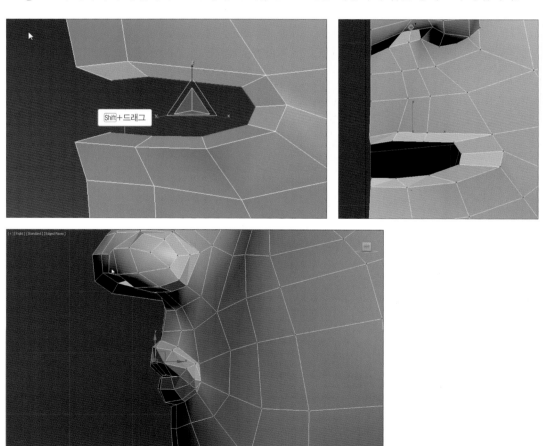

Shift+드래그

30 만들어둔 귀도 [Edit Geometry] → [Attach]하여 얼굴과 합쳐 줍니다. [Vertex]를 선택하고 [Edit Vertices] → [Target Weld]를 클릭하고 얼굴과 귀의 [Vertex]를 이어줍니다. Front 뷰포트에서 귀 기울기를 수정합니다.

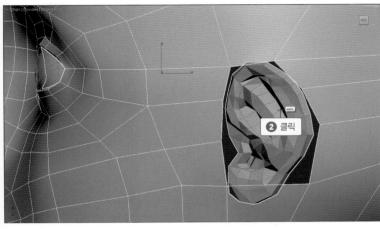

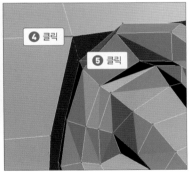

Tip 귀와 얼굴 옆면을 이을 때 귀 근처 애니메이션을 특별히 하지 않는다면 귀의 얼굴과 귀의 [Polygon] 수를 맞추거나 사각형을 만들기 위해 [Edge]를 많이 추가할 필요는 없습니다.

31 코와 눈의 연결 부위 입술 주변을 유의하며 전체 와이어 흐름을 수정합니다. 수정이 끝나면 [Modify]로 가서 [Modifier List] → [Symmetry]와 [TurboSmooth]를 적용하고 저장합니다.

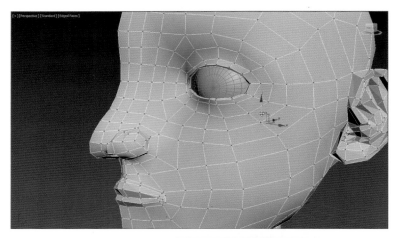

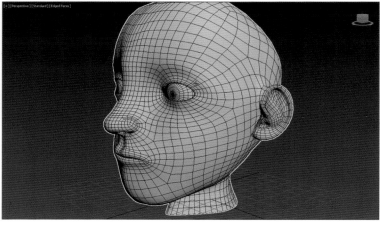

 얼굴 기본형에서 코의 비율, 눈 크기 등을 수정하여 다른 얼굴로 변형해봅니다.

FFD를 적용하여 몸 기본형 모델링

기본 도형 [Box]를 가지고 [Extrude]를 적용하여 면을 뽑고 [FFD]를 적용하여 인체 비례를 수정합니다. [Edge]를 추가하거나
삭제하면서 몸의 와이어를 수정하여 몸 기본형 모델링을 완성합니다.

면분할 하기

1 Box를 만든 다음 [Create]으로 가서 기본 도형 [Box]를 'Length Segs=2, Width Segs=2, Height Segs=3'
으로 입력해 면을 분할하여 생성합니다. 마우스 오른쪽 버튼을 클릭하고 [Convert To] → [Convert to
Editable Poly]를 클릭하고 폴리곤으로 변환합니다.

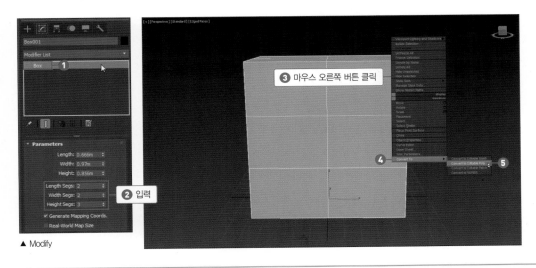

▲ Modify

> **TIP**
> 처음 드래그를 어느 뷰포트에서 하는지에 따라 [Lenghth], [Width]의 위치가 달라질 수 있습니다. 중요한 것은 몸의 기본형을 만들기 위해 정
> 면에서 정중앙에 [Edge]가 존재하여 면이 좌우로 분할되게 면의 수를 조절해주는 게 중요합니다.

2 윗부분이 어깨, 아래 부분이 골반의 위치가 됩니다. Front 뷰포트에서 [Vertex]를 드래그로 선택하여 X축으로 줄여 허리 부분부터 형태를 수정합니다.

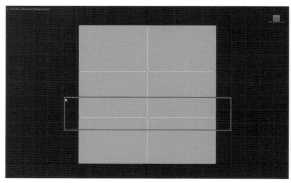

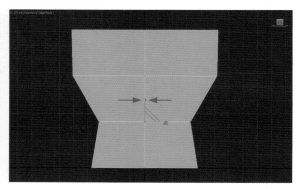

▲ Front 뷰포트

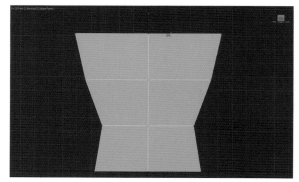

▲ 형태 수정

3 Top 뷰포트에서 중앙의 [Vertex]를 선택하고 위로 올려서 어깨 모양을 잡아줍니다.

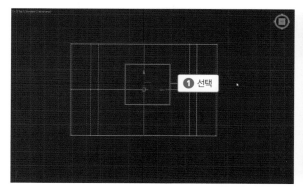

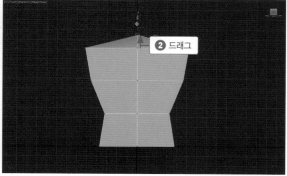

▲ 형태 수정

4 [Vertex]를 선택한 상태에서 [Edit Geometry] → [QuickSlice]를 선택하고 오른쪽 면을 분할해줍니다. 이 때 [Snaps Toggle] 아이콘을 클릭하면 그리드를 중심으로 스냅이 걸려서 위아래 일직선으로 [Edge]를 추가 해 줄 수 있습니다.

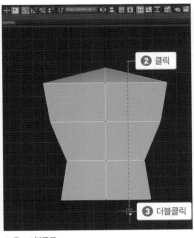
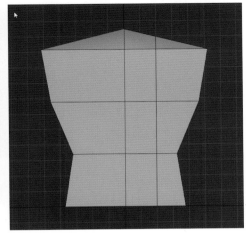

▲ Front 뷰포트

5 [Vertex]를 이동하여 골반의 위치와 어깨 부분의 형태를 수정합니다. 각이진 경계 부분 역시 Scale을 활용하여 양쪽 [Vertex]를 선택하고 한쪽 방향으로 줄여가며 일정하게 형태를 수정합니다.

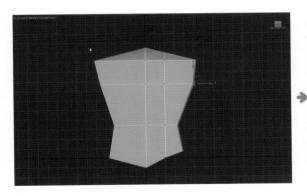
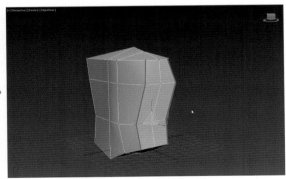

▲ 각진 부분 수정하기

6 가슴 부분의 [Edge] 위치를 수정하고 반대쪽 면을 드래그로 [Polygon]을 모두 선택하고 Delete 로 삭제합니다.

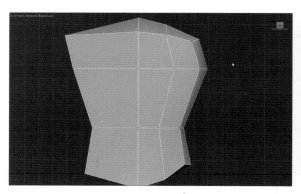 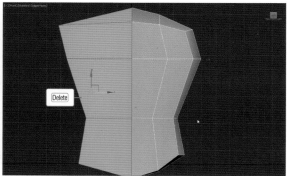

7 Top 뷰포트에서 위쪽 [Vertex]를 각각 선택하고 Scale의 Y방향으로 줄여서 둥근 형태로 수정해 줍니다.

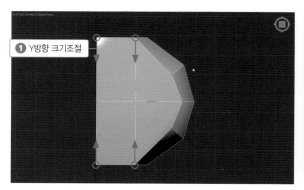 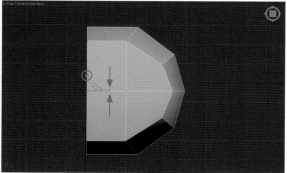

8 선택했던 [Vertex]를 선택 해지하고 Mirror 아이콘을 클릭하고 X축을 기준으로 복사합니다. 이때 [Clone Selection] → [Instance]로 선택합니다.

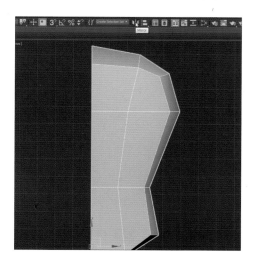

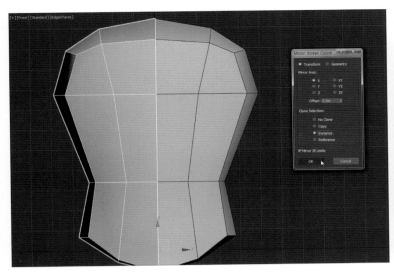

Tip 중간 과정에서 [Mirror] 복사할 때 [Instance]로 하면 복사본이 원본의 변형에 따라가기 때문에 좌우 전체 형태를 보면서 모델링할 때 유용합니다. 최종 완성 후에는 삭제하고 [Symmetry]를 적용하거나 [Mirror]복사 [Clone Selection] → [Copy]로 다시 복사해야 [Attach]가 가능합니다.

Cut으로 Edge 추가하기

9 Front 뷰포트에서 [Edit Geometry] → [Cut]으로 가슴 근육 부의의 [Edge]를 그림처럼 추가하고 와이어 흐름을 수정합니다.

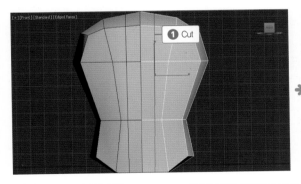 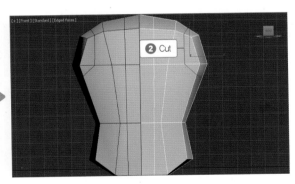

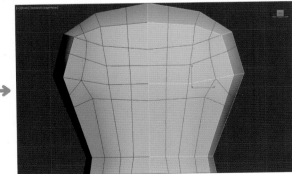

Tip [Instance] 옵션으로 복사하여 원본하나만 수정해도 복사본도 같은 형태로 실시간으로 변형됩니다.

10 허리부분과 골반과 다리 연결부의도 [Edge]를 추가하고 와이어 흐름을 수정합니다.

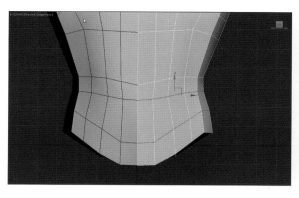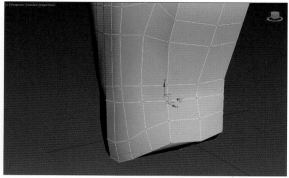

[Edge]는 중간이 끊어져 있으면 안됩니다.

11 팔과 다리 부분 연결부위의 [Polygon]을 선택하고 Delete로 삭제합니다.

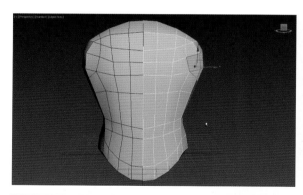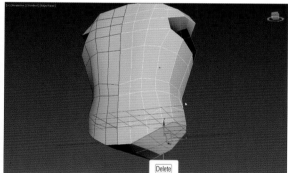

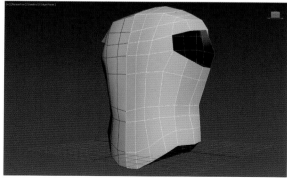

12 [Modify]로 가서 [Modifier List] → [FFD 4x4x4]를 적용하고 [Control Points]를 선택하고 전체 비율을 수정합니다. 수정이 끝나면 [Modify]에서 마우스 오른쪽 버튼을 클릭하고 [Collapse All]하여 명령어를 [Editable Poly]만 남게 하나로 합쳐줍니다.

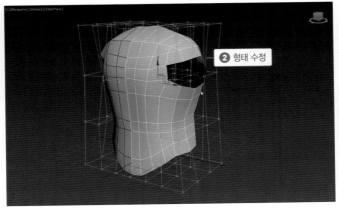

FFD 뒤의 숫자는 [Control Points]의 개수를 나타냅니다.

13 관절이 움직이는 부의는 둥글게 와이어가 흐르도록 [Cut]으로 선을 추가하고 수정합니다. 모든 뷰포트에서 보면서 [Vertex]를 이동하여 형태를 수정합니다.

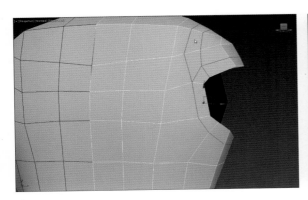
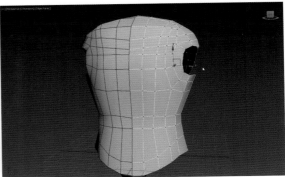

14 목이 될 부분의 [Polygon]을 선택하고 [Edit Polygons] → [Extrude]의 [Settings]을 클릭하고 면을 뽑아냅니다. [Vertex]를 이동하여 목의 형태를 수정합니다.

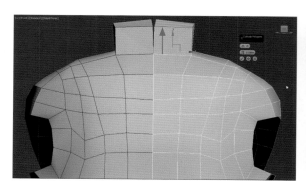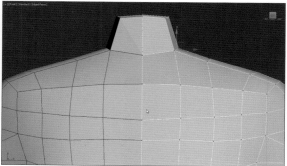

좌우 대칭으로 모델링 중입니다. 중앙의 [Vertex]가 일직선이 되도록 수정합니다.

15 최종 목과 얼굴을 [Attach]하기 위해서 목 윗부분의 [Polygon]을 선택하고 Delete 를 눌러서 삭제합니다. [Mirror] 복사했던 왼쪽 복사본을 선택하고 Delete 를 눌러서 삭제합니다. [Modify]로 가서 [Modifier List] → [Symmetry]를 적용하고 다시 [TurboSmooth]를 적용합니다. [File] → [Save As]하여 저장합니다.

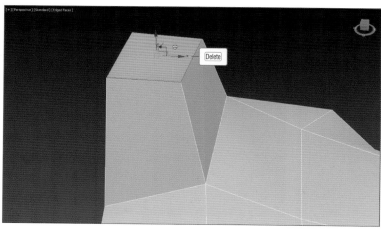

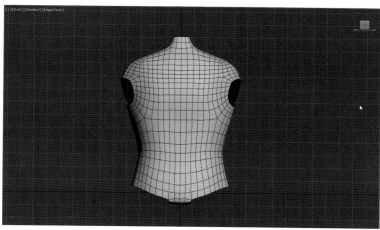

SECTION

03

Cylinder를 변형하여 팔, 다리 만들기

팔과 다리는 Cylinder를 변형하여 모델링 하면 쉽게 형태를 만들 수 있습니다. 관절 부분을 유의하여 팔, 다리 모델링 하는 방법을 배워봅니다.

팔 형태잡기

1 Cylinder를 만들고 [Modify]로 가서 [Cylinder] 선택합니다. 뷰포트에서 드래그로 만들고 'Sides=12'를 입력합니다. 마우스 오른쪽 버튼을 클릭하고 [Convert To] → [Convert to Editable Poly]을 클릭하고 폴리곤으로 변환합니다.

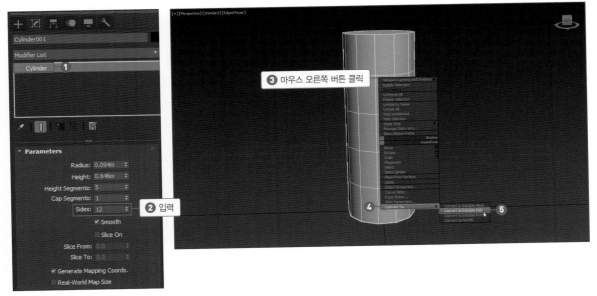

▲ Modify

2 연결 부위가 될 윗면과 아래 [Polygon]을 선택하고 Delete를 입력하고 삭제합니다. 전체 비율을 수정하기 위해 [Modify]로 가서 [Modifier List] → [FFD 2x2x2]를 적용하여 아래 [Control Points]를 선택하고 Scale로 줄여서 아래로 갈수록 약간 좁아지게 변형합니다. 변형이 끝나면 상위 명령어에서 마우스 오른쪽 버튼을 클릭하고 [Collapse All]하여 명령어를 하나로 합쳐줍니다.

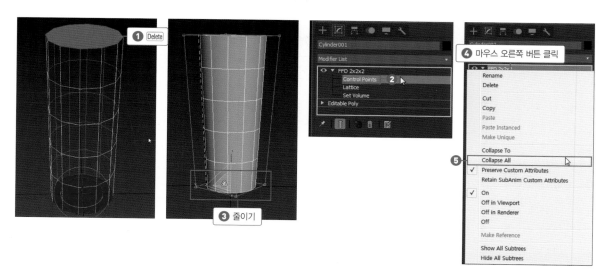

3 같은 방법으로 팔꿈치 아래 부분을 만듭니다. 손목 부위까지 더 얇아지게 형태를 수정합니다.

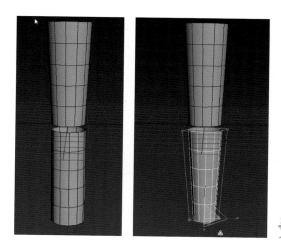

TIP 위아래 오브젝트를 이어 주기 위해 면 분할 수를 같게 만듭니다.

4 팔 위쪽을 선택하고 [Edit Geometry] → [Attach]를 클릭하고 아래 오브젝트를 클릭하여 하나의 오브젝트로 합쳐줍니다.

5 이어줄 [Vertex]를 드래그로 모두 선택하고 [Edit Vertices] → [Weld]의 [Settings]을 클릭하고 [Weld Threshold] 수치를 조절하며 붙여줍니다.

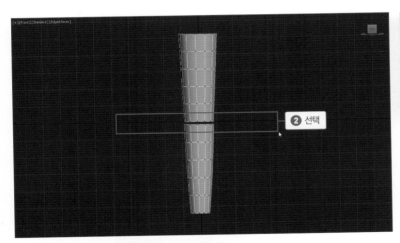 

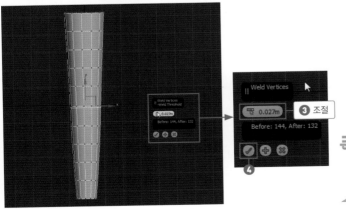

TIP
[Edit Vertices] → [Target Weld]로 하나씩 선택하여 붙이는 방법과 [Weld]의 [Weld Threshold]수치를 조절하는 거리내의 [Vertex]를 합쳐주는 방법 중 편리한 방식을 선택하면 됩니다.

6 [Vertex]를 이동하거나 드래그로 선택하여 Rotate값을 조절하여 팔의 와이어 흐름을 수정합니다.

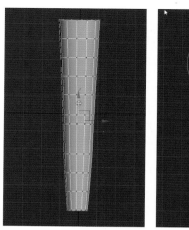 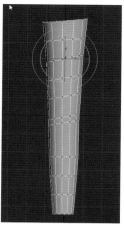

몸과 팔 합쳐주기

7 [File] → [Import] → [Merge]로 만들어 둔 몸 맥스 파일을 불러옵니다. 위치를 수정하여 몸과 팔의 오브젝트를 배치합니다. [TurboSmooth]가 적용되어 있다면 삭제합니다.

 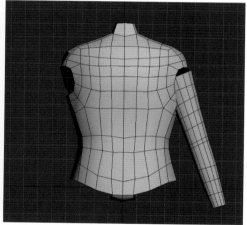

8 연결 부위의 [Polygon]을 삭제하고 [Vertex]를 이동하여 형태를 수정합니다. [Edit Geometry] → [Attach]로 두 오브젝트를 하나로 합쳐줍니다. [Edit Vertices] → [Target Weld]를 클릭하고 [Vertex]끼리 각각 붙여줍니다.

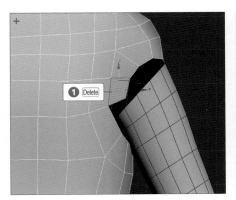
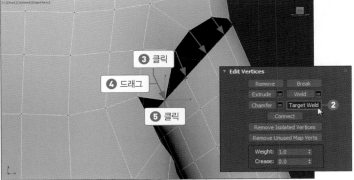

9 [Vertex]를 이동하여 형태를 수정합니다. [Soft Selection] → [Use Soft Selection]을 체크하고 팔의 굴곡을 수정합니다.

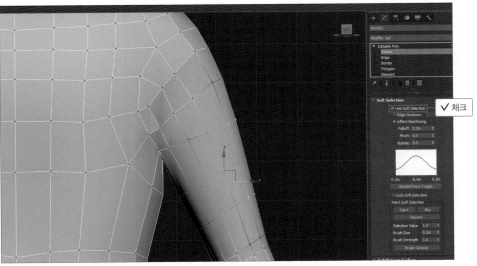

▲ Soft Selection

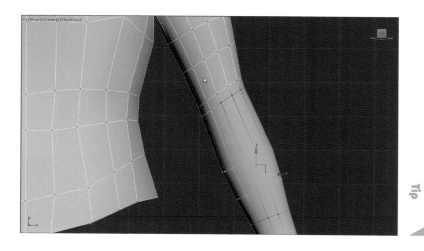

TIP 근육이나 여성으로 변형하고 싶으면 기
본형에서 [Cut]으로 [Edge]를 추가하여
수정합니다.

10 왼쪽 [Polygon]을 모두 Delete 를 입력하고 삭제하고 [Modifier List] → [Symmetry]를 적용합니다.

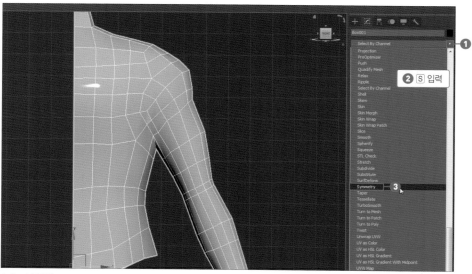

▲ Front 뷰포트

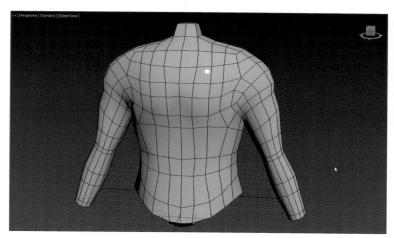

다리 형태잡기

11 [Modify]로 가서 [Edge]를 선택하고 Shift를 누른 상태에서 아래로 이동하여 허벅지 형태에 맞게 면을 뽑아냅니다.

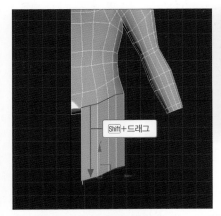

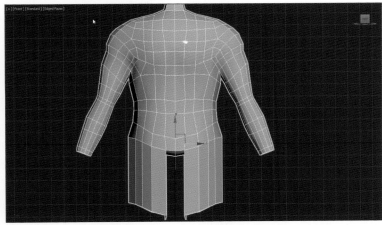

 명령어 상하 이동하면서 수정하고 상위 명령어를 클릭하면 수정이 적용됩니다.

12 골반 부위의 [Edge]를 선택하고 [Edit Edges] → [Chamfer]의 [Settings]을 클릭하고 [Chamfer Type=Quad]를 선택하고 [Edge]를 추가해줍니다. [Vertex]를 이동하여 허벅지 형태를 수정합니다.

 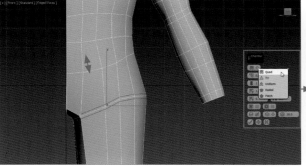 

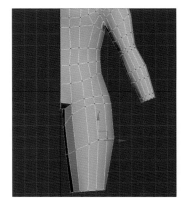

13 무릎 부위 [Border]를 클릭하고 Shift를 누른 상태에서 아래로 이동하여 종아리 면을 뽑아냅니다. [Vertex]를 선택하여 이동 및 크기를 조절하여 발목으로 내려갈수록 좁아지게 형태를 수정합니다.

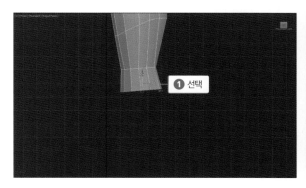 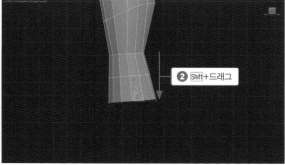

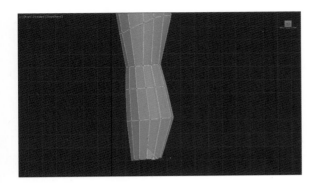

10 무릎의 [Polygon]을 선택하고 [Edit Polygons] → [Bevel]의 [Settings]을 클릭하고 'Height=0.01, Outline=-0.01'을 입력하여 안쪽으로 영역이 줄어들면서 면이 뽑아져 나온 무릎 형태로 수정합니다.

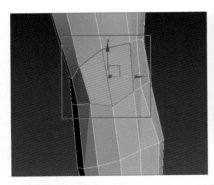

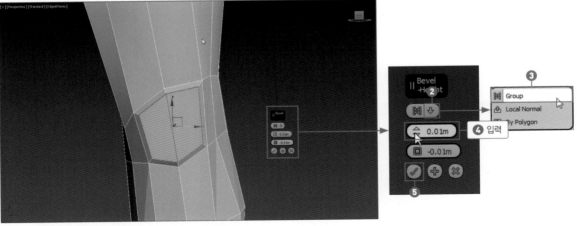

 [TurboSmooth]를 적용해 보고 무릎의 형태가 유지되는지 확인하고 필요한 [Edge]를 추가합니다.

Chapter 03 TurboSmooth를 이용한 인체 기본형 모델링   485

15 무릎 중앙의 면에 십자 형태가 되게 가로로 [Cut]을 이용하여 [Edge]를 추가합니다. [Vertex]를 이동하여 모든 뷰포트에서 보면서 형태를 수정합니다.

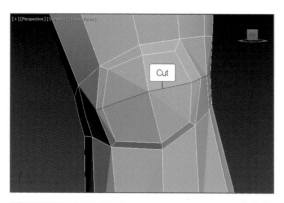

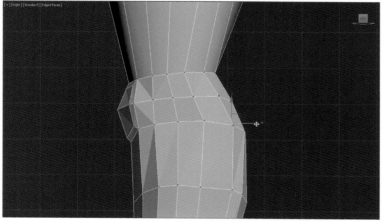

16 [Modify]로 가서 Symmetry 위에 [TurboSmooth]를 적용한 다음 [File]→ [Save As]로 저장합니다.

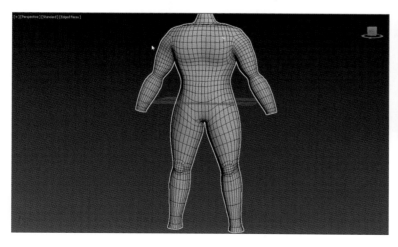

 부위별로 따로 만들어서 [Attach]하기 때문에 미리 적용한 [TurboSmooth]는 삭제한 다음 최종 하나의 오브젝트로 완성 된 후 적용합니다.

SECTION 04

Box와 Cylinder를 변형하여 손, 발 만들기

기본 도형을 변형하여 손과 발을 만들어 봅니다. 이번에는 손가락 발가락을 따로 만들어서 형태를 완성하는 방법을 배워봅니다. 특히 관절이 움직일 위치를 유의하여 면 분할을 합니다.

손바닥 만들기

1 Box를 하나 만들고 손이 될 크기로 만듭니다. 손가락이 이어질 부분의 영역을 생각해서 [Modify]로 가서 [Parameters]의 'Length Segs=2, Width Segs=4, Height Segs=1'을 입력합니다. 선택된 상태에서 마우스 오른쪽 버튼을 클릭하고 [Convert To] → [Convert to Editable Poly]를 클릭하고 폴리곤으로 변환합니다.

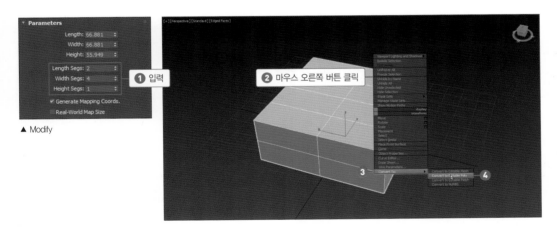

▲ Modify

2 Top 뷰포트에서 손 등 형태에 맞게 수정합니다. 이동하여 손등과 손바닥이 될 제일 윗면과 아래 면을 [Vertex]를 이동하여 좁아지게 수정합니다.

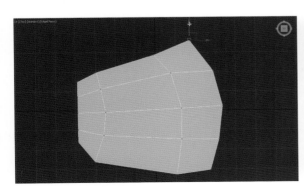

▲ Top 뷰포트

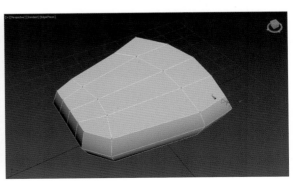

3 엄지손가락이 나올 오른쪽 부분의 [Polygon]을 선택합니다. [Edit Polygons] → [Extrude]의 [Settings]을 클릭하고 면을 'Height=10'을 입력하고 뽑아냅니다.

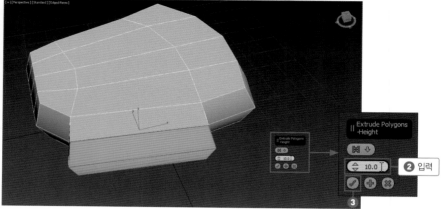

4 뽑은 면을 나아갈수록 좁아지게 [Scale]로 줄이고 위치를 수정한 후 다시 [Edit Polygons] → [Extrude]를 반복하는 방식으로 엄지손가락 형태로 뽑아냅니다.

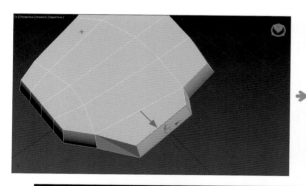

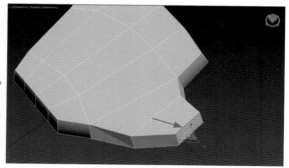

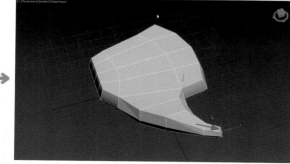

5 [Vertex]를 이동하여 엄지손가락이 접히는 부분을 유의하여 형태를 수정합니다.

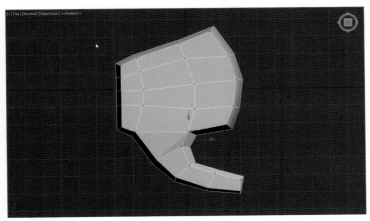

▲ Top 뷰포트

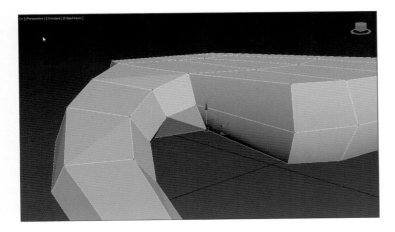

6 엄지손가락과 손바닥 연결 부위의 [Edge]를 선택하고 [Edit Edges] → [Chamfer]의 [Settings]을 클릭하고 'Connect Edge Segments=1'을 입력하고 [Edge]를 추가합니다. [Chamfer Type]을 [Quad]로 하여 삼각형 면이 생기지 않게 설정합니다.

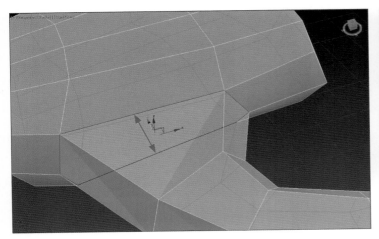

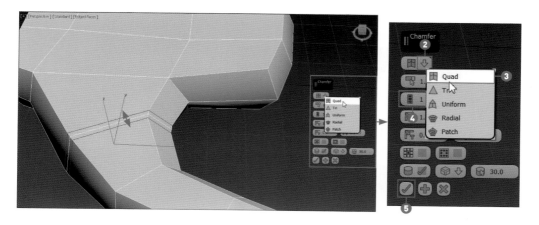

Tip

[Chamfer]는 연결된 [Edge]를 모두 선택하고 한번에 [Edge]를 추가할 수 있는 명령어입니다. 주로 관절부의의 와이어를 수정할 때 사용합니다.

7 엄지손가락의 첫 번째 마디의 [Edge]를 [Edit Edges] → [Chamfer]의 [Settings]을 클릭하고 'Edge Chamfer Amount=6, Connect Edge Segments=1'을 입력하고 [Edge]를 추가합니다.

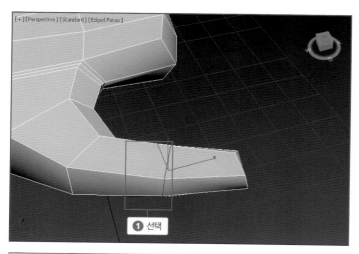

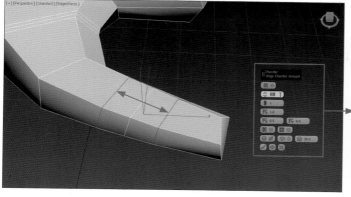

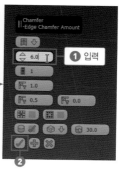

8 손톱을 만들기 위해 손톱 영역의 [Polygon]을 선택하고 [Edit Polygons] → [Inset]의 [Settings]을 클릭하고 'Amount=1'을 입력하여 손톱영역을 만들어줍니다. 이어서 [Edit Polygons] → [Extrude]의 [Settings]을 클릭하고 'Height=3'을 입력하여 면을 밖으로 뽑아냅니다.

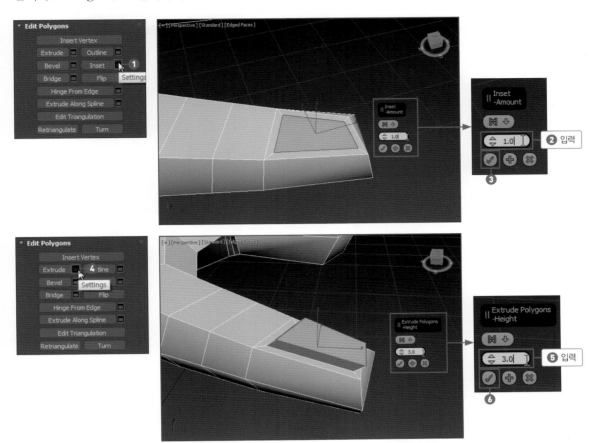

9 [Edit Geometry] → [Cut]으로 손톱 중앙을 흐르는 [Edge]를 추가해줍니다. [Vertex]를 이동하여 형태를 수정합니다.

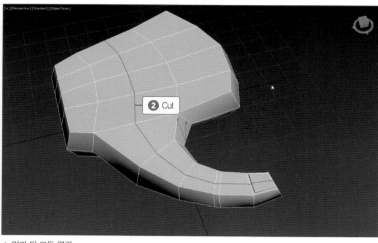

▲ 앞과 뒤 모두 연결

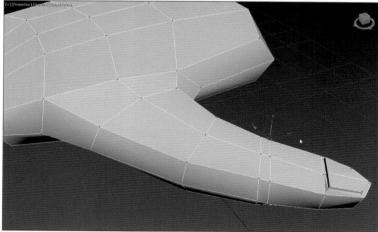

▲ 형태 수정

Tip

[Cut]으로 만들어가서 마지막 클릭 부분이 처음 시작점이 되게 클릭하여 이어진 [Edge]가 되게 만듭니다.

손가락 만들기

10 손가락이 될 [Cylinder]를 만듭니다. [Modify]로 가서 [Parameters]의 'Height Segments=4, Cap Segments=1, Sides=8'을 입력합니다. 만들어진 [Cylinder]를 손가락 위치에 두고 마우스 오른쪽 버튼을 클릭하고 [Convert To] → [Convert To Editable Poly]를 클릭하고 폴리곤으로 변환합니다.

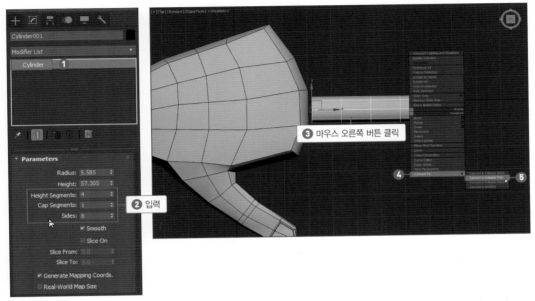

▲ Modify

11 손가락 끝 부분에 [Edit Geometry] → [Cut]으로 십자 형태로 [Edge]를 추가해주고 [Vertex]를 이동하고 손 끝 형태를 수정합니다.

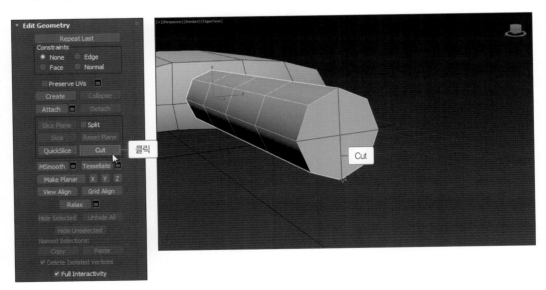

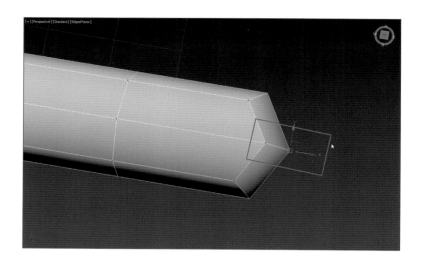

12 [Top] 뷰포트에서 손톱, 손마디 부분을 [Edge]를 이동하여 지정해주고 굽혀지는 마디는 [Edge]를 [Edit Edges] → [Chamfer]의 [Settings]을 클릭하고 [Chamfer Type=Tri]로 적용하고 'Connect Edge Segments=1'을 입력하고 선을 추가해줍니다.

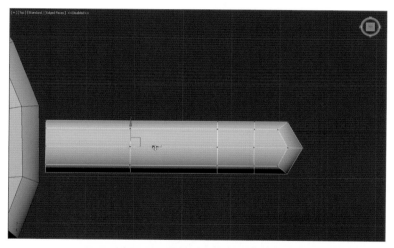

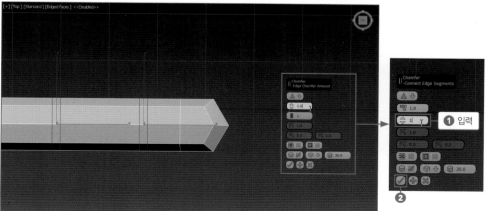

13 손톱 부위의 [Polygon]을 선택하고 [Edit Polygons] → [Inset]의 [Settings]을 클릭하고 'Amount=0.3'을 입력하고 안으로 영역을 만들고 [Edit Polygons] → [Extrude]의 [Settings]을 클릭한 후 'Height=1'을 입력하고 면을 뽑아냅니다. [Vertex]를 이동하여 손톱 형태를 수정합니다.

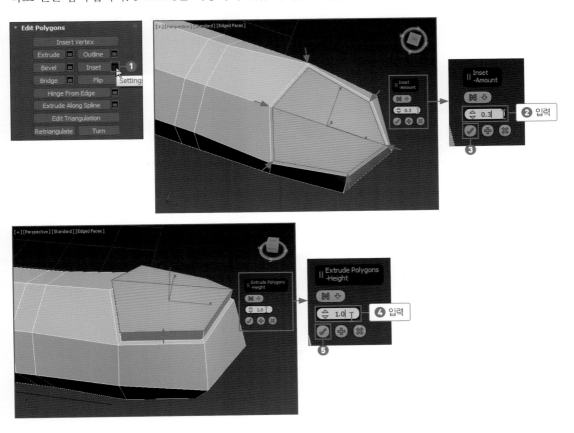

10 손가락을 복사하고 각 자리로 위치시켜줍니다. [Modify]로 가서 [FFD 2x2x2]를 적용하여 비례를 수정합니다.

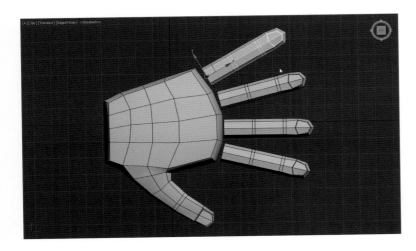

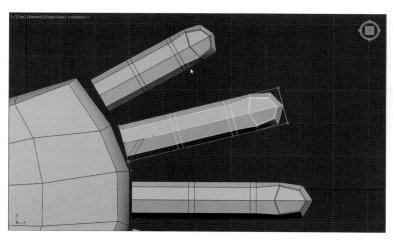

15 손가락이 이어질 부위의 [Polygon]을 Delete로 지워줍니다. 손가락도 같은 방법으로 이어질 [Polygon]을 Delete로 지워주고 [Edit Geometry] → [Attach]하여 하나의 오브젝트로 합쳐줍니다.

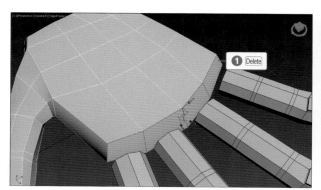
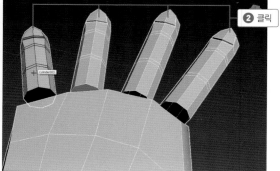

▲ Attach로 합치기

> [Attach] 후 [Vertex]끼리 이어주거나 [Bridge]를 이용하여 떨어져 있는 오브젝트의 면을 이어줄 때 사이 [Polygon]이 막혀 있지 않고 비어 있어야 합니다.

16 손등과 손가락의 이어질 [Edge]를 선택하고 [Edit Edges] → [Bridge]의 [Settings]을 선택하고 면을 이어줍니다.

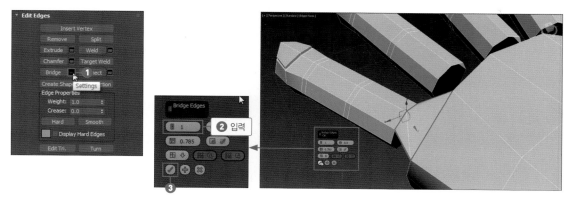

17 [Edit Geometry] → [Cut]으로 경계 부분의 [Edge]를 추가하고 필요 없는 [Edge]는 ←로 지워주면서 와이어를 수정합니다.

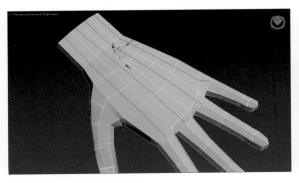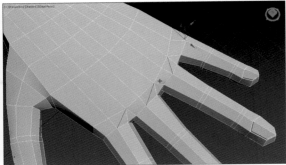

18 [Vertex]를 이동하여 손의 전체 형태를 수정합니다. [Soft Selection]을 활성화하여 손의 굴곡을 수정합니다. [TurboSmooth]를 적용하고 [File] → [Save As]로 저장합니다.

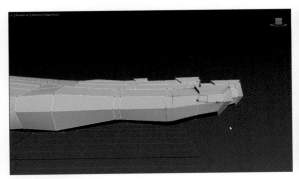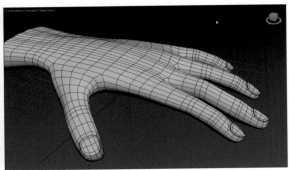

▲ Soft Selection

 손가락 마디의 형태를 더 자세히 표현하고 싶으면 [Polygon]을 선택하고 [Extrude]를 적용하여 면을 뽑아내고 형태를 수정하면 됩니다.

발 형태 만들기

19 [Create]으로 가서 [Box]를 만들고 [Modify]로 가서 [Parameters]에서 발가락과 발등 경계 부분을 고려하여 'Length Segs=5, Width Sege=4, Height Segs=1'을 입력합니다. 마우스 오른쪽 버튼을 클릭하고 [Convert To] → [Convert to Editable Poly]를 클릭하고 폴리곤으로 변환합니다.

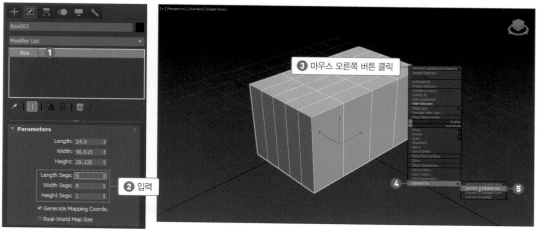

▲ Modify

20 [Vertex]를 이동하여 발등과 발가락 위치를 지정하고 형태를 수정합니다.

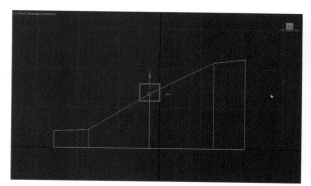
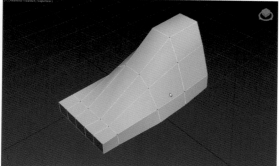

▲ 발등 형태 수정

발가락 만들기

21 [Cylinder]를 만듭니다. [Modify]로 가서 발등의 면수와 비례한 'Sides=6'을 입력합니다. 마우스 오른쪽 버튼을 클릭하고 [Convert To] → [Convert to Editable Poly] 폴리곤으로 변환합니다.

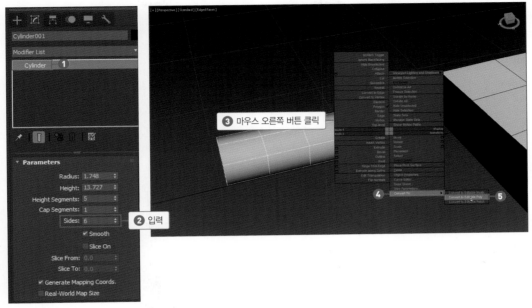

▲ Modify

22 발톱과 발가락 마디의 위치의 [Edge]를 수정하고 발톱이 있을 부위의 [Polygon]을 선택하고 [Edit Polygons] → [Inset]의 [Settings]을 클릭합니다. 발톱의 위치를 만들어줍니다. 다시 [Edit Polygons] → [Extrude]의 [Settings]을 클릭하고 발톱을 뽑아줍니다.

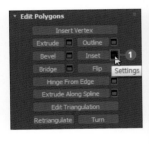
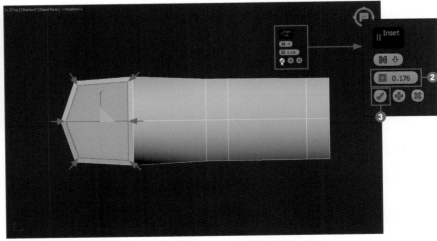

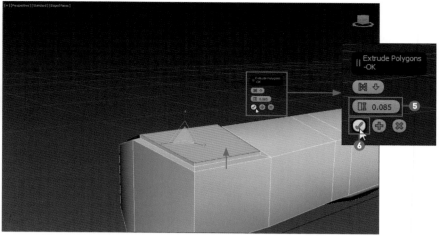

23 크기를 조절해가며 복사하여 각 각 위치시켜 줍니다. [Vertex]를 이동하여 발가락 형태를 수정합니다.

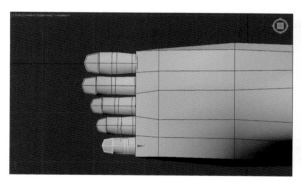
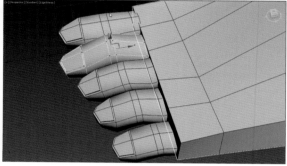

> **TIP**
> 발가락 마디의 휜 정도를 주면 좀 더 자연스러운 발가락 형태로 모델링 할 수 있습니다.

26 발가락이 붙을 공간의 면을 선택하고 Delete로 지워줍니다. 발가락 형태가 수정이 완료되면 발등과 발가락을 [Edit Geometry] → [Attach]로 하나의 오브젝트로 합쳐줍니다.

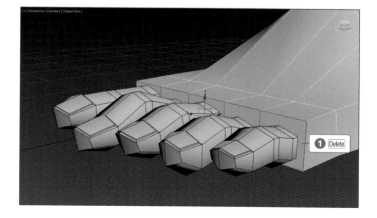

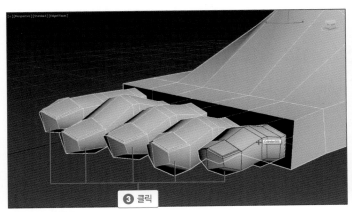

③ 클릭

▲ Attach로 합치기

 따로 모델링 하여 [Attach]로 합치는 방식을 사용할 때 [Vertex]를 붙일 면을 미리 뚫어 놓고 적용하면 편리합니다.

25 발가락과 발등의 [Vertex]를 [Target Weld]로 이어줍니다. 부족한 면은 [Cap]으로 매꿔준 후 와이어 흐름을 수정합니다. [Vertex]를 이동하며 전체 발의 형태를 수정하고 [File] → [Save As]로 저장합니다.

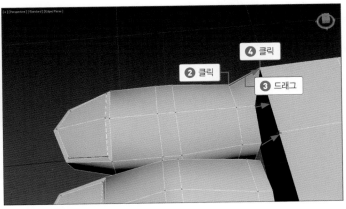

② 클릭

④ 클릭

③ 드래그

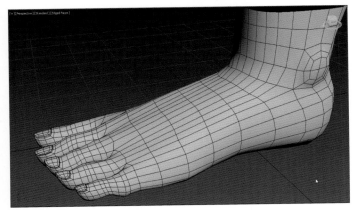

Soft Selection을 활용하여 머리카락 만들기

Soft Selection을 활용하여 유선형 형태의 머리카락을 모델링하는 방법을 배워봅니다. 머리카락은 Fur를 활용하여 사실적으로 만들 수 있지만 캐릭터 특성에 따라 덩어리진 형태로 모델링 합니다.

남성 캐릭터 머리카락 모델링

1 삐죽삐죽한 형태의 머리카락을 모델링 하겠습니다. [Plane]을 만듭니다. [Modify]로 가서 'Length Segs=4, Width Segs=4' 입력합니다. 마우스 오른쪽 버튼을 클릭하여 [Convert To] → [Convert to Editable Poly]를 클릭하고 폴리곤으로 변환합니다.

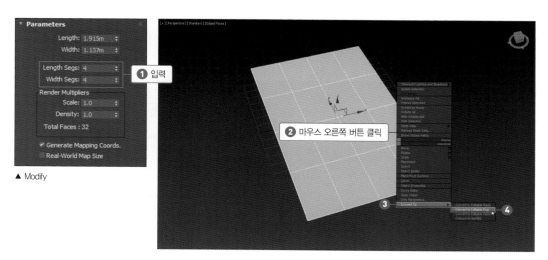

▲ Modify

2 [Plane]의 가운데 [Vertex]를 선택하고 [Modify]의 [Soft Selection]에서 [Use Soft Selection]을 체크하고 [Falloff]값을 조정한 다음 선택된 [Vertex]를 위로 올려줍니다.

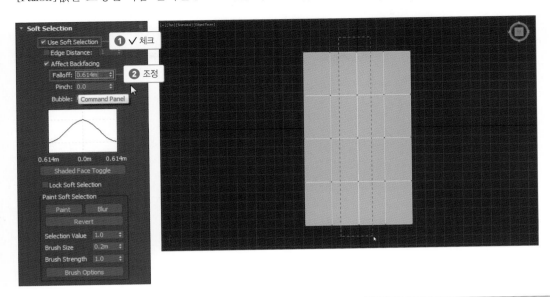

[Soft Selection]에서 [Falloff]값은 선택된 [Vertex]주변의 선택 영역을 조절 할 수 있습니다.

3 아래로 갈수록 좁아지게 수정해 보겠습니다. [Modify]로 가서 [Modifier List] → [FFD 3x3x3]을 적용합니다. [Control Points]를 선택하고 뷰포트로 와서 머리카락 아래 [Control Points]를 드래그로 선택한 후 [Scale]을 줄여주어 아래로 갈수록 모여지는 형태로 수정합니다.

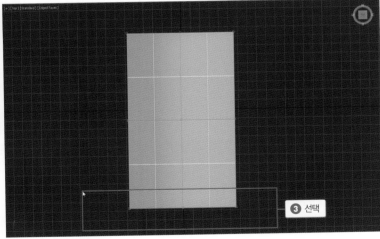

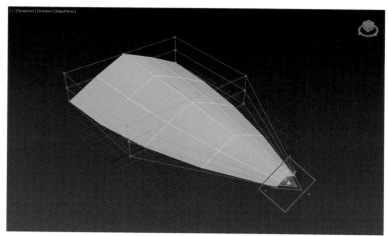

▲ 형태 수정

4 가운데 [Control Points]를 드래그로 선택하고 위로 올려주어 가운데가 둥글게 올라오는 형태로 수정합니다.

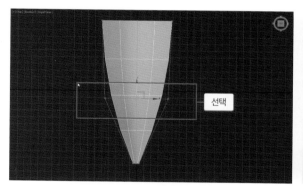

선택

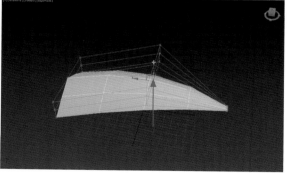

▲ 형태 수정

5 복사한 오브젝트를 조금씩 다른 모양으로 [Control Points]를 이동하여 머리카락 형태에 맞게 수정해줍니다. 앞머리 위치 기준을 정하고 앞뒤로 머리가 흐르게 구분하여 복사하여 완성합니다.

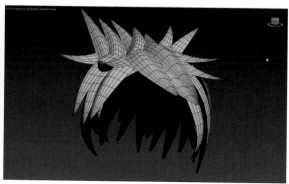

[TurboSmooth]는 머리카락을 한꺼번에 선택한 후 적용합니다.

여성 캐릭터 머리카락 모델링

6 긴 머리카락을 만들기 위해 [Plane]을 세로로 길게 만듭니다. [Modify]로 가서 'Length Segs=10, Width Segs=10'을 입력하고 마우스 오른쪽 버튼을 클릭하여 [Convert To] → [Convert to Editable Poly]를 클릭하고 폴리곤으로 변환합니다.

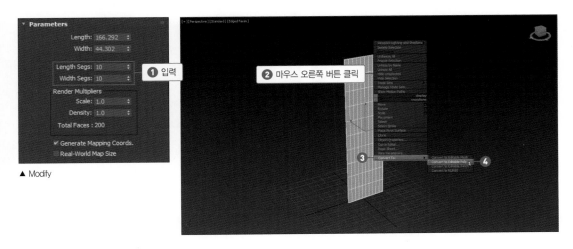

▲ Modify

 웨이브 형태를 만들 때를 대비하여 짧은 머리보다 [Lengh Segs]와 [Width Segs]값을 늘려서 면 분할을 늘립니다.

7 [Vertex]를 선택하고 [Modify]로 가서 [Soft Selection]에서 [Use Soft Selection]을 체크하고 [Falloff] 값을 조정한 다음 선택된 [Vertex] 위치를 수정하여 두상 형태에 맞게 수정합니다.

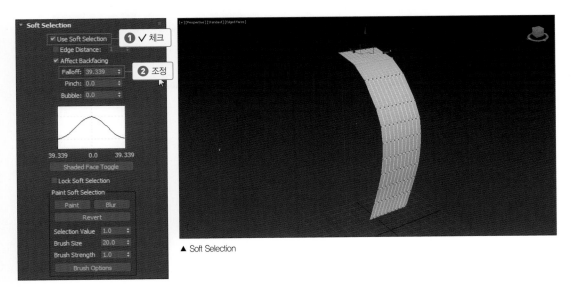

▲ Soft Selection

8 [Insert]를 입력하여 [Pivot]을 머리카락 끝으로 이동시킨 후 뒷머리 형태에 맞게 [Shift]를 누르고 축을 중심으로 회전 복사하여 위치시켜줍니다. 복사한 오브젝트를 넓이와 길이를 조금씩 다르게 수정합니다.

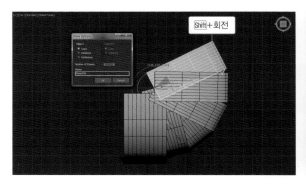
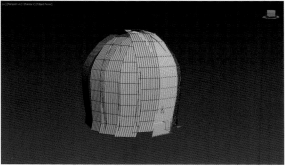

9 앞머리 부분 머리카락도 복사하여 위치시킨 후 [Modify]로 가서 [Modifier List] → [FFD 3x3x3x]을 활용하여 [Control Points]를 조절하여 형태를 수정합니다.

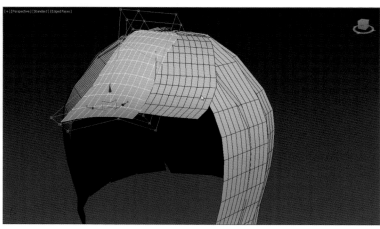

머리카락 끝부분은 모델링에서 모든 형태를 만들지 않고 맵핑에서 표현합니다.

10 뒷머리 전체를 같은 형태로 복사하였기 때문에 자연스럽지 못한 머리 형태를 한 가닥씩 [Soft Selection]을 활용하여 조금씩 다른 형태로 수정하고 복사하여 추가합니다. 위치를 수정하면서 머리카락 형태를 완성합니다.

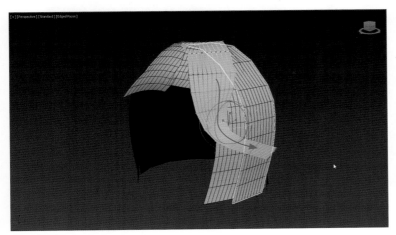

▲ Soft Selection

11 웨이브 형태를 만들기 위해서 [Modify]로 가서 [Modifier List] → [Wave]를 적용합니다.

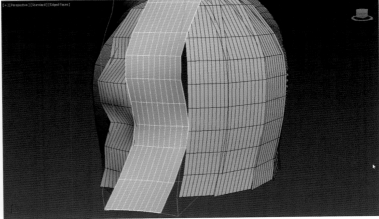

12 모든 머리카락 오브젝트를 선택하고 [TurboSmooth]를 동시에 적용합니다.

 [FFD]를 활용하여 다른 머리카락 형태로 수정 변형합니다.

인체 기본형을 변형하여
게임 캐릭터 완성하기

과제목표
고성능 CPU와 그래픽 카드의 보급 같은 디지털 기술의 발달로 가정용 PC뿐만 아니라 이제는 모바일에서도 3D
그래픽 게임을 쉽게 즐기고 있습니다. 국내외 유명한 게임 캐릭터의 특징 및 성공 비결을 분석해보고 이러한 게임
에 활용될 게임 캐릭터를 직접 디자인 해 봅니다. 실시간 움직임을 구현하는 게임 캐릭터의 특징을 이해하고 인체
기본형을 변형하여 적절한 폴리곤 수와 와이어 흐름에 유의하여 모델링을 완성합니다.

과제순서
게임 장르 정하기 → 자료조사 및 스케치 → 정면 · 측면 스케치 이미지 Plane 세우기 → 모델링 → 와이어 수정

참고사이트
http://www.fineart.sk
누드크로키 실습에 유용한 해부학에 기초한 자료를 볼 수 있는 사이트입니다. 실사에 가까운 캐릭터를 창조하기
위해서는 인체 비례 및 포즈 공부가 필수입니다. 인체 비례를 공부하기 위한 유용한 사이트입니다.

Tip
– 시뮬레이션, 롤플레잉, 슈팅 및 액션, 스포츠 등 게임의 장르를 먼저 설정합니다.
– 게임이라는 가상 세계 속 캐릭터이기 때문에 시대와 배경 등 디테일한 세계관을 설정합니다.
– 외향적인 설정에 있어 캐릭터가 가지고 있는 무기나 옷, 악세서리 같은 아이템 디자인을 함께 디자인합니다.
– 적절한 폴리곤 수를 고민하여 매핑에서 표현할 부분과 모델링에서 표현할 부분을 미리 계획하여 디자인합니다.
– 성적 매력을 강조한 여성 캐릭터의 경우 인체 기본형에서 비율을 변형하여 모델링합니다.
– O.S.M.U(One Source Multi Use)로의 확장성을 고려하여 디자인합니다.

Part
06

모델링에 색을 입히는
재질(Material)과
매핑(Mapping)

UV를 이해하고 모델링한 오브젝트에 매핑하기

Chapter

01

Material Editor 설정

모델링한 오브젝트에 색이나 이미지를 적용하는 것을 매핑(Mapping)이라고 합니다. 모델링한 오브젝트는 3차원이고 입힐 이미지는 2차원입니다. 3D 오브젝트에 2D 이미지를 씌우는 것에 대한 이해를 먼저 해야 합니다. 오브젝트에 적용하는 방법과 이미지 파일 관리하는 방법에 대해 학습합니다.

UVW의 이해

3D 공간에 사용되는 X, Y, Z축 좌표와는 다른 좌표계를 사용하여 매핑 소스의 위치를 나타냅니다. 매핑 좌표의 경우 2D 맵 이미지를 볼 때 U는 X에 해당하고 맵의 가로 방향을 나타냅니다. V는 Y에 해당하고 맵의 세로 방향을 나타내며, W는 Z에 해당하고 맵의 UV 평면에 대한 수직 방향을 나타냅니다.

UV 매핑(Mapping)

1 UV 매핑(UV mapping)은 2차원 그림을 3차원 모델에 적용하는 과정입니다. 첫 번째 과정은 설명하면 3D 모델링 오브젝트를 2차원 좌표로 풀어줍니다. 좌표를 기준으로 이미지 프로그램에서 색을 입히는 등의 매핑 소스를 제작합니다.

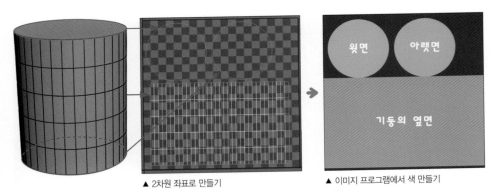

▲ 2차원 좌표로 만들기 　　　　▲ 이미지 프로그램에서 색 만들기

2 이미지 소스를 제작한 후 처음 모델링 한 오브젝트에 적용합니다. 3ds Max에서는 [Material Editor]에서 담당합니다. 자세한 과정은 Chapter 02에서 설명하겠습니다.

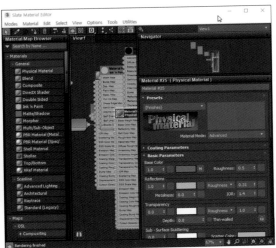

Material Editor 레이아웃

Material Editor는 2개의 모드를 선택할 수 있습니다. 기본 설정으로는 Slate Material Editor로 되어 있으며 Compact Material Editor로 변경할 수 있습니다.

1 메인 메뉴에서 [■: Material Editor]를 선택합니다. 단축키는 M을 입력합니다. [Slate Material Editor]창이 기본으로 뜹니다.

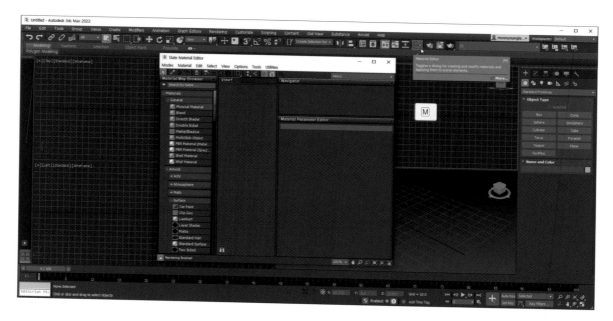

2 [Material Editor] 창의 레이아웃을 살펴봅니다.

❶ [**Menu bar**]: 총 8개의 메뉴가 있습니다. 모드를 변경하거나 재질을 선택하거나 삭제 에디터 창을 기본값으로 변경하는 등의 메뉴를 선택할 수 있습니다.

Modes	Material	Edit	Select	View	Options	Tools	Utilities

❷ [**Toolbar**]:

ⓐ ⓑ ⓒ ⓓ ⓔ ⓕ ⓖ ⓗ ⓘ ⓙ ⓚ ⓛ ⓜ ⓝ ⓞ

ⓐ **Select Tool** : 재질을 선택합니다.

ⓑ **Pick Material from Object**: 스포이드로 오브젝트를 찍으면 적용된 재질이 나타납니다.

ⓒ **Put Material to Scene**: 재질의 복사본을 만들고 변경합니다. 변경된 재질을 장면에 다시 넣습니다.

ⓓ **Assign Material to Selection**: 선택한 오브젝트에 선택한 재질을 적용합니다.

ⓔ **Delete Selected**: 선택한 재질을 삭제합니다.

ⓕ **Move Children**: 이 옵션을 설정하면 상위 노드가 이동하는 경우 상위와 함께 하위 노드도 이동합니다. 이 옵션을 끄면 상위 노드를 이동해도 하위의 위치는 변경되지 않습니다.

ⓖ **Hide Unused Nodeslots**: 선택한 재질의 사용하지 않는 항목들은 뷰 창에서 숨깁니다.

ⓗ **Show Shaded Material in Viewport**: 뷰포트에 적용된 재질이 보여집니다.

ⓘ **Show Background in Preview**: 투명도 설정을 했을 때 확인하기 위한 재질 미리보기 창에서 배경이 재질과 어떻게 보여지는지 미리보기

ⓙ **Material ID Channel**: ID별로 재질 선택

ⓚ **Lay Out All**: 뷰창에 재질을 가로나 세로로 정렬

ⓛ **Lay Out Children**: 선택한 재질의 하위 노드를 정렬

ⓜ **Material/Map Browser**: 활성/ 비활성 하기

ⓝ **Parameter Editor**: 활성/ 비활성 하기

ⓞ **Select by Material**: 다양한 재질을 선택할 수 있습니다. 렌더러에 따라 보여지는 재질이 달라질 수 있습니다.

❸ [Material/Map Browser]: 기본 메테리얼을 선택할 수 있습니다.

❹ [Active View]: 선택한 재질을 불러와서 연결된 이미지 같은 노드들을 선택하고 수정할 수 있습니다.

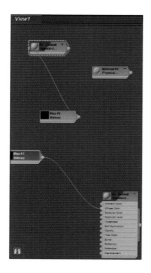

❺ [Navigator]: 뷰창의 재질 위치 탐색 창

❻ [Parameter Editor]: 선택한 재질의 세부 속성을 조절할 수 있습니다.

❼ [View navigation]: 뷰창의 화면조작 아이콘 모음

❽ [Status]: 상태표시줄

03 Mode 변경

Material Editor는 2개의 모드를 선택할 수 있습니다. 기본 설정으로는 Slate Material Editor로 되어 있으며 Compact Material Editor로 변경할 수 있습니다.

1 기본으로 Material Editor는 Slate 모드로 설정되어 있습니다. Slate 모드에서는 직접 뷰창에서 드래그로 하위 메뉴를 연결하거나 재질끼리 서로 연결하여 제작합니다. 메뉴 바에서 [Modes]를 선택하면 [Compact Material Editor]를 클릭하여 변경할 수 있습니다.

2 Compact Material Editor는 구를 클릭하여 재질을 변경하는 등 레이아웃이 다르지만 형태만 다를 뿐 사용자의 편의에 따라 선택해서 사용하면 됩니다.

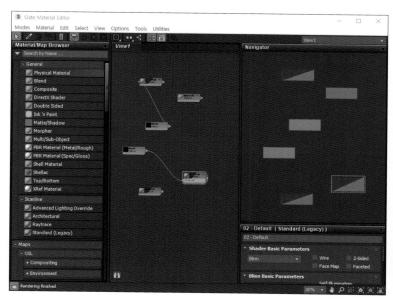

▲ Slate Material Editor

▲ Compact Material Editor

Bitmap/Photometric Paths

3ds Max는 이미지를 사용할 경우 맥스 파일에 합쳐지지 않습니다. 처음 사용한 경로를 기억하고 있기 때문에 이미지도 함께
이동하여야 하며 경로를 작업 도중 변경하면 맥스 파일에서 찾지 못합니다. 이미지 경로를 변경해주는 Utilities를 학습합니다.

1 [Command Panel]에서 [🔧: Utilities]로 가서 [More]버튼을 클릭합니다. [Bitmap/Photometric Paths]를
선택하고 [OK] 버튼을 클릭합니다.

2 아래 생기는 ▼Path Editor의 [Edit Resources]를 클릭합니다. [Bitmap/Photometric Path Editor] 창이 뜹니다. 현재 장면에 적용된 재질의 이미지 소스의 경로가 나타납니다. 변경하고자 하는 경로를 선택하고 아래 [...]버튼을 클릭합니다. [Select New Path]창에서 새로운 경로의 이미지를 선택하고 [Use Path]버튼을 클릭합니다. 돌아와서 [Set Path]버튼을 클릭하면 경로가 변경된 것을 확인할 수 있습니다. [Close]버튼을 눌러 창을 닫습니다.

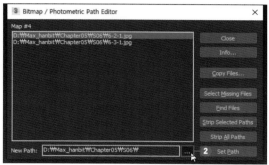

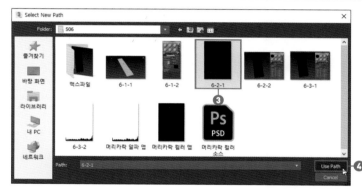

▲ 적용 전

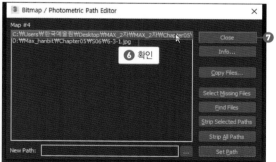
▲ 적용 후

Resource Collector

3ds Max에서 사용한 이미지를 한번에 따로 내보내서 저장하거나 맥스 파일과 함께 압축하여 저장할 수 있는 Utilities를 학습
하겠습니다.

1 [Command Panel]에서 [🔧: Utilities]의 [More]버튼을 클릭합니다. [Resource Collector]를 선택하고
[OK] 버튼을 클릭합니다.

 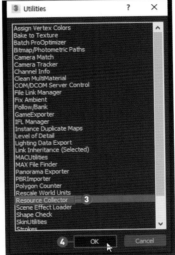

2 아래 생기는 ▼Parameters에서 [Browse]버튼을 클릭하여 경로를 지정하고 Resource Options에서 이미
지만 또는 맥스 파일까지 함께 내보내기할 건지 선택한 후 [Begin]버튼을 클릭합니다.

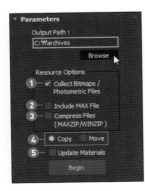

[Resource Options]

❶ **Collect Bitmaps/Photometric Files**: 장면에 사용된 이미지 파일 선택

❷ **Include Max File**: 현재 작업 중인 맥스 파일도 함께 선택

❸ **Compress Files(MAXZIP/WINZIP)**: 저장된 파일을 압축합니다.

❹ **[Copy/ Move]**: 복사를 선택하면 출력 경로에 복사본이 만들어집니다. 이동을
선택하면 파일이 이동 됩니다

❺ **[Update Materials]**: 재질 경로를 업데이트합니다.

Chapter
02

사진을 이용하여
소품 매핑(Mapping)하기

매핑 이미지를 사진을 활용하면 사실적인 재질 표현을 할 수 있습니다. 여러 사진 이미지와 3ds Max에서 기본으로 제공하는 Substance Texture를 활용하여 매핑하는 방법을 학습합니다.

Edit UVs 이해하고 주사위 매핑

2D 이미지를 입체 도형에 적용하는 방법을 이해하기 위해 기본 도형 [Box]를 가지고 주사위 맵핑을 실습하면서 면마다 다른 이미지를 넣는 방법을 배워봅니다.

Unwrap UVW 적용하기

1 정사각형 Box를 만들기 위해 [Create]로 가서 ▼Object Type에서 [Box]를 선택하고 ▼Keyboard Entry 에서 'Length:50, Width:50, Height:50'을 입력하고 [Create]버튼을 클릭합니다. [Modifier List]의 ▼를 누르고 U를 반복 입력하여 Unwrap UVW를 찾아 적용합니다.

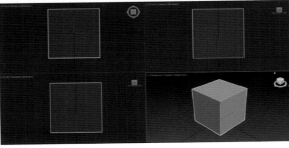

2 [Modify]로 가서 ▼Edit UVs의 [Open UV Editor]를 클릭합니다. [Edit UVWs]창이 뜹니다. 현재 보이는 체크박스 부분에 만들어진 박스의 모든 UV가 모여 있습니다. 부분 부분 분리하는 과정을 거쳐야 합니다.

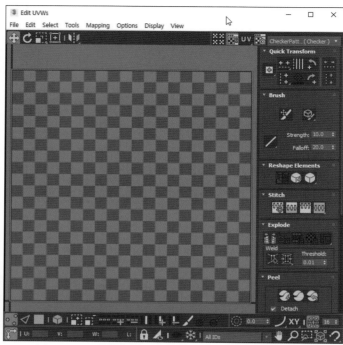

3 [Modify]로 가서 ▼Unwrap UVW의 Polygon을 선택하거나 아래 Selection의 [■: Polygon]을 선택합니다. [Edit UVWs]창에서 드래그로 전체 Polygon을 선택합니다. 만약 뷰포트에서 선택한다면 드래그로 선택하여도 보이는 뷰포트의 면만 선택되기 때문에 전체를 선택하기 위해서는 [Edit UVWs]창에서 드래그로 전체를 선택합니다. 전체 Polygon이 선택된 것을 확인할 수 있습니다.

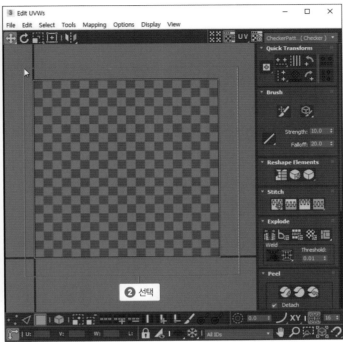

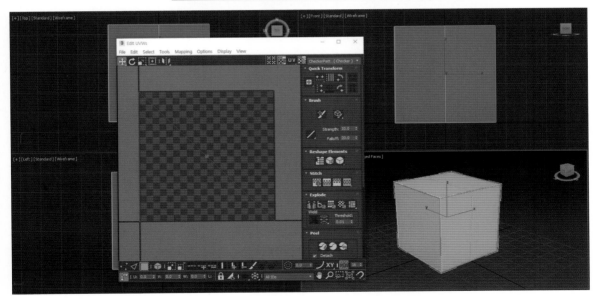

4 모든 Polygon이 선택된 상태에서 [Edit UVWs]창에서 [Mapping] → [Fatten Mapping]을 클릭합니다. 'Polygon Angle Threshold: 45, Spacing:0.001'을 입력하고 [OK] 버튼을 클릭합니다. 총 6개의 면이 각각 분리되어 나타납니다. 아래 그림처럼 [Edit UVWs]창의 Checker Pattern을 클릭하여 뷰포트 상에서 체크무늬가 나타나게 합니다.

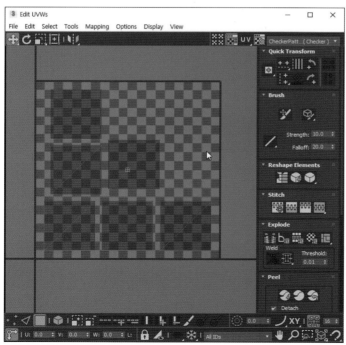

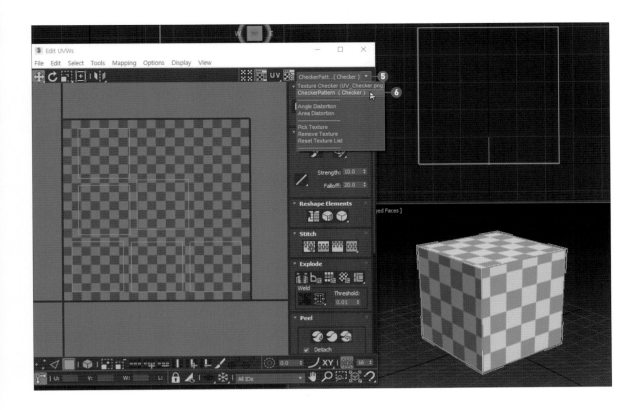

5 ▼Selection에서 [◁:Edge]를 선택합니다. 그림의 위치의 Edge를 선택합니다. 선택한 곳과 원래 이어진 곳의 Edge가 파란색으로 변한 것을 확인할 수 있습니다. 마우스 오른쪽 버튼을 클릭하고 Stitch Selected를 클릭합니다. 파란색으로 변했던 Edge가 있는 면이 이동하여 합쳐집니다.

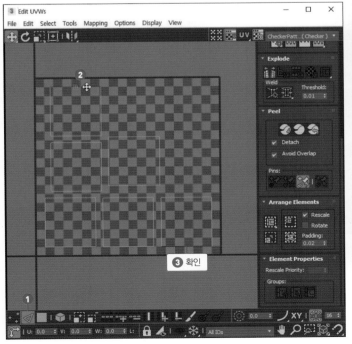

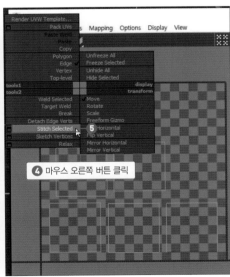

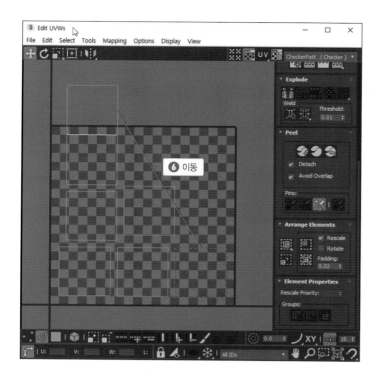

6 다음 순서대로 선택하고 마우스 오른쪽 버튼을 클릭하고 Stitch Selected를 클릭합니다. 빨간색으로 선택된 Edge와 파란색으로 변한 Edge가 이어지면서 면이 연결됩니다.

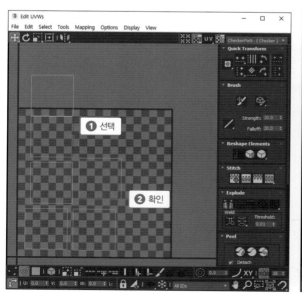

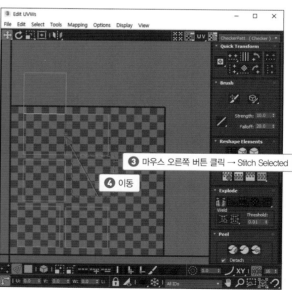

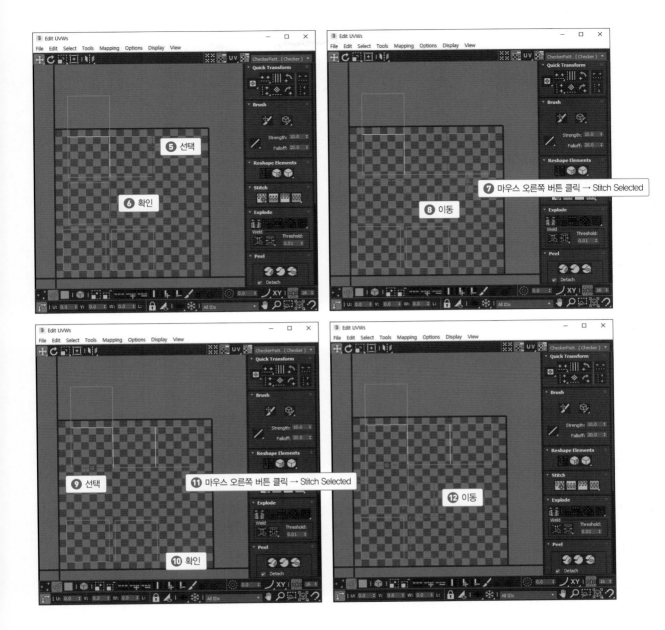

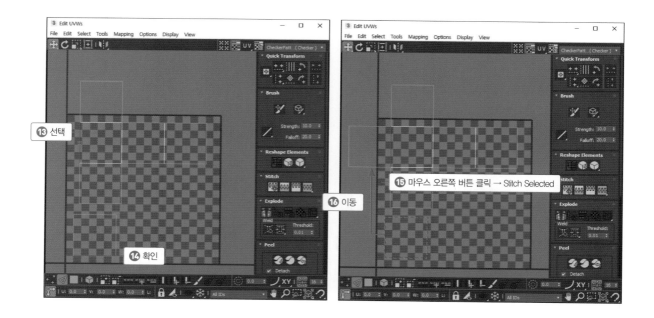

7 [Edit UVWs]창에서 가운데 체크무늬 영역 안에 전체 UV가 위치하도록 해야 합니다. 오른쪽 패널 중 ▼ Arrange Elements를 클릭합니다. 그림과 같이 UV의 위치가 이동하여 딱 맞게 변형됩니다.

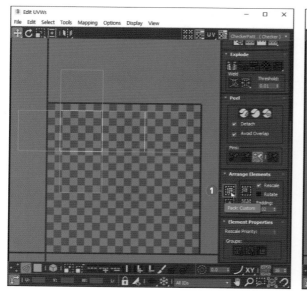

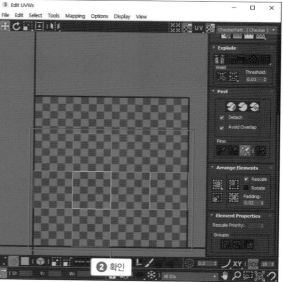

8 뷰포트에서 오브젝트 위에 체크무늬가 일정한 크기와 비율로 나타나는지 확인합니다. 제대로 UV가 정리되지 않았다면 체크무늬가 늘어져 보입니다.

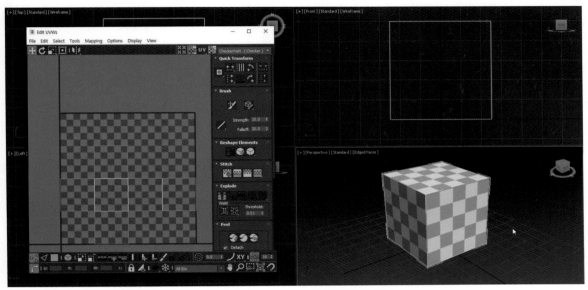

▲ 뷰포트에서 체크무늬 확인

9 [Edit UVWs]창에서 [Tools] → [Render UVW Template]를 선택합니다. 정리한 UV좌표를 찍어내는 방법입니다. 'Width: 1024, Height: 1024'를 입력하고 [Render UV Template]버튼을 클릭합니다. [Render Map]창이 뜨면 [Save]를 클릭하고 저장합니다.

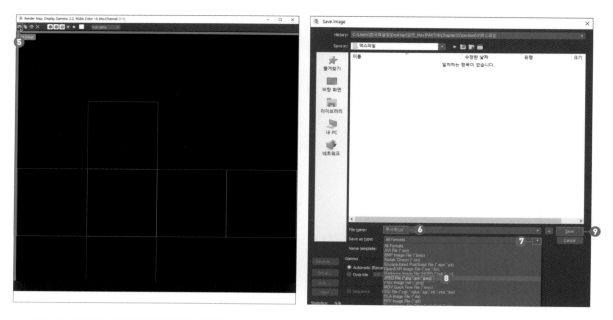

tip

UV 렌더링한 이미지는 최종 매핑 소스에 쓰여지는 이미지가 아니고 포토샵에서 위치를 보기위한 이미지입니다. 파일 형식은 JPG로 저장합니다.

10 포토샵 프로그램을 실행하고 저장한 주사위 UV 이미지를 불러옵니다. 각 면에 주사위 이미지를 배치하고 저장합니다. 이때 PSD, JPG로 모두 저장합니다.

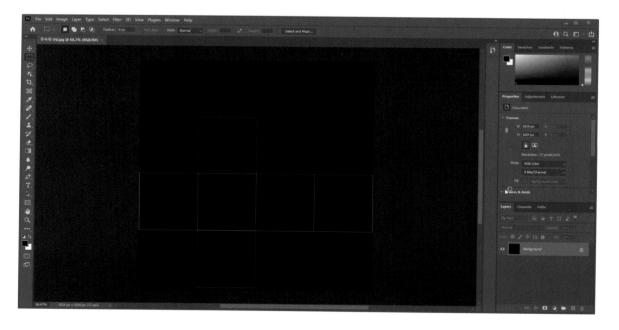

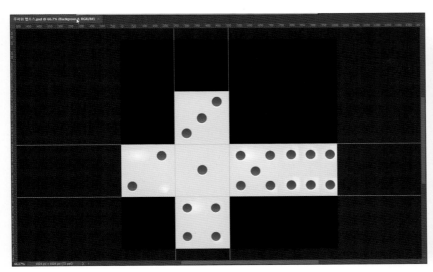

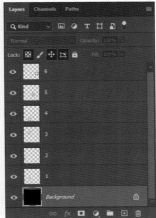

Tip

빈공간은 맵이 존재하지 않는 공간입니다. 하지만 경계면에 빈공간이 생길 수 있으니 경계면보다는 넓게 이미지를 입히거나 전체 색이 같다면 한가지 색으로 모두 채운 레이어를 추가합니다.

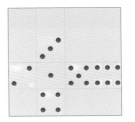

11 맥스로 돌아옵니다. 단축키 M을 입력하고 Material Editor를 엽니다. 왼쪽 [-Materials] → [-General]에서 Physical Material을 더블클릭합니다. 오른쪽 ▼Base Parameters의 Base Color and Reflections의 그림과 같이 네모버튼을 클릭합니다. Material/Map Browser의 [-General]의 Bitmap을 찾아 더블클릭합니다.

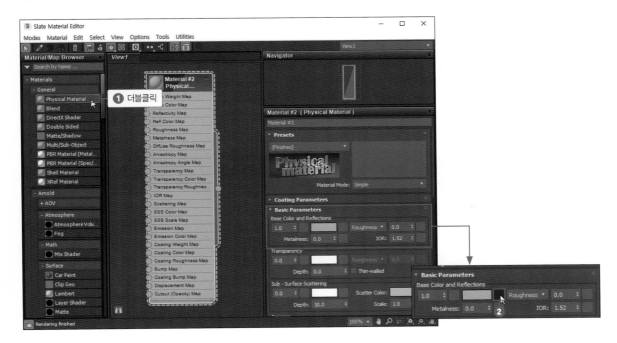

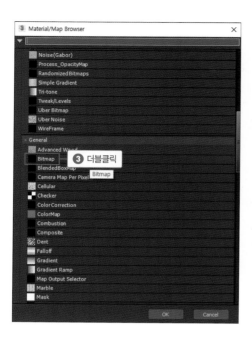

12 [Select Bitmap Image File]창에서 최종 저장한 맵 이미지를 불러옵니다. Material Editor에서 오른쪽 노란 점을 클릭 앤 드래그로 뷰포트의 Box로 끌어다 적용합니다.

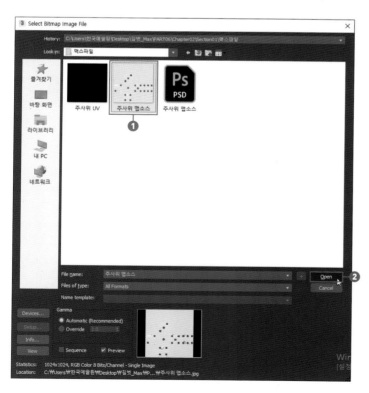

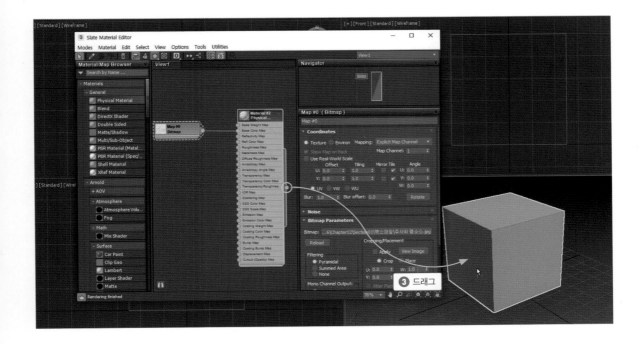

13 뷰포트에서 맵 이미지가 적용된 것을 확인합니다.

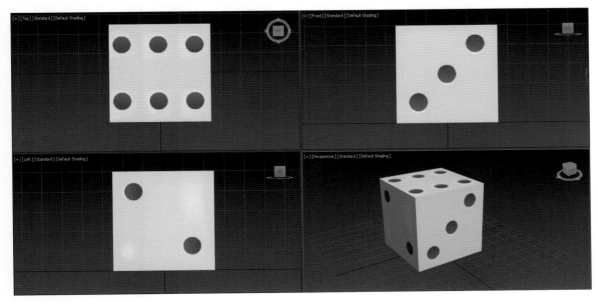

Quick Planar Map 사용한 약병 매핑

약병 뚜껑처럼 상단에서 봤을 때 원형으로 분리되는 곳은 Quick Planar Map을 활용하면 편리합니다. 모델링한 약병을 매핑하면서 원기둥 형태의 UV 정리하는 법을 학습합니다.

● 예제 파일 : 약병.max   ● 예제소스 : 약병라벨.png

1 예제 파일을 열고 약병을 선택합니다. [Modify]로 이동하고 [Modifier List]의 ▼를 누르고 키보드 ⓤ를 반복 입력하여 Unwrap UVW를 찾아 적용합니다.

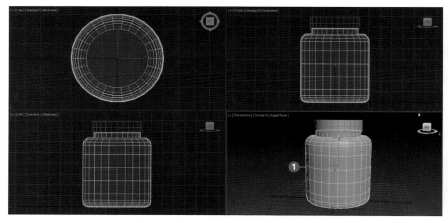

2 [Modify]로 가서 ▼Edit UVs의 [Open UV Editor]를 클릭합니다. [Edit UVWs]창이 뜹니다.

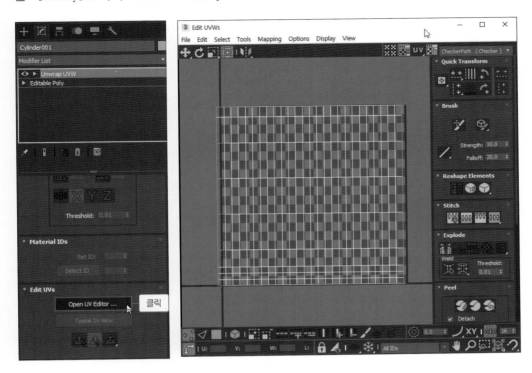

3 ▼Selection에서 Polygon을 선택하고 Select By에서 [: Ignore Backfacing]을 해제하고 Front 뷰포트로 이동하고 그림과 같이 라벨이 위치하지 않을 윗면의 면을 드래그로 선택합니다.

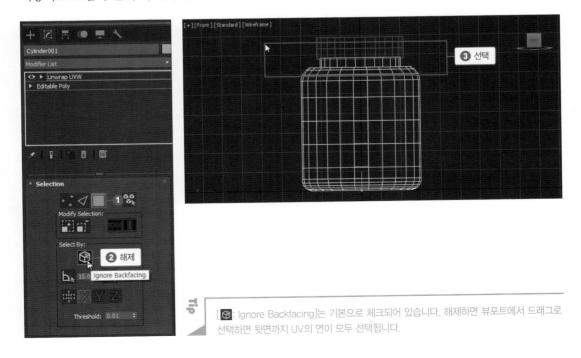

> **Tip**
>
> [: Ignore Backfacing]는 기본으로 체크되어 있습니다. 해제하면 뷰포트에서 드래그로 선택하면 뒷면까지 UV의 면이 모두 선택됩니다.

Quick Planar Map으로 평면 분리하기

4 윗면의 Polygon을 선택한 상태에서 ▼Edit UVs의 아래 [: Quick Planar Map]을 클릭합니다. 원형 형태로 펼쳐지면서 분리됩니다. 위 빈 공간으로 이동합니다.

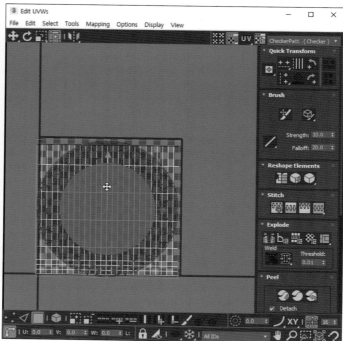

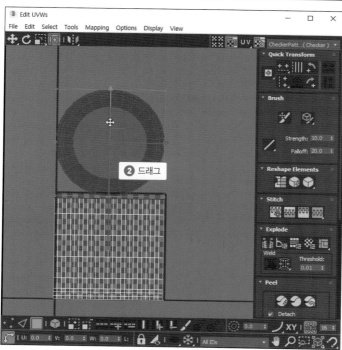

5 아래면도 같은 방법으로 분리합니다. Front 뷰포트로 이동하고 그림과 같이 라벨이 위치하지 않을 아래 의 면을 드래그로 선택합니다. 아래면의 Polygon을 선택한 상태에서 ▼Edit UVs의 아래 [🔼: Quick Planar Map]을 클릭합니다. 원형 형태로 펼쳐지면서 분리됩니다. 아래 빈 공간으로 이동합니다. 아래 윗면이 분리되 었습니다.

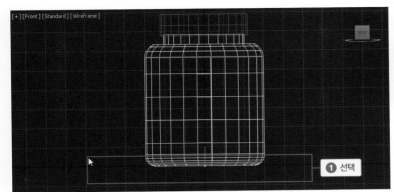

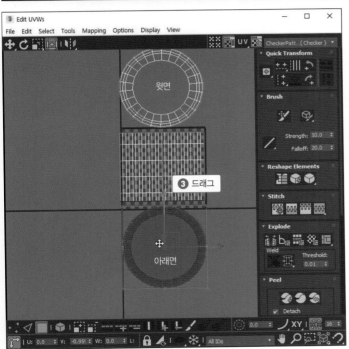

Cylindrical Map으로 원기둥형태 UV 펼치기

6 Edit UVWs창에서 라벨이 들어갈 중간 부분의 면을 모두 드래그로 모두 선택합니다. [Modify]로 이동하고 아래 ▼Projection에서 [🛢: Cylindrical Map]을 클릭합니다. 그리고 [Fit]버튼도 클릭하여 [Edit UVWs]창 가운데 딱 맞게 펼쳐줍니다.

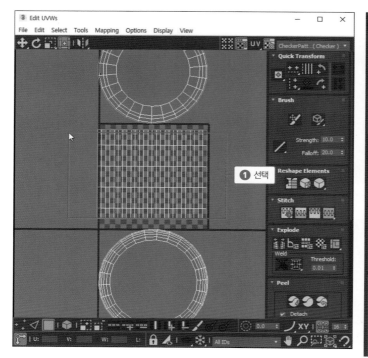

 ▼Projection은 선택한 면을 평면, 원기둥, 원형, 박스 등의 형태로 펼쳐주는 방법입니다.

7 펼쳐지긴 했지만 원래 비율이 아닌 [Edit UVWs]창의 비율에 맞춰져 있습니다. 메뉴의 [Tools] →
[Relax]를 선택하고 면 각도로 정리하기 위해 Relax By Polygon Angles를 선택하고 Amount값을 '1'로 입력
합니다. [Start Relax] 버튼을 클릭합니다. 약통의 원래 비율대로 펼쳐졌습니다.

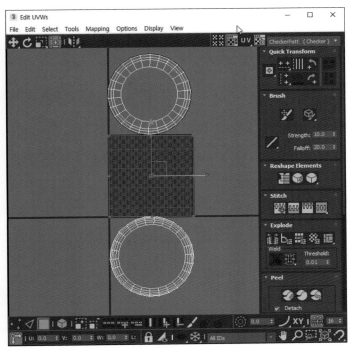

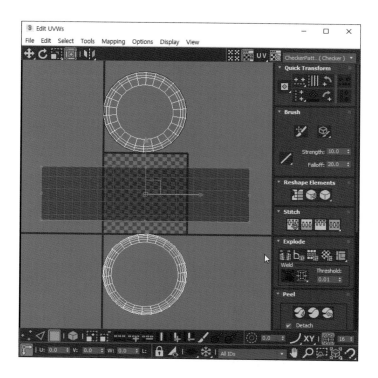

8 [Edit UVWs]창에서 각각의 분리된 UV를 선택하여 크기와 위치를 조절하여 그림과 같이 재배치합니다.

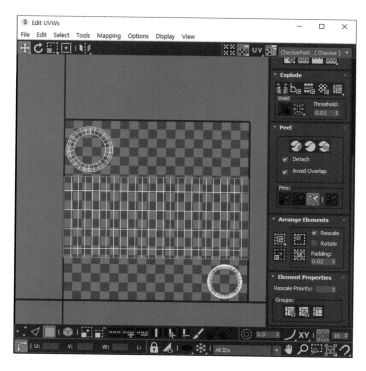

9 [Edit UVWs]의 [Tools] → [Render UVW Template]를 선택합니다. [Render UVs]창이 뜨면 [Render UV Template]버튼을 클릭하고 Width와 Height를 모두 '1024'로 설정하고 [Render Map]창에서 [Save Image]를 클릭하여 완성된 UV를 이미지로 저장합니다.

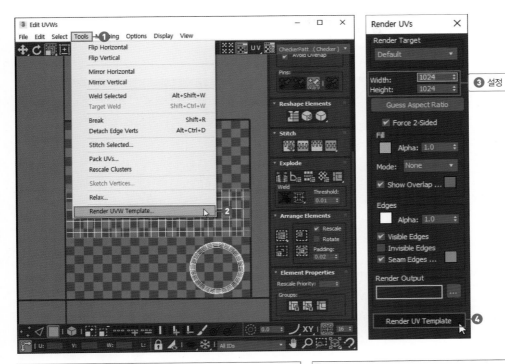

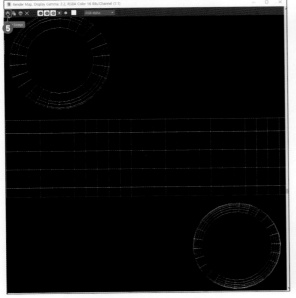

●예제소스 : 약병라벨.png

10 포토샵 프로그램을 실행하고 약병의 UV 이미지를 불러옵니다. 미리 스캔해둔 라벨 이미지를 배치하고 저장합니다. 라벨이 없는 부위는 병색에 맞게 한가지 색의 레이어로 채워줍니다. 이때 PSD, JPG 모두 저장합니다.

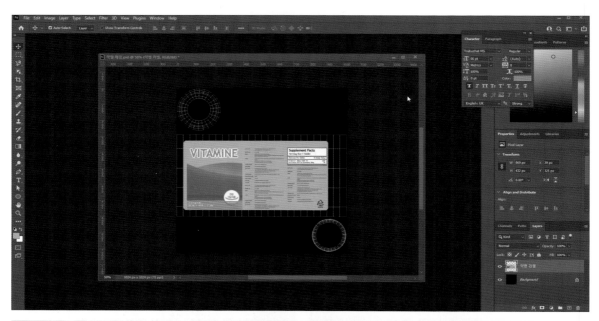

11 맥스로 돌아옵니다. 단축키 ⓜ을 입력하고 Material Editor를 엽니다. 왼쪽 [-Materials] → [-General]에
서 Physical Material을 더블클릭합니다. 오른쪽 ▼Base Parameters의 Base Color and Reflections의 그림과 같
이 네모버튼을 클릭합니다. Material/Map Browser의 [-General의 Bitmap]을 찾아 더블 클릭합니다.

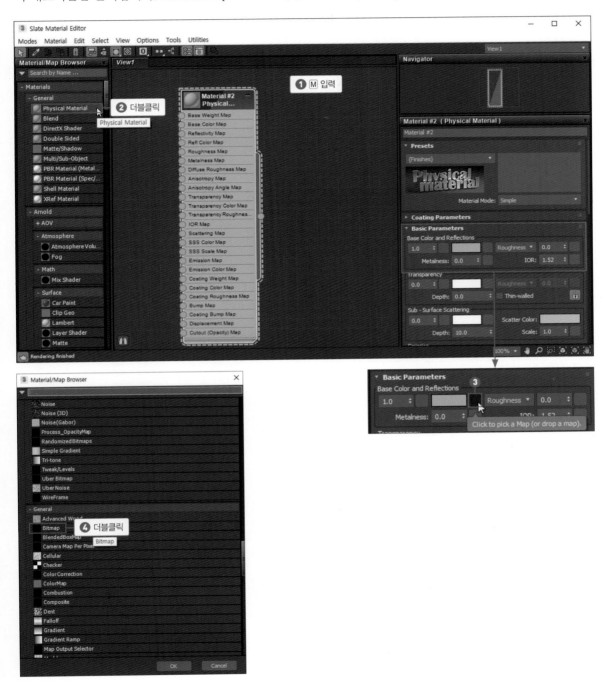

12 [Select Bitmap Image File]창에서 최종 저장한 맵 이미지를 불러옵니다. Material Editor에서 오른쪽 노란 점을 클릭 앤 드래그로 뷰포트의 Box로 끌어다 적용합니다.

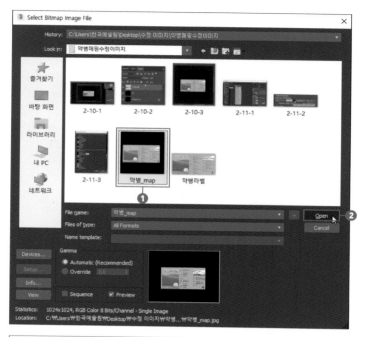

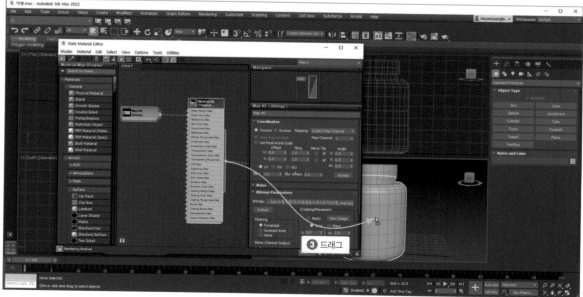

13 뷰포트에서 맵 이미지가 적용된 것을 확인합니다. 뷰포트에서 맵 적용 이미지를 확인하면서 UV를 수정해 보겠습니다. [Modify]로 가서 ▼Edit UVs의 [Open UV Editor]를 클릭합니다. 오른쪽 Texture Checker에서 하위 메뉴인 [Pick Texture]를 클릭하여 맵이미지를 불러옵니다. 리스트에 이미지를 선택할 수 있습니다.

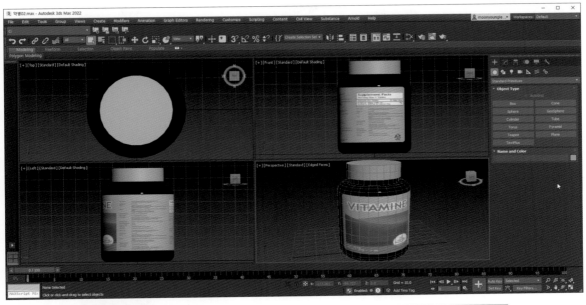

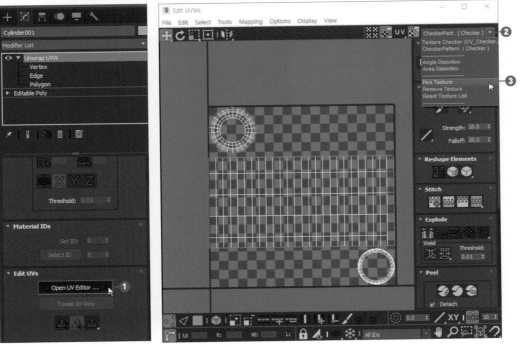

14 이미지를 선택하고 UV의 Vertex나 Polygon을 선택하고 크기 조절이나 위치를 수정합니다. 적용된 상태에서 UV를 변경할 수 있어 비율을 수정하기에 편리합니다.

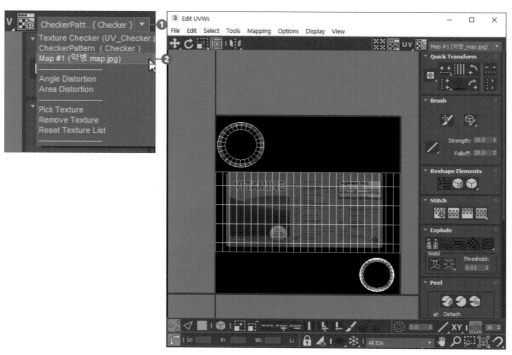

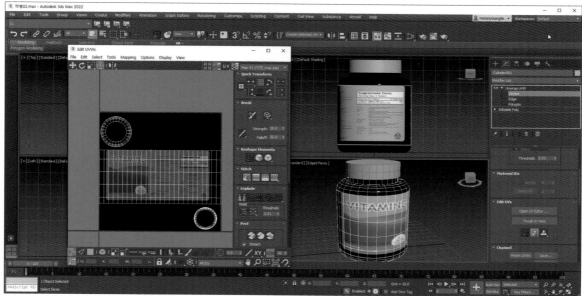

뚜껑 매핑하기

15 뚜껑은 라벨색과 같은 색으로 적용해 보겠습니다. 단축키 M을 입력하고 [Mateial Editor]창을 엽니다. [-General]의 [Physical Material]을 더블클릭합니다. View1에 약병 재질 옆에 하나 더 생긴 것을 확인할 수 있습니다. 오른쪽 ▼Basic Parameters의 Base Color and Reflections의 Base Color 네모칸을 클릭합니다.

16 [Color Selector: Base Color]창이 뜨면 아래 [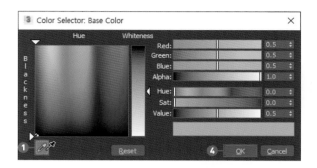: 스포이드] 아이콘을 클릭합니다. 뷰포트로 이동하여 약 라벨의 노란색을 클릭합니다. Base Color 네모 칸이 회색에서 스포이드로 찍은 색으로 변한 것을 확인할 수 있습니다. [Color Selector: Base Color]창은 [OK]버튼을 클릭하고 닫습니다.

17 노란색 점을 클릭 앤 드래그로 이동하여 뷰포트 속 병뚜껑을 클릭하여 적용합니다. 뷰포트에서 매핑이 적용한 것을 확인하고 최종 저장합니다.

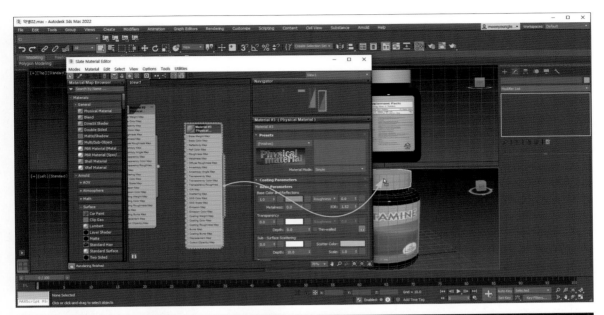

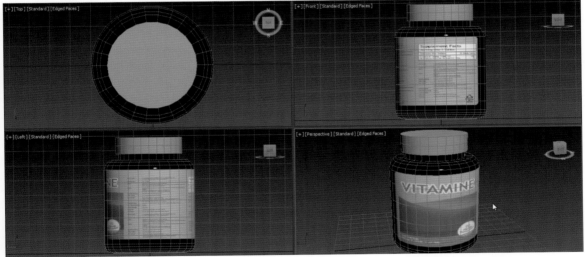

Substance Texture를 활용한 벤치 매핑

이미지나 재질을 직접 만들지 않고 3ds Max에서 주어진 Substance Texture를 활용하여 사실적인 재질을 입히는 방법을 학습합니다. 기본으로 제공하는 것 외에 인터넷에서 추가로 구입할 수 있습니다.

● 예제 파일 : 벤치.max, Wood_White_Cedar.sbsar

1 예제 파일을 엽니다. 단축키 M을 입력하고 Material Editor를 실행합니다. 왼쪽 [-Materials] → [-General]에서 Physical Material을 더블클릭합니다. 오른쪽 ▼Base Parameters의 Base Color and Reflections의 그림과 같이 네모버튼을 클릭합니다. [Material/ Map Browser]창에서 [-General]의 Substance를 찾아 더블클릭합니다.

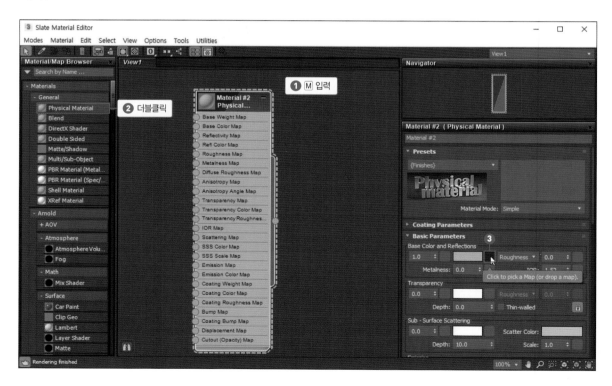

2 [Material Editor]창의 View1에서 Base Color Map과 연결된 Substance를 더블클릭합니다. 오른쪽에 서 ▼Substance Package Browser의 [Load Substance]버튼을 클릭합니다. [Browse for Substance]창에서 [Texture]폴더를 클릭하고 재질을 탐색합니다. 먼저 나무 재질을 선택해보겠습니다. 폴더 속 텍스쳐 파일 중 Wood_White_Cedar.sbsar파일을 선택하였습니다.

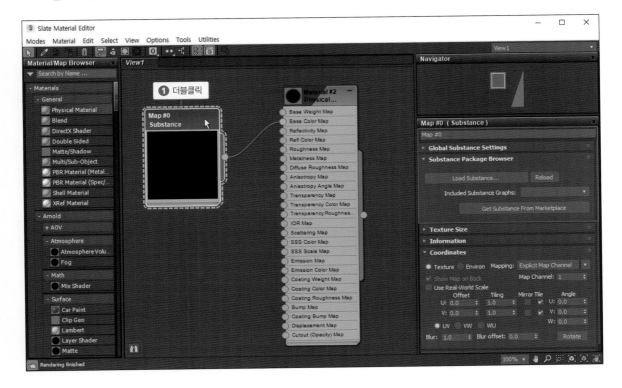

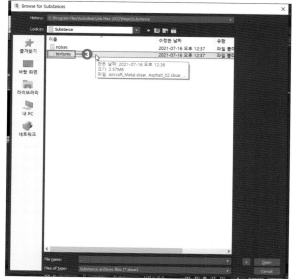

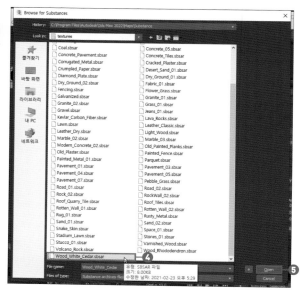

3 Material의 오른쪽 노란색 점을 클릭 앤 드래그하여 뷰포트의 의자 부분에 적용합니다. 기본값에서 속성 값을 수정해 보겠습니다. Material Editor창에서 View1의 연결된 Substance를 더블클릭하고 오른쪽 ▼Wood_White_Cedat의 하위 메뉴를 펼치고 옵션을 수정해봅니다. Random Seed 수치를 높여서 나무 결 모양을 수정하였습니다.

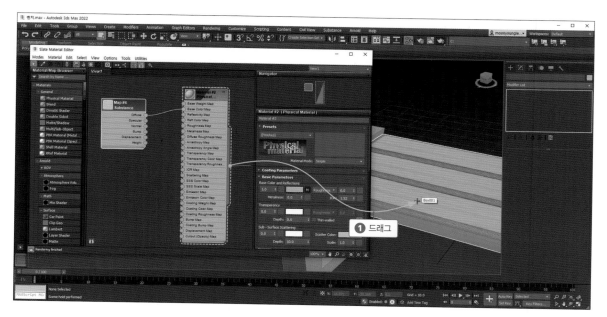

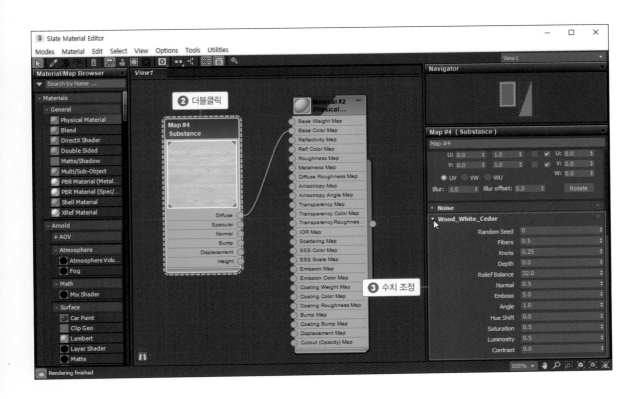

4 [Material Editor]창에서 Physical Material을 더블클릭하여 하나 더 재질을 만듭니다. 오른쪽 ▼Base Parameters의 Base Color and Reflections의 그림과 같이 네모버튼을 클릭합니다. [Material/ Map Browser]창에서 [-General]의 Substance를 찾아 더블클릭합니다.

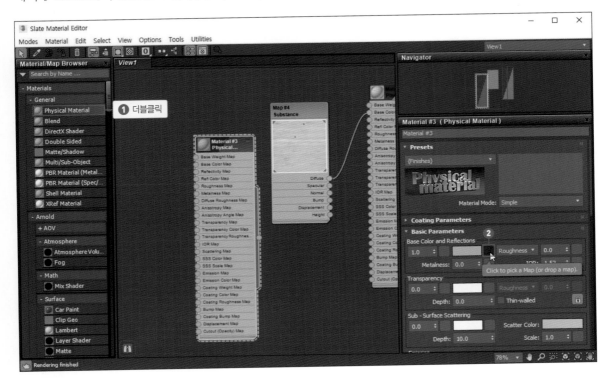

5 Base Color Map과 연결된 Substance를 더블클릭하고 오른쪽 Load Substance버튼을 클릭합니다. [Browse for Substance]창에서 [Texture]폴더를 클릭하고 재질을 탐색합니다. 먼저 나무재질을 선택해보겠습니다. 폴더 속 텍스쳐 파일 중 Marble_02.sbsar파일을 선택하였습니다.

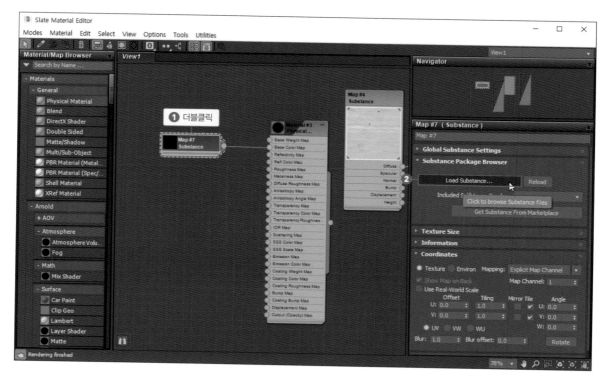

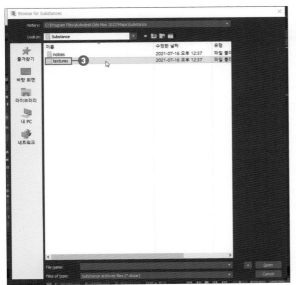
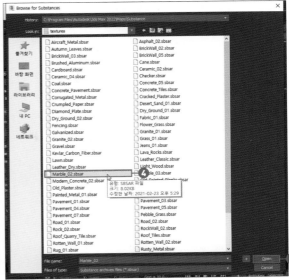

6 Material의 오른쪽 노란색 점을 클릭 앤 드래그하여 뷰포트의 양쪽 지지대 부분에 적용합니다. 기본값에서 속성값을 수정해 보겠습니다. [Material Editor]창에서 View1의 연결된 Substance를 더블 클릭하고 오른쪽 ▼Marble_02의 하위 메뉴를 펼치고 옵션을 수정해봅니다. Marble Color를 변경해 보겠습니다.

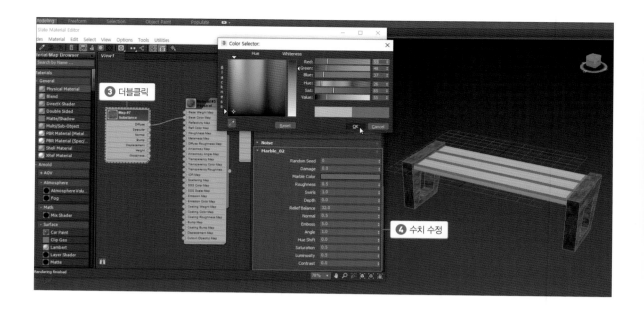

7 뷰포트에서 매핑을 확인한 후 최종 저장합니다.

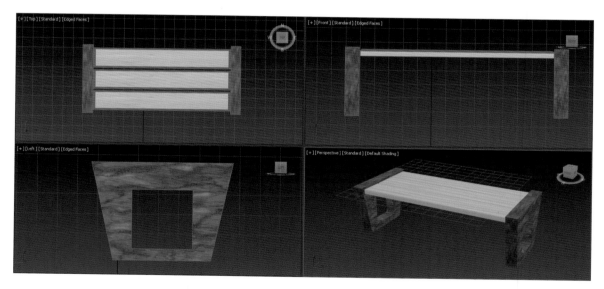

Tip ► Substance를 사용하여 기본으로 제공된 재질을 적용한 것입니다. 사실적인 재질 매핑은 최종 렌더링 단계에서 조명과 렌더링 옵션에서 빛의 반사와 굴절 등을 최종 고려한 후 완성할 수 있습니다.

여기서 잠깐

Substance는 주어진 것 외에 인터넷에서 여러 재질을 구입하여 적용할 수 있습니다. ▼Substance Package Browser의 [Get Substance From Marketplace]버튼을 클릭하면 구입할 수 있는 인터넷 사이트로 연결됩니다.

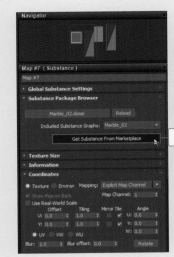

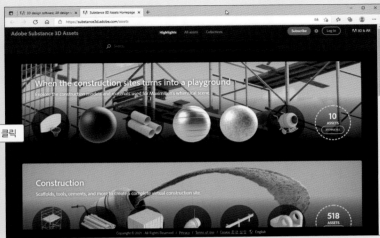

클릭

Unwrap UVW 이해하고 캐릭터 매핑(Mapping) 하기

유선형의 오브젝트 모델링을 매핑하기 위해서는 2D 이미지를 어떤 방식으로 오브젝트에 둘러서 입힐지 선택해야 합니다. 어느 선을 기준으로 잘라서 면을 펼칠지 고민해야 합니다. Unwrap UVW의 여러 기능들을 살펴보고 캐릭터 UV를 정리하는 방법을 학습합니다.

Projection에서 Planar를 이용하여 캐릭터 얼굴 UV 정리하기

캐릭터 얼굴 매핑을 실습하면서 Planar방식의 특징을 이해합니다. 간단한 캐릭터 얼굴은 앞면과 뒷면으로 분리해서 UV 정리하는 것을 권합니다.

● 예제 파일 : SD캐릭터_얼굴.max

얼굴 UV 정리하기

1 SD 캐릭터 얼굴 모델링 파일을 엽니다. [Modify]로 가서 [Symmetry] 적용하여 모델링을 완성하였다면 마우스 오른쪽 버튼을 클릭하고 [Collapse All]을 적용하여 [Editable Poly] 상태로 만듭니다.

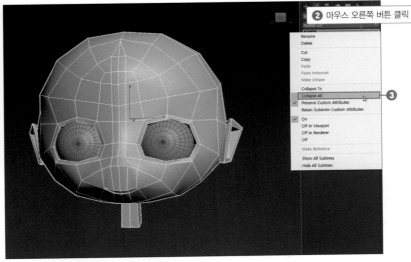

TIP 오브젝트의 면 개수대로 UV가 보여집니다. SD 캐릭터 모델링 매핑은 [TurboSmooth]가 적용되어 있다면 삭제하고 시작합니다.

2 [Modifier List]에서 [Unwrap UVW]을 적용합니다. [Selection] → [Polygon]을 선택하고 [Edit UVs] → [Open UV Editor]를 클릭합니다. 얼굴의 앞면과 뒷면으로 분리하기 위해 Front 뷰포트에서 드래그로 [Polygon]을 선택합니다.

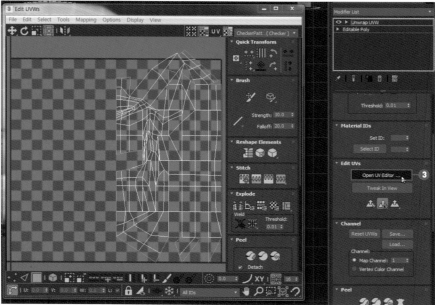

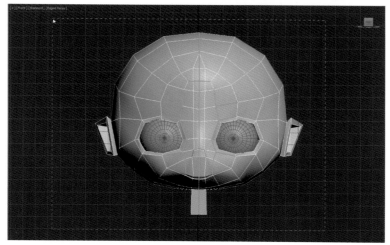

▲ Front 뷰포트

 UV의 [Polygon]은 뷰포트에서 드래그로 전체를 선택해도 뒷면까지 선택되지 않습니다. 정확하게 앞면만 선택하기 위해서 Front 뷰포트에서 앞쪽 [Polygon]을 선택할 수 있습니다.

3 Perspective 뷰포트에서 얼굴 앞면을 선택하기 위해서 빠진 면은 Ctrl 을 누르고 선택하거나 필요 없는 부분은 Alt 를 누르고 선택하여 제외시켜줍니다. 안구 안쪽과 귀까지 선택합니다.

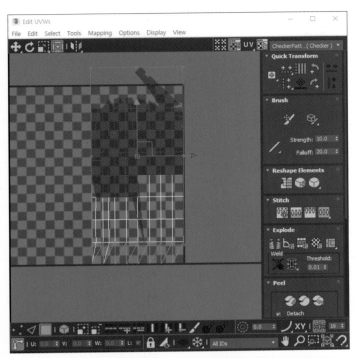

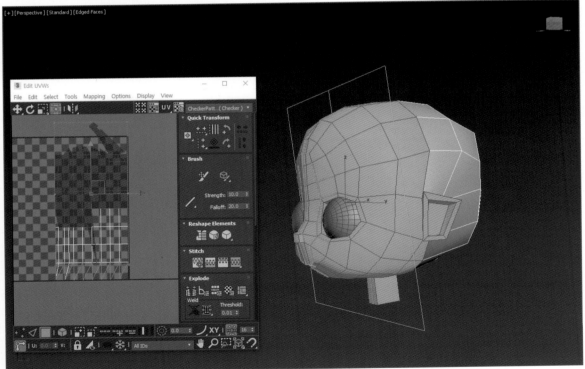

▲ Perspective 뷰포트

4 앞면이 선택된 상태에서 [Projection] → [Planar Map]을 클릭하고 Y축을 선택한 후 [Fit]을 클릭합니다. [Edit UVw]창에서 얼굴 형태로 UV가 변한 걸 확인할 수 있습니다. 선택된 앞면 얼굴 UV를 빈 공간으로 이동시켜 줍니다.

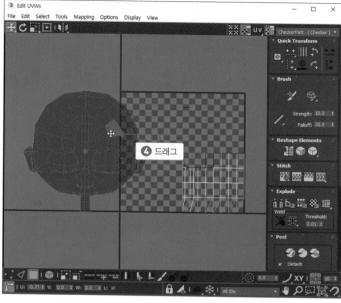

[Projection] 후 이동이 잘되지 않는다면 [Selection]→ [Polygon]선택을 해지했다 다시 클릭한 후 이동합니다.

5 [Edit UVWs]창에서 나머지 면인 드래그로 뒷면을 선택하고 같은 방법으로 [Projection] → [Planar Map]을 클릭하고 Y축을 선택한 후 [Fit]을 클릭합니다. [Edit UVWs]창에서 앞면 얼굴과 나란히 옆에 위치시켜줍니다.

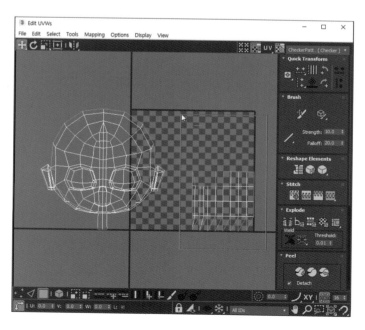

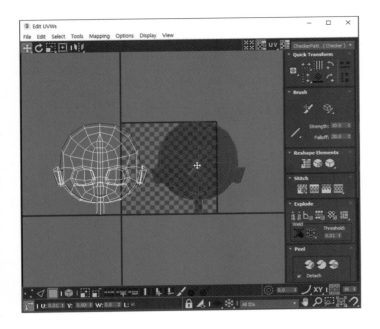

6 경계 부분 외에 떨어져 나온 [Edge]를 선택하고 마우스 오른쪽 버튼을 클릭하고 [Stitch Selected]를 클릭하여 붙여줍니다. 겹쳐져 있는 부분의 선을 모델링 형태를 고려하여 [Vertex]를 이동하여 형태를 수정합니다.

❶ 마우스 오른쪽 버튼 클릭

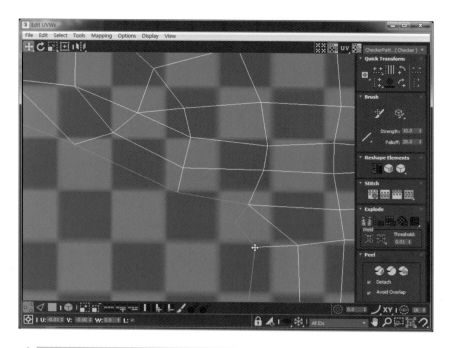

7 눈 부위의 겹쳐진 부분을 [Vertex]를 선택하고 [Tools] → [Relax]를 클릭합니다. 면을 일정한 간격으로 펼쳐주는 기능을 합니다.

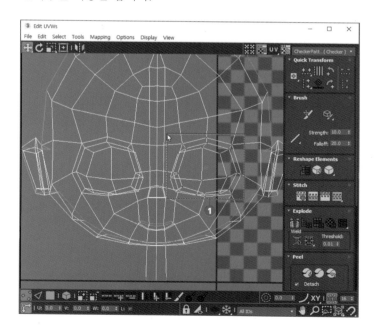

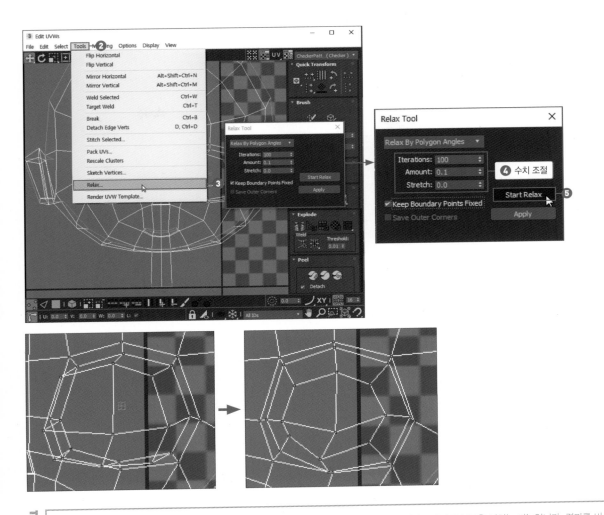

[Relax Tool]→ [Keep Boundary Points Fixed] 옵션은 선택한 UV 영역의 가장자리는 고정하고 나머지 부분을 펼치는 기능입니다. 결과를 비교해보고 선택하여 적용합니다.

8 [Arrange Elements] → [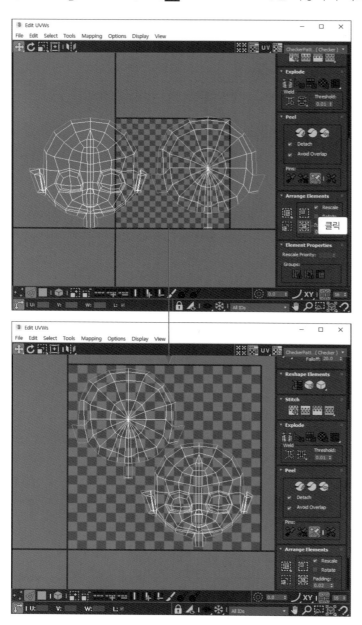: Pack Normalize]을 적용하여 체크 패턴 내부에 위치시켜 줍니다.

9 [Tools] → [Render UVW Template]를 클릭합니다. [Render UVs]창에서 [Width], [Height]값을 최종 렌더링 걸 해상도를 고려하여 설정한 후 [Render UV Template]를 클릭합니다. [Render Map]창에서 [Save Image] 아이콘을 클릭하고 UV를 저장합니다.

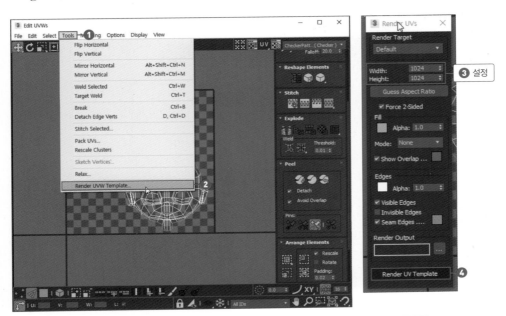

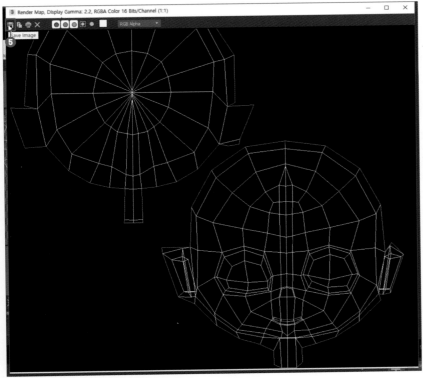

10 저장된 UV좌표 이미지를 [Photoshop]에서 불러와서 각 면에 맞는 얼굴 이미지를 레이어를 구분하여 만들어줍니다. 완성된 후 PSD, JPG로 각각 저장합니다.

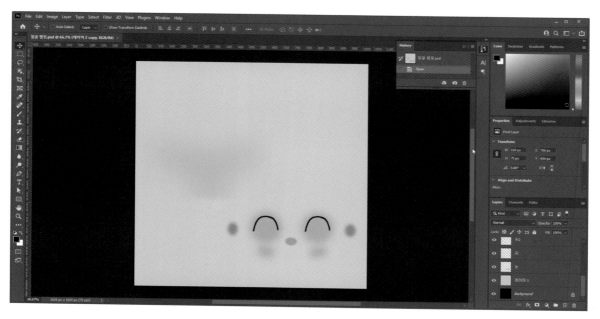

 맵핑 이미지 PSD파일을 꼭 같이 저장하여 조명과 렌더링과정 후 수정이 가능할 수 있게 합니다.

11 맥스로 돌아와 단축키 M을 입력하고 [Material Editor]창을 열고 저장한 얼굴 맵 이미지를 적용합니다.

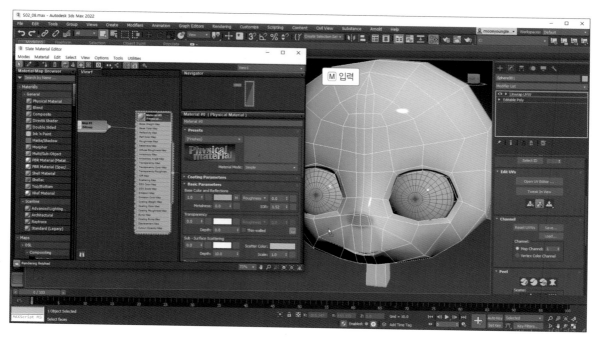

이미지 파일을 불러와서 적용하는 방법은 생략 하겠습니다. Chapter02 참고

12 뷰포트에서 오브젝트를 선택하고 [Modify]로 이동하여 TurboSmooth를 적용하고 최종 저장합니다.

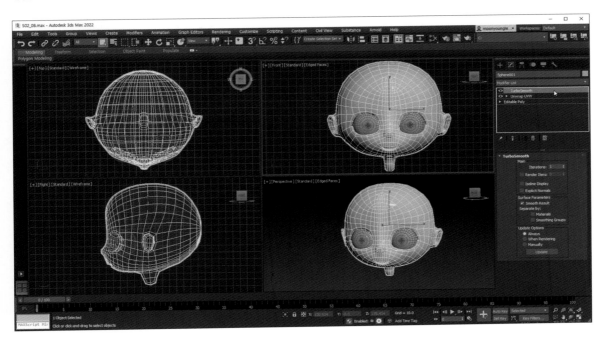

[Projection]

– UV는 3D 오브젝트를 2D 이미지로 펼쳐 놓은 좌표라고 할 수 있습니다. UV위치를 보고 오브젝트의 어느 위치인지 알아볼 수 있어야 합니다. 가장먼저 [Polygon]을 선택하고 [Projection]에서 어떤 모양으로 어느 축으로 면을 펼쳐야 할 것인지 선택해야 합니다.

– 즉 한 장의 이미지를 3D 오브젝트에 Plane, Cylinder, Sphere, Box 중 어떤 형태로 덮을지 고르면 됩니다. 앞서 주사위는 연결된 둥근 형태가 아니라 각 면을 각각 다른 이미지를 넣는 방식이기 때문에 이 과정을 생략 하였습니다.

– SD 캐릭터처럼 간단한 캐릭터를 표현할 때 [Planar Map]을 선택하고 정면을 바라보는 Y축을 선택 하였습니다.

눈동자 매핑하기

13 눈동자 오브젝트를 선택하고 [Modify]로 가서 [UVW Map]을 적용합니다. [Parameters] → [Planar]를
적용합니다. 뷰포트 상에서 정면을 바라보는 축을 찾아 [Alignment]의 축을 결정합니다.

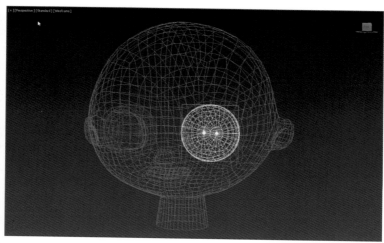

> **Tip**
>
> UV정리가 필요 없는 간단한 오브젝트는 [UVW Map]을 적용합니다.

15 단축키 M을 입력하고 Material Editor창을 열고 눈동자 이미지를 적용합니다. 뷰포트로 이동하여 눈동자를 선택하고 [Modify]로 가서 [UVW Map] → [Gizmo]를 선택하고 뷰포트로 이동하여 눈동자 위치를 수정합니다.

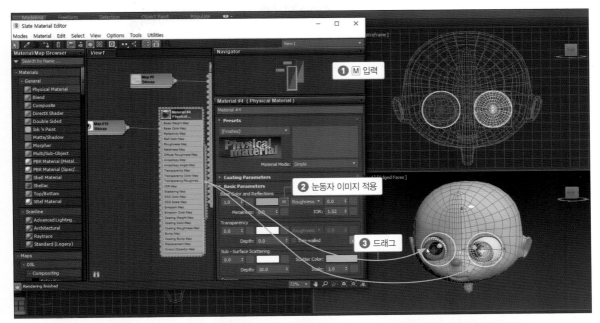

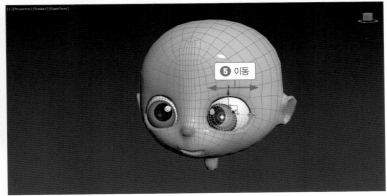

Edit Seams을 이용하여 분리하고 Quick Peel을 이용하여 하이 폴리곤 얼굴 UV 정리하기

오브젝트의 형태에 따라 어떻게 좌표를 분리하고 정리해야 하는지 고민해야 합니다. 곡면의 오브젝트는 선택한 [Edge]를 기준으로 [Seam]으로 설정하고 분리하여 펼치는 방법이 유용합니다. 얼굴 오브젝트의 UVW를 펼치는 방법을 실습합니다.

● 예제 파일 : 얼굴모델링.max

1 인체 기본형 얼굴 오브젝트를 불러옵니다. [Modify]로 가서 [Modifier List]에서 [Unwrap UVW]을 적용합니다. [Edit UVs] → [Open UV Editor]를 클릭하고 [Edit UVWs]창을 엽니다.

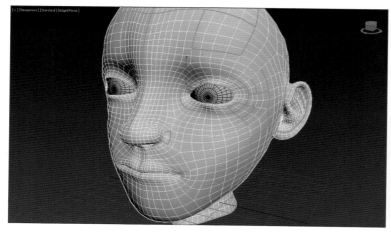
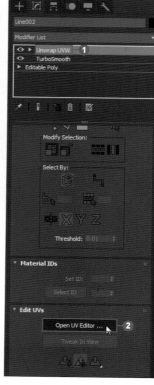

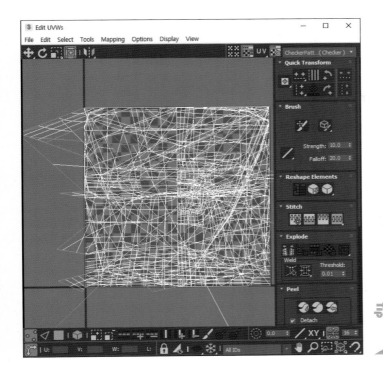

2 [Edit UVWs]창에서 [Poygon]을 전체 드래그로 선택합니다. [Projection] → [Planar Map]을 X축 방향으로 정렬하고 [Fit]을 클릭합니다.

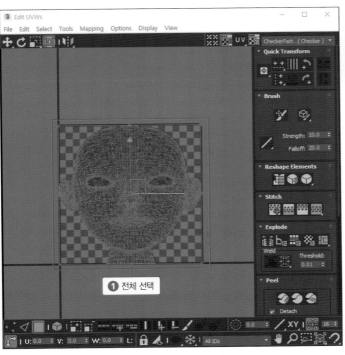

3 분리될 면의 경계를 [Seam]을 이용해서 선택하겠습니다. 귀 뒤쪽 라인을 중심으로 [Peel] → [Point-to-Point Seams]를 적용하여 선택합니다. 그림과 같이 라인이 생기도록 선택합니다.

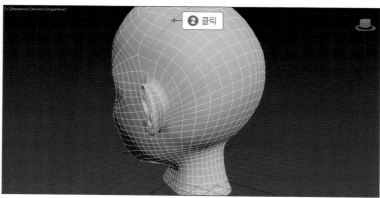

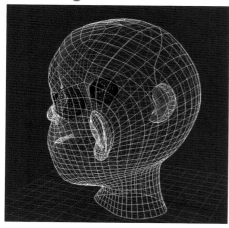

Tip 선택된 [Seam]을 경계로 UV좌표를 분리하기 때문에 시작과 끝점이 연결되어 있어야 합니다. 잘못 선택된 선은 Alt 를 누르고 다시 클릭하면 제외됩니다.

4 [Point-to-Point Seams]버튼을 다시 클릭하여 해제하고 원하는 영역의 [Polygon]을 하나 선택합니다. [Peel] → [Expand Polygon Selection To Seams]를 클릭하면 [Seams:]을 기준으로 선택한 폴리곤이 속한 영역의 [Polygon]이 전부 선택합니다.

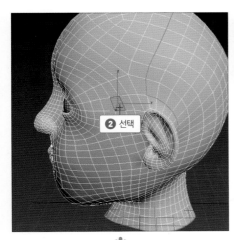

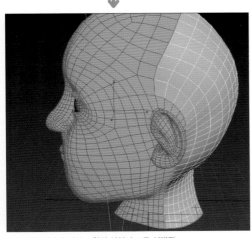

▲ 선택한 하나의 면이 포함된 영역이 모두 선택됨

5 [Peel] → [Quick Peel]을 클릭합니다. [UVW]를 펼친 상태에서 [Arrange Elements] → [🔳: Pack Custom]
을 클릭하고 정렬합니다.

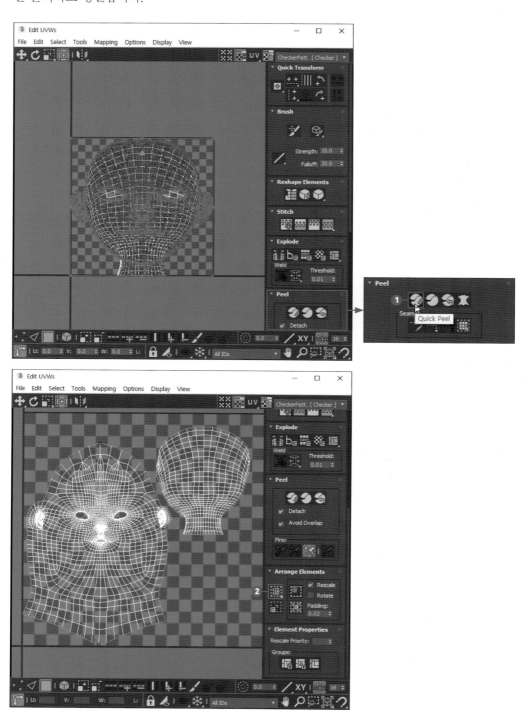

인테리어와
캐릭터 매핑 완성하기

과제목표

매핑은 완성된 3D 오브젝트 표면에 이미지를 입히는 과정입니다. 2D 이미지 매핑 소스를 그래픽 툴을 활용하여 완성하는 과제를 하기 위해 다양한 재질과 질감을 연구하고 실사에 가까운 이미지를 만들 것인지 손으로 그린 이미지를 입힐지는 컨셉과 장르에 따라 결정합니다. 가장 중요한 것은 2D 이미지를 3D 오브젝트에 어떤 방식으로 입힐 것인지 결정하고 맵핑 좌표를 정리하는 본인만의 가장 최적의 방식을 찾습니다.

과제순서

텍스쳐 스타일 정하기 → 모델링 파일 불러오기 → [Unwrap] 적용하기 → UVW 정리하기 → 포토샵에서 매핑 소스 만들기

참고사이트

https://pixabay.com/
다양한 이미지들을 제공하는 사이트입니다. 인테리어 맵핑에 필요한 텍스쳐 이미지들을 검색을 통해 찾을 수 있는 유용한 사이트입니다. 무료로 제한 없이 사용할 수 있는 이미지들을 다운로드할 수 있습니다.

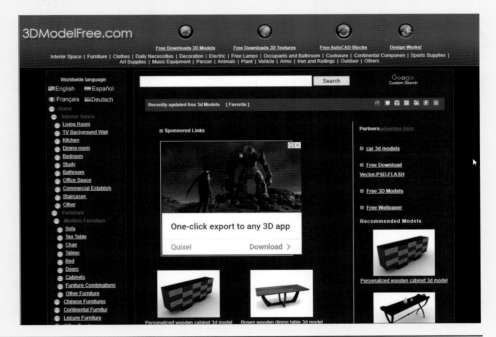

Tip

– 실사 이미지가 필요한 인테리어 모델링은 사진 소스를 활용합니다.
– 알파 맵을 활용할 경우 가장자리의 검은 선이 나타나는 경우 적용 후 영역을 작게 수정합니다.
– 조명 설정 후 매핑 소스를 수정해야 하기 때문에 원본 PSD 파일을 보관합니다.
– 조명으로 모든 음영을 표현하려 하지 않고 매핑에서 음영의 디테일한 부분을 그려주어 완성도를 높입니다.
– 범프 매핑(Bump Mapping)이란 렌더링 후 픽셀마다 표면 높낮이가 달리 보이게 하는 컴퓨터 그래픽 기술로 표면의 거칠기 같은 작은 재질을 표현하기 위한 좋은 방법입니다.

Part 07

오브젝트 애니메이션에서
캐릭터 애니메이션

3D 애니메이션의 기초이론과 제작방법에 대해 학습합니다.

Chapter

01

애니메이션 시작하기

컴퓨터 그래픽에서 시간차를 두고 애니메이션을 설정 하는 것을 '키(Key)를 준다'라고 합니다. 3D 애니메이션은 모델링된 오브젝트를 변화된 움직임을 시간차를 두고 프레임에 각각 키를 주면 컴퓨터가 움직임 중간과정을 자동으로 생성합니다. 애니메이션의 주요 개념을 이해하고 3ds Max에서 애니메이션 제작을 위한 환경설정 방법에 대해 학습합니다.

애니메이션 원칙 이해하기

실제 움직임을 그대로 재현한다고 해서 자연스러운 애니메이션이 되지 않습니다. 애니메이션적인 응용된 움직임에 대한 이해가 필요합니다. 월트디즈니 애니메이터로부터 오랜 세월 전수되고 있는 애니메이션 원칙 중 3D 애니메이션에 적용할 수 있는 주요 원칙에 대해 알아봅니다.

Squash & Stretch

현실에서는 실제로 움직일 때 크게 변화 없는 오브젝트이지만 부피 변화 애니메이션을 통해 감정 표현 또는 재질 특징을 표현할 수 있습니다. 같은 크기의 공이라도 찌그러짐의 정도에 따라 재질 및 무게감을 달리 표현할 수 있습니다.

Anticipation

움직임 전 예비 동작으로 위로 뛰기 전 아래로 구부렸다가 뛰어오른다거나 오른쪽으로 달려가기 전 왼쪽으로 팔을 돌렸다가 뛰어가는 등의 앞으로의 움직임을 예측할 수 있게 표현하는 것입니다.

Follow Through

움직이는 물체에 붙어있는 요소들 즉 머리카락이나 옷자락 등이 시간차를 두고 뒤따라오는 움직임을 말합니다.

Overlapping

다음 동작이 시작될 때 먼저 동작의 마지막 부분과 자연스럽게 오버랩되는 것으로 있으려는 힘과 움직이는 주요 힘이 겹쳐질 때 나타나는 현상, 연결된 오브젝트들이 동시에 움직이지 않고 시차가 생기는 것

Slow In & Slow Out

가속도 법칙에 따라 실제와 같은 움직임을 표현하기 위함 입니다. 3D 애니메이션에서는 애니메이션한 후 [Graph Editors] → [Track View-Curve Editor]에서 수정할 수 있습니다.

Arcs

움직임에 끝점을 이었을 때 직선이 아닌 곡선으로 움직여야 사실적인 애니메이션이 됩니다.

Exaggeration

애니메이션에서 가장 중요한 원칙은 과장이라고 할 수 있습니다. 애니메이션은 사실적인 동작보다 캐릭터의 성격 또는 상황에 맞게 적절한 과장이 필요합니다. 이때 과장의 정도를 정하는 것이 잘된 애니메이션인지 아닌지 결정합니다. Squash & Stretch를 활용하여 표현하기도 합니다.

애니메이션 제작 주요 용어 이해하기

애니메이션 제작에 주로 쓰이는 기본 용어를 배워봅니다. 애니메이션은 주로 공동작업이 이루어집니다. 각 분야별 주요 용어를 알고 있어야 제작자 간의 소통이 용의합니다.

Pre Production
기획, 시나리오, 스토리보드 레이아웃 등 본 제작에 들어가기 전 과정

Story Board
영상매체를 만들기 전에 주요 장면을 시각적으로 정리해 놓은 것, 카메라 워킹, 캐릭터 동선이나 시간등 대부분의 내용을 담고 있다.

Animatics
스토리보드를 실제 시간에 맞게 편집하여 영상화한 것.

Key
프레임에 애니메이션을 지정하는 것

Follow through
A에서 B로 변화하는 포즈를 완성한 이후에도 움직임의 방향대로 좀 더 움직이게 되는 것

Offset
똑같이 움직이지 않게, 시차가 생기게 하는 것

Secondary Action
부수적인 움직임에 도움을 주는 모든 동작

Hook Up
앞 장면과 뒤 장면과의 연결선

Spacing
캐릭터가 다음 동작으로 이동하는 간격

layout
캐릭터를 배치하고 카메라의 위치와 이동을 정하는 것

애니메이션 환경 설정하기

3ds Max에서 애니메이션 Key를 지정하는 방법 및 단축키 등을 알아보고 애니메이션 그래프를 수정하는 방법과 프리뷰 영상 저장하는 방법에 대해 학습합니다.

1 애니메이션을 시작하기 앞서 초당 프레임수를 설정합니다. 타임라인 아래 플레이버튼을 마우스 오른쪽 버튼을 클릭하고 [Time Configuration]창을 엽니다. [Frame Rate] → [Custom]을 활성화하고 [FPS:]에 원하는 초당 프레임수를 입력합니다. [Time Display] → [Frame]으로 설정하고 시작합니다.

2 [Time Configuration] → [Animation] 타임라인 상에 전체 프레임수를 Ctrl+Alt+마우스 오른쪽 버튼을 클릭 앤 드래그해서 좌우로 드래그하면 뷰포트 상에서 프레임 영역을 설정할 수 있습니다.

3 오브젝트를 선택하고 단축키 타임라인 아래 열쇠 모양 아이콘 [Set Key]를 입력하거나 K 를 입력하면 타임라인에 네모가 생기면서 키가 들어갑니다. [Auto Key]를 켜두면 프레임 이동 후 오브젝트의 변형이 일어나면 자동으로 키가 생성됩니다.

Tip
0프레임은 K 를 입력한 키이고 나머지는 [Auto Key] 상태에서 자동으로 오브젝트의 변형된 값만 키가 들어간 것입니다. 오브젝트의 위치 값은 빨간색, 회전 값은 녹색, 크기는 파란색으로 키의 색이 구분됩니다. 모든 영역의 키를 주기 위해서는 K 를 한번 더 입력해주어야 합니다.

4 전체 키를 드래그로 선택한 후 아래 [Selection Range]에서 끝을 잡고 좌우로 드래그하면 전체 키를 같은 비율로 늘리고 줄일 수 있습니다.

Tip
[Selection Range]가 보이지 않는다면 타임라인에서 마우스 오른쪽 버튼을 클릭하고 [Configure]→ [Show Selection Range]를 클릭합니다.

여기서 잠깐

일반 오브젝트와 달리 바이패드로 애니메이션을 시작할 때는 바이패드를 선택하고 [Motion]으로 이동합니다. 아래 ▼key Info의 [Set Key]를 먼저 클릭합니다. 이 때 [Figure Mode]가 해제되어 있어야 합니다.

5 키로 모든 속도감을 제어할 수 없습니다. [Graph Editors] → [Track View - Curve Editor]를 클릭하고 [: Move Key]를 클릭하고 키를 이동하거나 [Show Tangents]를 클릭하여 베지어 곡선을 보면서 기울기를 수정합니다.

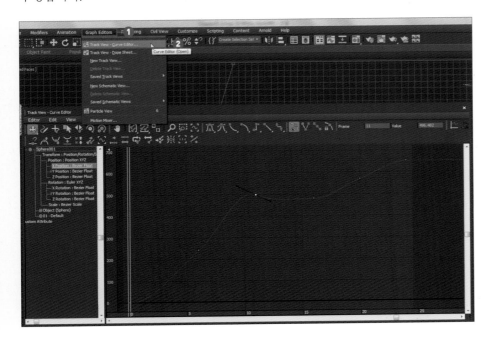

6 뷰포트 좌측 상단에 [+]를 클릭하고 [Create Preview] → [Create Preview Animation]을 클릭합니다. [Make Preview]창에서 프리뷰 해상도 및 코덱을 설정한 후 다시 [Create Preview] → [Save Preview Animation As]로 저장합니다.

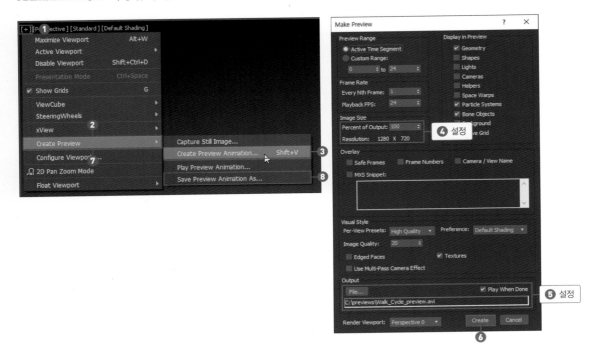

Chapter

02

오브젝트 애니메이션

훌륭한 애니메이터의 최종 목표는 인위적이지 않은 자연스러운 움직임을 찾는 것입니다. 애니메이션의 기본 움직임 법칙을 기초로 오브젝트 애니메이션을 만들어 보고 3D 애니메이션의 기본기를 학습합니다.

패스 애니메이션 연습을 위한 비행기 애니메이션

오브젝트를 라인을 따라 움직이게 하는 패스 애니메이션을 실습합니다. 3ds Max에서는 Path Constraint를 활용합니다. 이동 경로를 미리 라인으로 그려서 애니메이션을 적용하면 후에 라인의 형태를 수정하면서 쉽게 이동 경로를 수정할 수 있습니다.

● 예제 파일 : 비행기.max

패스 그리기

1 예제 파일을 불러옵니다. 비행기가 따라갈 패스를 그리기 위해 [Create]로 가서 Shapes의 ▼Objecr Type에서 [Line]을 선택합니다. Top 뷰포트로 이동하여 이동경로가 될 패스를 그립니다. 다 그린 후 마우스 오른쪽 버튼을 클릭하고 해제합니다.

 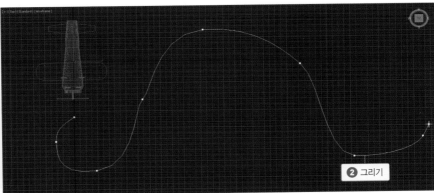

▲ Top 뷰포트

2 비행기를 선택하고 메뉴에서 [Animation] → [Constraints] → [Path Constraint]를 선택합니다. 점선이 생깁니다. 마우스로 점선을 그려둔 패스에 가져다 클릭합니다.

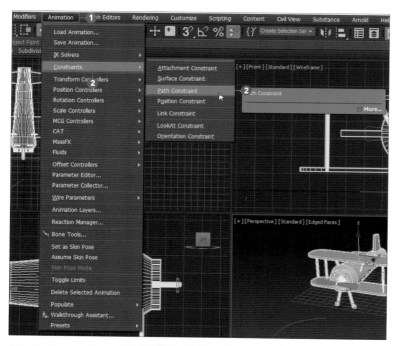

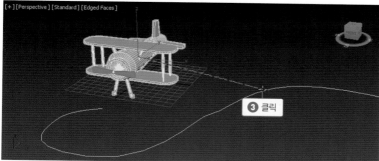

❸ 클릭

3 [Command Panel]의 [Motion]이 다음과 같이 나타납니다. ▼Path Parameters에서 선택한 Line을 확인할 수 있습니다. [Add Path]에서 추가하거나 [Delete Path]로 삭제할 수 있습니다. 아래 Path Options의 '% Along Path'에서 0은 시작점 100이 끝점으로 이동합니다. 자동으로 키가 생성된 것을 확인할 수 있습니다. 타임라인의 Play버튼을 클릭하고 확인합니다. 라인 시작점으로 이동하여 패스를 따라 움직이는 것을 확인할 수 있습니다.

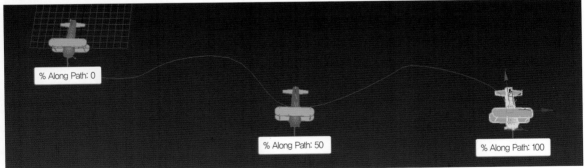

패스 방향 따라가기

4 비행기가 정면을 바라보며 패스를 이동합니다. 방향에 맞게 이동하게 수정하겠습니다. [Motion]으로 이동하고 ▼Path Parameters의 Path Options의 Follow체크박스를 켭니다. 뷰포트에서 비행기 방향이 변하는 것을 확인합니다. 시작점에서 최대한 라인 방향에 맞게 비행기를 회전합니다. 타임라인의 Play버튼을 클릭하고 확인합니다. 패스 방향에 맞게 비행기가 회전하면서 움직이는 것을 확인할 수 있습니다.

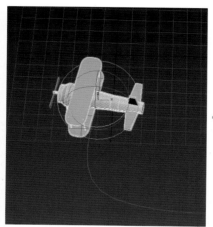

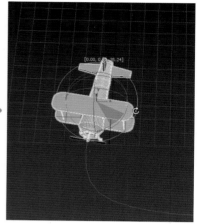

▲ 시작방향 회전하기

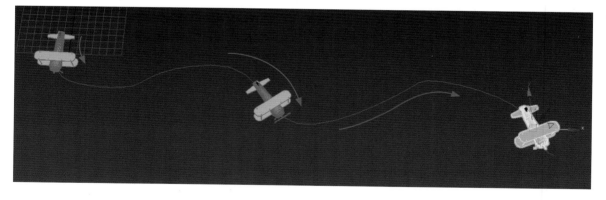

속도 변경하기

5 예제 파일의 처음 뷰포트에 설정되어있는 키프레임이 0에서 100이었습니다. 0프레임에 [% Along Path:0]값으로 100프레임에 [% Along Path: 100] 값으로 키가 각각 적용되어 있습니다. 속도를 느리게 변경해보겠습니다. ▶플레이 버튼을 마우스 오른쪽 버튼을 클릭하고 Time Configuration에서 Animation의 End Time:200으로 변경하였습니다. 타임라인에 키 프레임이 200까지 늘어났습니다. 100프레임의 키를 드래그로 선택하고 200프레임으로 이동합니다.

TIP 키를 이동하여 속도를 조절해봅니다.

Squash And Stretch 연습을 위한
공 튀기기 애니메이션

튀는 공 애니메이션을 실습하면서 찌그러지고 늘어짐을 통해 재질감 또는 속도감을 표현하고 사실적인 움직임뿐 아니라 애니메이션적인 과장된 표현을 학습합니다.

수직 공 튀기기

1 공이 될 [Sphere]를 Front뷰포트에서 정 중앙에 위치시킵니다. 타임라인 아래 플레이버튼의 오른쪽 버튼을 클릭하고 [Time Configuration]창에서 초당 프레임 수 및 러닝 타임을 설정합니다.

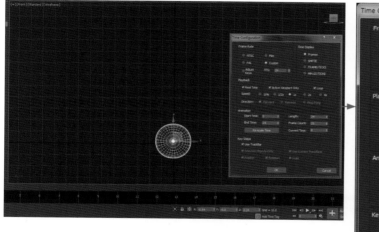

 애니메이션 연습을 위해 초당 프레임수를 24로 설정하고 1초 동안 위에서 아래로 한번 떨어지는 공 튀기기를 완성하고 반복 재생합니다.

2 공을 위로 이동시키고 키를 주는 단축키 ⓚ를 입력합니다. 12프레임에서 아래 땅으로 이동시킵니다. 이 때 [Auto Key]가 활성화되어 있으면 자동으로 12프레임에 키가 들어갑니다. 하지만 변화된 Y값에 대한 Key 값만 들어가기 때문에 다시 ⓚ를 입력하여 키에 Y값 외에 다른 속성에도 키가 들어가게 합니다.

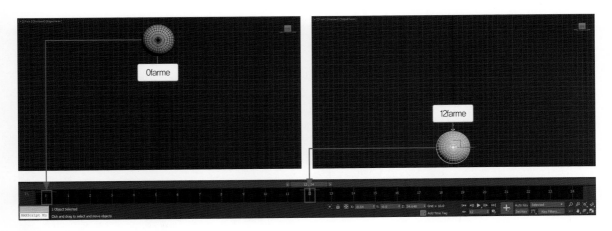

TIP 중력의 의해 공이 아래로 이동하면서 튕겨 올라가는 애니메이션에서 위치 값을 계산하여 움직임을 정확하게 표현할 필요는 없습니다.

3 한 싸이클만 완성해서 반복 재생 애니메이션을 만드는 중입니다. 0프레임 키를 선택하고 24프레임으로 Shift를 누른 상태에서 드래그하여 복사합니다.

4 애니메이션을 플레이하면 무중력 상태에서 기계적으로 위아래 반복하는 듯한 모습을 볼 수 있습니다. 중력에 의해 아래로 내려갈수록 점점 속도가 빨라지는 것을 표현하기 위해 [Graph Editors] → [Track View-Curve Editor]를 클릭하고 [Z Position]을 클릭하고 그래프를 수정합니다.

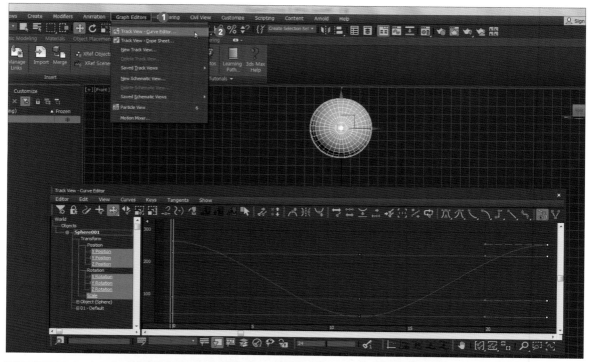

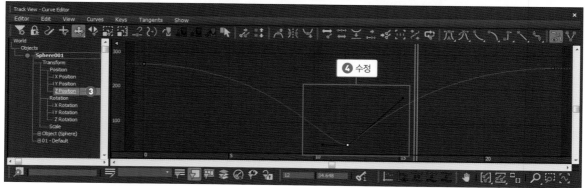

Tip 내려올수록 중력에 의해 속도가 빨라지고 올라갈수록 느려지는 것에 유의하여 그래프를 수정합니다.

5 탄성이 강한 재질감을 표현하고 애니메이션적인 과장을 더하기 위한 Squash And Stretch를 더합니다. [Select And Squash]를 선택합니다. 공이 바닥에 부딪혀 그 힘으로 찌그러지게 됩니다. 12프레임에 바닥에 닿았기 때문에 13프레임에 옆으로 늘어진 모습으로 키를 줍니다.

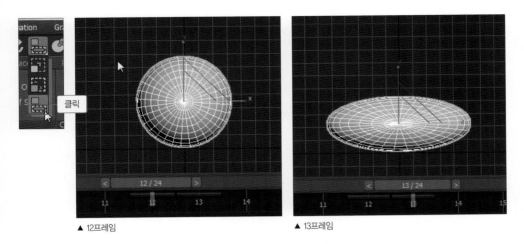

▲ 12프레임   ▲ 13프레임

늘어질 때 높이는 변화가 없어야 합니다. 12프레임까지는 크기 변화가 없고 바닥에 닿은 후 그 힘으로 찌그러지게 표현합니다.

6 과장을 더하기 위해 올라가면서 12와 24프레임 사이에 가로로 길게 늘어지는 키를 추가합니다.

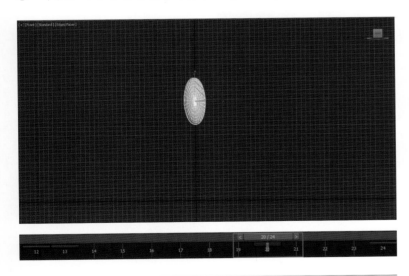

최소한의 키를 설정하고 그래프 에디터에서 기울기 조절로 속도를 수정합니다.

포물선 운동

7 우측으로 공이 자유낙하되어 이동하는 움직임을 응용하겠습니다. 위로 이동시킨 공을 0프레임에서 키를 주고 6프레임에서 오른쪽으로 이동하여 바닥에 닿게 합니다.

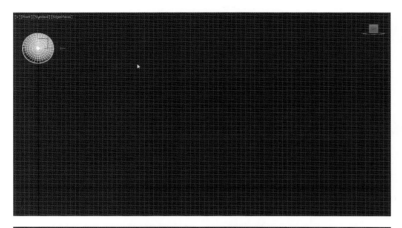

TIP
오브젝트를 선택하고 마우스 오른쪽 버튼을 클릭하고 [Show Motion Paths]를 활성화하면 이동 경로를 확인할 수 있습니다.

8 11프레임에서 처음보다 낮은 높이로 이동시키고 키를 줍니다. 16프레임에서 땅으로 이동시키고 키를 줍니다.

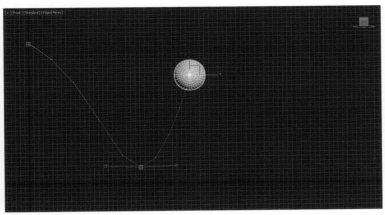

▲ 11프레임

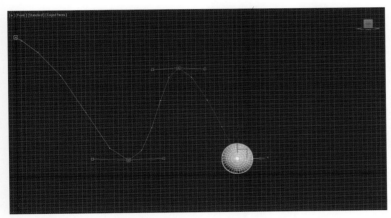

▲ 16프레임

 갈수록 중력에 의해 속도가 떨어지고 위로 튀어 오르는 높이가 낮아지면서 멈추게 됩니다.

9 20프레임에서 다시 위로 올라오고 24프레임에 바닥으로 내려옵니다. 점점 낮은 높이로 튀어 오르게 애니메이션 합니다.

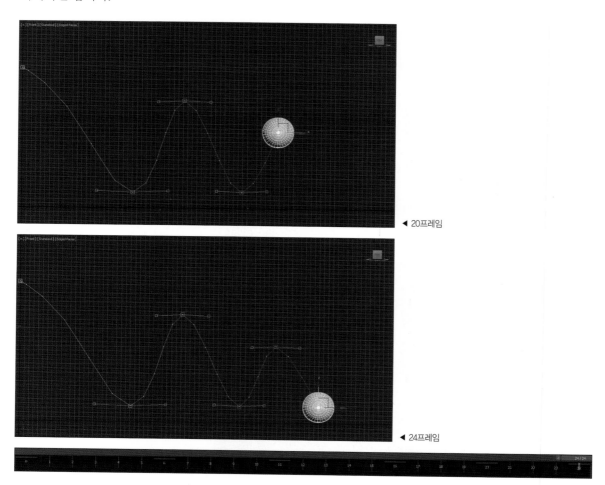

◀ 20프레임

◀ 24프레임

10 [Graph Editors] → [Track View - Curve Editor]를 클릭하고 [Z Position]을 클릭하고 그래프를 수정합니다. 이때 키가 들어간 점을 선택했을 때 좌우 탄젠트 값이 같이 움직인다면 필요에 따라 [Break Tangents]를 클릭하면 따로 수정할 수 있습니다. 중력에 의한 가속도를 수정해줍니다.

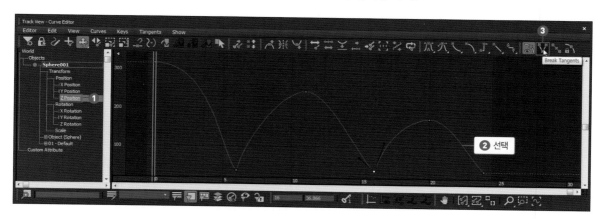

11 재질감 표현뿐만 아니라 이번에는 공이 스스로 살아서 움직이는 듯한 느낌을 살려주기 위해 땅에 닿아서 찌그러지기 전 반대로 늘어난 모습을 과장해서 추가해줍니다.

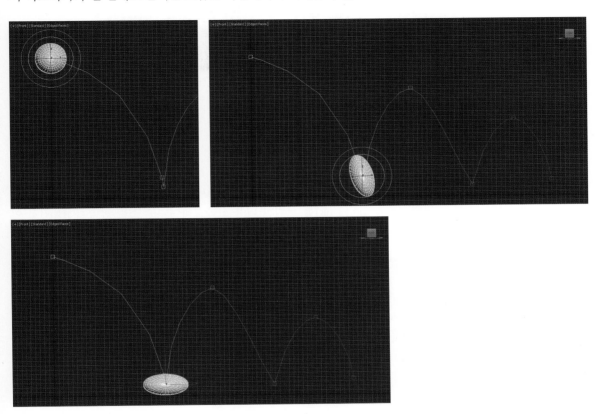

12 애니메이션을 반복 플레이하면서 [Graph Editors] → [Track View-Curve Editor]에서 키값의 기울기 및 타이밍을 수정합니다.

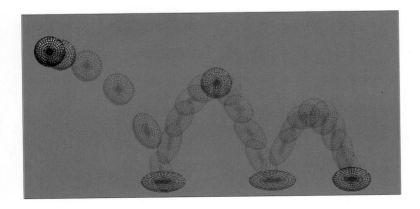

Timing 연습을 위한 진자운동 애니메이션

키와 키 사이의 간격으로 속도를 조절하고 그래프 에디터의 곡률을 수정합니다. 고정된 줄에 매달린 추의 움직임인 진자운동을 애니메이션 Cycle 실습하고 타이밍 수정하는 방법을 학습합니다.

1 먼저 진자를 만듭니다. [Box]로 줄을 만들고 [Sphere]로 추를 만듭니다. [Box]의 피봇을 위로 이동합니다. [Sphere] 선택하고 메뉴 바의 [Select and Link]를 클릭한 다음 드래그하여 마우스를 종속될 [Box]로 이동하여 선택되면 마우스를 뗍니다.

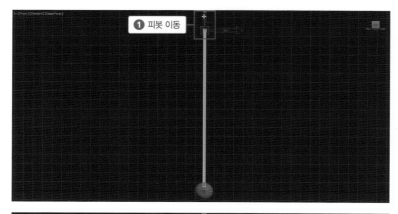

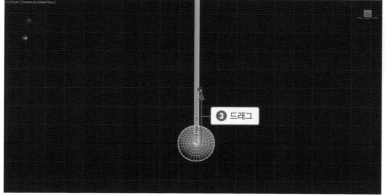

TIP [Select and Link]는 상위 노드가 될 오브젝트로 드래그하여 마우스를 떼면 하위 노드 오브젝트가 따라가게 됩니다.

2 [Box]를 선택하고 회전 값의 변화로 진자운동 키를 줍니다. Cycle로 만들기 때문에 처음과 끝 키가 같게 시작합니다. 0프레임에서 Y축으로 -60도 회전하고 키를 줍니다. 0프레임의 키를 복사하여 24프레임으로 복사합니다.

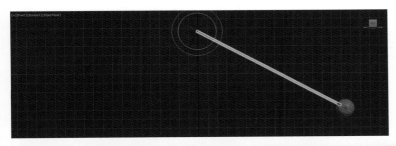

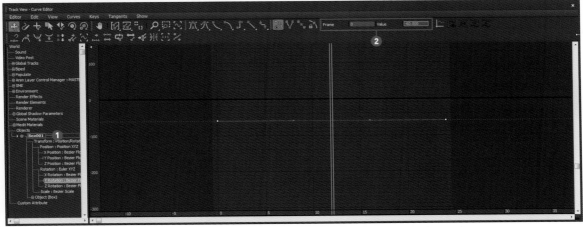

 [Graph Editors]→ [Track View-Curve Editor]를 클릭하고 키를 선택하고 [Y Rotation] 수치 값 [Value]에서 입력 또는 확인할 수 있습니다.

3 12프레임에서는 반대로 60도 회전하고 키를 줍니다. 0프레임의 키를 복사한 후 [Y Rotation] 수치 값 [Value]에서 -60에서 60으로 변경합니다.

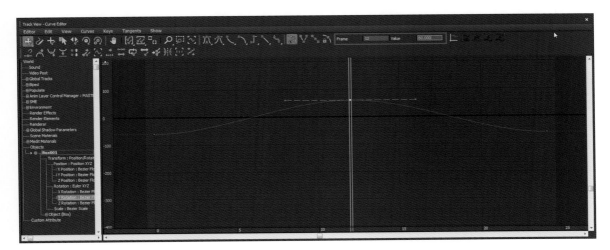

4 가운데로 갈수록 점점 빨라지고 올라갈수록 느려지는 애니메이션으로 수정하겠습니다. [Graph Editors] → [Track View-Curve Editor] 4프레임에 가속도가 붙어 빨리 내려오게 키를 수정하고 올라가기 전 10프레임에서 느려져 거의 12프레임까지 속도가 느려지는 키를 추가합니다. 그래프의 베지어를 그림과 같이 수정합니다.

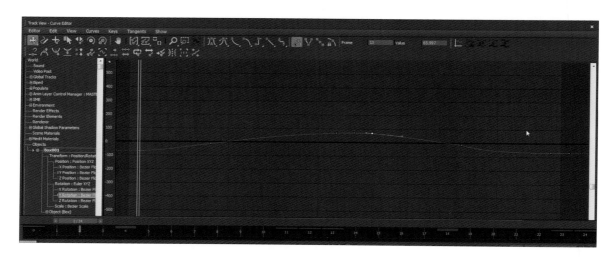

5 프리뷰 영상을 만들기 전 0프레임에서 24프레임까지를 1Cycle로 제작하였습니다. 총 프레임 수는 25이기 때문에 프리뷰할 때 마지막 프레임을 23프레임까지로 하면 0과 24프레임이 겹쳐서 같은 수치가 2프래임이 아닌 23프레임에서 0프레임으로 바로 이어집니다.

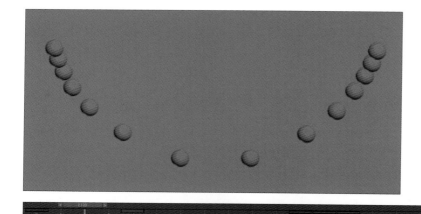

 반복해서 프리뷰를 확인하면서 내려갈수록 빨라지고 올라갈수록 느려지는 타이밍으로 수정합니다.

무게가 다른 공 튀기기
애니메이션 완성하기

과제목표 애니메이션 포트폴리오의 가장 기본이 되는 공 애니메이션은 무게감, 탄성감 등 같은 부피의 공을 여러 설정을 부여하여 다른 공으로 표현할 수 있습니다. 타이밍, 스쿼시 앤 스트레치 등 애니메이션의 기본 원칙을 적용하여 애니메이션의 기본기를 갖추기 위한 과제입니다. 공의 움직임이 애니메이션 캐릭터에도 그대로 적용됩니다. 같은 부피의 공을 애니메이션으로 무게감이 다른 공이 될 수 있게 완성합니다.

과제순서 같은 크기의 2개의 공 모델링 → 애니메이션 → 프리뷰 애니메이션

참고사이트 https://www.youtube.com
다양한 동영상을 검색할 수 있는 유튜브 사이트에서 'Ball animation, Ball animation reference'등을 검색합니다. 실사 공 튀기기 영상뿐만 아니라 참고할 수 있는 2D, 3D 애니메이션을 확인할 수 있습니다.

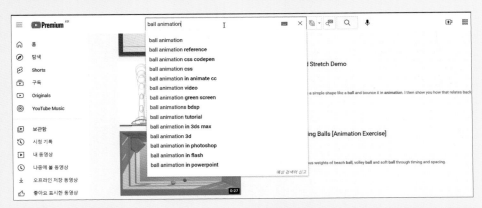

Tip
– 실제로 무게가 다른 공을 튀겨보며 영상으로 촬영해봅니다.
– 애니메이션에서 표현된 공 튀기기 애니메이션을 참고하여 실사와 애니메이션에서 타이밍을 비교 분석합니다.
– 최소한의 키를 가지고 시작하고 그래프 에디터에서 최종 수정합니다.
– 프리뷰 애니메이션을 스틸이미지로 저장하여 한 프레임씩 비교합니다.
– 평평한 바닥이 아닌 계단이나 다른 오브젝트에 부딪혀 이동하는 애니메이션으로 응용해봅니다.
– 공에 꼬리나 다른 개체를 달아 공이 스스로 움직이는 캐릭터 애니메이션으로 응용해봅니다.

Chapter

03

Biped 시작하기

모델링된 캐릭터가 움직이기 위해서는 실제와 같은 뼈와 관절이 필요합니다. 3ds Max에서는 사람 뼈와 같은 구조가 미리 설정되어있는 바이패드(Biped)를 제공하여 쉽게 캐릭터 셋업을 할 수 있습니다. 부위별 관절의 수를 결정할 수 있고 형태와 크기도 변형할 수 있습니다.

Biped 생성하기/ 이동하기/ 선택하기

3ds Max에서 기본으로 제공하는 Biped를 활용하여 원하는 캐릭터의 뼈와 관절의 형태로 수정하여 사용할 수 있습니다.
Biped의 기본기를 학습합니다.

1 [Create]로 이동하여 System에서 ▼Object Type에서 [Biped]를 선택합니다. Front 뷰포트로 이동하여
클릭 앤 드래그로 바이패드를 만듭니다. 다 만들어지면 마우스 오른쪽 버튼을 클릭합니다.

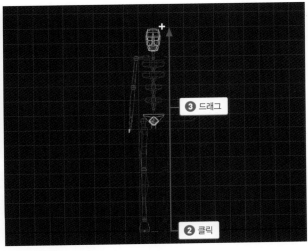

▲ Front 뷰포트

2 드래그가 아닌 클릭으로 생성하기 위해서는 [Biped]를 선택하고 아래 ▼Create Biped의 [Creation Method]에서 Drag Position을 선택하고 뷰포트에 클릭하면 바이패드가 생성됩니다. 다 만들어지면 마우스 오른쪽 버튼을 클릭합니다.

3 만들어진 바애패드의 위치를 이동하기 위해서는 바이패드가 선택된 상태에서 [Motion]으로 이동하여 ▼Track Selection에서 [🔲: Body Horizontal]을 클릭하고 이동합니다.

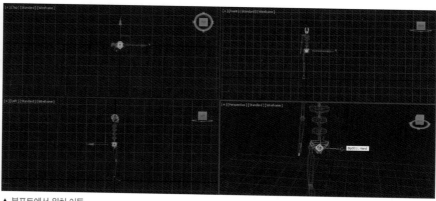

▲ 뷰포트에서 위치 이동

 바이패드의 중심은 골반 관절 속 다이아몬드 형태로 되어 있습니다. 뷰포트에서 직접 클릭하여 선택할 수 있습니다. 이때 뷰포트는 [Wire Frame] 모드로 되어 있어야 선택할 수 있습니다.

Figure Mode로 변경하고
Body Type 변경하기

바이패드의 형태는 Body Type에서 선택할 수 있습니다. 총 4가지로 Skeleton, Male Female, Classic에서 선택할 수 있습니다.

1 바이패드의 아무 관절이나 선택합니다. [Motion]으로 이동하여 아래 ▼Biped의 [🕴 : Figure Mode]를 클릭하여 활성화합니다. ▼Structure의 Body Type에서 4가지 형태로 변경할 수 있습니다. 바이패드를 각각 다른 형태로 만든 것으로, 보여지는 형태만 다른 것이기 때문에 제작자의 편의에 따라 선택하면 됩니다.

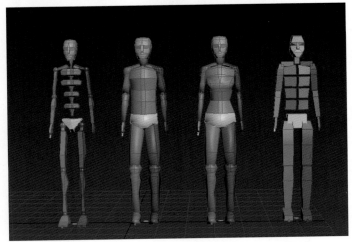

▲ Skeleton   ▲ Male   ▲ Female   ▲ Classsic

손가락, 발가락 목 등 관절의 수를 원하는 숫자로 변경할 수 있습니다. 캐릭터 특징에 맞게 적절한 수로 변경합니다. 바이패드의 기본형은 사람의 형태이지만 사람이 아닌 캐릭터에 적용하기 위해서 관절 수나 형태를 변경해야 합니다.

1 ▼Structure에서 Arms 체크를 해지하면 양팔이 없어집니다. SD 캐릭터의 경우 너무 많은 허리 관절은 애니메이션에 방해가 됩니다. 'Spine Links: 2'로 줄였습니다.

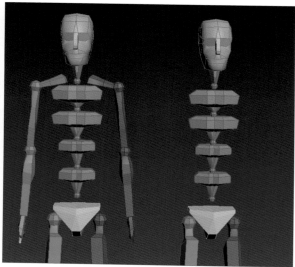

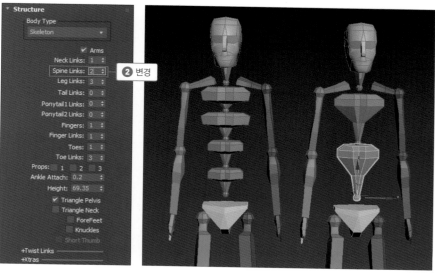

SECTION

04

손가락 발가락 수 변경하고
좌우 똑같은 형태로 수정하기

손과 발, 팔다리 등은 좌우 같은 형태입니다. 한쪽만 설정하고 복사하여 똑같이 붙여넣을 수 있습니다. 애니메이션에서도 같은
방식으로 포즈를 복사할 수 있습니다.

1 손가락은 기본 하나로 설정되어 있습니다. 숫자를 변경합니다. 'Fingers: 5'를 입력하여 사람 손가락의 형
태로 변형하였습니다.

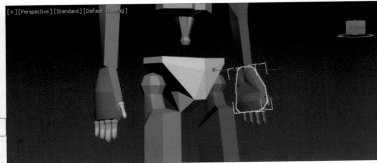

2 발가락 역시 'Toes: 5'를 입력합니다.

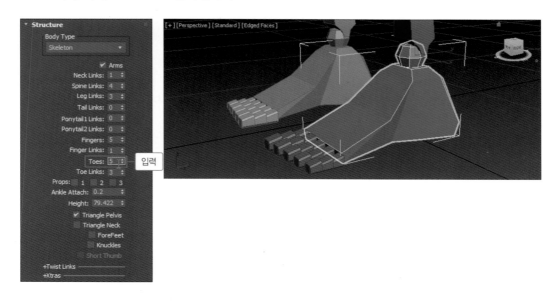

3 팔, 다리 부위처럼 좌우 같은 관절은 한쪽 설정이 끝나면 가장 상위의 관절을 더블클릭하고 [Copy/Paste] → [Create Collection]한 다음 [Copy Posture]로 복사하고 반대편 [Paste Posture Opposite]로 붙여넣기 합니다.

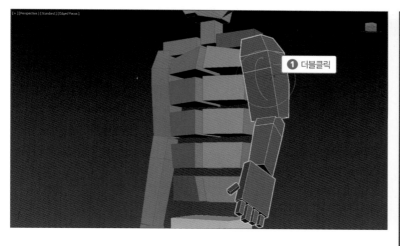

[: Create Collection]은 처음에만 클릭합니다.

SECTION 05 양쪽 귀, 꼬리 만들기

귀나 양갈래 머리, 꼬리 등 캐릭터 형태에 맞게 관절을 추가할 수 있습니다. 원하는 위치로 이동할 수 있는데 상위 관절이 어디
인지 유의하여 이동합니다.

1 토끼 같은 동물 캐릭터에 필요한 양쪽 귀는 Ponytail 1 Links와 Ponytail 2 Links를 각각 숫자를 입력하여
만듭니다. 각각 '2'를 입력하였습니다. 숫자를 높이면 더 많은 관절이 생깁니다. 머리 뒤에 겹쳐져서 만들어
집니다. 윗부분을 하나 클릭하여 선택한 후 이동하여 분리시킵니다.

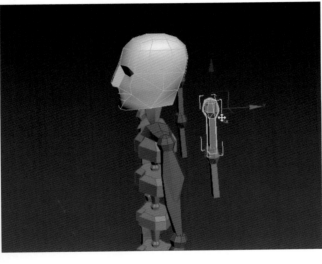

 귀가 아닌 하나로 묶은 머리일 경우 Ponytail 1 Links만 만들어서 사용하면 됩니다.

2 귀를 만들 때는 선택한 위 노드가 아래로 가게 회전합니다. 그리고 귀 위치에 가져다 둡니다.

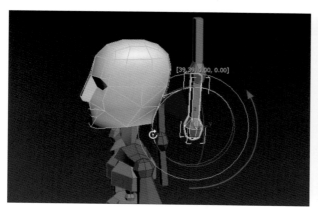 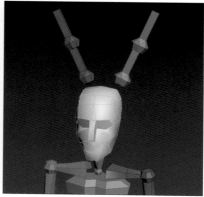

한쪽만 먼저 위치와 형태를 완성한 후 Copy/Paste로 바이패드 복사합니다.

3 꼬리 관절을 만들어 보겠습니다. Tail Links에 '5'를 입력합니다. 골반 뒤 쪽에 꼬리가 생긴 것을 볼 수 있습니다.

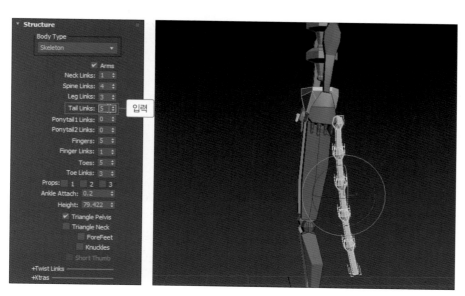

뚱뚱한 형태 만들기

바이패드 부피는 캐릭터 셋업 시 모델링 오브젝트에 영향을 줍니다. 뚱뚱한 형태의 캐릭터라면 처음 바이패드를 만들 때 비슷한 형태로 크기를 조절하는 법을 학습합니다.

1 바이패드의 크기를 조절하는 것은 ⓢ를 입력하여 [⚄ : Scale]로 조정이 가능합니다. 이때 일정한 비율로 조정하길 권합니다. Reference Coordinate System은 [Local]로 설정합니다.

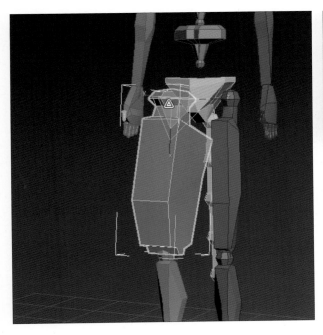

 모델링한 오브젝트에 적용할 때 바이패드 주위로 힘이 미칩니다. 모델링 형태에 최대한 비슷하게 부피를 조절합니다.

SECTION 07 동물 관절 형태로 변경하기

기본으로 주어진 바이패드의 형태는 두발로 보행하는 형태입니다. 하지만 네발로 보행하는 캐릭터로도 적용할 수 있습니다. 동물 관절 형태로 변경하는 법을 학습합니다.

1 네발 형태의 동물 관절을 만들기 위해 제일 아래 허리 관절을 선택하고 회전합니다. 허벅지 관절을 선택하고 크기를 줄여서 뒷발의 형태로 수정합니다.

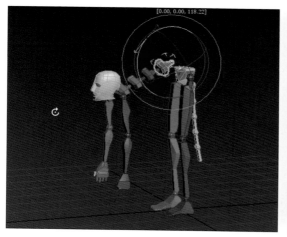 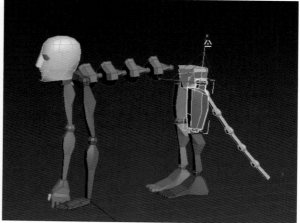

2 손바닥이 땅으로 향하게 회전하고 팔뚝의 관절을 회전하여 앞발의 방향을 수정합니다. ▼Structure에서 Leg Links를 '4'로 입력하여 뒷다리의 형태를 수정할 수도 있습니다.

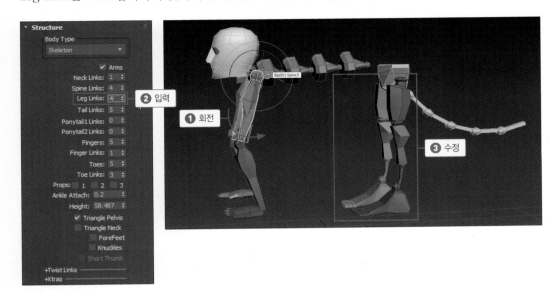

3 기린 같은 목이 긴 형태의 동물을 만들기 위해서는 Neck Links:의 숫자를 늘려서 만들 수 있습니다.

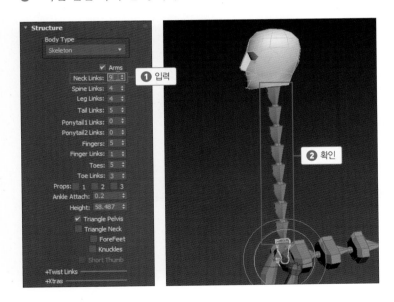

설정한 Biped 저장/ 불러오기

바이패드 형태를 다 만들었다면 저장하여 다시 불러올 수 있습니다. 주요한 형태를 만들어 두고 필요에 따라 수정해서 사용한다면 작업 효율을 높일 수 있습니다.

1 [: Save File]을 클릭하고 저장합니다. 불러올 때는 적용할 바이패드를 선택하고 [: Load File]을 클릭하고 저장한 Fig파일을 선택합니다. 이때 새로 만든 바이패드도 Figure 모드가 활성화되어 있어야 합니다.

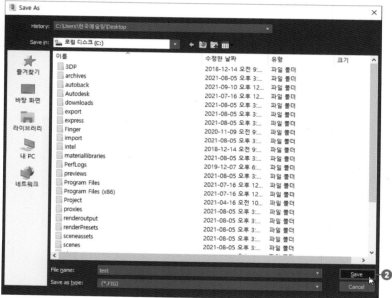

Figure Mode에서
SD 캐릭터 형태에 맞게 변형하기

애니메이션 동작 특징에 따라 바이패드의 관절 수를 결정합니다. SD 캐릭터에 바이패드를 설정하는 실습을 통해 특성에 맞게
캐릭터 셋팅하는 방법을 학습합니다.

● 예제 파일 : SD캐릭터.max

---

1 예제 파일을 불러옵니다. 캐릭터 오브젝트가 바이패드 설정에 방해되지 않게 [Frozen]하여 선택되지 않
게 합니다. [Create]로 가서 [System] → [Biped]를 클릭하고 Front 뷰포트에서 캐릭터 중앙에 바이패드를 드
래그로 만듭니다.

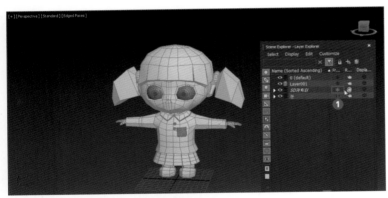

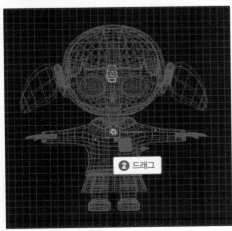

▲ 캐릭터 중앙에 바이패드 만들기

> **Tip**
> 캐릭터를 [Frozen]하지 않고 [Select] → [Bone]으로 설정하면 오브젝트가 선택
> 되지 않고 바이패드가 우선으로 선택됩니다.

2 [Motion]으로 가서 [Biped] → [Figure Mode]를 활성화하고 여러 뷰포트에서 확인하며 바이패드의 중심 축을 캐릭터의 중심으로 이동합니다.

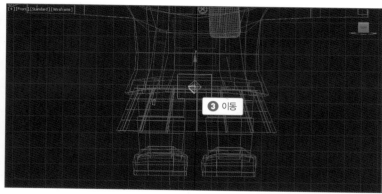

Tip 캐릭터에 [TurboSmooth]가 적용되어 있다면 해지하고 시작합니다.

3 골반 바이패드를 선택하고 가로로 크기를 조절하여 양쪽 다리에 바이패드 다리를 위치시킵니다.

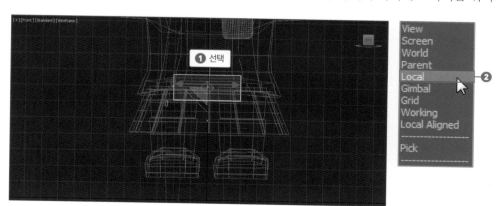

Tip 바이패드 크기 조절할 때 피봇은 [Local]로 선택합니다.

4 다리 바이패드를 크기를 조절하여 무릎, 발목 위치를 맞춰줍니다. 발가락 움직임이 필요한 캐릭터가 아니기 때문에 [Structure] → [Toes], [Toe Links]='1'로 입력합니다.

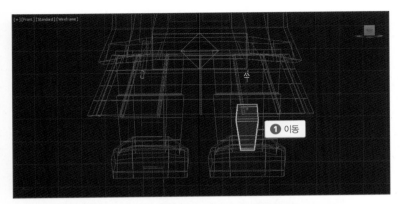

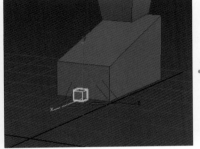

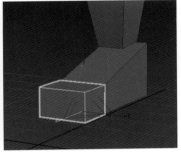

> **Tip** 바이패드 크기는 캐릭터 오브젝트의 크기보다 조금 작게 합니다.

5 허벅지 바이패드를 더블클릭하여 다리 전체를 선택합니다. [Copy/Paste] → [Create Collection]을 먼저 클릭하고 [Copy Posture]를 클릭하고 반대편 다리에 붙여넣기 위해 [Paste Posture Opposite]를 선택합니다.

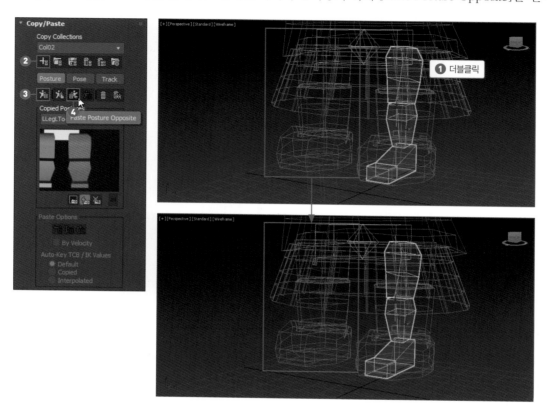

6 [Structure] → [Spin Links]값을 '2'로 수정합니다. 크기를 조절하여 척추 중앙과 목의 위치를 맞춰 줍니다.

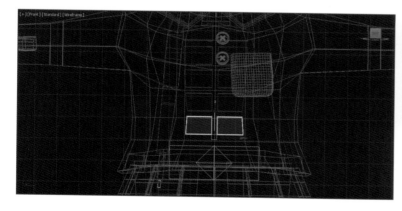

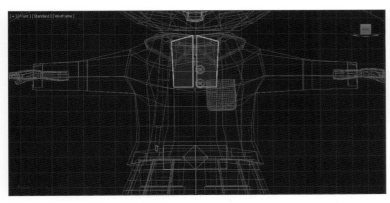
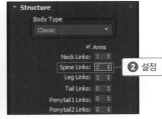

 SD 캐릭터의 귀여운 동작을 위해 척추는 2개의 바이패드로 줄였습니다.

7 어깨 바이패드를 움직여 팔의 위치를 맞춰줍니다. 팔 바이패드를 회전과 크기 조절로 팔꿈치와 팔목 위치를 수정합니다.

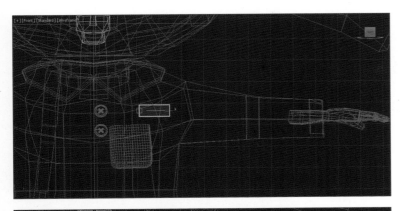

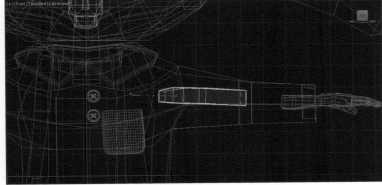

8 [Structure] → [Fingers]와 [Finger Links]값으로 손가락과 마디수를 설정하고 크기와 회전을 통해 손가락 관절 위치를 고려하여 형태를 수정합니다.

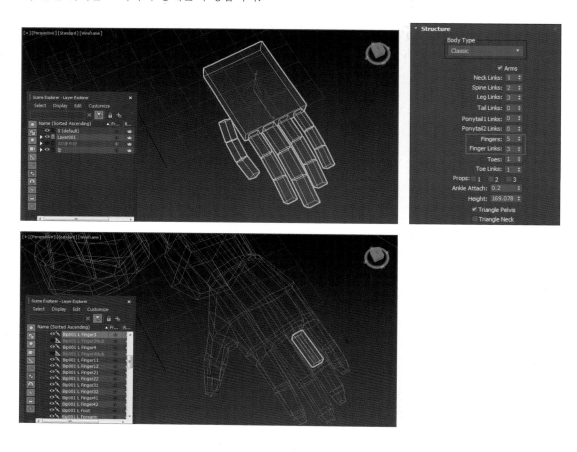

9 어깨 바이패드를 더블클릭하고 전체 선택하고 [Copy/Paste] → [Copy Posture]를 클릭하고 반대편 팔에 붙여넣기 위해 [Paste Posture Opposite]를 선택합니다.

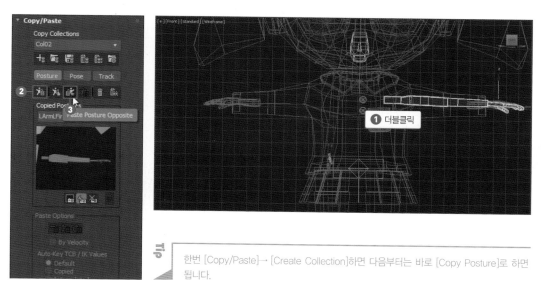

> **Tip** 한번 [Copy/Paste]→ [Create Collection]하면 다음부터는 바로 [Copy Posture]로 하면 됩니다.

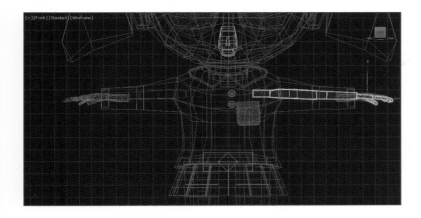

10 목의 위치와 얼굴 바이패드를 얼굴 오브젝트보다 조금 작게 수정합니다. 양갈래 머리의 움직임을 위해 [Structure] → [Ponytail1 Links]와 [Ponytai12 Links]를 각각 '2'로 입력하고 위치를 수정합니다. 두개가 겹쳐서 생깁니다. [Ponytail1 Links]을 먼저 만들고 위치를 수정하고 [Ponytai12 Links]를 만듭니다.

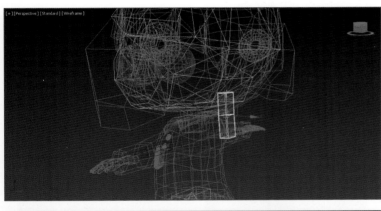

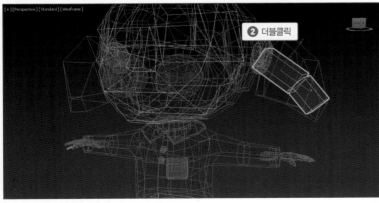

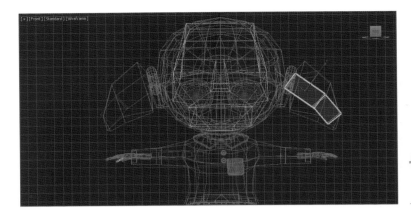

Tip

꼬리나 양쪽 머리를 위해서 활용되는 포니테일 링크 역시 좌우 복사가 가능합니다.

11 캐릭터 오브젝트를 숨기고 전체 바이패드 형태를 확인합니다. 형태 수정이 끝나면 Figure 모드를 해지합니다.

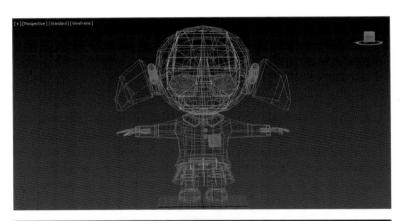

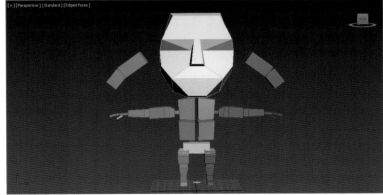

설정한 Biped를 캐릭터에
Physique적용하고 수정하기

캐릭터 형태에 맞게 바이패드를 수정했다면 오브젝트가 바이패드를 잘 따라가는지 수정해야 합니다. 리깅 방법 중 Physique
명령어를 적용하는 방법을 학습합니다.

● 예제 파일 : Physique실습.max

1 예제 파일을 열고 캐릭터를 선택합니다. [Modify]로 가서 [Physique]명령어를 적용합니다. [Physique] →
[Attach to Node]를 클릭하고 바이패드의 다이몬드 모양의 중앙 노드를 클릭합니다. [Physique Initialization]창
에서 [Initialize]를 클릭하여 캐릭터와 바이패드를 연결합니다.

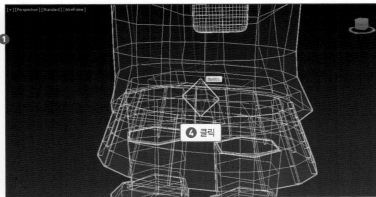

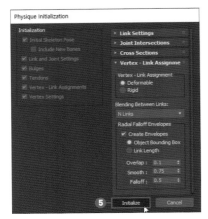

바이패드의 피규어 모드가 켜져 있으면 해지합니다.

2 오렌지색 노드가 끊어진 곳이 없는지 확인합니다. 각 바이패드 근처 오브젝트의 [Vertex]가 따라가는 방식으로 노드별 영역을 수정하여 자연스럽게 오브젝트가 따라서 변형되는지 바이패드를 선택하고 회전 또는 이동하면서 확인합니다.

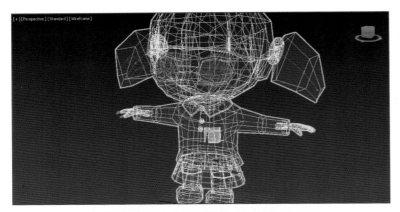

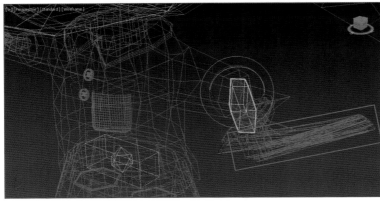

[Vertex]의 많을수록 수정이 힘들기 때문에 [TurboSmooth]가 적용되어 있다면 지우고 피직을 적용한 후 마지막에 적용합니다.

Envelope으로 수정하기

3 팔을 움직였을 때 면이 따라오지 않습니다. 노란 선인 [Envelope]을 클릭하고 [Radial]의 영역을 수정합니다. 위[Parent Overlap]/아래[Child Overlap] 위치값을 조정하고 [Strength]값을 수정합니다.

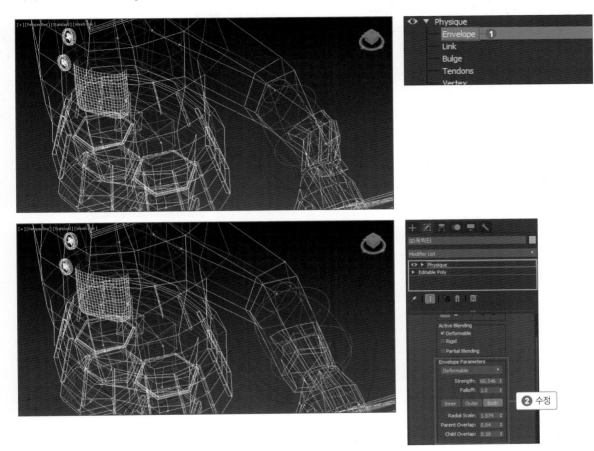

4 다리 부분의 바이패드를 이동했더니 발바닥이 따라오지 않습니다. [Envelope]을 클릭하고 [Child Overlap] 영역을 키워 수정합니다.

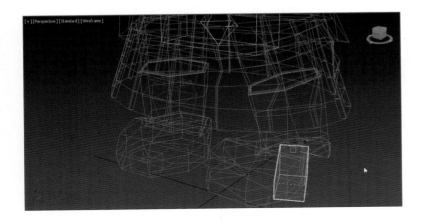

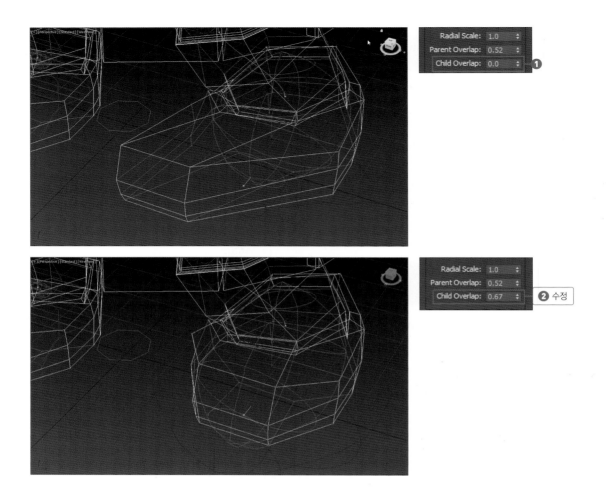

5 치마 부분을 수정하기 위해서 허벅지 [Envelope]을 클릭하고 [Radial Scale]을 수정합니다.

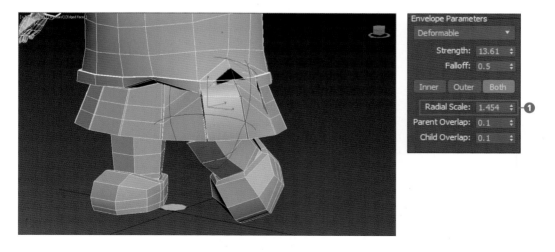

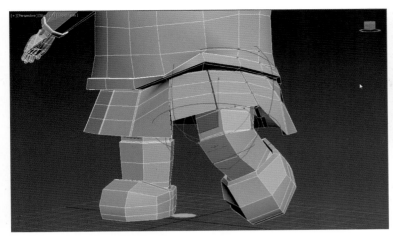
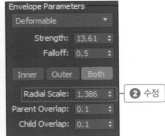

Vertex로 수정하기

6 양갈래 머리 바이패드를 움직였을 때 따라가지 않습니다. 캐릭터를 선택하고 [Physique] → [Vertex]를 선택합니다. [Vertex-Link Assignment] → [Select]를 선택하고 따라가지 않는 [Vertex]를 드래그로 선택합니다. [Vertex-Link Assignment] → [Assign to Link]를 선택하고 노드를 클릭합니다.

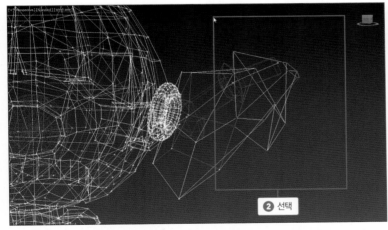

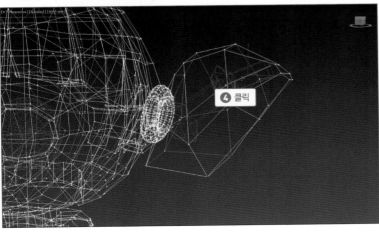

7 따라갈 필요 없는 [Vertex]는 선택한 후 [Vertex-Link Assignment] → [Remove from Link]를 선택하고
노드를 클릭하여 제외시킵니다.

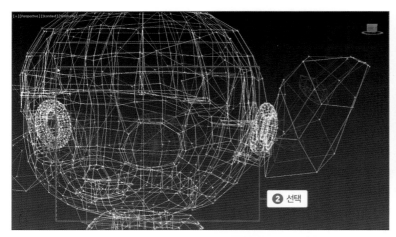

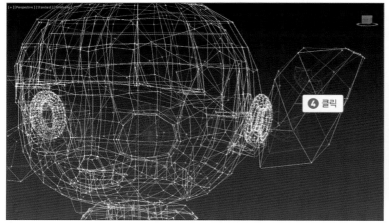

캐릭터 Rigging하고
영화포스터 주인공 Key Pose 잡기

과제목표	모델링한 오브젝트에 맞게 바이패드로 관절을 설정하고 따라서 움직여지게 하는 캐릭터 리깅을 합니다. 주요 포즈를 잡아보며 바이패드에 오브젝트가 잘 따라오는지 접히는 부분의 면이 적절한지 수정하는 과정입니다. 캐릭터 셋업은 [Physique]과 [Skin] 두 명령어를 활용할 수 있습니다. 애니메이션을 위한 모델링의 면 분할이 잘되었는지 [Weight]값이 적절한지 확인하며 최적의 캐릭터 리깅방식을 찾습니다.
과제순서	바이패드 형태 수정하기 → [Physique] or [Skin] 적용하기 → [Weight]값 수정하기 → 바이패드 움직여서 포즈 잡기
참고사이트	https://www.deviantart.com/ 다양한 인체 포즈와 근육의 움직임을 성별, 상황별로 구분되어 찾아볼 수 있습니다. 포즈에 참고할 수 있는 사진자료로 3D 애니메이션에 참고하기에 유용한 사이트입니다. 
Tip	– 바이패드를 움직일 때 좀 더 과장해서 포즈를 취합니다. – 첫 프레임에 중심 바이패드 [Bip001]을 더블클릭하고 프레임을 이동하여 포즈를 잡고 키를 줍니다. 수정할 때 첫 번째 프레임으로 이동하면 첫 바인딩 포즈로 쉽게 돌아갈 수 있습니다. – 참고자료를 참고하는 것도 좋지만 직접 포즈를 취해보고 무게중심 및 관절의 기울기를 이해합니다. – 바이패드에 주어진 키를 다른 바이패드에 붙여넣기할 수 있습니다.

Part
08

조명 및 렌더링

조명을 설치하고 최종 렌더링하는 방법을 학습합니다.

Chapter

01

렌더러 종류 및 설정

3ds Max에서 조명, 그림자, 재질 등을 고려하면서 실감나는 이미지를 만들어내는 과정 또는 그러한 기법을 렌더링이라고 합니다. 이번 장에서는 3ds Max의 기본 렌더러 종류와 메뉴에 대해 알아봅니다.

렌더링 메뉴

컴퓨터 그래픽에서 최종 결과물을 찍어내는 것을 렌더링한다고 합니다. 뷰포트에 보이는 건 미리보기입니다. 렌더링 메뉴 중 주로 사용하는 메뉴의 주요 기능을 학습합니다.

Render Setup

1 메인 메뉴에서 [Rendering] → [Render Setup]을 클릭하거나 메인 툴바의 아이콘 [ : render Setup]을 클릭합니다. 단축키는 F10을 입력합니다. Render Setup창이 뜹니다. 창에서 오른쪽 [Render]버튼을 클릭하면 렌더링이 실행됩니다.

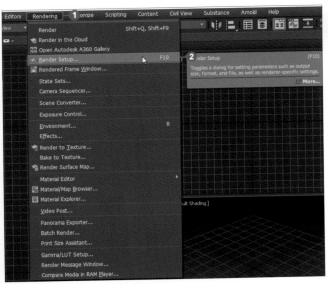

❶ **Target**: Production Rendering Mode가 기본으로 설정되어있습니다. 현재 설정된 렌더 셋업 값으로 렌더링이 됩니다.

❷ **Preset**: 3D 맥스에서 제공하는 사진설정, 렌더링 옵션 및 사용자가 만들어 둔 렌더링 설정을 선택할 수 있습니다.

❸ **Renderer**: Arnold 렌더러가 기본으로 설정되어있습니다. 다른 렌더러로 변경할 수 있습니다.

❹ **View to Renderer**: 마우스로 렌더링할 뷰포트를 직접 선택하거나 이곳에서 드롭 다운 메뉴 중 고를 수 있습니다. 오른쪽 자물쇠 아이콘을 클릭하면 화면에서 뷰포트 선택하여 활성화된 뷰포트와 상관없이 설정되어 있는 뷰포트로 렌더링됩니다.

2 렌더링할 프레임을 설정하는 법을 살펴보겠습니다. [Render Setup]창에서 Common탭에서 ▼Common Parameters에서 Time Output은 렌더링할 이미지를 한 장을 찍을 건지 여러 장을 찍을 건지 설정합니다.

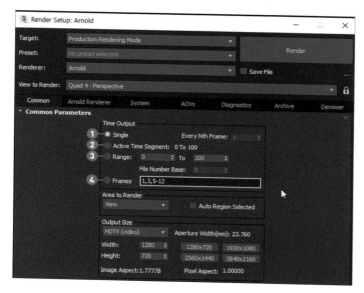

❶ **Single**: 현재 선택된 프레임을 한 장 렌더링합니다.

❷ **Active Time Segment**: 뷰포트의 타임라인 시작과 끝 프레임을 모두 차례로 렌더링합니다.

❸ **Range**: 설정한 시작과 마지막 프레임까지 렌더링합니다.

❹ **Frames**: 입력한 프레임만 렌더링합니다.

3 Area to Render에서 하위 메뉴를 선택하면 렌더링할 영역을 설정할 수 있습니다. 기본은 View가 설정되어 선택한 뷰포트에서 보여지는 부분이 렌더링됩니다.

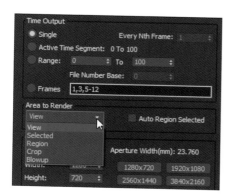

4 렌더링 해상도 설정을 위해서 [Output Size]에서 가로 새로 해상도를 직접 입력하거나 설정된 해상도 중 선택할 수 있습니다.

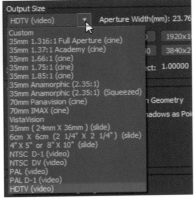

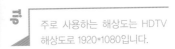

Tip

주로 사용하는 해상도는 HDTV 해상도로 1920*1080입니다.

이미지 또는 동영상 렌더링 파일 저장하기

5 렌더링 옵션을 설정하고 옵션 창에서 [Render]버튼을 클릭하면 렌더링 창이 뜨면서 렌더링 팝업창이 됩니다. Save Image아이콘을 클릭하고 Save as Type에서 이미지 확장자를 선택하고 [Save]버튼을 클릭하여 렌더링 이미지 한 장을 저장합니다.

6 여러 장을 렌더링할 경우 저장 경로를 설정합니다. 렌더 셋업 창에서 Time Output에서 렌더링할 프레임을 지정합니다. 그리고 아래로 내려가 Render Output으로 가서 [Files]를 클릭합니다. 저장할 경로를 선택합니다. 설정이 끝나고 [Render]버튼을 클릭하면 렌더링되면서 지정한 경로에 저장됩니다.

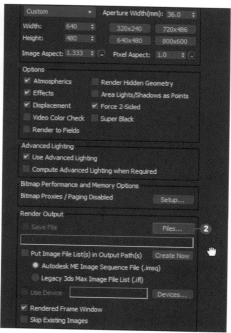

Tip

Save as Type에서 동영상 확장자인 "AVI"나 "MOV"를 선택하거나 'JPEG'나 "TARGA"같은 이미지 확장자를 선택하고 시퀀스 파일로 저장한 후 동영상 편집 프로그램에서 합성하는 방식 중 선택할 수 있습니다.

SECTION 02 Arnold Render

3ds Max 2022의 기본 렌더러는 Arnold입니다. 기존의 유로 외부 렌더러였던 Arnold가 2018 버전부터 기본으로 추가되었습니다. 물리 기반의 렌더러로 영화나 애니메이션에서 사실적인 렌더링을 구현해줍니다.

 home   arnold   news   gallery   support   community   about   contact   login / register

Arnold is an advanced Monte Carlo ray tracing renderer built for the demands of feature-length animation and visual effects.

Arnold 메뉴

1 메인 메뉴에서 Arnold 메뉴를 클릭하면 버전 확인 및 라이센스를 확인할 수 있습니다. Help 메뉴에서 튜토리얼을 볼 수 있습니다.

2 단축키 F10 을 입력하고 Render Setup창을 엽니다. Render:를 확인하면 기본으로 Arnold가 설정되어있는 것을 볼 수 있습니다. 만약 다른 렌더러로 설정되어 있다면 ▼를 클릭하고 하위 메뉴에서 변경할 수 있습니다.

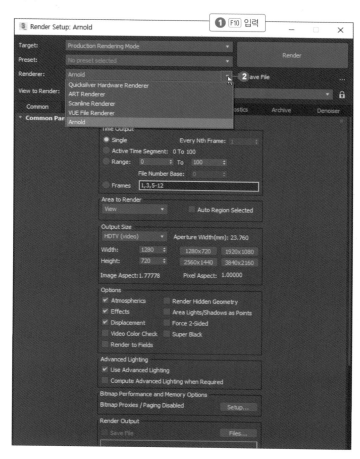

3 오른쪽 Command Panel의 [➕: Create]에서 [⬛: Geometry]의 하위 메뉴 Arnold를 선택합니다.

4 Arnold 렌더러는 물리 기반이기 때문에 [⬛: Light]에서 하위 메뉴 중 Arnold를 선택하고 Arnold Light를 선택하길 권합니다. 물리기반 설정이 없는 Standard 조명은 사용하지 않습니다.

5 단축키 [M]을 입력하고 Material Editor창을 실행합니다. 기본으로는 [-General]의 [Physical Material]을 사용합니다. 아래 [-Arnold]탭에서 전용 재질과 효과를 사용할 수 있습니다.

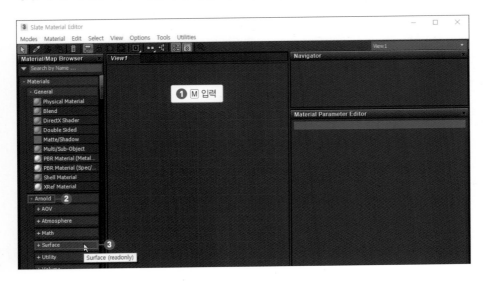

Scanline renderer

Scanline Render에 대해 살펴보겠습니다. 구 버전의 파일을 사용할 경우 기본 렌더러였던 Scanline Renderer파일이 열립니다. 초보자는 기본 렌더러와 조명에 대한 이해를 먼저 한다면 물리기반 렌더러를 이해하기가 쉬워집니다.

● 예제파일 : Scanline renderer.max

Standard 조명 설정하기

1 준비파일을 불러온 후 [Create]으로 가서 [Light] → [Standard]를 선택합니다. 총 6개의 조명을 선택할 수 있습니다. [Object Type] → [Target Spot]을 선택하고 Front 뷰포트에서 클릭 앤 드래그로 위에서 아래로 향하게 클릭 앤 드래그로 조명을 만듭니다.

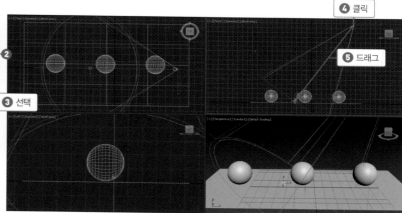

2 뷰포트에서 조명에 따른 미리 보기하기 위해 뷰포트 좌측 상단에서 [High Quality]를 선택합니다.

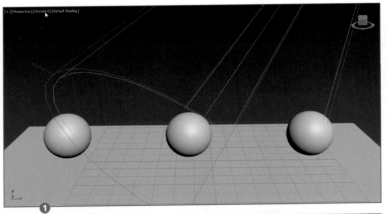

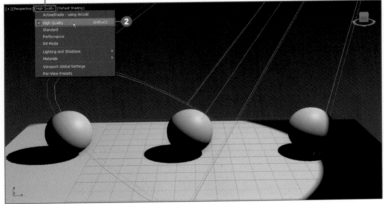

Tip

[High Quality]로 설정하면 컴퓨터 처리 속도가 느려집니다. 모델링이나 애니메이션을 제작할 때는 [Standard]로 설정합니다.

Tip

렌더러 변경하기

구 버전 파일을 불러오면 Scanline Renderer로 설정되어 파일이 열립니다. 이때 렌더러 변경은 [Render Setup]창에서 'Renderer:'에서 변경 또는 아래 ▼Assign Renderer에서 Production:의 [■ : Choose Renderer]를 클릭하고 변경할 렌더러를 선택합니다.

3 [Target Spot]의 아래 네모를 클릭하여 선택하고 타깃을 이동하면서 조명이 내리쬐는 방향을 조절합니다.

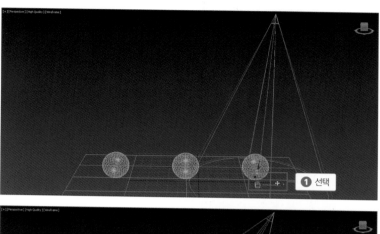

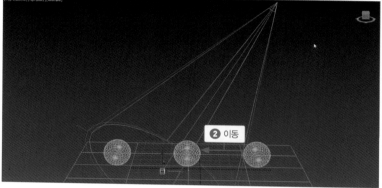

4 가운데 선을 선택하고 타깃 스팟을 전채로 이동해봅니다.

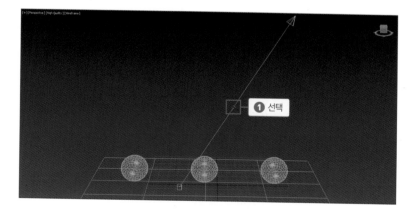

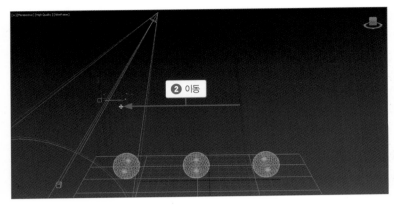

❷ 이동

Tip 가운데 선이 아닌 꼬깔 모양의 타겟 스팟
이나 아래 스팟을 선택하면 조명이 바라
보는 방향이 이동합니다.

5 그림자 켜기 위해서 타깃 스팟을 선택하고 [Modify]에서 [General Parameters] → [Shadows]의 [on] 체크박스를 켭니다.

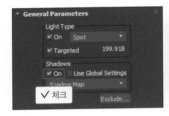

✓ 체크

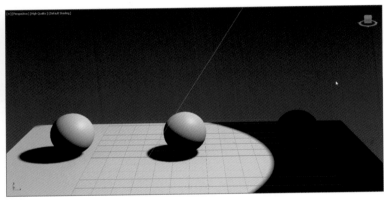

Tip [Light Type]에서 다른 타입의 조명으로 변경 가능합니다.

6 조명 세기를 조절하기 위해서 타깃 스팟을 선택하고 [Modify]로 가서 [Intensity/Color/Attenuation] → [Multiplier]의 값을 조절합니다.

조절

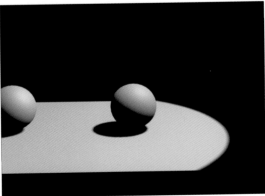

▲ [Multiplier]: 1

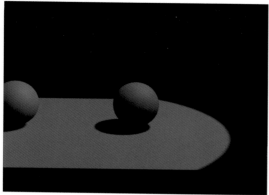

▲ [Multiplier]: 0.5

Tip

[Multiplier]의 기본값은 '1'입니다. 조명은 낮은 값에서 수치를 높여서 테스트합니다.

7 조명의 색을 변경할 수 있습니다. [Modify]의 [Intensity/Color/Attenuation]에서 컬러 박스를 선택하고 원하는 색으로 변경합니다.

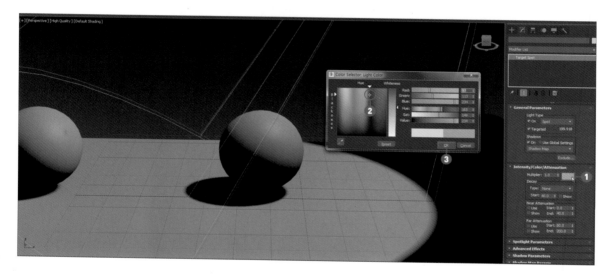

8 스팟의 영역을 조절하여 경계면의 빛의 퍼짐을 수정할 수 있습니다. [Hotspot/Beam]은 안쪽 영영이며 [Falloff/Field] 바깥쪽 콘의 크기를 조절할 수 있습니다. 값의 차이가 커질수록 경계면의 빛이 부드럽게 퍼집니다.

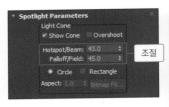

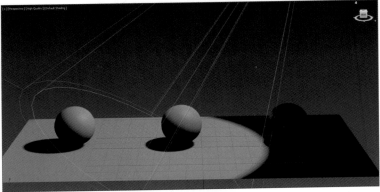

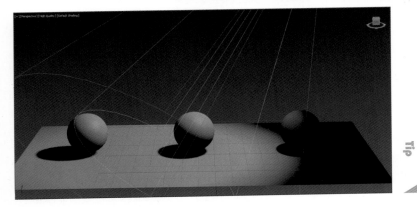

Tip [Hotspot/Beam]값 상하버튼을 위아래로 드래그로 늘렸다가 줄이면 쉽게 수치를 조절할 수 있습니다.

9 [Modify]의 [Shadow Parameters] → [Object Shadows] → [Color]에서 그림자의 색을 변경할 수 있습니다.

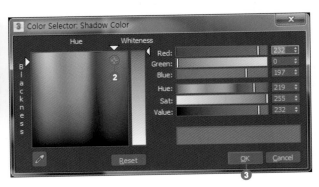

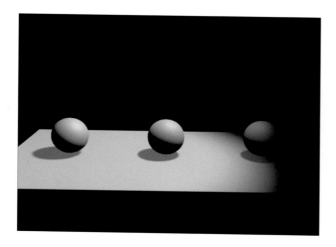

10 그림자의 세기를 조절하기 위해 [Modify]의 [Shadow Parameters] → [Object Shadows] → [Dens]값을 조절합니다.

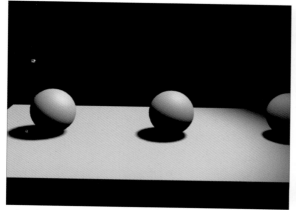

▲ [Dens]: 0.5

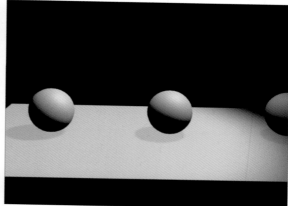

▲ [Dens]: 1

Skylight 조명 설정하기

11 [skylight]은 방향성을 가지고 있지 않은 조명입니다. [Top] 뷰포트에서 클릭으로 설치합니다.

 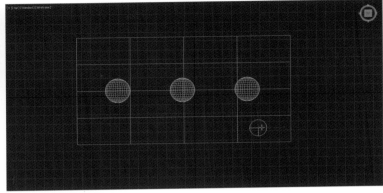

▲ Top 뷰포트

12 Perspective 뷰포트를 활성화하고 렌더링을 걸면 전체적으로 밋밋하게 나타납니다. [Modify]에서 [Skylight Parameters] → [Render] → [Cast Shadows] 체크박스를 켜고 렌더링을 다시 합니다.

 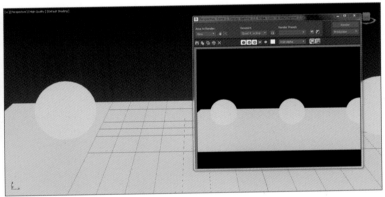

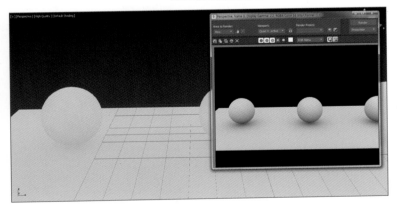

Tip

방향성이 없이 전체적으로 골고루 밝아졌습니다. 기본 렌더를 가지고 연습할 때 [SkyLight]으로 전체적인 밝기를 준 다음 [Target Spot] 또는 [Target Direct]를 설치하여 주 조명을 추가하여 진한 그림자를 표현합니다.

뷰포트에서 실시간 렌더링

조명과 재질을 변경할 때 실시간으로 뷰포트에서 확인할 수 있습니다. 뷰포트 메뉴에서 변경할 수 있으며 컴퓨터 사양이나 옵션값에 따라 실시간으로 구현되는 시간의 차이는 있습니다.

1 뷰포트에서 좌측 상단 메뉴 중 [Stnadard]를 클릭하고 [Active Shade-using Arnold]를 선택합니다. 선택한 뷰포트는 렌더링 창처럼 조명이나 재질을 변경하면 실시간으로 적용되어 보여집니다.

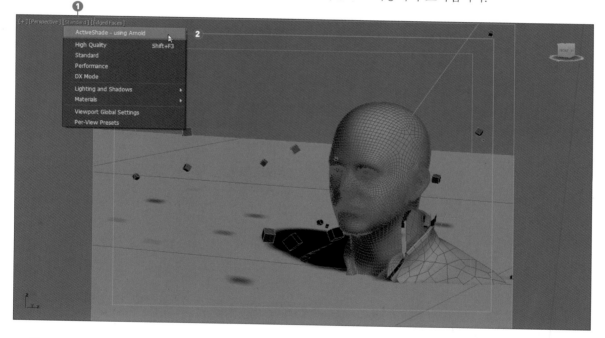

TIP

컴퓨터 사양에 따라 속도가 달라지고 실시간이다 보니 픽셀이 깨져 보이거나 노이즈가, 최종 렌더링에 비해 제거가 안 되는 단점이 있을 수 있습니다.

카메라 설치 및 유형

카메라를 설치하지 않았다면 선택한 뷰포트가 기본 카메라로 볼 수 있습니다. 애니메이션을 위한 화면 이동은 카메라를 설치하고 키를 줄 수 있습니다. 또한 사실적인 카메라 설정을 위해서 옵션을 변경 할 수 있습니다.

1 Command Panel의 🎥로 이동합니다. Standard에서 ▼Object Type에서 카메라 종류를 선택할 수 있습니다. 뷰포트에서 Free 카메라는 클릭으로 나머지는 클릭 앤 드래그로 만들 수 있습니다.

 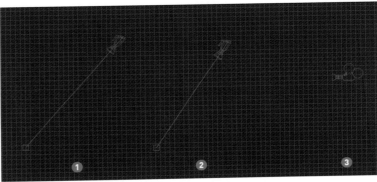

❶ Physical: DSLR 카메라와 같이 조리개, 셔터스피드, 감도 등을 조절할 수 있습니다.

❷ Target: 카메라가 바라보는 타깃을 설정할 수 있습니다.

❸ Free: 카메라를 특정한 위치로 움직이거나 움직이는 오브젝트에 연결한 경우와 같이 카메라의 위치가 궤적을 따라 애니메이션해야 할 때 선택합니다.

2 뷰포트에서 설치한 카메라 뷰로 변경합니다. 카메라를 클릭 앤 드래그로 만든 후 좌측 상단 뷰포트 메뉴 중 뷰포트 명을 클릭하면 Cameras 메뉴가 생긴 것을 확인할 수 있습니다. 여러 개의 카메라가 설치되었다면 리스트에서 선택할 수 있습니다.

Tip 하나의 뷰포트를 카메라 뷰포트로 설정하고 카메라 위치는 Perspective 뷰포트에서 카메라를 이동 및 변경하여 완성합니다.

Chapter
02

조명 설치 및 렌더링하기

렌더링에서 가장 중요한 조명에 대해 알아봅니다. 기본 렌더러인 Arnold Render에서 필요한 Arnold Light의 특징을 이해하고 세부 설정 및 활용법에 대해 학습합니다.

Arnold Light

앞서 Standard 조명은 하나의 조명으로는 전체를 밝힐 수 없었습니다. 실세계와 같이 물체와의 반사광 같은 환경 광을 표현해
야 합니다. 물리기반 라이트인 Arnold Light의 형태와 세기 그림자 설정등을 학습합니다.

● 예제 파일 : 조명테스트.max

1 예제 파일을 열고 Command Panel의 [Create]로 이동하여 📍: Light에서 Arnold를 선택합니다. ▼
Object Type의 [Arnold Light]를 선택합니다. Front 뷰포트로 이동하고 위에서 아래로 클릭앤 드래그로 조명
을 만듭니다. 설치 후 마우스 오른쪽 버튼을 클릭합니다.

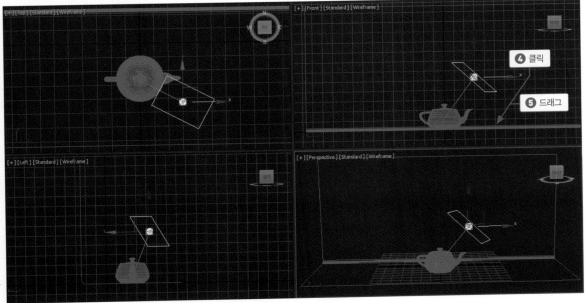

초보자는 예제와 비슷한 위치로 테스트하기를 권합니다. 그림과 같이 위와 앞에서 45도 각도로 설치합니다.

2 단축키 F10을 클릭하여 Render Setup창을 열고 Render버튼을 클릭하고 렌더링을 겁니다. Perspective 뷰포트를 최종 렌더링하기 때문에 View to Render를 다음과 같이 Perspective 뷰포트로 설정한 후 🔒을 클릭하여 마우스로 어떤 뷰포트를 선택하든 렌더링은 Perspective 뷰포트를 렌더링하게 잠급니다.

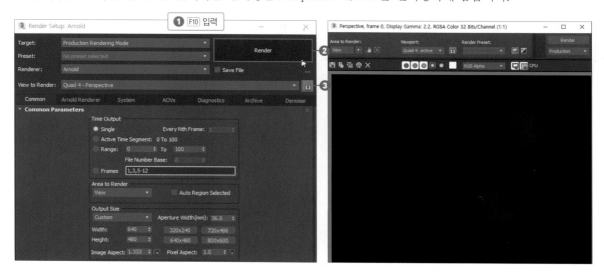

> **Tip** 테스트 시간을 줄이기 위해 해상도는 640*480으로 작게 설정하였습니다.

3 조명이 선택된 상태에서 [Modify]로 이동합니다. 아래 ▼Shape에서 먼저 Type을 살펴보겠습니다. 조명의 형태를 선택할 수 있습니다. 기본은 Quad로 설정되어 있습니다.

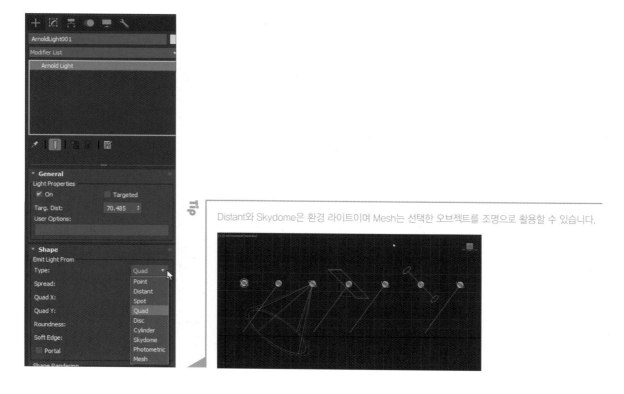

> **Tip** Distant와 Skydome은 환경 라이트이며 Mesh는 선택한 오브젝트를 조명으로 활용할 수 있습니다.

조명 밝기

4 Type을 기본 Quad인 상태에서 빛의 세기를 조절해 보겠습니다. 아래 ▼Color/Intensity에서 Intensity속성을 조절해 보겠습니다. 기본값 'Intensity: 1'과 'Exposure: 8'로 설정된 상태에서 렌더링 결과입니다. 밝기를 높이기 위해 먼저 Intensity를 '10'으로 높여 보겠습니다.

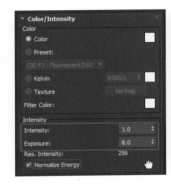

▲ Intensity: 1

▲ Intensity: 10

Tip

'Exposure:노출 값'을 높여서도 조절할 수 있습니다. 수치를 달리하면서 원하는 결과물이 나올 때까지 테스트를 실행합니다.

5 Color 메뉴에서 Preset을 클릭하고 아래 설정된 조명을 변경하면서 원하는 값을 찾을 수 있습니다. 'Daylight(5400k)'를 선택하고 'Intensity: 15, Exposure: 10'을 입력하고 렌더링을 실행합니다.

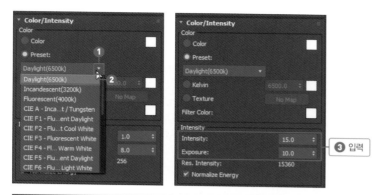

Soft Edge

6 렌더링 결과를 확인할 때 벽이나 오브젝트에 빛이 비치는 형태를 볼 수 있습니다. ▼Shape에서 Soft Edge의 수치에 따른 결과가 다르게 나타납니다. 기본값은 1로 되어 있는데 0으로 변경하면 경계면이 뚜렷하게 나타나는 것을 확인할 수 있습니다.

▲ Soft Edge: 1

▲ Soft Edge: 0

그림자 설정

7 그림자 세기는 ▼Shadow 옵션에서 Density의 값을 조절하면 됩니다. 기본은 1로 되어 있습니다. 0.5로 낮추고 렌더링을 실행해 봅니다.

7 그림자 외각의 부드러움은 ▼Rendering의 Samples값을 높여줍니다. 기본값은 1이며 수치가 높아질수록 렌더링 타임이 길어집니다. 다른값은 같게 하고 Sampled값만 1과 10으로 차이를 두고 테스트해보았습니다.

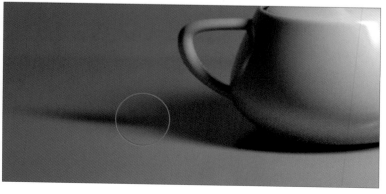

Arnold Properties 적용하여
세부 설정 조정하기

뷰포트에 여러 오브젝트가 존재할 경우 각각 조명에서 제외하거나 그림자나 반사 값 등을 개별적으로 조정하려면 Arnold
Properties에서 설정할 수 있습니다.

● 예제 파일 : Properties테스트. max

1 원하는 오브젝트를 선택하고 [Modify]로 이동하고 Modifier List에서 Ⓐ를 반복 입력하여 Arnold
Properties를 찾아 적용합니다. 먼저 왼쪽 Cylinder에 적용합니다. 예제 파일은 모든 오브젝트에 다 적용되어
있습니다. 설정 변화 없이 똑같이 적용된 상태의 렌더링 결과입니다.

2 왼쪽 Cylinder의 그림자만 삭제해보겠습니다. Cylinder를 선택하고 [Modify]로 가서 아래 ▼Shadow 옵션을 활성화하고 Cast Shadow 체크를 해제하고 렌더링합니다. 선택한 오브젝트만 그림자가 나타나지 않는 것을 확인할 수 있습니다.

3 이번엔 가운데 티팟에 뷰포트상의 Arnold Light가 적용되지 않게 해보겠습니다. 티팟에 Arnold Properties를 적용하고 ▼Light Group을 활성화하고 [Exclude All]을 클릭하고 렌더링을 실행합니다. 티팟만 어둡게 렌더링된 것을 확인할 수 있습니다. 조명이 여러 개 있다면 각각 적용하거나 비활성화할 수 있습니다.

3ds Max에서 환경 맵을 활용한 사실적인 렌더링하는 법을 학습합니다. HDRI 이미지 특성에 대해 이해하고 조명에 적용하는 방법을 학습합니다.

● 예제 파일 : HDRI test.max

1 HDRI란 High, Dynamic, Range, Image의 약어로서 아주 많은 정보를 갖고 있는 이미지라고 할 수 있습니다. HDRI 이미지는 보통 4장에서 8장의 이미지가 합쳐져 있기 때문에 사실적인 반사 이미지를 만들 때 사용됩니다.

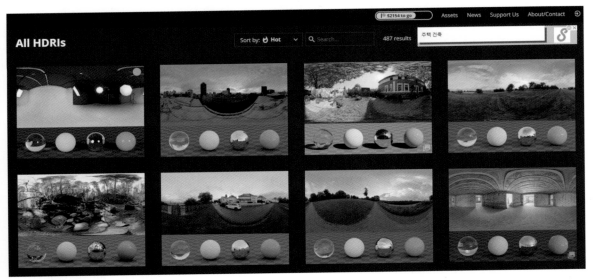

▲ 출처:https://polyhaven.com/hdris

2 메인 메뉴에서 [Rendering]에서 [Environment]를 클릭합니다. [Environment and Effects]에서 Background의 Environment Map의 [None]버튼을 클릭합니다. 파일로 적용해도 되고 기본으로 제공하는 -Environment의 HDRI Environment에서 이미지를 선택합니다.

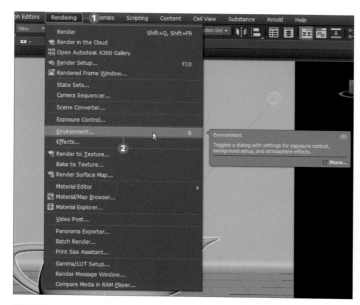

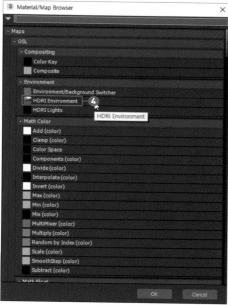

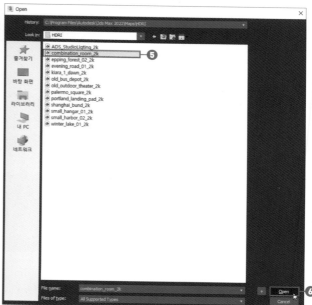

3 예제 파일의 적용 전과 적용 후 렌더링 이미지입니다. 맥스에 기본으로 제공되는 HDRI 이미지입니다. 이미지의 색과 밝기가 적용되고 표면 반사 값에 적용된 것도 확인할 수 있습니다.

▲ 적용 전

▲ 적용 후

Matte/Shadow를 활용하여
레이어별 렌더링 및 알파 값 저장하기

장면의 모든 오브젝트를 한번에 렌더링하지 않고 레이어로 나누어 렌더링 후 합성하면 완성도를 높일 수 있습니다. 이때 바닥
이나 다른 오브젝트에 그림자만 렌더링 걸 수 있는 Matte/Shadow에 대해 학습합니다.

1 단축키 M을 입력하고 [Material Editor]창을 활성화합니다. [-Material]의 [-General]에서 [Matte/Shadow]
를 선택하고 바닥이 될 부분에 적용합니다.

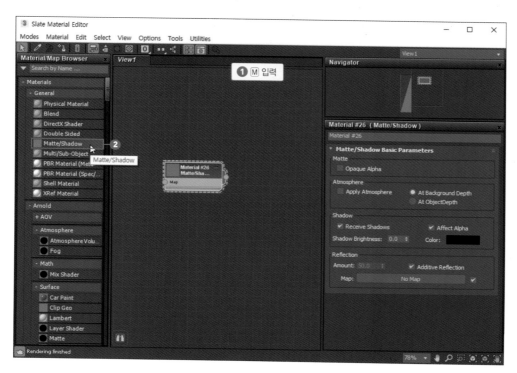

2 렌더링을 실행하면 바닥은 검게 렌더링됩니다. Render창에서 [Display Alpha Channel]을 클릭하면 바닥에 적용된 그림자만 렌더링된 것을 확인할 수 있습니다. 최종 알파값을 지원하는 PNG 또는 TARGA 이미지로 저장합니다.

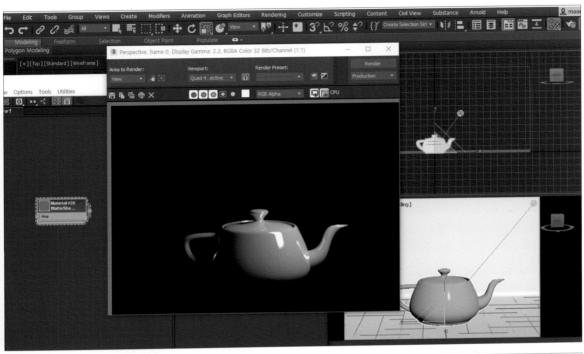

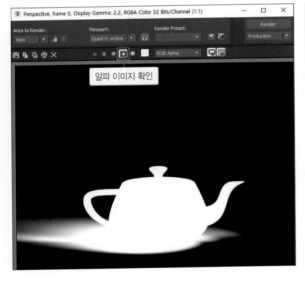

알파 이미지 확인

Chapter

03

재질별 렌더링하기

사실적인 재질 표현을 위한 Material 옵션에 대해 학습합니다.

Standard Surface 활용하여
빛의 반사 값 조절하기

Arnold 재질 중 가장 기본적으로 많이 쓰이는 Standard Surface의 기본 옵션 특징을 학습합니다.

● 예제 파일 : 재질 테스트.max

1 예제 파일을 열고 단축키 M을 입력하여 Material Editor창을 활성화합니다. -Material → Arnold → -Surface의 Standard Surface를 만들고 티팟에 적용하고 렌더링을 실행합니다. 기본 회색 재질로 렌더링됩니다.

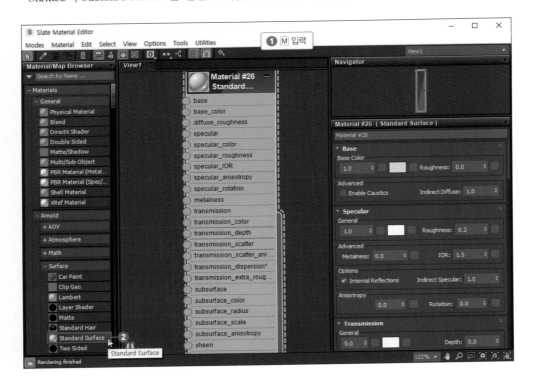

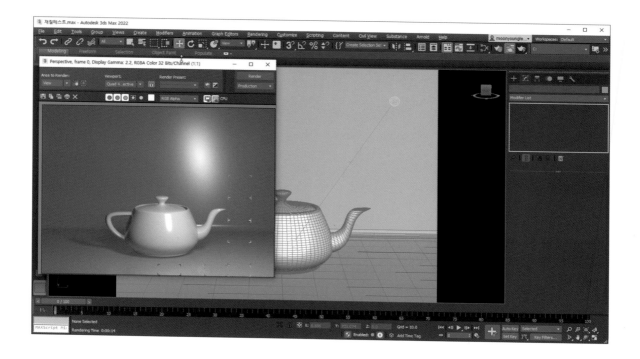

2 오른쪽 ▼Base의 Base Color를 변경하고 Roughness값을 '1'로 입력하였습니다. 표면의 매끄럽기 정도를
조절할 수 있습니다.

▲ Roughness: 0

▲ Roughness: 1

3 표면의 반사 값을 조절해보겠습니다. ▼Specular의 Roughness값을 0에서 1까지 조절해봅니다. 1을 입력하면 매트하게 표현됩니다.

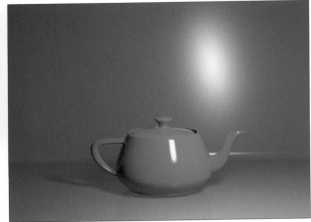

▲ Roughness: 0

▲ Roughness: 1

금속 재질 렌더링

금속의 특징을 먼저 이해하고 반사값 및 굴절률 즉 Metalness와 IOR 값을 조절하여 원하는 금속 재질을 얻는 법을 학습합니다.

1 금속 재질 표현하기 위해서 Specular의 Advanced의 Metalness값을 '1'을 입력하였습니다. Base Color가 적용된 상태에서 금속 재질이 표현되었습니다.

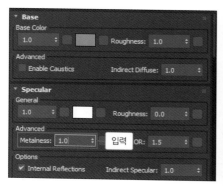 

2 굴절률 IOR(Index of refraction (Refractive index))값을 달리하여 렌더링 테스트한 결과입니다. 차례로 '0.2, 1.6, 2'를 입력하였습니다.

▲ IOR=0.2   ▲ IOR=1.6   ▲ IOR=2

유리 재질 렌더링

유리의 특징을 먼저 이해하고 투명도 및 반사값 같은 Transmisson와 Specular 값을 조절하여 원하는 유리 재질을 얻는 법을
학습합니다.

1 투명한 유리를 표현하기 위해서 ▼Transmission의 General 값을 '1'을 입력해 렌더링합니다. General의
흰색 버튼을 클릭하고 유리 색상을 변경할 수 있습니다.

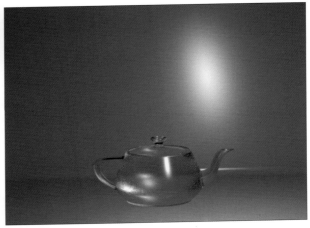

2 ▼ Specular에서 'Roughness: 0'을 입력하면 표면을 매끈하게 표현할 수 있습니다.

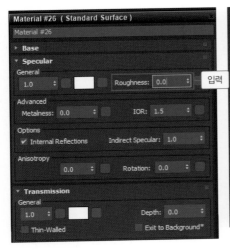

3 다른 재질의 오브젝트를 추가하고 Environment Map에 HDRI 이미지를 적용합니다.

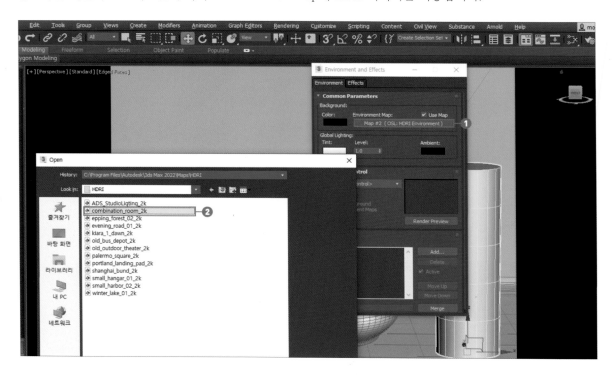

4 벽 오브젝트는 삭제하고 바닥 플랜을 만든 후 [Matte/Shadow]를 적용해 렌더링합니다.

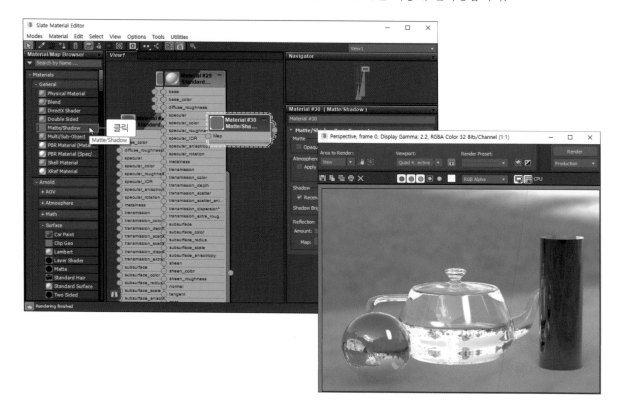

인테리어 & 캐릭터 포즈 과제
최종 렌더링 완성하기

과제목표 최종적으로 조명을 설치하고 해상도 및 카메라 설정을 통해 찍어내는 최종 과정을 렌더링이라고 합니다. 이번 과제는 앞서 제작했던 과제들을 렌더링해 과제입니다. 매핑에서만 모든 재질을 표현할 수 없습니다. 조명 설치를 통해 빛 반사, 굴절 등을 표현하고 렌더링하기 위한 해상도 설정 및 저장하는 방법을 학습하기 위한 과제입니다.

과제순서 모델링 → 맵핑 → 조명 → 해상도 및 카메라 설정 → 렌더링 → 합성 및 보정하기

참고사이트 https://www.chaosgroup.com/kr/vray/3ds-max
3ds Max 기본 렌더러외에 외부 렌더러를 활용할 수 있습니다. 가장 많이 활용되고 있는 V-Ray 외부 렌더러입니다. [Chaosgroup] 사이트에 방문하여 데모 버전을 다운받거나 사용법에 관한 튜토리얼을 볼 수 있는 유용한 사이트입니다.

Tip
- 매핑 파일과 맥스 파일을 하나의 폴더로 정리하여 다른 컴퓨터에서 열었을 때 경로에 문제가 생기지 않게 합니다.
- 테스트할 때는 해상도를 작게 하여 렌더링 속도를 높입니다.
- 오브젝트에 따라 특정 조명에서 제외하거나 추가하는 설정을 합니다.
- 레이어를 구분하여 따로 렌더링하여 합성하는 방식으로 결과물의 퀄리티를 높일 수 있습니다.
- 그림자 및 조명의 색을 달리하여 분위기 연출을 연습합니다.
- V-ray 설치는 [Render Setup]창에서 [Command]→ [Assign Renderer]→ [Production] 네모버튼을 클릭해서 다운받은 V-ray를 선택합니다.